本书由
苏州博物馆学术出版基金
资助出版

考古新视野丛书

关中地区
唐代墓葬研究

◎ 程义 著

文物出版社

封面设计：周小玮

责任印制：陆　联

责任编辑：黄　曲

图书在版编目（CIP）数据

关中地区唐代墓葬研究／程义著．—北京：文物出版社，2012.5

ISBN 978 – 7 – 5010 – 3408 – 6

Ⅰ．①关…　Ⅱ．①程…　Ⅲ．①唐墓—研究—陕西省

Ⅳ．①K878.84

中国版本图书馆 CIP 数据核字（2012）第 209742 号

关中地区唐代墓葬研究

程　义　著

*

文 物 出 版 社 出 版 发 行

（北京东直门内北小街 2 号楼）

http：//www.wenwu.com

E-mail：web@ wenwu.com

北京君升印刷有限公司印刷

新 华 书 店 经 销

850×1168　1/32　印张：12.25

2012 年 5 月第 1 版　2012 年 5 月第 1 次印刷

ISBN 978 – 7 – 5010 – 3408 – 6　定价：40.00 元

内容提要

关中地区唐代墓葬的考古发掘与研究是 20 世纪 50 年代以来中国考古学取得的重要成果。在这一地区，到目前为止已发掘唐代墓葬 3000 余座。这些墓葬等级高，壁画绘制精良，出土文物丰富，有纪年者较多，为更进一步研究该地区唐墓乃至全国唐代墓葬提供了坚实的资料基础。本文力图对该地区唐墓做一比较全面的分析与研究。

唐代关中墓葬的地面设施包括垣墙、阙楼、封土、墓碑、石刻、祭祀场所和墓树。唐代墓葬的地下结构分为双室砖墓、双室土洞墓、单室砖墓、单室土洞墓四个大类。双室砖墓和双室土洞墓出现的时间大约在高宗执政以后，消失时间在惠陵下葬以前。单室砖墓是唐代延续时间最长的墓葬形制，其墓主身份基本固定在五品以上官员之中。安史之乱后，墓葬的地下部分开始简化，竖井墓道基本取代了长斜坡多天井墓道。小龛也由墓道向甬道、墓室转移，最终固定为十二个，以安置十二生肖。墓葬地下结构的变化可以分为五期：唐初高祖至高宗前期、高宗后期至中宗时期、睿宗玄宗开元时期、天宝至德宗末、宪宗至唐末。

唐代葬具包括石棺椁和木棺两大类。早期没有庑殿型石椁，使用者均为陪陵或皇室成员；后期石椁均为庑殿顶，使用者身份差距较大。木棺是唐代最常见的葬具，有两种形制：梯形和长方形箱式木棺。唐代墓葬的棺床以砖棺床最为常见，普通人多为土棺床，或不设棺床。

唐代墓葬的随葬品包括没有现实意义和用途的明器、墓主生前使用过的个人物品及盛装供奉物的容器等两大类。本文对这些随葬品中的主要器物做了详细的类型学研究。通过比较，本文认为，《唐会要》关于随葬品的高度记载可能存在着较多的阙文。

壁画部分具体分析了李寿墓、长乐公主墓、新城公主墓三座唐墓壁画的内容、布局及风格。三墓的壁画分别代表了唐代早期壁画风格、早期向成熟期过渡时期的风格和唐代典型风格。在具体分析的基础上进一步归纳了唐墓壁画典型风格的内容、布局及其在唐代晚期的散解和晚唐壁画风格的形成。

帝陵陪葬墓的分布规律是按时间先后入葬，而不是左文右武或模仿长安城的衙署分布。家族墓地的排葬方式是以各自家族的旧传统为依据，还没有"五音"分葬的明显迹象。长安城周围的墓葬基本按照"靠近居住地"的原则来安排，外国人也是如此。

最后探讨了唐代墓葬里的道教、佛教因素，早期唐代帝陵的地下结构、双室墓问题，并复原出了唐代墓葬的等级及其内容。

目　录

第一章　序论 ……………………………………………………………… 1

第二章　唐代墓葬的地面设施 …………………………………………… 26
　　第一节　陵墓墓园的墙和阙 ……………………………………… 27
　　第二节　陵墓的封土堆 …………………………………………… 33
　　第三节　陵墓前的石刻 …………………………………………… 37
　　第四节　陵墓地面设施的复原 …………………………………… 43

第三章　唐代墓葬的地下结构 …………………………………………… 49
　　第一节　地下各部分的名称 ……………………………………… 49
　　第二节　地下结构的类型 ………………………………………… 56
　　第三节　墓葬形制的分期 ………………………………………… 77

第四章　唐代墓葬的葬具和封门 ………………………………………… 87
　　第一节　概述 ……………………………………………………… 87
　　第二节　棺椁 ……………………………………………………… 90
　　第三节　棺床与封门 …………………………………………… 103

第五章　唐代墓葬随葬品研究 ………………………………………… 114
　　第一节　镇墓神怪俑 …………………………………………… 115
　　第二节　塔式罐 ………………………………………………… 125
　　第三节　人物类陶俑 …………………………………………… 127

第四节　动物类陶俑 ………………………………………… 137

第五节　随葬品的空间分布、组合与分期 ………………… 140

第六节　随葬品的数量与高度 ……………………………… 150

第七节　裴氏小娘子墓出土陶俑年代再探讨 ……………… 165

第六章　唐代墓葬壁画研究 ………………………………… 185

第一节　壁画序说 …………………………………………… 185

第二节　李寿墓壁画的内容、布局和渊源 ………………… 190

第三节　长乐公主墓壁画再研究 …………………………… 199

第四节　新城公主墓壁画研究 ……………………………… 207

第五节　唐代壁画典型风格的内容、布局及其散解 ……… 217

第七章　唐代墓葬的组合与排列 …………………………… 233

第一节　帝陵陪葬墓的分布及其规律 ……………………… 233

第二节　家族墓地的排位研究 ……………………………… 254

第三节　长安城周围墓葬区的分布 ………………………… 263

第四节　几处特殊人群的墓葬区 …………………………… 274

第八章　相关问题探讨 ……………………………………… 294

第一节　唐代墓葬里的道教因素 …………………………… 294

第二节　唐代墓葬里的佛教因素 …………………………… 310

第三节　双室墓研究的补充 ………………………………… 316

第四节　乾陵地下结构蠡测 ………………………………… 322

第五节　唐代墓葬的等级与表现 …………………………… 332

附　　录　关中地区唐代纪年墓索引 ……………………… 349

参考文献 ……………………………………………………… 360

后　　记 ……………………………………………………… 376

插图目录

图一　敦煌壁画里保存的墓园形象 ················· 32

图二　新城公主墓前石刻 ························· 38

图三　李勣墓前石刻 ··························· 39

图四　节愍太子墓前石刻 ························· 40

图五　唐代陵墓地面设施——仿帝陵级墓 ············· 43

图六　唐代陵墓地面设施——单垣覆斗形大墓 ··········· 44

图七　唐代陵墓地面设施——圆形封土堆墓 ············ 45

图八　唐代墓葬的地下结构 ······················ 50

图九　B类Ⅰ型双室砖墓地下结构 ·················· 57

图一〇　B类Ⅱ型双室砖墓地下结构 ················· 59

图一一　C类双室土洞墓 ························ 61

图一二　D类Ⅰa型单室砖墓 ····················· 62

图一三　D类Ⅰb型单室砖墓 ····················· 63

图一四　D类Ⅱ型单室砖墓 ······················ 64

图一五　D类Ⅲ型单室砖墓 ······················ 65

图一六　E类Ⅰa型单室土洞墓 ··················· 69

图一七　E类Ⅰb型单室土洞墓 ··················· 70

图一八　E类Ⅰc型单室土洞墓 ··················· 70

图一九　E类Ⅰd型单室土洞墓 ··················· 71

图二〇　E类Ⅱ型单室土洞墓 ···················· 72

图二一　E类Ⅲa型单室土洞墓 ··················· 72

图二二　E类Ⅲb型单室土洞墓 ··················· 73

图二三　墓室内葬具痕迹 ……………………………… 91

图二四　李宪墓石椁底部的木条印迹 …………………… 92

图二五　法门寺地宫出土金棺 …………………………… 94

图二六　韦洞墓石椁 ……………………………………… 96

图二七　李宪墓石椁 ……………………………………… 97

图二八　节愍太子墓石棺床 ……………………………… 105

图二九　唐代墓葬封门 …………………………………… 106

图三〇　镇墓神怪俑的类型 ……………………………… 116

图三一　武士天王俑的类型 ……………………………… 119

图三二　大型文官俑的类型 ……………………………… 122

图三三　武官俑的类型 …………………………………… 123

图三四　十二生肖俑的类型 ……………………………… 124

图三五　塔式罐的类型 …………………………………… 126

图三六　男幞头俑的类型 ………………………………… 128

图三七　男风帽俑的类型 ………………………………… 130

图三八　男笼冠俑的类型 ………………………………… 131

图三九　男小冠俑的类型 ………………………………… 132

图四〇　女俑的类型 ……………………………………… 134

图四一　动物类陶俑（马、驼俑）的类型 ……………… 138

图四二　动物类陶俑（牛、猪、狗、羊俑）的类型 …… 139

图四三　懿德太子李重润墓龛内陶俑出土状态 ………… 143

图四四　李寿墓石椁正面线刻图摹本 …………………… 193

图四五　新城公主墓墓道壁画 …………………………… 208

图四六　永泰公主墓墓道壁画 …………………………… 212

图四七　昭陵陪葬墓分布图 ……………………………… 252

图四八　唐长安城驿站 …………………………………… 281

图四九　洛阳北邙唐墓出土的墓志和镇墓石 …………… 300

图五〇　唐墓石墓门上的道教线刻图像 ………………… 301

图五一　白鹿原唐墓 M11 门形石刻上的佛教图像 …… 311

插表目录

表一　唐代墓园数据统计表 ……………………………………… 29

表二　唐代墓田大小变化 ………………………………………… 30

表三　覆斗形墓葬统计表 ………………………………………… 34

表四　圆锥形封土堆数据表 ……………………………………… 35

表五　唐墓前残存石刻统计表 …………………………………… 40

表六　B 类双室砖墓形制统计表 ………………………………… 59

表七　D 类单室砖墓形制统计表 ………………………………… 65

表八　E 类单室土洞墓形制统计表 ……………………………… 74

表九　墓葬形制统计表 …………………………………………… 78

表一〇　唐代各期墓葬墓形 ……………………………………… 82

表一一　石椁统计表 ……………………………………………… 98

表一二　葬具统计表 ……………………………………………… 107

表一三　随葬品分期表 …………………………………………… 147

表一四　文献记载随葬品的高度和数量 ………………………… 152

表一五　考古发现的俑类数量、高度统计表 …………………… 159

表一六　随葬品数量复原 ………………………………………… 162

表一七　李寿、长乐、新城、永泰公主墓壁画内容比较 ……… 210

表一八　侍女手持物统计表 ……………………………………… 214

表一九　典型风格唐墓壁画内容比较 …………………………… 218

表二〇　晚期壁画墓内容统计表 ………………………………… 226

表二一　献陵陪葬墓统计表 ……………………………………… 234

表二二　乾陵陪葬墓统计表 ……………………………………… 238

表二三　唐代帝陵陪葬墓数量统计表 ………………………… 240

表二四　昭陵陪葬墓主身份统计表 …………………………… 247

表二五　各姓分音与墓主郡望统计表 ………………………… 262

表二六　长安城居民葬地统计 ………………………………… 270

表二七　唐长安城周围外国人的葬地与居住地统计表 ………… 284

表二八　第一期墓葬等级内容复原 …………………………… 335

表二九　第二期墓葬等级内容复原 …………………………… 336

表三〇　第三期墓葬等级内容复原 …………………………… 338

表三一　第四期墓葬等级内容复原 …………………………… 340

表三二　第五期墓葬等级内容复原 …………………………… 341

第一章 序论

西安及其周边地区（以下简称西安地区或关中地区）是唐代都城所在地，上自皇亲国戚，下至布衣平民都想在这里一展宏图，死后也愿意埋葬在附近。加上统治者为了笼络人心，倡导大臣陪葬帝陵，大臣也以此为荣，因而在渭北唐陵区里形成了为数众多的陪葬墓。这些数量众多、级别丰富的各类墓葬遗存是中国隋唐考古学研究的重点内容之一。本文所指的墓葬包括"号墓为陵"的太子墓和公主墓在内。

由于西安地区唐代墓葬这一课题和研究内容蕴含有丰富的学术价值，因而，对它的研究一直为学者所广泛关注。除正史中的一些零星记载外，从宋代开始一些著名的学者如宋敏求、张茂中、游师雄，明代的祁光中，清代的毕沅等人都对西安地区的唐代墓葬作过一些研究。[①]他们或收录碑石，或考察地理，或图记名胜古迹，这些工作为我们进一步研究唐代墓葬建立了扎实的金石学与文献学基础。

一 关中地区唐代纪年墓的考古调查与发掘

19 世纪后期至 20 世纪初，考古学随着各种西学一道传入中国。和其他时代的考古学一样，关中地区唐代遗迹的调查最先也由外国人进行。如 1906 ~ 1907 年，日本学者关野贞、法国学者沙畹等人曾先后对陕西境内的汉唐帝陵进行了调查。[②]1935 年，北平研究院史学研究会考古组赴陕西开展调查工作，其中一项就是在今西安北院门西北侧发掘唐中书省遗址，曾获得唐代碑头碑座及带纹碑边、唐独孤氏墓志盖。[③]在陇海铁路建设中也曾于陕西发现大量唐代文物，其中应当有唐代墓葬的发现，可惜已无记载。同时，陕西省考古会在西安、耀县、大荔等地对唐宋碑刻进行了调查和收集，当时的西京筹委会也对昭陵进行了调查。在陕考古工作者1948年还发掘了陕西长安县裴氏小娘子墓，出土墓志1方，陶俑48件。这是解放前发掘资料唯一保存完好者。④正如姜捷评价的那样："虽然这些工作在今天看来仍带有浓厚的金石学传统的旨趣，但毕竟昭示着陕西隋唐考古的先声，弥足珍视。"⑤

陕西地区大规模、系统的隋唐考古调查和发掘工作开始于新中国成立后，墓葬的发掘也不例外。据统计，陕西地区已发现隋唐墓葬地点多达800余处，以关中地区，尤其是西安附近最多。已发掘的墓葬数量达3000余座⑥，其中纪年墓约200余座。⑦1990年至今又有一批纪年墓资料得以刊发，但大量的唐代纪年墓资料仍在紧张的整理中。⑧

已发掘的纪年墓可分为两大类：一为帝陵陪葬墓，一为非帝陵陪葬墓。由于帝陵陪葬墓在封土堆的高度、用俑个数方面和非帝陵陪葬墓之间差别较大，因而本书就按这两个类别对已发掘的唐代纪年墓作一介绍。

已发掘或调查过的帝陵陪葬墓主要有：高祖献陵2座，即位于富平县吕村的咸亨四年（673年）房陵大长公主墓和上元元年（674年）虢王李凤墓；太宗昭陵陪葬墓最多，达30余座，主要有：贞观十三年（639年）杨恭仁墓，贞观十七年（643年）魏征墓、长乐公主墓，贞观二十三年（649年）李靖墓，永徽二年（651年）段简璧墓，显庆元年（656年）昭容一品韦尼子墓，显庆二年（657年）张士贵、亡宫五品墓，显庆三年（658年）尉迟敬德夫妇墓，龙朔三年（663年）新城公主墓，麟德元年（664年）郑仁泰墓，麟德二年（665年）程咬金墓、三品亡尼墓，麟德三年（667年）韦贵妃墓，总章二年（669年）李勣墓，上元二年（675年）阿史那忠夫妇墓，永淳元年（682年）临川公主墓、西宫二品墓，光宅元年（684年）安元寿夫妇墓（夫人727年卒），开元六年（718

年）越王李贞墓，开元二十四年（736年）废太子李承乾墓；高宗乾陵6座，分别是：光宅元年（684年）薛元超墓，垂拱元年（685年）李谨行墓，神龙元年（705年）懿德太子墓，神龙二年（706年）永泰公主墓，景云二年（711年）章怀太子墓，开元十八年（730年）刘濬墓；中宗定陵1座：景云元年（710年）节愍太子墓；睿宗桥陵3座：开元十二年（724年）惠庄太子墓，开元二十年（732年）金仙公主墓，开元二十九年（741年）让皇帝李宪墓；玄宗泰陵1座：宝应元年（762年）高力士墓。

　　已发掘的非帝陵陪葬墓中的纪年墓主要有：武德八年（625年）苏永安墓，贞观四年（630年）李寿墓，贞观十三年（639年）段元哲墓，贞观十四年（640年）陈感意墓，贞观十六年（642年）独孤开远夫妇墓、李绍墓，贞观二十二年（649年）司马睿墓，永徽三年（652年）董僧利夫妇墓，显庆五年（660年）杜道愿墓，显庆六年（661年）郭敬善墓，龙朔二年（662年）张楚贤墓，麟德元年（664年）张楚贤夫人墓、何刚墓，麟德二年（665年）刘宝墓，乾封二年（667年）苏君墓，总章元年（668年）李爽墓、张臣合墓，咸亨元年（670年）温绰夫妇墓，咸亨三年（672年）牛弘满墓，上元二年（675年）姬温墓，调露元年（679年）安宝墓，调露二年（680年）罗观照墓，垂拱二年（686年）元师奖墓，天授二年（691年）董务忠墓，证圣元年（695年）郭嚞夫妇墓，万岁通天元年（696年）契苾明墓、温思暕墓，神功元年（697年）独孤思贞、康文通墓，圣历三年（700年）李则政墓，长安三年（703年）独孤思敬妻杨氏墓，神龙元年（705年）李思贞墓、华文弘墓，景龙二年（708年）韦洞墓、郭恒墓，景龙三年（709年）独孤思敬墓，景云元年（710年）万泉县主墓、李仁墓，开元十一年（723年）鲜于庭诲墓，开元十二年（724年）金乡县主夫妇墓，开元十五年（727年）阿史那怀道夫妇墓、韦慎名夫妇墓，开元十六年（728年）薛莫夫妇墓，开元十七年（729年）冯君衡墓，开元二十年（732年）韦美美墓，开元二十四年（736年）裴谨墓、

孙承嗣墓，开元二十七年（739 年）俾失十囊墓，开元二十八年
（740 年）杨思勖墓，天宝元年（742 年）韦夫人胡氏墓，天宝三年
（744 年）王守言墓、史思礼墓，天宝四年（745 年）雷府君妻宋氏
墓、苏思勖墓，天宝六年（747 年）张去奢墓、清河张氏墓，天宝
七年（748 年）张去逸墓、吴守忠墓，天宝十一年（752 年）裴利
物夫妇墓，天宝十二年（753 年）张仲晖墓，天宝十五年（756 年）
高元珪墓，至德二年（757 年）清源县主墓，乾元元年（758 年）
章令信墓，永泰元年（765 年）韩氏墓，大历十一年（776 年）瞿
昙譔墓，大历十四年（779 年）曹惠林夫妇墓（妻死于 782 年），兴
元元年（784 年）唐安公主墓，贞元八年（792 年）西昌令夫人史
氏墓，贞元十七年（801）李良墓，元和二年（807 年）董楹墓，元
和四年（809 年）惠昭太子墓，元和六年（811 年）崔绲墓，元和
七年（812 年）润州长史妻杨氏墓，元和八年（813 年）吴卓夫妇
墓，元和九年（814 年）西安南郊墓，元和十三年（818 年）张十
八娘子墓，元和十四年（819 年）李文贞墓，长庆三年（823 年）
李文贞妻卑失氏墓，长庆四年（824 年）李霸墓，宝历元年（825
年）董岌墓，太和四年（830 年）李文政墓，太和六年（832 年）
范孟荣墓，太和九年（835 年）姚存古墓，开成二年（837 年）赠
陇西郡夫人董氏墓，会昌四年（844 年）梁元翰墓，会昌五年（845
年）张士清墓，会昌六年（846 年）李升荣墓，大中二年（848 年）
高克从墓、郑德柔墓，大中四年（850 年）何溢墓，大中八年（854
年）时夫人墓、王氏墓，大中十一年（857 年）阎志成墓，大中十
二年（858 年）路复源墓，咸通四年（862 年）王氏墓，咸通五年
（864 年）杨玄略墓，咸通八年（867 年）何楚章墓，咸通十一年
（870 年）俞氏墓，咸通十二年（871 年）唐思礼墓、张叔遵墓，乾
符三年（876 年）曹氏墓，乾符六年（879 年）白敬宗墓，广明元
年（880 年）师知礼墓。

　　另外，还有一些已发掘的关中唐代纪年墓，只有墓主姓名和葬
年的报道，而无遗迹和完整遗物的报道。⑨这些墓葬已失去了考古学

研究所需的基本信息，不再一一列出。

二 研究现状及存在问题

在已过去的 50 余年里，对西安地区唐代纪年墓的研究一直伴随着中国考古学的发展而不断地深化和细化。在此简单地分以下几个方面对已有成果作一必要的回顾：

（一）形制与分期

根据 20 世纪 50 年代的唐墓新发现，考古学者于 1962 年将西安地区的唐代墓葬按形制的变化分为三期，这是关中唐墓分期的首次尝试，为以后的研究提供了基础。[⑩]1955 ~ 1961 年在西安郊区发掘了 175 座隋唐墓葬，为研究这一地区的墓葬分期提供了丰富的资料。在发掘报告中，发掘者将已发现的唐墓形制归纳为四个大类，即四个型：横式土洞墓（墓道居南壁正中），铲形墓（墓室呈竖长方形，墓道居中或稍偏东），刀形墓（墓室长方形，墓道偏东，基本和东壁相连成直线），小型土洞墓（此类墓葬的墓室和墓道同宽，原报告的 4 型）。报告编写者"根据主要陶俑的演变为纲，再参考铜镜、钱币和墓型的差异"把关中唐墓分为三期：第一期为隋至初唐（6 世纪晚期~7 世纪晚期）；第二期为盛唐（7 世纪晚期~8 世纪中期）；第三期为中晚唐（8 世纪中期~10 世纪初期）。[⑪]

1984 年，段鹏琦又将西安地区的唐墓分为四期：第一期为唐初至高宗时期；第二期为武则天至中宗时期；第三期为玄宗至代宗时期；第四期为德宗至唐代末期。在这四期中，大致可以看出该地区唐墓在形制结构、壁画风格、随葬品方面表现出来的一些演变规律。随葬品中陶俑、瓷器和铜镜的阶段性变化比较明显。同时，段先生还对 20 世纪 80 年代以前有关唐代墓葬所反映的政治、经济、思想文化等社会生活，以及有关唐代墓葬制度方面的研究与探索，进行了简要的归纳。[⑫]

1986 年，孙秉根依据 1982 年以前的隋唐纪年墓葬资料，对西安隋唐墓葬进行了形制的分类、排比和分期。他根据墓葬的构筑质料和开凿形式，划分出土洞单室、土洞双室、砖砌单室和砖砌双室墓四种形制。他认为这批墓葬可以分为三期六段：第一期为隋代（前段为隋文帝时期，后段为隋炀帝时期）；第二期为唐代前期（前段为唐高祖至武则天时期，后段为中宗至肃宗时期）；第三期为唐代后期（前段为代宗至敬宗时期；后段为文宗至僖宗时期）。同时，他还对封门、葬具和残存的陵园、封土堆及石人石兽等地上设施进行了分析比较，初步将墓葬分为四个类型，并根据墓志提供的墓主身份和有关的文献记载推定其相应的社会等级。他认为，四个类型和文献记载的"三品以上"、"五品以上"、"九品以上"和"庶人"四个等级的规定大致接近。

1992 年，秦浩将中原唐墓划分为六型：双室砖墓，巨型单室砖墓和双室土洞墓，大型单室砖墓和土洞墓，中型单室砖墓和土洞墓，小型单室砖墓和土洞墓，小型土坑墓。并根据各种墓葬形制的演变把中原唐墓划分为三期：第一期，沿用隋代墓形，但出现了双室砖墓；第二期，各种墓形均已出现，总体趋势是流行长斜坡墓道多天井单室砖墓和土洞墓；第三期，"安史之乱"以后，逾制现象虽有出现，但降级使用墓形的现象更为普遍。墓形的简化，规模缩小是本期主流。⑬

1995 年，宿白提出西安地区的唐墓可分三期，即高祖和太宗时代、高宗至玄宗时代、玄宗以后迄唐亡。唐墓承袭了北朝、隋墓的形制，从墓葬结构、平面和墓室尺寸以及石椁、棺床等设备的差异看，主要有双室弧方形砖室墓、单室弧方形或方形的砖室墓、单室方形土洞墓、单室长方形土洞墓四个类型。双室砖墓是一品以上的皇室和受到殊遇的重臣的墓制；单室砖墓是一品至五品品官的墓制，其中可分两级，即一至三品为一级，四、五品为一级；方形土洞墓是五品以下品官的墓制，有些五品官的人也可使用；长方形土洞墓是庶人墓制。这四种墓葬形制的划分和唐代一般仪制把人划分为四级，即"三品以上"、"五品以上"、"九品以上"和"流外及庶人"的情况刚好吻合。宿先生还对帝陵地宫的形制进行了推测。⑭

齐东方结合文献记载的埋葬制度对西安地区的唐代双室砖墓进行了专题研究。他认为双室砖墓不是唐朝自始至终存在的埋葬形式，也不是某个时期广泛存在的埋葬形式，而是特定历史时期的特殊墓葬。具体有两类：一是高宗时期高级将领的一次葬；二是中宗和睿宗时期皇亲国戚的改葬墓。前者反映了唐初对功臣的褒奖和"国家大事，唯赏与罚"的治国之道，后者则体现了政治权力斗争的激烈和对权势的炫耀。⑮

（二）壁画研究

自从 20 世纪 50 年代第一批经过科学发掘的唐墓壁画出土面世起，就有学者对其进行了初步的整理。贺梓城对当时西安市郊区及其附近出土的唐墓壁画做了内容题材上的初步归纳。他提出"唐墓壁画以表现当时人们的生活、社会的风尚习俗为主，其内容与表现形式与宗教壁画迥乎不同"。⑯在当时的学术条件下，得出这一认识实属难能可贵。从 20 世纪 80 年代初到现在，关中唐代壁画墓又有了一些新的重要发现。这直接推动了有关研究的不断深入，并取得了实质性的进展，富有意义的研究成果陆续出现。

段鹏琦在对西安地区唐墓深入研究的基础上，对西安地区壁画所反映的问题做了综述。他认为西安唐墓材料充分反映了统治者模仿生前住宅建造陵墓的情况。列戟制度是唐代封建等级制度的一项重要内容，墓葬壁画中的列戟情况，是现实社会列戟制度的切实反映。⑰懿德太子墓和永泰公主墓都是"号墓为陵"，其中的一些随葬品和壁画内容，是研究唐代埋葬制度和内宫组织机构的重要资料。一些珍贵的建筑壁画，弥补了唐代前期建筑资料的不足。⑱

宿白根据当时已经发掘的 24 座较为重要的关中地区唐代壁画墓的壁画布局和内容情况，将它们按照时代分为五个演进的阶段：第一阶段从唐高祖至唐太宗中期，只有李寿墓，是对十六国和北朝壁画墓的延续，尚未形成较为明确的唐代特色。第二阶段为唐高宗和武周时期，有阿史那忠墓、执失奉节墓、郑仁泰墓、苏君墓、李爽墓和李凤墓，与李寿墓壁画的分栏布局完全不同，"整个墓壁画的布局走向一元化……从表示是宅第门外的墓道壁画到表示是宅第内室的墓室壁画，前后紧密连贯成为一个长卷式的既和谐又简洁的整体"。这一阶段的壁画开始显现出唐代的布局特点。再就是出现了影作仿木结构，使墓内更具有宅院化的特点。第三阶段从神龙二年（706年）至开元十七年（729年），有懿德太子墓、永泰公主墓、章怀太子墓、韦洞墓、万泉县主薛氏墓、冯君衡墓，可分两组：第一组有韦洞墓、万泉县主薛氏墓、冯君衡墓，墓道壁画中出行仪仗队趋于简化；第二组有懿德太子墓、永泰公主墓、章怀太子墓，充分地反映了唐代壁画墓的特征。第四阶段为天宝年间至德宗年间，有苏思勖墓、宋氏墓、张去奢墓、张去逸墓、高元珪墓、韩氏墓、郯国大长公主墓。这一阶段壁画中的出行仪仗队不见了，影作木构也被淘汰，折扇屏风画流行，表现为墓室南北两壁描绘朱雀和玄武的做法。这时唐代壁画墓的特征开始发生变化。第五阶段从宪宗元和年间至唐末（806～907年），有梁元翰墓、高克从墓、杨玄略墓，壁画更加简化，多画云鹤屏风，人物形象减少。宿白的上述划分是对唐代壁画墓分期研究的一次重要尝试，同时他还探索了唐代壁画墓中壁画布局的基本设计方式，为后来的研究奠定了一块基石。[19]

　　王仁波等撰写的《陕西唐墓壁画之研究》提出唐代壁画墓那种多天井的结构是深宅大院的象征，反映了当时的贵族生活景象。[20]傅熹年在《唐代隧道型墓的形制构造和所反映的地上宫室》[21]一文中则更加具体地阐述了唐墓结构是对地上宫殿的模拟的观点。

　　齐东方、张静夫妇的《唐墓壁画与高松冢古坟壁画的比较研究》根据唐墓壁画的内容、构图布局、艺术特征的演变，将唐代壁画墓分为四个阶段：一、隋代至初唐时期，这一阶段延续了十六国和北朝的传统；二、唐高宗、武则天时期，壁画墓中的影作木构建筑得到充分的发展和完善，墓室的宅院特点进一步加强；三、唐中宗至唐玄宗开元时期，壁画墓的过洞、甬道多绘影作廊柱，使宅院内部更加具有庭院气氛，消闲游乐场面增多；四、唐玄宗天宝年间至唐末，墓室多绘四神和乐舞、屏风，影作建筑消失，墓道也不再绘仪仗、出行的场面。这一分期根据新出现的资料对宿白的分期作了一些调整，注重唐代壁画墓与北朝隋代的联系和阶段划分的整体性。[22] 韩钊也对中日墓室壁画作了对比研究。[23]

杨泓在《美术考古半世纪——中国美术考古发现史》[24]中对已出土的唐墓壁画进行了综述，认为：有关唐墓壁画的考古发现，主要是都城长安地区纪年明确的唐墓壁画，不仅勾画出唐代墓室壁画发展演变的轨迹，同时也为唐代绘画史的研究，特别是绘画风格和题材演变的研究，提供了重要的实物资料。

他在宿白对唐墓壁画的布局和题材变化分为五个时期的基础上，进一步阐述了各期壁画的风格特点，认为第一期是对北朝隋代的承袭和拼杂，尚缺乏磨合融会；第二期开始出现唐代特征，以执失奉节墓、李爽墓为代表；第三期唐代特征已经形成，以永泰公主墓、懿德太子墓、章怀太子墓为代表；第四期，仕女体态丰腴，衣裙变得宽大，以苏思勖墓为代表；第五期壁画墓中更加流行屏风式壁画，且多以花鸟为内容，世俗情趣益浓，代表者有唐安公主墓、杨玄略墓、王公淑墓等。

此外，杨泓还在《南北朝墓的壁画和拼镶砖画》和《隋唐造型艺术渊源简论》[25]两文中对东魏北齐、西魏北周壁画墓和隋唐壁画墓之间的关系做了富有见地的阐述。

壁画内容方面，学者们首先做了分类工作。王仁波对全国唐墓壁画的题材内容进行了比较具体细致的分类。[26]他认为可分为仪仗、社会生活、狩猎、生产、建筑、星象、四神等类。尹盛平则将其分为四神、星象、宗教、建筑、仪卫、狩猎、生活、外交等 8 类。[27]这种分类的方法虽然比较详细，但是对墓中壁画的整体布局和内容之间的关系缺乏考虑。如果要更加合理地划分壁画内容，还须充分理解壁画图像在墓葬中的不同功能，以及内容与内容之间的联系。

王仁波在《唐懿德太子墓壁画题材的分析》[28]一文中对懿德太子墓中的阙楼图、列戟、猎豹、官服等分别作了考证。李求是的《谈章怀、懿德两墓的形制等问题》[29]对壁画中的客使图、马球图等进行了考证。云翔的《唐章怀太子墓壁画客使图中"日本使节"质疑》^㉚对客使图中戴羽毛冠的外国使者的国属进行了考察，得出是高丽或新罗使者的结论。王维坤在《唐章怀太子墓壁画客使图辨析》一文中对各位人物的身份和使臣的族别做了深入研究，认为戴羽冠者只能是新罗使者。㉛

齐东方的《唐墓壁画中的金银器图像》㉜论述了壁画中金银器形制的来源，考察了这类器物与西域文化交流的密切关系。叶荣的《唐墓壁画与唐代绘画中的扇子》㉝将壁画中的扇子与唐代其他绘画作品中的扇子进行比较，按照功用将它们分为生活日用扇和仪仗礼仪用扇，并且根据唐墓壁画中扇子的式样来考证持扇者的身份。王昱东的《唐墓壁画中所见拂尘》探讨了拂尘在唐代生活中所具有的卫生、清玩、舞等用途。㉞顾铁符《西安东郊唐墓壁画中的斗拱》一文对壁画墓中的影作建筑作了考察，认为这种影作木构建筑是根据当时贵族府邸的做法绘制的。㉟

赵超对唐代壁画墓中屏风式"树下老人"或"高士图"进行了深入研究，认为这种图像是依照流传下来的古本绘制的，描绘的是古代的孝子、贤人、忠臣、义士、烈女等人物，还有一些可能是类似"竹林七贤"的隐逸人物。㊱这种题材是儒家思想观念的一种反映。

张建林在《唐墓壁画中的屏风画》㊲一文中，将20多座唐代壁画墓中的屏风式壁画收集在一起，通过多方面的分析考证，提出这些屏风画是对现实中围榻屏的模仿；并对屏风画的形制在不同时期的变化进行了考察，指出屏风画在壁画墓中的流行正好伴随着影作木构建筑的简化和消失。

邹规划等的《长乐公主墓壁画〈瑞云车马送行图〉琐谈》㊳和文军的《佛教与世俗的结合——长乐公主墓壁画云中车马图初探》㊴探讨了长乐公主墓墓道东西两壁的云中车马图，均认为与佛教有关，意在引领墓主前往佛国西方极乐世界。

申秦雁等把已有的成果按照以唐代墓葬壁画为对象的研究、以唐代墓葬壁画作为治唐史的史料和工具、揭取和保护等三类做了系统的归纳和总结。[40]

李星明近来从唐代壁画墓的形制与壁画配置、唐墓壁画图像的文化内涵、绘画史中的唐墓壁画三个方面对唐墓壁画，尤其是关中唐墓壁画做了综合研究。[41]

自从唐代墓葬绘画出土面世以来，诸家所著美术史之书大多专辟章节对其加以介绍或用来辅证唐代绘画艺术的论述。[42]但这已属于美术学范畴，在此不详述。

（三）随葬品研究

最先引起学者们关注的随葬品是大型镇墓俑类。罗振玉最早把唐墓中常见的镇墓兽和文献中的方相联系起来，后来的考古发现证明这一认识是错误的。新中国成立后，王去非撰文确定镇墓兽可能就是文献中常见的四神。他认为："以四神做明器殉葬在唐代非常盛行，也有很长的历史。但四神究竟是什么呢，按照上述材料它应当具备以下三个条件：第一，是一般墓中所常用的，第二，多比其他人物为高大，第三，在造型上带有某些'神'的特征而与普遍人俑不同。在所有唐墓出土物里，合乎这三条的只有所谓'镇墓兽'和'镇墓俑'。一般唐墓中都有两个'镇墓兽'和两个'镇墓俑'，'镇墓兽'一作兽头形，一作人头形，臂上有很多长翅，头上生角，足下多踏怪兽，一般都安放在墓室入口处，左右相对面向羡道，'镇墓俑'作天王形，分别放在两个'镇墓兽'的后边。这四件东西自成一组，应该就是'当圹、当野、祖明、地轴'四神。其次，把上引和唐会要，元和六年及会昌元年和六典及开元礼相较，在'四神'之下增入'十二时'（即十二生肖）。目前出土的十二时俑还不多，但就其墓志或共存遗物的作风推测，大半是属于天宝及其以后的，这样与文献对照来看，很可能在开元之后是十二时俑逐渐流行的时期。"他还依据文献和考古资料对当时出土的幞头俑和高髻女俑做了流行时间上的判断。[43]关于镇墓兽在文献中的称呼，后来河南出土的带有墨书题名的俑证明了王去非的推测。[44]此后，徐苹芳根据金元时期成书的古籍《大汉原陵秘葬经》的记载，也把四神比定为镇墓兽和武士天王俑，并且讨论了一系列镇墓神煞俑的属性、命名等问题。[45]此外，唐代墓葬里出土的大型文官俑和"鹖冠俑"也引起了大家的注意，王自力[46]和刘呆运[47]分别在自己执笔的报告里对此问题作了论述。张维慎、梁彦民[48]和刘呆运等对匍匐俑的性质、意义做了研究，认为应当是所谓的"仰观"与"伏听"俑。张全民在对全国镇墓俑分区的基础上归纳出了两京地区镇墓俑的特征。张松林在其编写的《中国古代镇墓神物》前附的长篇序言里，详细论述了唐代中原地区镇墓神物的分区、分期问题。遗憾的是该文使用的资料以河南地区出土的为主，陕西出土的纪年材料相对较少。[49]

除了大型镇墓俑外，学者们对关中唐墓出土的黑人俑[50]、昆仑奴[51]、戏弄俑[52]以及蕃人俑也做了初步研究。尤其是任江对唐代两京地区胡人俑从类型学、国别、身份以及艺术渊源等方面做了深入的研究。[53]

马俑和骆驼俑是唐代墓葬里最常见的随葬品，孙迟[54]、齐东方[55]等人对此做了专门研究。沈从文[56]、孙机[57]、党焕英[58]、庞雅妮[59]等人利用出土陶俑和文献互相验证，对唐代的服饰和发式做了相应的探讨。

杨泓还从美术考古学的角度对隋唐造型艺术的渊源做了概括性的论述。[60]除了几本通论性著作外，王仁波还专门撰文对西安地区北周隋唐墓葬陶俑的组合与分期做了研究。[61]

陶瓷器中的塔式罐是唐墓中最独特的随葬品，20世纪50年代的简报中称之为"塔形器"、"三节罐"，后来逐渐统一称为"塔式罐"。但至今对它的用途和宗教属性还有很大争议。王自力等人认为"塔式罐不是实用器，一般只在墓中随葬，唐代较流行，其他时代的墓葬中较少见。虽然其在墓中随葬的意义目前尚不清楚，但可以肯定它是一种精神方面的需要"。并进一步推测"唐代墓中放置模拟佛塔的塔式罐，大致有两种寓意：其一表明墓主对佛教的信仰或是佛教信徒；其二可能是为了表达墓主希望死后成佛、葬入佛塔的心愿"。[62]齐东方在为《唐节愍太子墓发掘报告》撰写的书评中对此看法表示了怀疑。[63]袁胜文在对唐代塔式罐进行类型学研究的基础上，进一步探讨了塔式罐的产生、发展、消亡及称谓、功用等问题，认为塔式罐即文献中的"五谷仓"，它是佛教文化与中国传统丧葬观念融合的产物，其功用在于帮助亡人在冥界的饮食及来世的超生。[64]

李知宴在全面分析唐代瓷窑与瓷器[65]的基础上，参考中国社会科学院考古研究所编著的《西安郊区隋唐墓》中公布的陶瓷资料，对20世纪80年代以前西安地区墓葬中的陶瓷资料（主要是有墓志纪年的墓葬出土品）作了分析，集中论述了隋唐陶瓷的以下几个问题：一、西安地区隋唐墓葬出土陶瓷的概况；二、西安地区隋唐墓葬出土陶瓷的特征和演变规律；三、白瓷的成就；四、青瓷的成长；五、西安地区隋唐墓葬出土陶瓷的分期。[66]

唐三彩是唐墓里最富特色的随葬品。李知宴等人主要运用陕西地区历年出土的资料，对唐三彩出现的社会条件和它的制作工艺、唐三彩的艺术成就、唐三彩的起源、分期、延续和外传等作了论述。[67]王仁波利用西安地区纪年墓资料对唐三彩的发现及其年代、分类和组合、产生发展和盛行以及铅釉技术的外传问题做了综述性研究。尤为可贵的是，他还利用现代科技对各个标本进行了化学分析和统计。[68]王维坤把关中唐墓出土的唐三彩和日本出土的三彩器进行比较，讨论了中国三彩的起源、发现、研究、传入日本的年代以及中国三彩对奈良三彩的影响等问题。[69]

金属器方面，铜镜发现较多，研究也最为突出。代表性的成果有《唐宋铜镜》[70]、《隋唐铜镜的类型与分期》[71]、《中国古代铜镜》[72]、《唐代铜镜文饰之内容与风格》[73]、《唐镜分期的考古学探讨》[74]、《试谈唐镜与唐代道教》[75]。

外国货币在关中唐墓中也时有发现，对此问题，夏鼐[76]、杨泓[77]二位有较好的综述文章可以参阅。

墓志历来是研究的热点。近年来利用新出墓志对唐代归葬与合葬[78]、冥婚[79]等习俗的进一步研究取得了一些新的认识。值得注意的是张蕴[30]和李星明[31]二位从考古学的角度出发对墓志周围文饰的研究颇具新意。墓志内容考释方面的成果很多，但其研究内容和方法已接近历史文献学，在此不一一列举。

（四）相关制度、习俗研究

在研究分期和随葬品的同时，学者们就开始了相关制度的研究。最先引起大家关注的是"号墓为陵"的几座大墓的差异问题。李求是撰文对懿德太子和章怀太子墓的形制作了比较，认为"陵和墓的差异，尤以陵园部署最显著。除陵比墓的范围要大以外，封土呈双层覆斗形，陵前石刻则有石狮、石人、华表，然而章怀太子墓封土呈单覆斗形，石刻仅有石羊"。按《封氏闻见记》载，石羊石虎是人臣墓的标志。在章怀墓前恰置石羊，这就从石刻内容上清楚地表明了该墓与懿德、永泰两个"号墓为陵"墓的不同所在。同时从该文表中所列数字来看，陵和墓在长短上的差异，以墓道至前甬道这一段最为显著。[32]但是乾陵文管所的同志立即指出了其中的一些失误："永泰、懿德与章怀三墓的封土堆，只有体积大小、高低之分，并不存在'双层覆斗'与'单层覆斗'之别。章怀墓前的石刻组合情况，石羊前有石人两对和华表一对，并没有听到过有石虎。"[33]王仁波利用懿德太子墓资料对唐代皇室埋葬制度做了深入探讨。[34]1995年，孙新科也对皇室制度做了研究。[35]王小蒙利用近年来发掘的几座太子墓资料对太子陵制问题从陵园、封土、石刻、形制、规模、葬具、哀册、随葬品、壁画等方面作了考察，提出太子陵自身有许多共性：陵园规模大于品官墓，陵园形制级别低于帝陵，陵前石刻的品种也不同于二者；墓葬形制为所在时期最高级别，规模或大或小，都在同期贵族大墓之列；使用哀册而不用墓志；俑群数量和仪仗俑的比例皆高于品官墓；壁画中的列戟为太子级别的十八架戟，斗拱结构也较同期品官墓更加复杂等。但具体到每一座太子墓，由于社会政治经济环境的不同，各陵的情况又有一些差异，其陵墓规模和配置有靠近帝陵的，也有个别设施配置还不及大臣品官墓的。有时，一座陵墓中的一些因素表现为太子级别，另一些因素或许又表现为

帝陵级别。最典型的莫过于懿德太子墓，其规模和配置表现出太子
陵制与帝陵制的交叉：陵园形制、陵前石刻、墓葬形制等反映的是
太子陵制，而壁画内容（如三出阙和二十四架戟）和俑群（贴金甲
马）却显示有帝陵级别的因素。⑧

　　由于发掘了大量的有纪年的帝陵陪葬墓，因此陪葬制度也是大
家关注较多的问题。1977 年对昭陵陪葬墓做了全面的调查⑧，1987
年用遥感技术对昭陵陪葬墓进行了定位⑧，并发现发掘了一批宫人
墓⑧。在这些考古发现的基础上，结合文献的记载，任士英首先对唐
代陪葬制度的兴衰作了论述。他认为唐代帝陵陪葬墓的盛衰与唐代
前后期社会风尚的嬗递——由前期尚武到后期轻武崇文——不无关
系。⑩姜宝莲对唐代陪葬墓作了分期研究，认为献陵为初创期，昭陵
为鼎盛期，乾陵为由盛转衰期。她认为昭陵陪葬墓基本是按左文右
武的方式排列。⑨王双怀对唐代帝陵陪葬墓的布局特征做了研究，基
本观点和前述观点大致相同。⑫沈睿文对李泰家族墓地进行分析后，
指出"该家族墓地的安排原则在桥陵陪葬墓地上得到反映，这正好
说明了桥陵在某种程度上也是一处家族墓地，只不过这一处是唐王
朝最高级别的家族墓地罢了。换句话说，桥陵已经完全具备了聚族
而葬的性质了"。⑬姜捷也有同样的认识。⑭沈睿文还对昭陵陪葬墓的
布局做了详尽的分析和研究。他认为："唐陵陪葬墓封土形制来自西
汉长陵；而陪葬墓制度则斟酌汉魏，具体地说陪葬墓地源自北魏在
北邙所创立的原则。阴宅仿效阳宅是唐陵的总体设计思想，这一点
在昭陵陪葬墓地可以明显地得到印证。昭陵陪葬墓地是仿效唐长安
城的宫城和皇城两部分。"但仿效官署的位置与实际正好相反，这也
许是一个是阴宅，一个是阳宅的缘故。⑮

　　当纪年墓的发掘数量积累到一定程度后，对唐墓等级制度的复
原与研究就成为可能。齐东方综合了西安地区已发表的 200 多座唐
墓资料，将墓葬规模、墓室尺寸、墓内设施、葬具、随葬品等分别
排比，并结合一些同出的墓志和有关文献，对西安地区唐墓的等级
制度做了详尽的分析。他将唐墓分为双室砖墓、单室砖墓、单室方

形土洞墓和单室长方形土洞墓四种。认为唐代墓葬等级制度大致可分为三个时期、五个阶段：即高祖、太宗时期；高宗至玄宗时期，包括高宗、武则天和中宗至玄宗两个发展阶段；肃宗至唐末时期，包括肃宗至德宗和顺宗以后两个发展阶段。[56]经过分析，他指出唐高祖、太宗时期仅有区分不很明确的四个等级；高宗武则天阶段有严格区别的五个等级；中宗至玄宗阶段又发展到六个等级，整个这一时期还可以细分出十三个组别；肃宗至德宗阶段开始出现混乱；顺宗以后僭越、破坏的现象更加严重。[57]

近来，齐东方又撰文指出唐代墓葬的演变表现出的理想性、灵活性和现实性，大体构成了唐代墓葬出现的三次转折。这三次转折的分界点是"中宗复辟"和"安史之乱"。尤其是"安史之乱"以后墓葬制度发生的变化意义重大，甚至可以扩展为中国古代墓葬演变上的大转折。变化的关键是，在整个丧葬中的丧、祭地位被提升，使得葬的直接表现形式——墓葬变得简陋起来。他还指出，过去简单地把晚唐墓葬缺乏随葬品的原因归之为社会动荡和经济衰落是和文献记载相违背的。对于这一问题的解决应当淡化唐朝这一整体概念，相应地加大各个时期丧葬观念和礼仪层面的研究。只有这样动态地考察，才能得到接近历史真实的诠释。[58]

随着大量外国货币的出土及隋唐墓的发现与发掘，口中含币的习俗引起了学者们的关注。斯坦因、夏鼐、小谷仲男等研究者均认为这种习俗来自于中原以外的希腊或吐鲁番地区，而王维坤通过对口中含物习俗的追溯，提出"口含是中国最为古老的埋葬习俗之一，起源于原始社会的新石器时代。……隋唐时代，新流行的开元通宝、乾元重宝等铜钱不仅代替了前代的口含半两、五铢等铜钱，而且随着中西文化的交流和商品贸易的往来，东罗马金币和波斯萨珊朝银币也加入到了隋唐墓葬的死者口含之列"。[59]"起源于中原内地的死者口中含币习俗通过丝绸之路中道与南道不断西传到新疆地区乃至中亚、西亚将成为无可争辩的事实。"[100]

王育成[101]、茅甘[102]、加地有定[103]等对唐代墓葬里的镇墓石和道教因素做了初步研究。张勋燎、白彬对考古资料中发现的道教因素进行了整理。但是张勋燎等人的研究仍然集中在对俑类的考订方面，其他方面，如镇墓石、五石镇墓等道教因素考察较少。[104]张建林近来又撰文对唐代墓葬里的佛教因素做了系统整理和总结。[105]

从上述研究现状中可以发现，目前关于关中唐代纪年墓的研究还存在以下不足：

1. 分期断代方面存在着严重的以历史分期、皇帝世系替代考古学分期的倾向，更有甚者则是把重大历史事件作为考古学分期的节点。（美）洛沙·冯·福尔肯霍森曾经指出："发表的考古报告充斥了种种努力，常常把人物或民族群体拉到一起。今天中国考古学家的这种嗜好直接来自传统的古物学。甚至在宋代，是不大可信地将发现物与已知的历史事件联系在一起。"[106]例如，在《中国镇墓神物》的序言里，为了满足以"安史之乱"为界限的分期，强行把明显不同的一些已呈站立姿势的镇墓兽划入同一型，其实这种站立式的镇墓兽在755年以前早有发现。这一点在对唐代帝陵陪葬墓的研究中也明显地暴露出来。研究者仅仅按陵主来划分阶段，其实忽略了高祖和太宗陵同时安排陪葬的事实，而昭陵陪葬墓并不是形成于太宗时期或高宗时期，而是前后持续近80年。把乾陵和昭陵陪葬墓进行比较，就会发现昭陵陪葬墓群形成的时间轨迹。

2. 对大型墓葬关注较多，而对小型墓葬的研究成果较少。忽略了高级贵族和普通官员乃至平民之间的本质差别。在大量小型墓葬里保留的一些看似无关葬俗的资料，如石块、铁铧犁等，可能包含着深刻的宗教意义，对此研究很不充分。

3. 器物研究方面，重视大型俑类，忽略其他器物。在器物研究中重视分型分类及断代，忽略器物内涵的深入研究。例如，当圹、当野、地轴到底是不是武士天王俑和镇墓兽的问题，一直没有定论。白彬等人根据海康元墓提出地轴可能就是双头俑的观点，注意者也甚少。

4. 壁画研究方面由于在方法论上缺乏创新，因而导致研究长期停滞不前。考释、描述、分期类成果较多，但综合研究较少。尤其是仅仅把目光局限在壁画本身上，严重制约了研究者的视野。而巫鸿、郑岩等人正在倡导的复原壁画创作时的场景的研究方法，尝试者依然很少。壁画作为一种实用艺术，有自己特定的观者，而我们只是发现者，我们观察的角度是否和当时预定的观者相同，其中的差异对于理解壁画的含义至关重要。

5. 制度研究方面正如齐东方指出的那样，对于晚唐墓葬制度的解释太过于简单化，甚至不顾文献的记载，缺乏一种动态的思维方式。对于常见文献和考古资料之间的矛盾没有合理的解释，甚至不考虑文献的记载。历史时期的考古学如何利用文献，如何把文献和考古发现整合起来，这是隋唐考古目前面临的一个基本问题。

6. 关于考古资料中蕴含的各种信息分析不足，认识不足。众所周知，唐代是道教和佛教盛行的时代，但是道教和佛教如何影响当时的葬俗，在墓葬里保留了哪些内容？这方面的研究较少。

三　主要研究方法

历史时期考古学和史前考古学明显的差异在于前者拥有大量文献资料和纪年材料，因此在方法上也和史前考古学有明显不同。但是作为考古学最基本方法的地层学和类型学依然是历史考古学最核心的方法论。下面就本文所使用的基本方法作一说明：

（一）考古地层学

考古地层学是借用地质学的方法，经过考古学家的改造，最终成为现代考古学成熟的标志之一。对于早期考古学而言，考古地层学是最为关键的方法。但是这种方法的形成源自早期资料的发掘，在晚期考古发掘中如何使用，是个值得考虑的问题。具体到唐代纪年墓上，发掘报告中出现的地层分析的内容，对于研究有一定帮助。在实际操作中，发掘者发现一些壁画有叠压和修补的痕迹，并以此来判断壁画制作的最后年代，取得了令人信服的结论。另外，在处理合葬墓中随葬品的年代时，也可使用地层学的基本原理。例如，一座夫妇合葬墓，两次入葬时间间隔太大时，就形成了所谓的"叠压"关系。这里的叠压是比喻，因为旧的物品其实已被清理殆尽，换上了新随葬品。这样就形成了新随葬品置于旧墓葬形制中的局面，这一点在分析墓葬形制时至关重要。如果不考虑随葬品和墓葬形制之间的非共时性，必然导致分期上的矛盾。

（二）考古类型学

类型学的首要作用是确定遗迹和遗物的相对年代。但是纪年墓葬的建筑年代和出土器物的制作年代都很清楚，因而不需要过分依赖类型学来解决年代问题。但是利用类型学的方法可以将按自然时序排列的墓葬和器物进行分期和分组，以利于在较小的、相对稳定的时空范围内讨论具体问题。由于墓葬形制是单个墓葬单独建造时形成的，它的变化相对灵活一些，年代学意义也就强一些。而绝大多数随葬俑类为模制成型，其变化相对较小。因此，在选择分期标准时，墓形占主导地位，复杂的大型俑类次之，简单的模制动物俑的年代学意义最弱。本文就是基于这样的类型学原理，对分期依据进行选择，逐级递推。另外，需要考虑的是因为模制的缘故，俑的变化可能是突变式的，当一种风格的俑不再流行时，会彻底被另一种风格的俑所替代，而不会出现所谓的过渡形态。具体来说，因为模具一旦制成，用它制作的俑，无论持续多长时间，其风格都固定不变。这和轮制陶器明显不同，轮制陶器可以是渐变的。正如徐苹芳指出的那样，"历史时期的社会文化是极其复杂的，类型学的排比有时并不反映他们的真正联系，我们必须把考古发现的遗迹遗物置于大的历史环境之内，按照不同对象，分别予以解释"。[107]

（三）综合分析法

为了便于考古资料的客观描述和报告的编写，考古报告和初步研究往往把资料分割为遗迹、遗物、壁画等部分。但这样的分割并不能反映考古遗存的真实面目，这样的分割完全忽略了器物与墓葬建筑、器物与器物之间的关系，更不能反映器物在葬俗中的作用。壁画的研究同样存在这种资料分割的问题，壁画研究者通常仅仅研究壁画，而对相关的俑类、石刻线画则缺乏考虑。因此，在本文的研究中将加大综合分析的力度，力图使结论更接近于历史的真实。

（四）数理统计法

在唐代有关随葬品的记载中，我们可以清楚看到对于不同等级的人使用不同种类、不同数量、不同高度的随葬品的现象。利用"数"和"量"来体现墓葬差别是唐人的真实意图。但是由于考古发掘资料受各种因素的影响，很不完整。在过去的研究中只注重器物"类、型"的分析，缺乏对"数、量"的分析，尤其是缺乏对俑类高度的完整分析。本文拟使用图表来说明唐代墓葬的等级及其演变规律。这样一方面可以使论证更加有力，另一方面使结论更加直观，更利于进一步研究。

---

① 可参见阎文儒：《中国考古学史》，广西师范大学出版社 2004 年。

② 大百科全书编委会：《考古大百科全书》，大百科全书出版社 1986 年，731 页。

③ 卫聚贤：《中国考古学史》，商务印书馆 1937 年，1998 年影印，179 页。

④ 李秀兰、卢桂兰：《唐裴氏小娘子墓出土文物》，《文博》1993 年 1 期。

⑤ 姜捷：《陕西隋唐考古述要》，《考古与文物》1998 年 5 期。

⑥ 姜捷：《陕西隋唐考古述要》，《考古与文物》1998 年 5 期。

⑦ a 孙秉根：《西安地区隋唐墓的形制》，载《中国考古学研究——夏鼐先生考古五十周年纪念》，科学出版社 1986 年，151～190 页；b 齐东方：《试论西安地区唐代墓葬的等级制度》，载《纪念北京大学考古专业三十周年论文集》，文物出版社 1990 年，286～310 页。关于纪年墓材料来源可参见本书 353～363 页附录。

⑧ 如紫薇田园都市和西部大学城基建工地曾清理了近 80 座隋唐纪年墓，其他零星发现尚不计在内。

⑨ 详情见：a 孙秉根：《西安隋唐墓葬的形制》，载《中国考古学研究——纪念夏鼐先生考古五十年纪念论文集（二）》，科学出版社 1986 年，151～190 页。b 王仁波：《西安地区北周隋唐墓葬陶俑的组合与分期》，载《中国考古学研究论集——纪

夏鼐先生考古五十周年》，三秦出版社 1987 年，428～456 页。这两篇文章中使用了很多陕西文管会等机构收藏的未发表资料，在此不一一罗列，但在论叙中可能还会引用，在此先予以说明。

⑩中国科学院考古研究所：《新中国的考古收获》，科学出版社 1962 年。

⑪中国科学院考古研究所：《西安郊区隋唐墓》，科学出版社 1966 年。

⑫段鹏琦：《唐代墓葬的发掘与研究》，载《新中国的考古发现与研究》，文物出版社 1984 年，581～586 页。

⑬秦浩：《隋唐考古》第六章，南京大学出版社 1992 年。

⑭宿白：《西安地区的唐墓形制》，《文物》1995 年 12 期。

⑮齐东方：《略论西安地区唐代的双室砖墓》，《考古》1990 年 9 期。

⑯贺梓城：《唐墓壁画》，《文物》1959 年 8 期。

⑰有关列戟的论述除李求是、王仁波等人前引论文外，也可参考申秦雁《唐代列戟制度探析》，原文载《陕西历史博物馆馆刊》第一辑。

⑱段鹏琦：《唐代墓葬的发掘与研究》，载《新中国的考古发现与研究》，文物出版社 1984 年，581～586 页。

⑲宿白：《西安地区唐墓壁画的布局与内容》，《考古学报》1982 年 2 期。

⑳王仁波等：《陕西唐墓壁画之研究》（上、下），《文博》1984 年 1、2 期。

㉑傅熹年：《唐代隧道型墓的形制构造和所反映的地上宫室》，载《文物与考古论集》，文物出版社 1986 年，322～343 页。这一观点的提出最早见于韦洞墓发掘简报中，傅熹年、王仁波等人对此又做了进一步论证。

㉒齐东方、张静：《唐墓壁画与高松冢古坟壁画的比较研究》，《唐研究》第 1 卷，北京大学出版社 1995 年。

㉓韩钊：《中国唐壁画墓与日本古代壁画墓比较研究》，《考古与文物》1999 年 6 期。

㉔杨泓：《美术考古半世纪——中国美术考古发现史》上篇第五章第二节，文物出版社 1997 年。

㉕杨泓：《汉唐美术考古与佛教艺术》，文物出版社 2000 年。

㉖王仁波：《隋唐时期的墓室壁画》，载《中国美术全集绘画编（12）墓室壁画》，文物出版社 1989 年。

㉗尹盛平：《唐墓壁画真品选粹》，陕西人民美术出版社 1991 年。

㉘王仁波：《唐懿德太子墓壁画题材的分析》，《考古》1973 年 3 期

㉙李求是：《谈章怀、懿德两墓的形制等问题》，《文物》1972 年 7 期。

㉚云翔：《唐章怀太子墓壁画客使图中"日本使节"质疑》，《考古》1984 年 12 期。

㉛王维坤：《唐章怀太子墓壁画客使图辨析》，《考古》1996 年 1 期。

㉜齐东方：《唐墓壁画中的金银器图像》，《文博》1998 年 6 期。

㉝叶荣:《唐墓壁画与唐代绘画中的扇子》,《陕西历史博物馆馆刊》第七辑。

㉞王昱东:《唐墓壁画中所见拂尘》,《文博》2000 年 4 期。

㉟顾铁符:《西安东郊唐墓壁画中的斗拱》,《文物参考资料》1956 年 11 期。

㊱赵超:《"树下老人"与唐代屏风式墓室壁画》,《文物》2003 年 2 期。

㊲张建林:《唐墓壁画中的屏风画》,载《远望集——陕西省考古研究所华诞四十周年纪念》,陕西人民美术出版社 1998 年,720 ~ 729 页。

㊳邹规划等:《长乐公主墓壁画〈瑞云车马送行图〉琐谈》,《陕西历史博物馆馆刊》第六辑。

㊴文军:《佛教与世俗的结合——长乐公主墓壁画云中车马图初探》,《陕西历史博物馆馆刊》第八辑。

㊵申秦雁、杨效俊:《陕西唐墓壁画研究综述》,载《唐墓壁画研究文集》,三秦出版社 2001 年,3 ~ 39 页。

㊶李星明:《唐代墓室壁画研究》,陕西人民美术出版社 2005 年。

㊷此类著作中具有代表性者有：a 李浴:《中国美术史纲》,辽宁美术出版社 1983 ~ 1986 年；b 王伯敏主编:《中国美术通史》,山东美术出版社 1988 年；c 巫鸿:《中国绘画三千年》,中国外文出版社 1997 年；d 王朝闻总主编:《中国美术史——隋唐卷（陈绶祥主编）》,齐鲁出版社 2000 年；e 王伯敏:《中国绘画通史》,生活·读书·新知三联书店 2000 年。

㊸王去非:《四神、巾子、高髻》,《考古通讯》1956 年 5 期。

㊹张文霞、廖永民:《隋唐时期的镇墓神物》,《中原文物》2003 年 6 期。

㊺徐苹芳:《唐宋墓葬中的"明器神煞"与"墓仪"制度——读〈大汉原陵秘葬经〉札记》,《考古》1963 年 2 期。

㊻西安市文物保护考古所:《唐金乡县主墓》,文物出版社 2002 年,117 页。

㊼陕西省考古研究所:《唐节愍太子墓发掘简报》,文物出版社 2004 年,189 页。

㊽张维慎、梁彦民:《两件唐代跪拜俑拜仪考》,《考古与文物》1999 年 1 期。

㊾张松林主编:《中国古代镇墓神物·序言》,文物出版社 2004 年。

㊿杜葆仁:《从西安唐墓出土的非洲黑人俑谈起》,《文物》1979 年 6 期。

51秦浩:《唐墓昆仑奴俑考释》,《南京大学学报》1983 年 2 期。

52田进:《唐戏弄俑》,《文物》1959 年 8 期。

53任江:《试论西安洛阳地区唐墓出土的蕃人俑》,西北大学硕士学位论文 2004 年 5 月。

54孙迟:《唐代的胡俑骆驼与丝绸之路》,《考古与文物》1982 年 1 期。

55齐东方:《丝绸之路的象征——骆驼》,《故宫博物院院刊》2004 年 6 期。

56沈从文:《中国服饰史研究》,上海书店 2005 年。

(57)孙机：《唐代妇女的服装与化妆》，《文物》1984 年 4 期。
(58)党焕英：《唐代男女服饰及女装概述》，《文博》1996 年 2 期。
(59)庞雅妮：《西安地区纪年墓妇女发髻研究》，《文博》2001 年 1 期。
(60)杨泓：《隋唐造型艺术渊源简论》，《唐研究》第 4 卷。
(61)王仁波：《西安地区北周隋唐墓葬陶俑的组合与分期》，载《中国考古学研究——纪念夏鼐考古五十周年》，三秦出版社 1987 年，428 ~ 456 页。
(62)西安市文物保护考古研究所：《唐金乡县主墓》，文物出版社 2002 年，页 124。
(63)齐东方：《书评》，《唐研究》第 9 卷，582 页。
(64)袁胜文：《塔式罐研究》，《中原文物》2002 年 2 期。
(65)李知宴：《唐代瓷窑概况与唐瓷分期》，《文物》1972 年 3 期。
(66)李知宴：《西安地区隋唐墓葬出土陶瓷的初步研究》，《考古与文物》1981 年第 1 期。
(67)李知宴、朱捷元：《精湛的艺术瑰宝——唐三彩》，《考古与文物》1980 年第 1 期。
(68)王仁波：《陕西省唐墓出土的三彩器研究综述》，《文物资料丛刊》第 6 辑，文物出版社 1982 年。
(69)王维坤：《中国唐三彩和日本出土的唐三彩研究综述》，《考古》1992 年 12 期。
(70)沈从文：《唐宋铜镜》，古典艺术出版社 1958 年。
(71)孔祥星：《隋唐铜镜的类型与分期》，载《中国考古学会第一次年会论文集》，文物出版社 1980 年，400 ~ 406 页。
(72)孔祥星、刘一曼：《中国古代铜镜》第五章，文物出版社 1984 年。
(73)颜娟英：《唐代铜镜文饰之内容与风格》，《史语所集刊》第六十本第二分册 1990 年 10 月。
(74)徐殿魁：《唐镜分期的考古学探讨》，《考古学报》1994 年 3 期。
(75)王燕：《试论铜镜与唐代道教》，《文物春秋》2000 年 3 期。
(76)a 夏鼐：《综述中国出土的波斯萨珊朝银币》，《考古学报》1974 年 1 期；b《近来出土的萨珊朝文物》，《考古》1978 年 2 期。
(77)杨泓：《与中外交通有关的遗物的发现与研究》，载《新中国的考古发现与研究》，文物出版社 1984 年，562 ~ 564 页。
(78)a 陈忠凯：《唐代人的生活习俗——合葬与归葬》，《文博》1995 年 4 期；b 段塔丽：《从夫妻合葬习俗看唐代丧葬礼俗中性别等级差别》，《陕西师范大学学报》2005 年 3 期。
(79)a 姚平：《试论唐代冥婚及其形成原因》，《学术月刊》2003 年 7 期；b 黄景春：《试论我国冥婚的历史、现状及其根源——兼与姚平教授商榷唐代冥婚问题》，《民间文化论坛》2005 年 5 期。

⑧张蕴:《西安地区隋唐墓志纹饰中的十二生肖图案》,《唐研究》第 8 卷, 467 页。

⑧李星明:《唐代墓室壁画研究》第六章第二节, 陕西人民美术出版社 2005 年。

⑧李求是:《谈章怀、懿德两墓的形制等问题》,《文物》1972 年 7 期。

⑧陕西省乾县乾陵文物保管所:《对〈谈章怀、懿德两墓的形制等问题〉一文的几点意见》,《文物》1973 年 12 期。

⑧王仁波:《懿德太子墓所反映的唐代皇室埋葬制度》, 载《中国考古学会第一次年会论文集（1979）》, 文物出版社 1980 年, 400～406 页。

⑧孙新科:《试论唐代皇室墓葬制度问题》,《中原文物》1995 年 4 期。

⑧王小蒙:《从新发现的唐太子墓看太子陵制度问题》,《考古与文物》2005 年 4 期。

⑧昭陵文管所:《昭陵陪葬墓调查记》,《文物》1977 年 10 期。

⑧宋德文等:《昭陵古墓葬遥感解译与定位的研究》,《文物》1992 年 7 期。

⑧孙东位:《昭陵发现陪葬宫人墓》,《文物》1987 年 1 期。

⑨任士英:《唐帝陵陪葬墓盛衰原因试探》,《烟台师院学报》1990 年 4 期。

⑨姜宝莲:《试论唐代帝陵的陪葬墓》,《考古与文物》1994 年 6 期。

⑨王双怀:《唐陵陪葬墓的布局特征》,《陕西师范大学继续教育学院学报》2003 年 3 月 1 期。另见《荒冢残阳——唐陵陪葬墓盛衰之谜》, 陕西人民出版社 2002 年, 209～218 页。

⑨沈睿文:《桥陵陪葬墓地研究》,《文博》2000 年 5 期。

⑨姜捷:《关于定陵陵制的几个新因素》,《考古与文物》2003 年 1 期。

⑨沈睿文:《唐昭陵陪葬墓地布局研究》,《唐研究》第 5 卷, 北京大学出版社 1999 年。

⑨齐东方:《试论西安地区唐代墓葬的等级制度》, 载《纪念北京大学考古专业三十周年论文集》, 文物出版社 1990 年, 286～310 页。

⑨齐东方:《隋唐考古》第三章第三节"两京模式与分期、类型", 文物出版社 2002 年。

⑨齐东方:《唐代的丧葬观念习俗与礼仪制度》,《考古学报》2006 年 1 期。

⑨王维坤:《隋唐墓葬死者口中含币习俗溯源》,《考古与文物》2001 年 5 期。

⑩王维坤:《丝绸之路沿线发现的死者口中含币习俗研究》,《考古学报》2003 年 2 期。

⑩王育成:《中国古代道教奇异符铭考论》,《中国历史博物馆馆刊》1997 年 2 期。

⑩［法］茅甘著、杨民译:《论唐宋墓葬刻石》,《法国汉学》第五辑, 中华书局 2000 年, 150～186 页。

⑩加地有定:《中国唐代镇墓石的研究——死者的再生与昆仑山升仙》, 大阪株式会社 2005 年。具体内容和优劣可参见沈睿文为此书撰写的《书评》, 载《唐研究》

第 12 卷，北京大学出版社 2006 年。

⑭张勋燎、白彬：《道教考古》，线装书局 2006 年。

⑮张建林：《唐代丧葬习俗中佛教因素的考古学考察》，载《西部考古》第一辑，三秦出版社 2006 年。

⑯〔美〕洛沙·冯·福尔肯霍森撰、陈淳译：《论中国考古学的编史倾向》，《文物季刊》1995 年 2 期。

⑰徐苹芳：《中国石窟寺考古学的创建历程——读宿白先生〈中国石窟寺研究〉》，《文物》1998 年 2 期。

第二章　唐代墓葬的地面设施

　　陵墓的地面设施主要包括垣墙、阙楼、封土、墓碑、石刻、祭祀场所和墓树。据李如森[①]和徐苹芳[②]二位的研究，除坟丘系继承战国时代旧制并加以发展外，其余墓上设施都是在汉代兴起的。具体而言，先秦时期，不封不树，地面自然没有任何设施。春秋战国之际，随着家族势力的兴起，破坏了原有的祭祀制度，墓葬替代宗庙成了联系家族成员的工具，"祖先崇拜的中心逐渐从宗庙转移到墓地"。这一转变的原因在于这两种建筑的性质不同，墓葬为生者的近亲或生者本人所建，而宗庙是一个集合性的宗教建筑。在个人野心急剧膨胀的东周时代，诸侯把高大的陵墓当成个人的纪念碑。[③]因而，墓上建筑日益受到人们的重视。秦始皇陵开始正式出现了垣墙、封土、寝庙等设施。这一规划为后来的帝陵所沿用，并仿照都城建制，在四个神门外建造阙楼。纪功性石刻最早出现在陪葬汉武帝的霍去病墓前，但还未形成定制。至东汉时期，墓前石刻日益健全，有墓碑、石人、石马、石羊之类。"古不墓祭"，自然陵墓附近的建筑很少，但到东汉明帝时，这一传统遭到破坏。公元58年，为了解决皇帝继统中的矛盾[④]，汉明帝把元旦百官朝拜的大礼移至光武帝的原陵举行。这一改革最终使墓葬建筑更加庞大、更显重要。为了表明墓葬范围，在墓域周围普遍筑有墙垣或罘思（近似栅栏的一种建筑），如《汉书·董贤传》载："令将作为贤起冢茔义陵旁，外为徼道，周垣数里门阙罘思甚盛"；《水经注·清水篇》："绥水东南流迳汉弘农太守张伯雅墓，茔域四周，垒石为垣"；河北定县八角廊西汉中山怀王刘修墓，以大冢为中心，周围筑垣。另外，还有人继续使用先秦旧制，用成排的树木来表明墓葬范围。墓域上的树木，因年代久远，目前尚无遗存发现。然而，就文献记载来看，汉代官僚墓域种树，似乎已成风气。《盐铁论·散不足篇》："今富者积土成山，列树成林。"《汉北海相景君碑阴》云："惟故臣吏，守卫坟园，陵成宇立，树列既就。"《隶续》五载汉不其令董君阙"上刻展墓图，坟上有树"。东汉末年，天下大乱，法纪破坏，盗墓成风。最终统治中原地区的曹操父子，为了防止死后坟墓被破坏，提倡节葬，不封不树，自然就没有任何墓上建筑了。魏晋时期是贵族执政的时代，各个大族之间以孝道和学问互相标榜，墓葬成为体现孝道最好的工具。所以，魏晋时期墓上建筑一改曹魏时期的作风，大事修饰，石刻数量众多。隋代再次统一南北，但享国日短，关中地区目前还未发现隋代墓葬的地面遗物。关中唐代墓葬发掘较多，尤其是大墓较多，地面建筑保存相对较好，这为我们复原唐代墓葬的地面设施提供了丰富的资料。下面对此问题做一归纳和总结。

第一节　陵墓墓园的墙和阙

唐代陵墓（陵指太子陵，下同）墓园的墙及阙经过发掘和调查钻探，其形制大小基本清楚的有以下几例，绝大多数为皇室墓葬。

1. 长乐公主墓　墓园四周原有八个土阙，应当是四个角阙和南北两对门阙的遗存。现存南边四个。惜未有详细报道。⑤

2. 新城公主墓　墓园南北长约 153～160 米，东西宽 103～105 米，约 11130 平方米。垣墙已毁，仅留有部分墙基。墙基宽 4.2～5 米不等。南北两排土阙，共八个，被当地人称为"八抬轿"。其中南部和北部正中为门阙。四角为四个角阙。南边门阙间距 11 米，阙台长 18 米，宽 8 米。北边门阙间距 16.5 米，阙台较小，呈椭圆形，直径 6～8 米。角阙平面也呈椭圆形，直径 8～11 米，西北角阙最高，残高达 31 米。⑥

3. 城阳公主墓　墓园有四个角阙和南北两对门阙，其他数据未见报道。⑦

4. 懿德太子墓　陵园南北长 256.5 米，东西宽 214 米，约 54891 平方米。陵园四角各有一夯土堆，南面有土阙一对。四角的夯土堆应该就是角阙的残留。⑧由于原简报报道不详，其他情况不得而知。

5. 永泰公主墓　墓园呈矩形，南北长 363 米，东西宽 220 米，约 79860 平方米。四角有角阙，西北角的阙台保存较好，底部长约 13～14 米，东西宽 10.7 米，残高 4.5 米。垣墙已毁，南部正中辟门，门外置一对门阙。门阙的底部长度和角阙基本相同，但宽度仅为 5～6 米。⑨

6. 章怀太子墓　墓园南北长 180 米，东西宽 143 米，约 25740 平方米。四角有角阙，东北、西南角阙尚存。角阙底部长 3.2～3.7 米，宽 2.1～3.1 米。墓园南面正中辟门，门外置双阙，阙间距离 36 米。东阙底部长 9 米，宽 4 米；西阙底部长 12 米，宽 6.6 米。⑩

7. 节愍太子墓　墓园南北长 170 米，东西宽 143 米，约 24310 平方米。四周有墙，四角为角阙，南部正中置双门阙。在垣墙内外均发现有白灰墙皮。据东墙南段解剖的断面看，墙基宽 4 米，厚 0.8 米，侧各宽出墙体 1 米，墙基夯筑而成。角阙平面呈曲尺形，东南角阙保存较好，每边各有两出，每出约长 0.5～0.6 米，第一出距第二出 3.4 米。（见原报告图 3）两门阙间距 20 米，为两出阙，每出约 0.4 米。阙台平面呈长方形，东西长 9.2 米，南北宽 11.6 米。⑪

8. 惠庄太子墓　墓园南北长 144.5 米，东西宽 114 米，约 16473 平方米。东、西、北三面有墙，南面未发现墙基。东西垣墙墙基宽约 2.5 米，北墙墙基宽 1.5 米。四角有角阙，角阙呈曲尺形，阙台明显宽出墙体。角阙大小基本相同，长 11 米，宽 5～6 米。南面两门阙间距 17 米，东阙台长 11 米，西阙台长 21 米，宽 5.5 米。⑫两个阙的大小相差较大，可能是后来遭到破坏的缘故。

9. 让皇帝李宪墓　应有内外两重垣墙，但仅发现了内墙。内墙呈长方形，南北长 252.5 米，东西宽 217.5 米，约 54919 平方米。地面墙体已被破坏殆尽，仅发现了部分墙基。垣墙分段夯筑而成，基槽内为平夯，未发现夯窝。墙壁内外两面均以白石灰涂抹，并绘有赭色边框。阙分两种，一种为门阙，一种为角阙。据蒲城县志记载和群众回忆，李宪的惠陵共有南北两处门阙。钻探资料显示，在南门道外45米处发现内垣的阙台基址，430米处发现外阙基址。内阙的西阙台保存较好，平面呈梯形。两阙台之间的距离为30米。阙台基槽下部略内收，截面呈梯形。内垣上有曲尺形角阙四座，两端和垣墙相接，但阙体比垣墙略厚，突出墙外，下部以青石和砖块为基础。据附近出土的建筑材料分析，角阙内外包砖，其上部应有瓦顶建筑。角阙和垣墙分两次筑成，垣墙夯筑坚实，角阙夯筑松软，应当是砖墙内的填充。⑬

表一　唐代墓园数据统计表

墓主	身份	葬年	外垣	内垣长/宽（米）	面积（平方米）	内垣阙门	角阙	备注
李丽质	长乐公主	643	无	不明		2	4	无数据报道
李宇	新城长公主	663	无	160/105	11130	2	4	
城阳公主	城阳公主	671	无	不明		2	4	无数据报道
李重润	懿德太子	705	无	256.5/214	54891	1	4	壁画内有三出阙
李仙蕙	永泰公主	706	无	363/220	79860	1	4	
李重俊	节愍太子	710	无	170/143	24310	1	4	阙均为两出
李贤	章怀太子	711	无	180/143	25740	1	4	
李撝	惠庄太子	724	无	144.5/114	16473	1	4	
李宪	让皇帝	741	有	252.5/217.5	54919	2	4	
李宁	惠昭太子	812	无	已毁	已毁			

从表一的数据看，已发现的10座墓园当中，除惠昭太子外，所有墓葬均为帝陵陪葬墓，且均为皇室高级成员。但仅有让皇帝李宪墓有两重垣墙，这符合他被追谥为"让皇帝"的身份，也是唯一一座有陵号的墓。⑭其他墓葬，包括"号墓为陵"者，也只有内垣，而无外垣。所有的墓园均呈南北长方形，这应当是模仿长安城的结果。

内垣上开南北两门的除惠陵外均为三座陪葬昭陵的公主墓，其中新城公主墓"以皇后礼葬昭陵旁"[15]。这三座公主墓的规格明显高于后来有"号墓为陵"之称的永泰公主墓，这应是以皇后之礼埋葬的体现。在《唐新城长公主墓发掘报告》的附录里，原报告认为"在墓的形制上似无体现"[16]的结论是很不全面的。内垣面积以永泰公主墓和懿德太子墓的最大，反映了当时事出特制的局面。其余几座墓的内垣面积差距不大，南北长度在 144 ~ 180 米之间，东西宽度在 105 ~ 143 米之间。墓园面积除几例特例外，贞观时期较小，中宗时期的最大，开元、天宝时期又开始缩小。这和开元二十九年（741 年）要求节葬的敕书[17]的精神吻合。

表二　唐代墓田大小变化[18]

官品	开元二十九年前	折合平方米数	开元二十九年后	折合平方米数
一品	方 90 步	17658	方 70 步	10682
二品	方 80 步	13952	方 60 步	7848
三品	方 70 步	10682	方 50 步	5450
四品	方 60 步	7848	方 40 步	3488
五品	方 50 步	5450	方 30 步	1962
六品	方 20 步	872	方 15 步	490.5
庶人	未规定		方 7 步	106.82

把各墓园的面积和表二相比，可知，除长乐公主墓的墓园面积不明外，其他几位公主、太子墓园的面积均大于一品墓园。长乐公主墓园较小的原因一方面可能出于制度，另一方面可能出于地势考虑。因为该墓位于一座小山之上，墓园只能按照实际的地理条件来建造。这一情况说明，除少数特例外，无论该墓是否称陵，其陵园的规模都比普通品官的规模大。三座"号墓为陵"者，其墓园均大于 5 万平方米，不过这依然远远小于帝陵的规模。以规模最小的僖宗靖陵为例，其内垣边长 480 米，面积达 230400 平方米[19]，相当于目前已发现的规模最大的墓园——永泰公主墓园的 2.8 倍。晚唐帝

陵规模尚且如此，盛唐帝陵的规模就可想而知了。因此，"号墓为陵"只是一种特殊形态的墓葬，和真正的帝陵差异很大。

已发现的墓园以夯土墙围成，四角置角阙，南边开门。规格较高者，如长乐公主墓是模仿后陵建造的，所以有南北两门和各自的门阙。新城、城阳两位公主墓园也使用了南北两门的建制。这说明，贞观时期墓葬制度还未完全定型，可能沿用了旧的传统或制度，至高宗以后再也不见此类墓园。让皇帝惠陵的北门也非常简单，只具形式而已。

围墙墙基宽约 4 米，厚 0.8 米，墙厚约 2 米，内外均以白灰粉刷。根据墙基周围发现的墙皮残片估计，当时壁面可能绘有简单的壁画。

角阙为双出阙，每出的长度约 0.4 米。阙的厚度远远超过墙体厚度，根据角阙附近出土的建材来看，角阙的四周可能使用了包砖，基础可能是以石材建成。

门阙通常凸出于门道之前，也为双出阙，阙台间距在 16～36 米之间。因为数据缺乏，尚不能判定唐墓是否以阙台间距来表明等级。但长乐公主墓园的北阙门大于南阙门，值得注意，这和昭陵的情形较为相似。阙上有瓦顶和其他建筑。较为特殊的是懿德太子墓，但由于原报道不详，目前无法判断其门阙的形制，不过从墓道壁画里的三出阙来看，不排除使用皇帝级墓阙的可能性。

皇室嫡出、高级成员的墓园，基本由垣墙、角阙、门阙三部分构成。使用这种墓园的墓主，其品阶均在一品以上，均为帝陵陪葬墓，其他人无权使用这种形制的墓园。

关于一般皇室成员乃至普通品官的墓园，目前尚无资料报道。但在敦煌壁画里保存了北周至五代时期的四座墓园形象（图一），这可以作为我们探讨唐代墓园的资料。据萧默先生介绍"（北周窟）墓园方形，有墙围绕，前后各开一阙口，在墓园正中砖台基上起圆坟，园内植行树"[20]。这座北周时期墓园的形象为长乐公主等墓园南北开门的规制找到了渊源。但北周墓园无角阙和门阙，而唐代两座墓园的形象基本接近，均为四周有墙，四角有阙，单门阙。在第25窟的墓园图像里，画家刻意把门阙画为三出阙的形制。五代时期的第53窟的墓园形象和已发现的唐墓墓园结构最为接近。萧默认为"这些壁画所示应是民间的坟墓，是一般地主官僚坟制的反映"[21]。在西安地区已发掘3000余座唐墓，其中不乏大型高级墓葬，但除了前述几例外，其他均未发现墓园和垣墙。因此，我们认为这里所画要么是敦煌本地的情形，要么就是画家根据一些皇室高级墓葬加工而成。

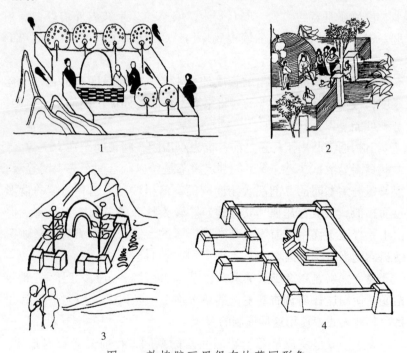

图一 敦煌壁画里保存的墓园形象

1. 北周第296窟 2. 榆林窟中唐第25窟 3. 晚唐第198窟 4. 五代第53窟

唐代墓葬有一定的地面标识，用于"标志疆域"[22]，在"其域及四隅，四品以上筑阙，五品以上立土堠，余皆封茔而已"[23]。这样，一方面便于祭祀祖先，另一方面便于提示他人，使自己的茔兆不受侵犯。对于普通人来讲最简单易行的方法就是植树，这是自春秋以来标识界畔的常用方式。关于在唐代墓园里植树的记载有很多，如"纲毳矣，日过时流，坟树已拱，幸未就土"[24]；"（李道彦）负土成坟，躬植松柏"[25]；也有人"手植松柏"达千余株[26]。子孙对坟树极为重视，褚无量为其父母墓园"所植松柏，时有鹿犯之，无量泣而言曰：'山中众草不少，何忍犯吾先茔树哉！'因通夕守护"[27]。更有甚者，为坟树而杀人犯法，如"富平县人李秀才，籍在禁军，诬乡人斫父墓柏，射杀之"[28]。这些例子不管是正面宣扬孝道，还是反面揭露禁军的骄横，均反映了时人对坟树的重视程度。墓园里除了种松柏这些长绿树以外，还应有白杨、楸树之类的阔叶树。据记载："龙朔中，司稼少卿梁修仁新作大明宫，植白杨于庭，示何力曰：'此木易成，不数年可庇。'何力不答，但诵'白杨多悲风，萧萧愁杀人'之句，修仁惊悟，更植以桐。"[29]此外，唐元和九年（814年），郭钊"欲于（郭子仪）坟所植楸松"[30]。敦煌壁画所画确为阔叶树和针叶树之类，可见当时普遍采用松柏、楸树和白杨为坟树。坟树既有筑坟时栽种的，也有如李纲所谓"坟树已拱"的情形，即很早就预种好的，并且数量可达千余株，这自然就形成一个明显的标识。因此，文献里又把墓园称为"柏城"[31]，缘由即在于此。

由于已发掘的唐墓大多是随工清理的，所以墓上设施已被破坏，无踪可寻。加之清理发掘的面积仅限于墓圹之内，所以周围的土壤之类根本不可能被发现。因此，对于这些设施的深入认识还有待今后更为仔细的田野调查和发掘工作。

第二节 陵墓的封土堆

封土堆是春秋以来墓葬的典型标志，尽管魏晋时期有过短暂的停顿，但就整体而言，这一传统一直保存至今。在漫长的历史进程中，封土堆的形制成了葬仪和葬制的主要关注对象。历代统治者从封土的形状、高度两个方面来区别墓主的等级。不同级别、不同身份的人使用不同形制的封土堆。唐代统治者也沿用了这一传统。根据已发掘和已调查的唐代墓葬看，唐墓的封土堆有如下五种：

第一种，依山为墓型。目前仅发现两座，均为昭陵陪葬墓，一为魏征墓，一为韦贵妃墓。两座墓葬的南面均建有土阙，阙内立有墓碑，并可见残存的石人、石羊、石望柱。魏征是唐太宗时期著名的政治家，有名的谏臣。魏征死后，太宗命百官九品以上皆赴丧，自己"登苑西楼，望哭尽哀"，并亲自为魏征墓撰文及并书丹。韦贵妃在长孙皇后去世后，居后宫之首，是实际意义上的皇后。这类墓葬和依山为陵的方式较为接近，都是把墓室开凿在山体里面。虽然这两座墓还未进行发掘，其他情况尚不清楚，但可以肯定，这是唐墓当中规格很高的两座。㉜

第二种，覆斗形封土堆。这是自秦始皇陵以来高规格墓葬普遍使用的封土形制。目前已发现 12 座（表三），分别是：长乐公主墓、新城公主墓、城阳公主墓、虢王李凤墓、懿德太子墓、永泰公主墓、节愍太子墓、章怀太子墓、惠庄太子墓、金仙公主墓、让皇帝惠陵、惠昭太子墓。

表三　覆斗形墓葬统计表

墓主	身份	葬年	边长（米）	高度（米）	备注
李丽质	长乐公主	643	30、30	9.8	昭陵陪葬墓
李宇	新城长公主	663	40、42	15 ~ 19	昭陵陪葬墓
城阳公主	城阳公主	671	不详	不详	昭陵陪葬墓
李凤	虢王	674	90、30（破坏）	13.3	献陵陪葬墓
李重润	懿德太子	705	56.7、55	18	乾陵陪葬墓
李仙蕙	永泰公主	706	56、56	14	乾陵陪葬墓
李重俊	节愍太子	710	35、30	10.2	乾陵陪葬墓
李贤	章怀太子	711	43、43	18	乾陵陪葬墓
李㧑	惠庄太子	724	32、32	7.5	桥陵陪葬墓
无上道	金仙公主	732	已毁	已毁	桥陵陪葬墓
李宪	让皇帝	741	60、60	14	桥陵陪葬墓
李宁	惠昭太子	812	30、30	20	临潼

在上述 12 座覆斗形大墓中，除金仙、城阳两公主墓由于墓上建筑被毁，墓园情况不得而知及虢王李凤墓没有发现墓园外，其他 9 座均有墓园，并且除惠昭太子墓外均为帝陵陪葬墓。封土堆以虢王李凤的边长最大，达 90 米（已破坏，以最大边长计），其规模已超过了"号墓为陵"的懿德、永泰两墓，也大于让皇帝惠陵。封土规模由小变大，至中宗、睿宗时期达到顶峰，随后又复归至边长 30 ~ 40 米，约合 10 丈有余。覆斗形封土堆墓的墓主均为皇室成员，身份不是太子就是皇帝钟爱的公主。虢王李凤，可能因为是高宗叔父的缘故，才享受了覆斗形封土的殊荣。

第三种，圆锥形封土。这种封土是古代墓葬最常用的形制，唐代绝大多数墓葬也沿用这一传统。但大多数唐墓的封土堆由于自然和人为的原因，已被破坏殆尽，留下的也远远低于原来的高度。这种封土堆上自皇亲国戚，下至庶民百姓均可使用，等级差别主要依靠不同的高度来体现。目前经过发掘的纪年唐墓圆锥形封土堆保存较好的有以下几例：李寿墓、段简璧墓、郑仁泰墓、尉迟敬德墓、安元寿墓、元师奖墓、苏君墓、李承乾墓、高力士墓（表四）。

表四　圆锥形封土堆数据表

墓主	葬年	品阶	底径（米）	高度（米）	陪陵与否	出处
李寿	630	正一品	19.6	8.4	否	《文物》1974 年 9 期
段简璧	651	一品	7.6	7	昭陵	《文博》1989 年 6 期
尉迟敬德	658	正一品	26.5	8.8	昭陵	《文物》1978 年 5 期
郑仁泰	663	正二品	19	11	昭陵	《文物》1972 年 7 期
安元寿	684	正二品	17	8	昭陵	《文物》1988 年 12 期
元师奖	686	正二品	60	不明	否	《考古与文物》1994 年 3 期
苏君	699	从一品	10	8	否	《考古》1963 年 9 期
李承乾	738	从二品	6	2.5	昭陵	《文博》1989 年 3 期
高力士	762	从一品	15	15.3	泰陵	《考古与文物》2002 年 6 期

唐代墓葬陪陵与不陪陵，封土堆的高度差别很大。"准一品合陪陵葬者，坟高三丈以上，四丈以下"[33]，若不陪陵，"一品坟高一丈八，二品一丈六，三品一丈四，四品一丈二尺，五品一丈，六品八尺"[34]。不过这可能是开元二十九年（741年）以前的标准。开元二十九年敕书规定"古之送终，所尚乎俭，其明器墓田等，令于旧数内递减"，具体而言，一二三品坟高减二尺，其余降低一尺，并且规定庶人坟高为四尺。[35]但这一制度似乎行用不久就又恢复了。郭子仪去世后诏书称"旧令一品坟高丈八，而诏特加十尺"[36]，一丈八尺是开元二十九年以前的高度，此后陪陵墓葬的高度似乎也在下降。据郭子仪本传记载他陪葬肃宗建陵[37]，其坟高特加十尺也仅为二丈八尺。这显然低于"三丈以上，四丈以下"的陪陵标准。李寿未陪陵，墓高8.4米，合两丈八尺余，和郭子仪墓的高度等同，苏君墓情形也大抵相同。这两组数据说明，中宗以前的墓葬高度和《通典》所记基本相合。中宗执政以后，陪陵墓葬的高度增加了大约一丈。因为缺乏相关数据，这一改变持续到什么时候结束，暂无法确定。但可以肯定的是，开元二十九年以后执行的是新标准，即所有的墓葬高度都下降了。高力士墓高度达到15米（合五丈余），可能是后来取土的原因或事出特制。从其底径来看，似乎不会有如此之高。

第四种，像山形墓。此类墓葬只发现于昭陵陪葬墓群中。其封土堆以墓主生前战斗过的几座山为原型，是用于褒奖武将的一种特殊类型的封土形制。享受这类封土堆的墓有：李勣、李靖、李思摩、阿史那社尔四座。目前仅发掘了李勣墓。李勣墓的封土保存比较完好，由三个呈倒"品"字形、高约18米的大土堆构成，占地约3000多平方米。据《旧唐书》记载："所筑坟以汉卫、霍故事，像阴山、铁山及乌德鞬山，以旌破突厥、薛延陀之功。"[38]李靖墓的封土目前仍然保留着山的形状，"呈东断西连之山形……中高12米，东西各高9米，东西长12米，南北长70米"。"依汉卫、霍故事像突厥内铁山、吐谷浑内积石山形，以旌殊绩"。[39]李思摩墓的封土已被破坏殆尽，据《旧唐书》本传"陪葬昭陵，立坟以像白道山"[40]和墓志"于司马院外高显处葬，冢像白道山"[41]的记载来看，该墓封土也是以山为原型的。阿史那社尔"陪葬昭陵。起冢以像葱山"[42]。

此类墓葬的墓主都是太宗生前的战将，为李唐的建立和国家安全立下了汗马功劳，所以太宗给予了他们像汉代卫青、霍去病一样的待遇——坟墓的封土以山为原型。这几座墓的封土堆，明显高于普通的圆锥形封土，甚至可以和覆斗形封土堆相媲美。因此这类墓葬是非皇室墓葬里的最高级别。

第五种，无封土堆型墓葬。大多数唐代墓葬均有圆形封土堆。但一些特殊的人群或特殊的个人墓葬却没有封土堆，在此当作一类特殊封土来处理。目前已发现的不封不树类墓葬主要集中在昭陵陪葬区，最为著名的莫过于高士廉墓。该墓位于昭陵正南方向，陵山脚下的平地上。据《高士廉茔兆记并侧》中"墓而不坟"的记载看，高士廉墓没有地上的封土堆。其原因可能在于他饱读诗书，追慕先秦旧典的缘故。另一些没有封土堆的墓主多为服务于昭陵的宫女。在昭陵长乐公主墓南已发掘一座西宫二品墓，墓上没有封土堆和任何表记。[43]这些宫人长期服务于皇帝陵园当中，死后就埋在陵园里。据《唐会要》记载："若宫人陪葬，陵户为之成坟。"[44]这些没有封土的宫人墓可能就是陵户所建，其墓志文严重程式化，且错字较多，书法水平低劣，这些现象均反映出当时宫人不受重视的现实。

第三节　陵墓前的石刻

唐代不同级别的陵墓前按照规定布置有不同数量和不同种类的石刻。据《封氏闻见记》载："秦汉以来帝王陵前有石麒麟、石辟邪、石象、石马之属；人臣墓前有石羊、石虎、石人、石柱之属，皆所以表饰坟垄如生前之仪卫耳。国朝因山为陵，太宗葬九嵕山，门前亦立石马，陵后司马门内，又有蕃臣曾侍禁轩者一十四人石像，皆刻其官名。"[45]敦煌文书里有大致相同的记载："置兽法：石碑去门十步，石羊去碑七步，石柱去石羊七步，石人去柱七步。"[46]具体而言，人臣墓前通常布置石碑、石人、石虎、石羊、石柱等。

但不是所有人臣墓前均可放置，也不是每个人均可使用所有种类的石刻。据《通典》有关碑碣石兽的记载："五品以上立碑，螭首龟趺，高不得过九尺。七品以上立碑，圭首，方趺，趺上高四尺。其兽等，三品以上六事，五品以上四事。"[47]就是说七品以上立碑，五品以上才有石兽。

甄官署是这些石刻的唯一法定制造者，"凡石磬碑碣、石人兽马、碾硙瓦、瓶缶之器、丧葬明器，皆供之"[48]。

唐代墓前石刻经过千年风雨的剥蚀和人为的破坏，除一些帝陵陪葬墓的石刻保存较好外，其他墓前石刻保留下来的已很少。目前保存较好的有以下几例（表五）：李寿墓，保留有石人1、石羊2、石虎2、石柱2；长乐公主墓，保留六螭龟趺神道碑1、石人2、石羊2、石虎2、石柱1；敬德墓，保留六螭方趺碑1；新城公主墓，保留六螭龟趺碑1、石华表（即石柱）2、石羊2、石虎2、石人2（图二）[49]；

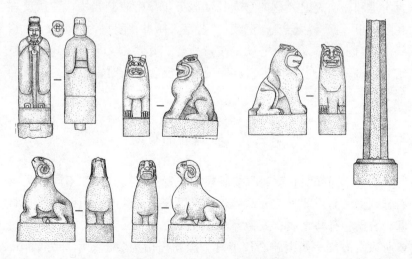

图二　新城公主墓前石刻

郑仁泰墓，保留石虎3、石羊3；韦贵妃墓，保留石柱2、石虎2、石羊2；李勣墓，保留石人2、石虎3、石羊3、螭首碑1（图三）；懿德太子墓，保留石狮2、石人2、石柱2；临川公主墓，保留残石柱3段、石羊2；永泰公主墓，保留石狮2、石人2、石柱2；节愍太子墓，保留石狮2、石人2、石柱残件1（图四）⑩；章怀太子墓，保留石柱2、石羊2；惠庄太子墓，保留石狮2；惠陵，保留石狮2、残石柱1、残翼马1。

图三　李勣墓前石刻

其中李勣墓的石刻保存最为完整，位置也没有被扰动。封土前墓道两侧最北边有一对石人相向而立，东西相距28.2米，均高2.36米，头戴冠，身穿交衽阔袖束带长袍，足着如意履，双手拄剑侍立，下有莲花座。西侧石人抿嘴瞪目，呈威严貌；东侧石人瞪目张嘴，呈凶狠貌。西侧石人以南有石虎3尊，依次相距8.2米，南北排列，东向，通高1.74~1.80米，均作蹲踞状，或昂首瞪目，或张嘴似吼。线条简练，刻工拙朴，气势雄浑。东侧石人以南有石羊 3 尊，亦依次相距 8.2 米，南北排列，西向，通高 1.70~1.78 米，均屈膝敛腿作卧状，或抬头平视，或引颈昂首[51]。

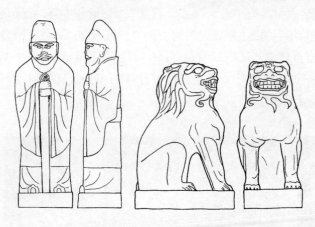

图四　节愍太子墓前石刻

表五　唐墓前残存石刻统计表[52]

墓主	葬年	官品/身份	碑首	碑座	石狮	翼马	石人	石虎	石羊	石柱	陪陵
李寿	630	正一			0	0	1	2	2	2	否
李丽质	643	长乐公主	六螭	龟趺	0	0	2	2	2	1	昭陵
敬德	658	正一	六螭	方趺	0	0	0	0	0	0	昭陵
李字	663	新城公主	六螭	龟趺	0	0	2	2	2		昭陵
郑仁泰	664	正二			0	0	0	3	3	0	昭陵
韦珪[53]	667	贵妃			0	0		2	2	2	昭陵
李勣	669	从一	六螭		0	0	2	3	3	0	昭陵
李孟姜	682	临川公主			0	0			2	1	昭陵
李重润	705	懿德太子			2	0	2			2	乾陵
李仙蕙	706	永泰公主			2	0	2			2	乾陵
李重俊	710	节愍太子			2	0	2				桥陵
李贤	711	章怀太子			2	0			2	2	乾陵
李撝	724	惠庄太子			2	0					桥陵
李宪	741	让皇帝			2	1				1	惠陵[54]

石柱是很特殊的石刻，有人称之为"华表"，但蒋王妃元氏墓前的石柱自铭为"蒋王故妃元氏墓/石柱一双显庆元/年十一月卅日葬"[55]。这说明把石柱称为华表不合唐人习惯。根据器物定名的原则和文献以及器物自铭这三者的综合，这种石刻还是叫"石柱"为妥。墓前立有石柱的墓其墓主均为皇室成员，并且级别很高。但并不是所有的皇室成员都可使用石柱。至于章怀太子墓前有没有石柱，因时代久远，石刻破坏缺损较多，还不敢妄下结论。有人以章怀墓前有石羊来判断章怀是以人臣墓埋葬的说法还需要慎重考虑。根据几座公主、太子墓的石刻组合来看，章怀太子墓应当使用了石柱。

品官墓前石刻以李勣墓前的保存最完整，也最具代表性。石兽正好3对6件，和《通典》的记载完全吻合。但《通典》无石人1对的记载，若把石人计算在内，一至三品官员墓前应当有4对8件石刻，分别是：石人1对，石虎3只，石羊3只。依此类推，三至五品官员墓前石刻应为3对6件，分别是：石人1对，石虎2只，石羊2只。

通过和帝陵以及"太子陵"的比较可以看出，有没有石狮是"陵"和"墓"在石刻群方面最明显的差别。太子陵和帝陵石刻的差别在于有没有"朱雀"、"翼马"、"石马"之类。

甄官署是负责石刻制造的机构。从几座墓的石刻来看，高度尺寸是固定的，件数也是固定的，但形象似乎没有定式。这可能是很多匠师使用各自的范本来刻制而形成的结果。在使用时人们也不一定要求每类石刻的形象完全一致，这一点在李勣墓石刻中可以清楚地反映出来。如果"葬不官给"，这些石刻就要去凶肆购买，作为批量生产的商品，其形象应当是多样的，可供挑选。石刻只是一种身份的标志，因而在挑选石刻时，人们只注重数量的规定，对石刻局部的差异要求不严。

陵墓前石刻的作用，据封演讲是为了"表饰坟垄如生前之仪卫耳"。其实它们的作用还不仅于此。据王双怀的研究，帝王陵墓前的石刻至少有陵墓标志、祥瑞鸟兽、仪仗人马、纪念性石刻四种。[56]人臣墓前的石柱碑石显然也属于标志性石刻，其作用和陵前石刻相同。墓前置石人开始于汉代。东汉匡衡、汝阴侯彭氏、弘农太守张伯雅墓前的石人是较早的例子。[57]东汉乐安太守鲁王墓前石人腹部还有铭文"府门之卒"，这正说明了墓前石人的用途，在于象征墓主生前使用过的门吏。唐代规定"凡京司文武职事官，皆有防阁"[58]，这里的石人可能就是防阁的形象。帝陵前或宫门前石人，通常被称为"翁仲"，李毓芳认为这些石人可能和班剑有关。[59]尽管人臣墓前的石人形象和帝陵前石人相同，但其性质差别较大。人臣墓前最具特色的、也是标志人臣级别的石刻是石羊和石虎。这些石兽当然不会是人臣生前的仪卫，我认为可以将其归为鉴戒类。众所周知，百兽之王的虎是勇敢的象征，羊是温驯吉祥的象征。在人臣墓前石刻中强调勇敢和温驯正是皇帝对文臣武将的最高要求。这一点在早期石刻中已露端倪。据郜政民介绍，镇江市北固山上多景楼旁有一尊石羊，腹部清晰地镌刻着"狠石"二字。他引用《史记·项羽本纪》中"猛如虎，很（同'狠'，笔者注）如羊，贪如狼"，对此作了解释，其说甚是。这是墓前石虎、石羊用途和意义的最好注脚。唐代文献中虽然缺乏对石羊石虎的直接解释，但一些有关武将袍服纹饰的记载，也可作为旁证。如"武德元年……左右卫大将军服豹文袄子"[60]、"今之袍皆绣画武豹、鹰鹍之类，以助兵威"[61]。尤以《唐会要》记载最为详细：

> 延载元年（694年）五月二十二日，出绣袍以赐文武官三品已上。其袍文仍各有训诫。诸王则饰以盘龙及鹿，宰相饰以凤池，尚书饰以对雁，左右卫将军，饰以对麒麟，左右武卫，饰以对虎，左右鹰扬卫，饰以对鹰，左右千牛卫，饰以对牛，左右豹韬卫，饰以对豹，左右玉铃卫，饰以对鹘，左右监门卫饰以对狮子，左右金吾卫，饰以对豸。文铭皆各为八字回文，其辞曰：忠贞正直，崇庆荣职，文昌翊政，勋彰庆陟，懿冲顺彰，义忠慎光，廉正躬奉，谦感忠勇。[62]

据此可知，唐代统治者一方面用服饰中的各类猛兽凶禽"以助兵威"，另一方面又用文铭加以训诫，这和墓前石刻的意义有异曲同工之妙。

第四节 陵墓地面设施的复原

如前所叙，唐代陵墓的地面设施包括三部分：垣墙门阙、封土堆、石刻群。不同级别、不同身份的墓主使用不同类型的地上设施。在此，根据现有的发现，结合文献的记载，对唐代陵墓的地面设施复原如下：

第一级别，仿帝陵级。仅有李宪让皇帝惠陵一座。此类墓的地面设施和帝陵基本相同，只是规模较小。有两重垣墙，每重垣墙四角均有角阙。内垣开南北两门，门外置土阙一对。内垣的正中偏北处为覆斗形封土堆。封土堆东南侧有献殿之类的建筑物，西南为下宫遗址。内垣门阙以南依次布置石狮 1 对、石人 10 对、石马 5 对、朱雀 1 对、翼马 1 对、石柱 1 对[63]。陵园里种满松柏白杨之类的墓树（图五[64]）。

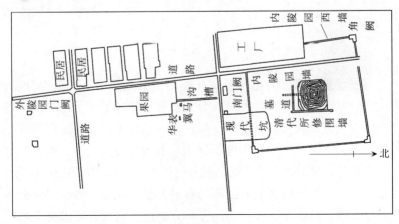

图五 唐代陵墓地面设施——仿帝陵级墓（李宪墓）

第二级别，单垣覆斗形大墓。此类墓葬是太子和嫡出公主的专用形制。这类墓葬有自己的垣墙，早期此类墓葬的垣墙上还辟有南北两门，中后期通常仅于南墙辟一门，门前置双阙。阙南置石狮1对、石人1对、石柱1对。章怀太子墓较为特殊，有石羊1对。虽然各墓前的石刻可能有损毁，但可以肯定这类墓的石刻比惠陵石刻的数量、种类为少。这反映了此类"号墓为陵"墓的特殊性——介于帝陵和高级品官墓之间（图六[65]）。

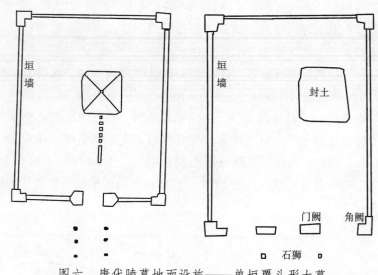

图六　唐代陵墓地面设施——单垣覆斗形大墓

第三级别，圆形封土堆墓。此类墓的数量最多。从墓主身份、石刻组合来看，像山形墓可以视为此类墓的特殊形式。此类墓还可以分为五品以上和五品以下两个层次。五品以上墓，四周应当有垣墙或在四角置四个土堠作为地面标识。墓前置石人1对，石羊、石虎2至3对，神道碑1通。据李勣墓的报道，石刻之间的距离约为8米左右。这一石刻组合是人臣墓前石刻的基本组合，和前叙两类相比缺乏石狮、石柱等高级石刻内容。五品以下则仅有圆形封土堆一座，墓上及其周围遍种墓树作为标识（图七[66]）。

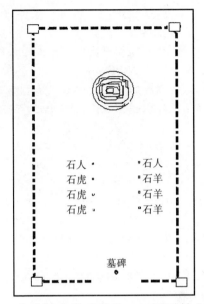

石人　·　　·石人
石虎　·　　·石羊
石虎　ᵕ　　·石羊
石虎　。　　·石羊

墓碑
·

图七　唐代陵墓地面设施——圆形封土堆墓

第四级别，无封土堆墓。此类墓发现较少，没有任何地面标识。

---

①李如森：《试论家族墓地与茔域上设施的兴起》，《史学集刊》1996 年 1 期。

②徐苹芳：《中国秦汉魏晋南北朝时代的陵园和茔域》，《考古》1981 年 6 期。

③巫鸿：《九鼎传说与中国古代美术中的"纪念碑性"》，载《礼仪中的美术——巫鸿
美术史文编》，生活·读书·新知三联书店 2005 年，64 页。

④巫鸿：《从"庙"至"墓"——中国宗教美术发展中的一个关键问题》，载《礼仪
中的美术——巫鸿美术史文编》，生活·读书·新知三联书店 2005 年，566 页。

⑤昭陵博物馆：《唐长乐公主墓》，《文博》1988 年 3 期。

⑥陕西省考古研究所：《唐新城长公主墓发掘报告》，科学出版社 2004 年，5 页。

⑦关于此墓墓园的形制仅见于《唐新城长公主墓发掘报告》附录二中，原文为"长
乐、城阳二公主墓和新城公主墓一样，都有前后各两个门阙和两个角阙"。

⑧a 陕西省博物馆、乾县文教局：《唐懿德太子墓发掘简报》，《文物》1972 年 7 期；
b 李求：《谈章怀、懿德二墓的形制问题》，《文物》1972 年 7 期。

⑨a 陕西省文物管理委员会：《唐永泰公主墓发掘简报》，《文物》1964 年 1 期；b 李

求是：《谈章怀、懿德二墓的形制问题》，《文物》1972 年 7 期；c 陈安利：《唐十八陵》，中国青年出版社 2001 年，229 页。

⑩a 陕西省博物馆：《唐章怀太子墓发掘简报》，《文物》1972 年 7 期；b 李求是：《谈章怀、懿德二墓的形制问题》，《文物》1972 年 7 期。

⑪陕西省考古研究所：《唐节愍太子墓发掘报告》，科学出版社 2004 年，9～10 页。

⑫陕西省考古研究所：《唐惠庄太子李㧑墓发掘报告》，科学出版社 2004 年，5～8 页。

⑬陕西省考古研究所：《唐李宪墓发掘报告》，科学出版社 2005 年，3～6 页。

⑭李宪墓，号"惠陵"，参见《旧唐书》卷九十五，3014 页。

⑮欧阳修：《新唐书》卷八十三，3694 页。

⑯陕西省考古研究所：《唐新城长公主墓发掘报告》，科学出版社 2004 年，140 页。

⑰该敕书见《通典》卷八十六，原文为"古之送终，所尚乎俭。其明器墓田等，令于旧数内减"。另见《唐会要》卷三十八，693～694 页。

⑱此表据《唐会要》卷三十八制成，1 步 = 5 尺，取 1 大尺 = 29.5 厘米。

⑲刘庆柱、李毓芳：《陕西唐陵调查报告》，载《考古学集刊》第 5 集，中国社会科学出版社 1987 年，243 页。

⑳萧默：《敦煌建筑研究》，机械工业出版社 2003 年，189～190 页，图 6－4。

㉑萧默：《敦煌建筑研究》，机械工业出版社 2003 年，190 页。

㉒王溥：《唐会要》卷二十一贞观十一年功臣陪葬诏，416 页。

㉓杜佑：《通典》卷一百八礼 68，白官墓田

㉔刘昫：《旧唐书》卷六十二李纲传，2376 页。

㉕刘昫：《旧唐书》卷六十淮安王李寿传，2342 页。

㉖刘昫：《旧唐书》卷一百八十五高智周传，4793 页。

㉗刘昫：《旧唐书》卷一百二褚无量传，3167 页。

㉘刘昫：《旧唐书》卷一百六十五柳公绰传附仲郢传，4305 页。

㉙欧阳修：《新唐书》卷一百一十契苾何力传，4120 页。

㉚王溥：《唐会要》卷二十一，417 页。

㉛刘昫：《旧唐书》卷一百三十四，原文为"不若取乾陵北过，附柏城而行"，可见陵园墓园可称柏城。

㉜陈安利：《唐十八陵》，中国青年出版社 2001 年，251～252 页。在姜宝莲《试论唐代帝陵的陪葬墓》（载《考古与文物》1994 年 6 期）一文和王双怀《荒冢残阳》里（211 页）均认为新城公主墓是依山为墓，但在该书图 12 上却把韦贵妃墓标为山冢，可见是两位不察而致误。

㉝刘昫：《旧唐书》卷九十六宋璟传，3033 页。

㉞杜佑：《通典》卷一百八礼 68 百官墓田。

㉟王溥：《唐会要》卷三十八，693～694 页。

㊱刘昫：《旧唐书》卷一百二十郭子仪传，3466 页。

㊲一说是衣冠冢，但建陵确实有其坟墓，参见刘庆柱、李毓芳《陕西唐陵调查报告》，载《考古学集刊》第 5 集，中国社会科学出版社 1987 年。

㊳刘昫：《旧唐书》卷六十七李勣传，2488 页。

㊴刘昫：《旧唐书》卷六十七李靖传，2481 页。

㊵刘昫：《旧唐书》卷一百九十四突厥上，5165 页。

㊶《李思摩墓志并盖》，载张沛主编《昭陵碑石》112 页，三秦出版社 1993 年。

㊷刘昫：《旧唐书》卷一百九阿史那社尔传，3290 页。

㊸孙东位：《昭陵发现陪葬宫人墓》，《文物》1987 年 1 期。

㊹王溥：《唐会要》卷二十一，412 页。

㊺封演撰、赵贞信校注：《封氏闻见记校正》，58 页。

㊻敦煌文书 S2263《葬录》，转引至沈睿文：《唐陵结构名称考》，《文博》2000 年 1 期。

㊼杜佑：《通典》卷一百八杂录，《唐六典》卷四尚书礼部条同。

㊽刘昫：《旧唐书》卷四十四，1896 页。

㊾昭陵博物馆：《唐昭陵李勣（徐懋功）墓清理简报》，《考古与文物》2000 年 3 期。

50此图采自陕西省考古研究所编：《唐新城长公主墓发掘报告》，科学出版社 2004 年。

51此图采自陕西省考古研究所编：《唐节愍太子墓发掘报告》，科学出版社 2004 年。

52此表根据各墓简报和报告制成，太子、公主身份特殊，未列品阶，其他人取其最高官品。

53陈安利：《唐十八陵》，中国青年出版社 2001 年，281 页。

54据陈安利：《唐十八陵》332 页介绍，惠陵石刻还有朱雀 2，石马 10，石人 10，但形体较小。其石刻组合最接近帝陵，这也正符合为"惠陵"的地位。

55李浪涛：《唐昭陵陪葬蒋王妃元氏墓发现题记石柱》，《文物》2004 年 12 期。

56王双怀：《荒冢残阳》，陕西人民教育出版社 2000 年，页 102。

57李毓芳：《唐陵石刻简论》，《文博》1994 年 3 期。

58刘昫：《旧唐书》卷四十三，1286 页。

59李毓芳：《唐陵石刻简论》，《文博》1994 年 3 期。

60马缟：《中华古今注》卷上，辽宁教育出版社 1998 年，15 页。

61李隆基：《唐六典》卷十六，463 页。

62王溥：《唐会要》卷三十二，582 页。

63a 陈安利：《唐十八陵》，332 页；b 陕西省考古研究所：《唐李宪墓发掘报告》，科学出版社 2004 年，6 页。

⑥此图据原报告图二改绘，参考了《唐十八陵》有关石刻和下宫、献殿的记载。其中石刻的位置参考了乾陵石刻的分布，墓树未绘出。

⑥此图据《唐节愍太子墓发掘报告》图三改绘，新加了石刻部分。

⑥此图据《李勣墓发掘简报》图二重绘，封土堆原为山形。四角方形代表土阙或土堆，虚线代表围墙，四品以下没有围墙，五品仅有四角土堆，而无土阙，五品以下没有土堆。

第三章　唐代墓葬的地下结构

从西汉中晚期开始，中原陵墓的地下结构逐渐放弃了竖穴土坑结构，转而向横式洞式墓发展。这种洞式结构墓在东汉时期发展成了多墓室、多耳室的复杂结构，以满足家族合葬的需要。魏晋时期，由于政治经济条件的制约，统治者纷纷提倡节葬，因而当时的墓葬在地下结构方面放弃了此前的复杂结构，仅仅保留了较为简单易行的长斜坡墓道、甬道、穹隆顶墓室。唐代陵墓的地下结构就是在东汉以来带天井土洞墓的基础上，经过北朝和隋代的改造，最后定型而成的。

第一节　地下各部分的名称

唐代墓葬地下部分以最后一道封门为界，通常可以分为墓道和墓室两大部分。墓道部分可以细分为斜坡墓道或竖井墓道、过洞、天井（早期简报称为天窗）、小龛（有时称壁龛）；其余的部分又可以细分为甬道（双室墓可分为前、后甬道）、墓室等（图八[①]）。

这是现在考古报告和简报里的常用术语，但不是唐代人当时的叫法。傅熹年[②]、沈睿文[③]和韩国河[④]等在研究中已注意到此问题。文献中尽管没有关于唐墓各部分名称的系统记载，但还是保留了部分相关资料。本文在此综合诸位论述，对唐墓各部分名称略作考释：

墓道部分，又称隧道、羡道、埏道。隧道和羡道是东周时期对墓道的称呼，唐以前文献中就有记载。如《左传·禧公廿五年》、《国语·周语》晋文公"请隧以葬"，遭到周王拒绝。贾谊《新书·

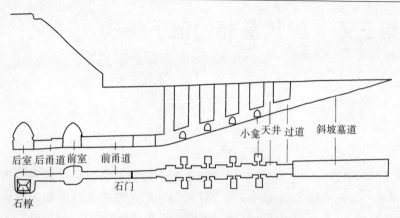

图八　唐代墓葬的地下结构

审微》中释曰："古代周礼，天子葬用隧，诸侯具下。"《史记·卫康叔世家》载："（共伯弟）和以其贿赂士，以袭共伯于墓上，共伯入釐侯羡自杀。"《后汉书·礼仪志》刘昭注引《汉旧仪》："武帝坟高一十丈，明中高一丈七尺，四周一丈。内梓棺柏椁黄肠题凑，以次百官藏毕，其设四通羡门。"《后汉书·陈王列传》记载"民有赵宣者葬亲而不闭埏隧，因居其中。"《晋书·礼志》曰"（魏文帝）及受禅，刻金玺，追加尊号，不敢开埏，乃为石室，藏玺埏首，以示陵中无金银诸物也。"《南史·豫章文献王嶷传》："生数幸嶷第，宋长宁陵隧道出第前路，上曰：我便是入他家墓内寻人。"

唐代文献中也有此类记载，如：

> 孝敬皇帝恭陵，在河南府缑氏县界，上元二年八月十九日葬。初修陵，蒲州刺史李仲寂充使，将成，而以元宫狭小，不容送终之具，遽欲改拆之。留役滑泽等州丁夫数千人，过期不遣。丁夫患苦，夜中投砖瓦，以击当作官，烧营而逃。遂遣司农卿韦机，续成其功。机始于隧道左右，开便房四所，以贮明器。于是撙节礼物，校量功程。不改元宫，及期而就。[⑤]

此事在《旧唐书·狄仁杰传》里也有记载：

时司农卿韦机兼领将作、少府二司，高宗以恭陵玄宫狭小，不容送终之具，遣机续成其功。机于埏之左右为便房四所，又造宿羽、高山、上阳等宫，莫不壮丽。[⑥]

五代时温韬"从（昭陵）埏道下，见宫室制度闳丽，不异人间"[⑦]。这些资料均说明墓道就是文献中的"埏道"、"隧道"，并且据《狄仁杰传》和《唐会要》的记载来看，唐人似乎并没有严格区分二者。所以一称"隧道"，一称"埏道"。"埏"通"羡"。从前引文献来看，三者在唐代区别不大。但使用"埏道"和"隧道"的几率明显高于"羡道"一词。这也许反映"羡道"一词可能是早期词汇，至隋唐时期，随着墓葬制度的变化，"羡道"逐渐被"埏道"一词替代。

宋代有关墓葬的记载和唐代大抵相似：

> 葬有二法，有穿地直下，为圹置柩，以土实之者；有先凿埏道，旁穿土室者，撺柩于其中；其坚土之乡，先凿埏道。深若干尺，然后旁穿窟室以为圹。或以砖范之，或但为土室。以砖数重塞其门，然后夯土实埏道。……葬时，先以竹竿步晚，稍（梢）在圹中，置柩于其上而探之，既而抽其竹，其明器、下账、五谷、牲酒等物，皆于道旁别凿窟为便房贮之。[⑧]

羡道和隧道在汉以前是有明显区别的，"天子用隧"，其他人只能用"羡"。那么"隧"和"羡"有什么区别呢？唐贾公彦在《周礼·春官冢人》"以度为丘隧"郑玄的注下，疏云"隧与羡异者，隧道则上有负土"，即是说"隧道"上面覆盖有土，反之羡道则无土。傅熹年对此的解释是"唐代和汉代的说法不一样，唐代认为在土中穿洞，上部有顶的称为隧道，在土中开沟，露天开挖的称为羡道"，"用隧道过洞之例始见于东汉"，"所以贾公彦的说法，以之解经，或许有以今释古之嫌"。对此，段清波也做了新的解释，认为"晋侯请隧中的'隧'不当作墓道讲，这里的'隧'是天子都城外的一种行政建制，即乡隧制度中的'隧'，而诸侯除鲁国外是不得使用"。⑨无论晋侯所请之隧为"乡隧"还是"墓隧"，先秦就有"墓隧"的称呼是不可否认的。从秦始皇兵马俑俑坑的建筑方式看，尚不能排除天子墓道上架设棚木然后用土覆盖的做法。因为一座大墓从开挖到埋葬是要费些时日的，如果在墓道上没有一定的保护设施，则很难保证工程的正常进行，容易造成坍塌。天子墓隧和普通人的墓道不同之处在于：将来棺椁要从墓道进入墓室，所以天子墓道要保留到最后一刻才能封闭；而普通人的棺材是从墓上用辘轳直接放下的，墓道仅需考虑施工出土的方便。随着墓葬形制的变化，这种以墓道上"负土"与"不负土"来区别等级的做法已失去意义。所以，汉代以后"隧"、"羡"互通了，均指墓道。唐代贾公彦的说法只是对先秦旧制的解释。如果要勉强区分唐代墓葬中的羡道和隧道的话，显然墓道最前端，第一过洞之前的露天开挖部分，最符合"羡道"的性质，过洞至最后一道墓门部分就为隧道。至于"过洞和前后甬道应称为隧道"⑩的说法，恐怕值得重新考虑，因为毕竟这是后起的事物，两者之间有着本质的不同。尤其是前后甬道无论如何也不能称之为"隧"，尽管其形制确实为隧道式的。实际上在唐代两者的区别并无实际意义，一方面唐墓不靠此来区分等级高下，另一方面据先秦文献可知"羡"、"隧"不能共存于一座墓中，因此这两部分又可合称为"埏道"或"隧道"。

前甬道部分，据法门寺地宫出土的《物帐碑》记载，似乎可以称之为"鹿项"。但此为孤例，还没有其他文献证据来佐证。

天井是汉代流行横式墓以后新出现的结构，因此在先秦文献中没有记载。据傅熹年的研究，这种墓制滥觞于东汉，成型于北魏。随着政权的转移，从北魏洛阳传至北齐、北周的中心地区。传到长安后，在隋唐时期得到大的发展。这种结构一方面利于回填，另一方面可以增加作业面，提高施工速度。如果说"天井"象征庭院里的露天空间这一假说可以成立的话，这一部分称为天井十分合适。

颇具争议的是墓道旁的小龛，该不该称为"便房"。梓宫、黄肠题凑、便房、外藏椁是汉代帝王陵墓结构的重要组成部分。学界对梓宫、黄肠题凑、外藏椁等诸种葬具的看法基本一致，唯独对便房的看法存在较大分歧。分歧的症结源自东汉服虔和唐人颜师古的注文。服虔把"便房"注为"藏中便坐"，颜师古注为"小曲室"。北京大葆台等一批西汉诸侯王墓被发掘后，有学者把形同曲室的回廊定为"便房"。又有人据在《汉书·武帝纪》颜注中提到"便殿，便室，便坐，皆非门大之处……休息闲宴之处耳"的话，又把便房"贴"到看似休闲之地的前堂。黄展岳分别于1993年[①]、2005年撰文对此问题做了研究。他认为：便房即木制的棺房，只用于木构题凑式的西汉帝、王墓，其他形式的帝、王墓未见这种葬具。主要理由如下：第一，上引《霍光传》传文，可知梓宫、便房、黄肠题凑、枞木外藏是指四种不同材质的葬具，传文叙述层次清楚，从里到外，便房位于梓宫的外围、黄肠题凑木的里边。第二，便房即棺房，三国魏人如淳在上引《霍光传》中已指明。如淳曰："《汉仪注》天子陵中明中高丈二尺四寸，周二丈，内梓宫，次蝬椁、柏黄肠题凑。"第三，根据前两点，可以肯定位于棺材（梓宫）外围、题凑木墙里面的平面呈方形或长方形的木房子就是便房。便房门外是前堂（或称前室），为祭奠之所。在题凑木内侧或内外侧的回廊里隔出若干房间（有的不隔，如大葆台墓），用来放置各种随葬品，是为外藏椁。便房是一座两侧面和后面围以木板壁的房间。它有木板顶盖。正面设置两扇木门。[⑫]

为了解决这个问题，我们还得在汉代文献里寻找证据。从汉代文献里我们可以归纳出便房的基本特征：其一，是一种葬具，可以"具"为单位，可以赐予；其二，位于封土堆之下，并有一定的高度，否则就不会有"积土为山，度便房犹在平地上"[⑬]之说；其三，作用是"保幽灵"；其四，具有"房"的形状，有门户之设；其五，位于梓宫（棺材）之外侧。黄先生对汉代便房的认识无疑是目前最具说服力的论断。但这种葬具在魏晋时期由于政治经济等方面的原因，被放弃了。在外族入主中原以后，这种葬具再次被异族使用。尽管郑岩⑭和巫鸿⑮等人还不能确定其目的，但我们在这些异族人的葬具上确实发现了符合这几个特征的图像，如郑岩、巫鸿论文所列举的库狄迴洛墓棺亭、傅家北齐石棺第九石上的画像等就是见证。巫鸿在论文中指出，这种葬具可能来自四川，和道教一起传入北方。这是很有价值的推测，近来咸阳出土的两具陶棺补充了其在地域上的缺环。但是东汉时期的道士如何创造出这样的葬具和埋葬方式？我们怀疑这是他们模仿高级贵族墓葬的结果。而这些石棺可能就是对便房的模仿。根据地域的不同，人们选择不同的材质，或木或陶或石。由木转为石，更符合"寿如金石"的理想。而较晚的这些房形椁亭、椁室类葬具就是对汉代便房的模仿。

对此，韩国河曾提出"研究汉唐时期的墓葬制度必须用动态的眼光去看问题，也不能绝对认为东汉人（如服虔）解释西汉时期的典章礼仪就一定准确，同时要注意考古材料与文献材料的契合与印证"。⑯但他并没有明确指出汉代的便房是什么。他坚持认为唐代墓葬中普遍出现的小龛就是便房。

从前引唐宋资料看，小龛确实很像"便房"。但问题恰恰就出在这里。据《唐会要》的记载，我们知道修陵者先为李仲寂，因为"玄宫狭小，不容送终之具"，"遽欲改拆之。留役滑泽等州丁夫数千人，过期不遣"，而后发生民夫动乱。继任者韦机只是轻描淡写地"于隧道左右，开便房四所"，就化解了危机。这使我们不得不怀疑，帝陵结构里该不该设小龛？如果在当时这是一种定制的话，李仲寂也会想到这个方法，即使出现玄宫狭小的问题，再挖几个小龛，也就可以解决，为何会导致民夫愤怒？数千人挖几个小龛，恐不是什么难事，民夫为何要冒生命危险而逃呢？因此，我推测开"便房"只是权宜之计，是韦机个人的发明⑰，不是当时的制度。《唐会要》里所说的便房，如果等同于小龛的话，无论如何都和两汉以来的便房性质难以吻合。

其实，在隋唐高规格墓葬里经常出现的石椁，其作用、性质、形制均和便房相合。关于此点，秦建明早有论述[18]，我深有同感。在此仅对秦先生的观点加以介绍和解说。我们知道，石椁有屋顶，有门窗，里外有线画，内置棺。这些要素均和便房有关。"大唐制：诸葬不得以石为棺椁及石室，其棺椁皆不得雕镂彩画，施户度牖栏槛"[19]，这是针对唐以前普遍使用石质葬具的规定。这一规定是为了限制普通人使用"便房"这一葬具，目的在于纠正北朝以来"便房"使用混乱的局面。从考古发现的实例我们不难看出，这一规定并不是禁止所有人使用石椁（便房）。可以使用便房的墓主，均为皇室高级成员，正好符合"王、侯"的级别，当然帝陵肯定使用了这种葬具。据陆龟蒙诗"童初真府召为郎，君与抽毫刻便房"[20]可知便房上确有刻划装饰，而小龛是不需要"刻"的。

但是，唐代文献所记也并非无稽之谈。我认为只是此"便房"非彼"便房"而已。也就是说，这里的"便房"为一名二物，一为葬具之棺房，另一为房屋之便房，也就是我们后来常说的偏房。尽管偏房一词出现颇晚，但便殿一词确是秦汉已有的，至唐代更是非常常见的称呼。这在颜师古注《汉书》时就提到了，不过他把地面上的"便房"和葬具之"便房"混为一谈了。他的思路显露了当时人对非正房的称呼，即为"便房"，其作用是"休息闲宴之处耳"。"便房"一词虽然在隋唐文献里少见，但以"便殿"之意推测，"便"和"偏"的意思相合。金代诗人元好问《临锦堂记》有"河朔版荡以来，公宫侯第，曲室便房，止以贮管弦、列姬侍，深闭固拒，敕外内不得通，其不为风俗所移者，才一二见耳。"[21]"河朔版荡"是指唐代末年藩镇割据，这里所描写的应当就是晚唐时期的景象。便房里所贮的乐队、列姬和在小龛里发现的乐人、侍女也很吻合。因此，唐墓里的小龛应是对地面建筑"偏房"的模仿。根据小龛里面的随葬品，我们也可看出它有很多种功能，但和主人起居的关系很少，自然不是正房，而是"便房"、偏房。所以，我认为把小龛称为"便房"也可以，但绝对不是汉代作为葬具的"便房"，当

然也不是汉代"便房"演变的结果。㉒

第二节　地下结构的类型

唐墓地下结构的类型根据墓室的个数和材质，可分为五个大类：三室砖墓、双室砖墓、双室土洞墓、单室砖墓和单室土洞墓。每个大类又可根据墓道、小龛等因素，分为不同的型和式。

一　三室、双室墓葬

唐代大型墓葬往往有超过一个以上的墓室，两个以上的天井和小龛，结构复杂，修建考究。根据墓室多少和建筑材质可分为 A、B、C 三个类别：

A 类　三室砖墓。仅一座，即李博义㉓墓。三个墓室均位于墓葬的南北中轴线上，前室和中室平面呈方形，后室呈弧方形。中室南北两壁正中开门，连接甬道，后室甬道偏东。三段甬道均较短，有壁画。此墓人为破坏严重，目前尚无正式报道。㉔

B 类　双室砖墓。已发掘的计有：尉迟敬德墓㉕、郑仁泰墓㉖、安元寿墓㉗、苏君墓㉘、韦贵妃墓㉙、燕妃墓、房陵公主墓㉚、淮南大长公主墓、契苾明墓㉛、康文通墓㉜、懿德太子墓㉝、永泰公主墓㉞、韦浩墓、韦洞墓㉟、韦洵墓、韦泚墓、韦城县主墓、韦南县主墓、李仁墓㊱、节愍太子墓㊲、万泉县主墓、李邕墓、阿史那怀道墓㊳（表六）。其中较为详细报道的有 15 座。

此类墓葬规模宏大，均带有长斜坡墓道、天井、过洞、小龛、前后两段甬道和前后两个墓室。前甬道一般位于前室南壁正中，而后甬道一般位于后室南壁偏东处，基本和东壁平齐。根据前、后室的大小关系，此类墓可分为两型：

Ⅰ型。共发现 5 座。有尉迟敬德夫妇墓、郑仁泰夫妇墓、安元寿夫妇墓、康文通墓和节愍太子李重俊墓。此型墓的前甬道很短，前、后室面积相差较为悬殊，前室面积通常和天井面积接近，可能是由天井改建或发展而来。

例1，显庆三年（658年）尉迟敬德夫妇墓。该墓水平全长56.3米，在第三过洞和前甬道两壁共有4个小龛，墓道呈13度倾斜坡形，长16.5米，宽2.67~3米。过洞4个，为拱顶土洞，天井4个，各个天井深浅不等，均直下通至墓底。墓室分为前、后室两部分，前室平面略呈正方形，东西宽2.5米，南北长2.6米，顶高3.7米；后室建筑结构形式与前室同，长、宽各5.1米，高5.35米，穹隆顶（图九，1）。

例2，景云元年（710年）节愍太子李重俊墓。节愍太子墓为多天井双室砖墓。墓坐北向南，方向为正南北。全墓水平长度为54.25米，由露天斜坡墓道、2个天井、2个过洞、前后甬道和前后墓室几部分组成。另外，在前甬道和前室上部也各有1个天井，但天井下为封闭甬道的砖券顶和前室的穹隆顶，与前两个天井有所不同。其中第一、二天井东西两壁分别开小龛。甬道内以木门为界，之前为斜坡底，之后为平地。后甬道形制与前甬道相同。前室位于前后甬道之间、第五天井之下。前室南北长1.36米，东西宽1.73米，顶最高处为3.8米。后室为节愍太子墓的主室，四壁微外弧，东西长3.85~3.87米，南北宽3.82~3.85米，中心最高处5.2米。前后室均为穹隆顶（图九，2）。

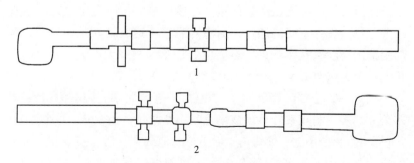

图九 B类Ⅰ型双室砖墓地下结构
1. 尉迟敬德夫妇墓 2. 节愍太子李重俊墓

Ⅱ型，已报道9座。有苏定方墓、房陵大长公主墓、契苾明墓、懿德太子李重润墓、永泰公主墓、韦泂墓、成王李仁墓、章怀太子墓和阿史那怀道夫妇墓。此型墓的前甬道变长，前、后室面积相差较小，前室已发展为一个真正的墓室。据王小蒙女士论文，此类墓中个别墓的前室为砖质，四阿顶式，其中包括韦妃和燕妃两座㉜。但绝大多数墓的前后室平面均为弧方形，穹隆顶。由于前述两墓目前尚无正式报道，因此不单独分型式。

例1，乾封二年（667年）苏君（定方）墓。苏君墓是多天井长斜坡墓道的砖室刀形墓，由墓道、甬道、前后室、7个天井、4个小龛及封土等部分组成。南北总长73米，墓道在南，墓室在北，墓道北端与前室甬道相接。道底为斜坡形，坡度约10度，通长52.5米。墓道分两段，前段为露天部分，由露天部分末端向北的一段为过洞、天井。在第四过洞，第六过洞的两壁各有小土龛1个。四个小龛平面均呈铲形，大小不一，原来似有漆木门装置。前室甬道，前半段略有坡度，似墓道底的延长，后半段与前后两室及后室甬道在同一水平面，在甬道口有封门砖，上部被水冲毁。在封门砖以北，原来装有木门。前室与前室甬道北端相接，略偏西，东西两壁各开小龛1个，墓室四壁向外弧出，顶为穹隆顶。前室南北长3.9米，东西宽4.4米，高5米。小龛大小、形制相同，为土洞拱顶，平面呈长方形。后室甬道，南接前室，北接后室，与前室甬道在一条直线上，是前后两室间的通道。后室与后室甬道北端相接，偏西，其形制结构与前室基本相同，不同之处是东西两壁无小龛。后室南北长4.9米，东西宽5.2米，高6.2米（图一〇，1）。

例2，神龙二年（706年）懿德太子李重润墓。该墓为长斜坡、多天井、多过洞双室砖墓。该墓全长100.8米，由墓道、6个过洞、7个天井、8个小龛、前甬道、后甬道、前墓室、后墓室等8个部分组成。墓道南北水平长26.3米，28度斜坡，宽3.9米，过洞6个，为券顶土洞；墓室分为前、后室两部分，采用明拱的方法，全部用砖砌成。前墓室长4.45米，宽4.54米，高6.3米；后墓室长5米，

宽 5.3 米，高 7.1 米。墓室东西两壁略呈弧形，顶部为穹隆顶，并
悬有挂油灯的铁钩一个（图一〇，2）。

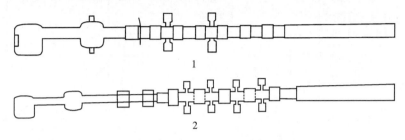

1

2

图一〇 B 类 II 型双室砖墓地下结构

1. 苏君定方墓 2. 懿德太子李重润墓

表六 B 类双室砖墓形制统计表

型式	墓主	葬年	官品	总长（米）	墓道（米）	天井	过洞	小龛	前室	后室	出处
I	尉迟敬德夫妇	658	正一	56.3	16.5	4	4	4	2.5 × 2.6	5.1 × 5.1	《文物》1978 年 5 期
	郑仁泰	664	正二	53	17	4	4	10	2.2×2	5×5	《文物》1972 年 7 期
	安元寿	668	正二	60.2	17	5	5	4	2.64 × 2.74	4.4 × 4.1	《文物》1988 年 12 期
	康文通	697	处士	35.7	26	3	3	2	2.24 × 2.44	3.76 × 4	《文物》2004 年 1 期
	李重俊	710	太子	54.25	15	3	3	4	1.36 × 1.73	3.85 × 3.85	《唐节愍太子墓发掘报告》
II	苏君（苏定方）	667	从二	73	20.9	7	7	4	3.9 × 4.4	4.9 × 5.2	《考古》1963 年 9 期
	房陵公主	673	正一	57.8	17.5	4	4	6	3.6 × 3.54	4.1 × 4.16	《文博》1990 年 1 期
	契苾明	696	从一	65		?	?	?	6.3 × 6.4	8 × 8.25	《文博》1998 年 5 期，未完全发掘

型式	墓主	葬年	官品	总长（米）	墓道（米）	天井	过洞	小龛	前室	后室	出处
II	李重润	706	太子	100.8	26.3	7	6	8	4.45 × 4.54	5 × 5.3	《文物》1959 年 8 期
	李仙蕙	706	正一	87.6	33.35	4	4	8	4 × 4.7	6.46 × 5.3	《文物》1972 年 7 期
	韦洞	708	从一	32.2	16	2	2	4	3.31 × 3.14	4.3 × 4.2	《文物》1959 年 8 期
	李仁	710	成王	45	30	5	5	6	3.15 × 3.3	4.5 × 4.5	《西安郊区隋唐墓》，未完全发掘
	李贤	711	太子	71	20	4	4	6	4.5 × 4.5	5.5 × 5.5	《文物》1972 年 7 期
	阿史那怀道	727	正二		22.6	4	4	2	3.9 × 3.9	4.52 × 4.8	《中国文物报》1994 年 5 月 15 日，未完全发掘

　　C 类，双室土洞墓。仅发现三座，即温思暕墓[40]、李思贞墓[41]和华文弘墓[42]。

　　此类墓葬的形制和 B 型墓葬非常接近，唯一的差别在于墓室四壁和顶部未使用砖券。

　　例 1，万岁通天元年（696 年）温思暕墓。该墓为前后双室土洞墓，由长斜坡墓道、天井、过洞、小龛、前后甬道、前后墓室构成，总长 32 米。墓道长 22 米，宽 1.36 米，坡度 22 度，天井 4 个，过洞 4 个，小龛 4 个。前室平面呈方形，南北长 2.18 米，东西宽 2.48 米，疑为穹隆顶；后室也为方形，南北长 3.8 米，东西宽 3.12 米，高 2.6 米，拱顶（图一一，1）。

　　例 2，神龙元年（705 年）李思贞墓。该墓无正式报道，仅见于孙秉根论文内。据介绍，该墓有长斜坡墓道，5 个天井，5 个过洞，

3对6个小龛，前室为不规则方形，拱形顶，后室为斜方形，穹隆顶。甬道位于墓室南部偏东处（图一一，2）。

例3，神龙元年（705年）华文弘墓。该墓墓道开口于现地表1.1米深处（从基槽南壁剖面观察可见），基槽外的墓道部分未作清理。该墓水平残长27.2米，根据墓道24度的斜坡推测，水平全长应为35米左右。过洞5个，长1.4～1.7米，宽1.2～1.38米，宽度估计为2米左右，拱形土洞券顶，已坍塌。天井5个。小龛6个，对称分布于第二、三、四天井的东西两壁下，形制基本相同。前甬道位于第五天井之北、前室南部中央，平面呈梯形，南宽1.14米，北宽1.26米，长1.88米，拱顶已塌，推测高度约为2米。自前甬道开始，前室、后甬道及后室地面皆纵长错缝平铺长条砖。前室平面呈方形，边长2.2米，应为穹隆顶，已坍塌，高度不详。后甬道连接于前后室之间，位于前室北部的中央与后室南部偏东侧。后室平面近似方形，南北长3.5米，东西长3.54～3.7米，应为穹隆顶，已坍塌，高度不详（图一一，3）。

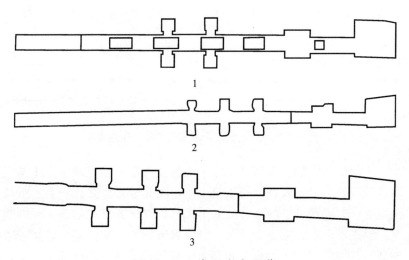

1

2

3

图一一　C类双室土洞墓

1. 温思暕墓　2. 李思贞墓　3. 华文弘墓

二　单室洞式墓葬

唐代单室墓葬根据时代的先后、级别的高低，有不同的建筑材质和地下结构。在此将其分为两大类，即单室砖墓、单室土洞墓。

D类，单室砖墓。此类墓由墓道、小龛、甬道、墓室等部分组成，墓室砖筑。根据墓道的形制，可分为三型（表七）。

Ⅰ型，长斜坡墓道多天井多小龛式单室砖墓。此型墓通常带有长斜坡墓道、天井、过洞，墓道两侧还带有小龛。这是已发现的品官墓使用最多的墓型。根据墓室的平面，此型墓可分为两式：

Ⅰa式，墓室平面为方形，墓边没有向外弧出，甬道还没有完全东移。仅发现一座，即贞观四年（630年）李寿墓。

该墓由墓道、过洞、天井、小龛、甬道、墓室6个部分组成，全长44.4米。斜坡墓道水平长16.8米，宽2.3米。过洞4个，天井5个（一个在甬道上），小龛2个，位于第四过洞东西壁。墓室长3.8米，宽3.95米，拱形土洞顶。墓室四边平直，无外弧（图一二）。

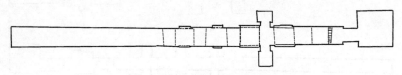

图一二　D类Ⅰa型单室砖墓（李寿墓）

Ⅰb式，发现近30座。墓室平面为弧方形，甬道基本位于墓室南墙偏东处。主要墓例有长乐公主墓、段简璧墓、张士贵墓、新城公主墓、李爽墓、李勣墓、虢王李凤墓、阿史那忠夫妇墓、元师奖墓、越王李贞墓、惠庄太子墓、韦慎名夫妇墓、刘濬墓、让皇帝李宪墓、张去奢墓、张去逸墓和高力士墓等。另外，牛弘满墓、临川县主墓、薛元超墓、薛莫夫妇墓、杨思勖墓、清河张氏墓、裴利物夫妇墓、清源县主墓、瞿昙譔墓、唐安公主墓、惠昭太子墓等，也可能属于此类形制。但因为破坏严重或报道不全等缘故，详细情形无法确知。

　　例1，贞观十七年（643年）长乐公主墓。该墓水平全长48.2米，墓道斜度13度，墓道水平长度为17米，过洞4个，天井5个（一个在甬道上），在第三、第四天井两侧分布有2对4个壁龛。墓室平面为弧方形，穹隆顶，砖筑，边长4.2米，中长4.6米（图一三，1）。

　　例2，总章二年（669年）李勣墓。该墓水平全长63.75米，墓道长28.2米，宽2.8米，坡度12度。过洞4个，天井4个，壁龛2个，分别在第二天井东西两侧。墓室砖砌，穹隆顶，底面近似正方形，四边微向外张，东西边长4米、中长4.6米，南北边长4.07米、中长4.67米，顶高4.84米（图一三，2）。

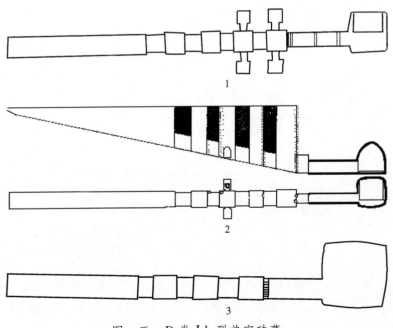

图一三　D类Ⅰb型单室砖墓

1. 长乐公主墓　2. 李勣墓　3. 刘濬墓

例3，开元十八年（730年）刘潜墓。该墓平面略呈长刀把形。墓道长16.4米，宽1.5米，3个天井，3个过洞，共有3对6个小龛。墓室平面呈弧边长方形，南北长4.1米，东西宽4.2米，高4.8米，四角攒顶穹隆顶（图一三，3）。

Ⅱ型，此型墓通常带有长斜坡墓道，但小龛位置不在墓道两侧而移至甬道之内。个别墓的斜坡墓道变短，前端为一竖井，天井数目变少甚至没有天井。此型墓发现较少，仅有张仲晖墓、张怙墓、王明哲墓、杨玄略墓、张叔遵墓等。

例，天宝十二年（753年）张仲晖墓。该墓是一座长斜坡单室砖墓，由墓道、甬道、小龛、墓室等部分组成。墓道长10.2米，宽1.28米，坡长6米，底长4.5米。靠近墓室的甬道壁上分布有小龛1对。墓室平面呈正方形，长宽均为3.8米。据发掘者判断，该墓为穹隆顶（图一四）。

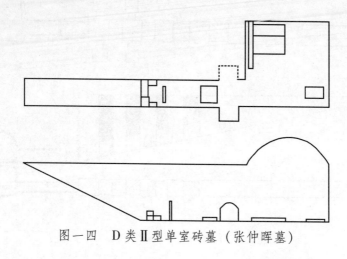

图一四 D类Ⅱ型单室砖墓（张仲晖墓）

Ⅲ型，竖井墓道式单室砖墓。主要有姚存古墓、李升荣墓、高克从墓和阎知诚墓。此型墓的规模较小，由墓道、甬道、小龛组成，无天井和过洞。墓道为竖井式，平面呈梯形，小龛位于甬道和墓室周围，最终发展为12个，以便放置12时辰俑。

例1，太和九年（835年）姚存古墓。墓道为竖井式，平面呈梯形。墓室为弧方形，砖筑，穹隆顶，甬道前土后砖，甬道之内有4个小龛（图一五，1）。

例2，会昌六年（846年）李升荣墓。该墓为平面略呈"甲"字形的砖室墓。墓室略呈方形，四壁微外弧，长4米，宽3.65米。墓道梯形竖井式，底部微成坡状，东、西两壁各有4个三角形脚窝，墓道长3.6米，宽1.22~2.04米。墓室南壁西侧有1个壁龛，甬道东、西两壁各一个近似方形的壁龛（图一五，2）。

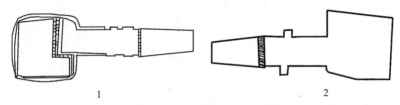

1　　　　　　　　　　　　　2

图一五　　D类Ⅲ型单室砖墓

1. 姚存古墓　　2. 李升荣墓

表七　　D类单室砖墓形制统计表

型式		墓主	葬年	官品	总长（米）	墓道（米）	天井	过洞	小龛	墓室	出处
Ⅰ	Ⅰa	李寿	630	正一	44.4	16.8	5	4	2	3.95×3.8	《文物》1974年9期
	Ⅰb	长乐	643	正一	48.2	17	5	4	4	4.2×4.6	《文博》1988年3期
		张士贵	657	从一	57	21	5	5	4	4.3×4.05	《考古》1978年3期
		新城	663	正一	50.8	14.8	4	4	8	4.7×4.7	《唐新城长公主墓发掘报告》
		李爽	668	正三	28	20.6	3	3	2	4.3×3.9	《文物》1959年3期

型式		墓主	葬年	官品	总长（米）	墓道（米）	天井	过洞	小龛	墓室	出处
I	I b	李勣	669	从一	63.75	28.2	4	4	2	4.6 × 4.67	《考古与文物》2000 年 3 期
		李凤	675	正一	63.38	16.8	3	3	8	4.36 × 4	《考古》1977 年 5 期
		阿史那忠	675	从二	55	19	5	5	2	3.7 × 3.7	《考古》1977 年 2 期
		元师奖	686	正二	?	26	5	4	?	4.27 × 4.27	《考古与文物》1993 年 3 期
		李贞	718	正一	46.1	14.6	5	5	4	4.5 × 4.5	《文物》1977 年 10 期
		鲜于庭海	723	正二	24	15.2	大于 3	大于 3	6	4.9 × 4.9	《长安城郊隋唐墓》，未完全发掘
		惠庄	724	太子	38.6	17.5	3	3	6	4.8 × 4.8	《考古与文物》1999 年 2 期
		韦慎名	727	正三	大于 18.3	大于 10.4	大于 3	大于 3	4	3.9 × 3.65	《考古与文物》2003 年 6 期，未完全发掘
		刘濬	730	从四	22.2	16.4	3	3	6	4.1 × 4.2	《泾渭辑古》1996 年 4 期
		李宪	741	让皇帝	59	18.9	7	3	6	5.7 × 5.7	《唐李宪墓发掘报告》
		张去奢	747	从三	?	?	5	4	6	?	见孙秉根《西安地区隋唐墓葬的形制》

续表七

型式		墓主	葬年	官品	总长 （米）	墓道 （米）	天井	过洞	小龛	墓室	出处
I	I b	张去逸	748	正二	？	？	3	3	6	？	见孙秉根《西安地区隋唐墓葬的形制》
		高力士	762	从一	52	14.2	4	3	6	4.2	《考古与文物》2002 年 6 期
II		张仲晖	753	正六	15	10.2	0	0	2	3.8 × 3.8	《考古与文物》1992 年 1 期
		杨玄略	864	正二	？	？	3	3	8	？	见孙秉根《西安地区隋唐墓葬的形制》
		张叔遵	871	正七上	23.6	17	1	1	12	2.3 × 2.3	见孙秉根《西安地区隋唐墓葬的形制》数据据图测量
III		姚存古	835	正二	13	3.8	0	0	4	5 × 5	见孙秉根《西安地区隋唐墓葬的形制》小龛在甬道内
		李升荣	846	正三	15.6	3.6	0	0	12	4 × 3.65	《考古与文物》1991 年 4 期
		高克从	848	正二	7	2.3	0	0	0	2.3 × 1.9	见孙秉根《西安地区隋唐墓葬的形制》
		阎知诚	857	正二	6.8	2.7	0	0	7	2.95 × 2.95	见孙秉根《西安地区隋唐墓葬的形制》

E类，单室土洞墓。此类墓由墓道、小龛、甬道、墓室等部分组成，墓室为土洞，不用砖筑。根据墓道的形制，可分为三型（表八）。

Ⅰ型，长斜坡墓道多天井多小龛单室土洞墓。此型墓通常带有长斜坡墓道、天井、过洞，墓道两侧还带有小龛。根据墓室形制的不同可细分为4式：

Ⅰa式，标准的长斜坡多天井单室土洞墓，墓室为规整的方形或长方形。发现较多，资料完整者13座：董僧利夫妇墓、司马睿墓、董务忠墓、独孤思贞墓、独孤思敬墓及妻杨氏墓、金乡县主夫妇墓、废太子李承乾墓、韦夫人胡氏墓、史思礼墓、章令信墓、董楫墓和李文贞墓。

例1，天授二年（691年）董务忠墓。该墓由墓道、甬道及墓室组成。全长34.5米。墓道长27.4米，宽1.5米，有天井、过洞各5个。壁龛4个，分布在第二、四天井的东西两壁下部。甬道在墓道与墓室间，保存较好，拱形券顶，高1.9米，宽1.32米，长3.25米。墓室南北长自西向东为3.56～3.84米，东西宽3.2米，高约3.3米。墓室为穹隆式，墓顶塌落严重（图一六，1）。

例2，神功元年（697年）独孤思贞墓。该墓由墓道、甬道及墓室组成，全长32米。墓道长23.6米，宽1.67米，有天井、过洞各5个。壁龛2个，分布在第四过洞的东西两壁下部。甬道在墓道与墓室间，保存较好，拱形券顶长3.8米。墓室南北长约3.36米，东西宽约3.46米，高约3.3米。墓室为穹隆式，半球形（图一六，2）。

Ⅰb式，此式墓大体结构和Ⅰa式相同，但在墓室的北部开挖一大型后龛，在此简称为大后龛墓。此式唐墓目前仅发现一例，即调露二年（680年）罗观照墓。

该墓由长斜坡墓道、3个过洞、3个天井、甬道、前墓室、后龛等部分组成。墓道南端被建筑物所压，墓道残长7米，南端宽1.6米，北端宽1.3米，坡度25度。墓室长2.6米，宽2.28米，土洞顶坍塌，高约2.4米。后龛长3.7米以上，梯形，南宽约1.92米，北宽约1.44米（图一七）。

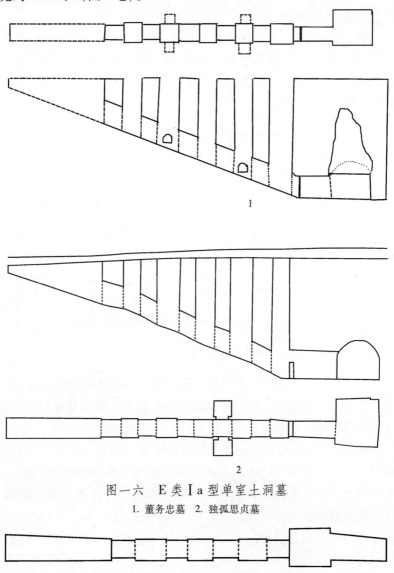

1

2

图一六　E类Ⅰa型单室土洞墓

1. 董务忠墓　2. 独孤思贞墓

图一七　E类Ⅰb型单室土洞墓（罗观照墓）

　　Ⅰc式，此式墓结构大体同Ⅰa式，但第一天井较大，接近墓室面积。此式墓发现两座，均为昭陵陪葬墓。即昭容一品韦尼子墓和显庆二年亡宫五品墓。

　　例，显庆二年（657年）亡宫五品墓。该墓由墓道、2个过洞、2个天井、甬道、墓室等组成。墓道长约7米，宽1.6米。第一天井1.6米见方，第二天井长2.1米，宽2米。墓室南北长2.3米，东西宽2.4米，顶部塌陷（图一八）。

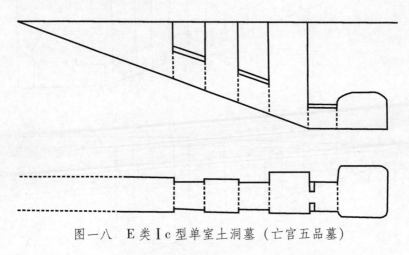

图一八　　E类Ⅰc型单室土洞墓（亡宫五品墓）

　　Ⅰd式，长斜坡靴形土洞单室墓。此式墓的墓道和前述墓式相同，但墓室呈不规则方形，墓葬的平面呈靴形。此式墓葬目前见于报道的纪年墓仅有两座。

　　例1，贞观十四年（640年）陈感意墓。该墓发现时已接近墓底，墓葬形制遭到一定破坏。该墓坐北朝南，方向177度，为一横室土洞墓。墓室平面呈不规整长方形，东西长约2.5米，南北宽约2米。墓室底部距地表5米。长方形斜坡墓道开口于地下60厘米处，位于墓室南部偏西，宽1米。上部因处理地基遭到破坏，已无法判明是否带天井和甬道（图一九，1）。

　　例2，显庆五年（660年）杜道愿墓。该墓墓室四壁呈直线，墓道位于墓室南部偏西处。墓室东西长 2.44 米，南北宽 1.2～2 米，顶部呈拱形，高约 2.05 米。室南接甬道，长 0.75 米，宽 1 米，高 1.5 米。墓道长 7.22 米，宽 1～1.08 米，坡长 7.84 米。顶部开凿长方形天井 1 个，长 1.65 米，宽 0.7 米（图一九，2）。

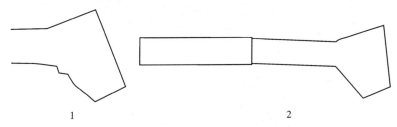

图一九　E 类 I d 型单室土洞墓

1. 陈感意墓　2. 杜道愿墓

II 型，竖井斜坡墓道单室土洞墓。此型墓和 I 型墓基本相同，但墓道的前端为竖井式，坡度较大，长度较短。此式墓葬发现较少，无正式报道，均见于孙秉根论文内。有何刚墓、裴谨墓和王守言墓。

例，麟德元年（664 年）何刚墓。全长 15 米，墓道长 10 米。墓道由竖井加斜坡组成，带 1 个天井，1 个过洞，过洞内有 1 对小龛。甬道长方形，墓室平面近似方形，边长 3 米。墓顶为穹隆顶（图二○）。

III 型，竖井墓道单室土洞墓。此型墓的墓道为竖井式，较短，小龛基本消失，或置于墓室四壁，墓室形状各异。根据竖井墓道的平面形状，可分为 2 式。

III a 式，此式墓的竖井墓道平面呈长方形。有安宝墓、吴守忠墓、曹惠林夫妇墓、李文政墓、范孟荣墓和师知礼墓。

例 1，调露元年（679 年）安宝墓。该墓无完整报道。据孙秉根论文，可知该墓墓道为竖井式，平面呈长方形，长 2 米，宽 1 米。墓室长方形，宽 2 米，长度不详（图二一，1）。

例 2，天宝七年（748 年）吴守忠墓。该墓结构同前例。全长 27.8 米，墓道长 2.95 米，宽 1.1 米。在甬道两侧有小龛 2 对。墓室呈长方形，南北长 3.8 米，东西宽 3.02 米，高 3.6 米（图二一，2）。

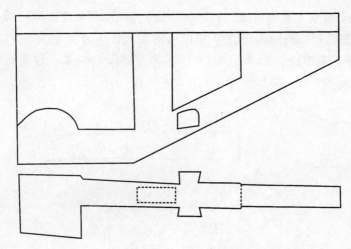

图二〇　　E 类 Ⅱ 型单室土洞墓（何刚墓）

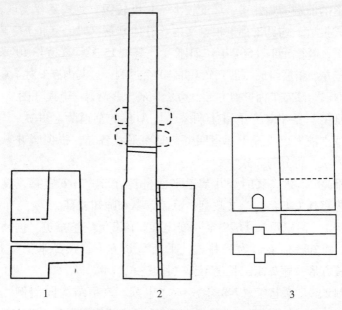

1　　　　　　　　　　　2　　　　　　　　　　　3

图二一　　E 类 Ⅲa 型单室土洞墓
1. 安宝墓　2. 吴守忠墓　3. 曹惠琳夫妇墓

例3，大历十四年（779 年）曹惠琳夫妇墓。该墓结构同前例。全长6 米，墓道长3 米，宽1 米。墓道两侧有小龛1 对。墓室长方形，南北长3 米，东西宽2 米（图二一，3）。

Ⅲb式，此式墓的竖井墓道平面呈梯形。

例1，永泰元年（765 年）韩氏墓。该墓全长9.75 米，墓道长2.56 米，宽1.2 米，底部呈30 度斜坡。甬道长方形，墓室为不规则方形，长3.18 米，最宽处2.6 米（图二二，1）。

例2，贞元十七年（801 年）李良墓。该墓为刀形墓，墓道部分

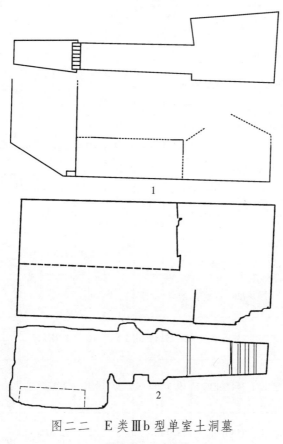

1

2

图二二　E 类Ⅲb 型单室土洞墓

1. 韩氏墓　2. 李良墓

呈梯形。全长9.5米，北宽1.53米，南宽1.22米。甬道里有4个小
龛。墓室长方形，南北长3.78米，东西宽2.77米（图二二，2）。

表八　E类单室土洞墓形制统计表

型式		墓主	葬年	官品	总长（米）	墓道（米）	天井	小龛	墓室（米）	出处
I	I a	董僧利夫妇	608/652	庶人	?	6	0	0	3.6×3.22	《考古与文物》1991年4期，未完全发掘
		司马睿	649	从四上	?	11.2	?	2	3.5×3.65	《考古与文物》1985年1期，被破坏
		董务忠	691	从五下	34.5	27.4	5	4	3.56~3.84×3.2	《文博》1996年2期
		独孤思贞	697	正三	32	23.6	5	2	3.46×3.36	《长安城郊隋唐墓》
		独孤思敬	709	正五下	17.8	11.5	3	2	3.14×3.14	《长安城郊隋唐墓》
		独孤思敬妻杨氏	703	正五下	?	大于6.44	大于2	2	3.24×3	《长安城郊隋唐墓》
		金乡县主夫妇	724	正二、正七	23	16	4	2	3.5×3.4	《唐金乡县主墓》，夫于隐为七品
		李承乾	736	废太子	27.7	12	5	6	2.8×3.1	《文博》1989年3期
		韦胡氏	742	庶人	22.15	17.5	3	2	2.75×2.7	《考古与文物》1989年5期
		史思礼	744	正四下	19.3	13.3	3	4	2.3×2.3	见孙秉根《西安地区隋唐墓葬的形制》
		章令信	758	正三	18.9	16.2	3	2	2.67×3	《考古与文物》1981年2期

型式		墓主	葬年	官品	总长（米）	墓道（米）	天井	小龛	墓室（米）	出处
I	I a	董楹	807	正二	20.3	15.06	4	0	2.3×2.75	《西安郊区隋唐墓》夫品
		李文贞	819	从三	21	16.9	3	0	3.2×2.15	《考古与文物》1981年2期
	I b	罗观照	680	正一	25.44	7	3	0	2.6×2.28	《考古与文物》1994年4期
	I c	韦氏昭容	656	正一	28	25	4	4	2.68~2.73×3.47~2.73	《文物》1987年1期
		亡宫	657	正五	11	7	2	0	2.3×2.4	《文物》1987年1期
	I d	陈感意	640	庶人	？	？	？	？	2.5×2	《考古与文物》1992年5期,已破坏
		杜道愿	660	庶人	？	7.22	1	0	2.44×2	《考古与文物》1991年4期
II		何刚	664	庶人	15	10	1		3×3	见孙秉根《西安地区隋唐墓葬的形制》
		裴谨	736	庶人	21	13.3	3	2	3.3×2.6	见孙秉根《西安地区隋唐墓葬的形制》
		王守言	744	正二	12.6	8.6	2	4	2.8×2.8	见孙秉根《西安地区隋唐墓葬的形制》
III	III a	安宝	679	庶人	？	2	0	0	2×？	见孙秉根《西安地区隋唐墓葬的形制》

续表八

型式		墓主	葬年	官品	总长（米）	墓道（米）	天井	小龛	墓室（米）	出处
Ⅲ	Ⅲa	吴守忠	748	正三	27.8	2.95	0	4	3.8×3.02	《文物》1955年7期
		曹惠林夫妇	779	正四下	6	3	0	2	3×2	见孙秉根《西安地区隋唐墓葬的形制》
		李文政	830	正二	19	2.4	0	0	2.25×1.43	《西安郊区隋唐墓》
		范孟荣	832	正六下	6.5	2.5	0	0	2.9×1.1	《考古与文物》2005年2期
		师知礼	880	从二	4.2	1.5	0	0	2.7×1.5−2	见孙秉根《西安地区隋唐墓葬的形制》
	Ⅲb	韩氏	765	从四下	9.75	2.56	0	0	3.18×2.6	《西安郊区隋唐墓》
		李良	801	从一	9.5	3.2	0	4	3.78×2.77	学报
		吴卓	814	正四上	11	3.7	0	0	3.8×2.8	《考古与文物》1990年6期
		董氏	837	正三	大于8	？	0	0	3.55×2.75−2.15	《西安郊区隋唐墓》
		梁元翰	844	正二	11.75	4	0	2	5.7×2.14	见孙秉根《西安地区隋唐墓葬的形制》
		张士清	845	庶人	3.7	2.74	0	0	1.78×2.04−2.4	《考古与文物》1991年4期
		王氏	854	庶人	6.1	3.4	0	0	2.7×2−1.5	见孙秉根《西安地区隋唐墓葬的形制》

型式		墓主	葬年	官品	总长（米）	墓道（米）	天井	小龛	墓室（米）	出处
Ⅲ	Ⅲb	路复源	858	正七上	5.75	2.7	0	0	2.5×1.98	《西安郊区隋唐墓》
		王氏	862	从二	9.2	4.3	0	7	3.3×2.9 -0.9	见孙秉根《西安地区隋唐墓葬的形制》
		何楚章	867	正八上	7.5	3.6	0	0	3×2.5 -1.5	见孙秉根《西安地区隋唐墓葬的形制》
		俞氏	870	正二	6.4	3.3	0	12	3×2.2	见孙秉根《西安地区隋唐墓葬的形制》
		唐思礼	871	正二	6	2.6	0	0	3×2.7	见孙秉根《西安地区隋唐墓葬的形制》
		曹氏	876	庶人?	8.32	3.6	0	12	3.72×3.62	《文物》2002年12期

第三节　墓葬形制的分期

过去研究墓葬的分期，大家通用的做法是按墓葬平面形制，再综合器物组合来划分。但是，众所周知，墓室的建筑和随葬器物的制造，往往并非同一时间，也不是出自同一人群的劳动。墓室构造不但受当时制度的制约，而且还受其功能及当时建筑技术的制约。相反，器物的形制受这些因素的影响较小。艺术家可以在规定的高度尺寸下，进行适度创造，制作出各种风格的作品。有鉴于此，本文的分期参考多个标准来进行。但在综合分期之前，每个参考标准的独立分期，是后期综合的基础。墓葬形制因其可变因素较少，因而分期相对跨度较大。在综合分期时，我们选取它作为第一层次，由此产生的时间段称为"期"。器物组合因为涉及器类多，参考价值次之，为第二层次，由此划分出的时间段称之为"段"。单件器物变化的可能性最大，是本文综合分期的第三层次，由此划分的时间段称之为"小段"。壁画作为艺术家的一种创作，分期有其自身规律，在本文的综合分期里，暂不作为参考依据。在此必须说明的是，分期只是为了便于深入研究，并不一定和历史时期、阶段紧密联系。同时，提出这三层分期依据，对于非纪年墓资料和资料不完整墓葬的断代可以提供较为客观的参考，从而有助于纠正过去仅仅依靠大型俑类进行断代所带来的弊端和不足。

由于资料的缺乏，我们对于早期和末期墓葬的形制知之甚少。为了避免这一缺陷，早期的墓形借用了较早的隋代甚至北朝资料，而晚期则可能借用了五代资料。同时，在这些借用资料里，涉及地域扩大至周边地区，尤其是河东、河西地区（表九）。

表九　墓葬形制统计表（以官品葬年为序）

墓主	官品	葬年	官品	墓葬形制				
				A	B	C	D	E
李寿	正一	630	1				Ⅰa	
长乐公主	正一	643	1				Ⅰb	
韦氏昭蓉	正一	656	1					Ⅰc
敬德	正一	658	1		Ⅰ			
新城公主	正一	663	1				Ⅰb	
李博乂	正一	671	1	√				
房陵公主	正一	673	1		Ⅱ			
罗关照	正一	680	1					Ⅰb
懿德	太子	706	1		Ⅱ			

墓主	官品	葬年	官品	墓葬形制				
				A	B	C	D	E
永泰	公主	706	1		Ⅱ			
李重俊	太子	710	1		Ⅰ			
李仁	正一	710	1		Ⅱ			
章怀	太子	711	1		Ⅱ			
李贞	正一	718	1				Ⅰb	
惠庄	太子	724	1				Ⅰb	
李承乾	废太子	738	1					Ⅰa
李宪	让皇帝	741	1				Ⅰb	
张士贵	从一	657	2				Ⅰb	
李勣	从一	669	2				Ⅰb	
契苾明	从一	696	2		Ⅱ			
韦洄	从一	708	2		Ⅱ			
高力士	从一	762	2				Ⅰb	
李良	从一	801	2					Ⅲb
郑仁泰	正二	664	3		Ⅰ			
安元寿	正二	668	3		Ⅰ			
元师奖	正二	686	3				Ⅰb	
李思贞	比二	705	3			√		
鲜于庭海	正二	723	3				Ⅰb	
阿史那怀道	正二	727	3		Ⅱ			
王守言	正二	744	3					Ⅱ
张去逸	正二	748	3				Ⅰb	
董楒	正二	807	3					Ⅰa
李文政	正二	830	3					Ⅲa
姚存古	正二	835	3				Ⅲ	
李思贞	正二	844	3					Ⅲb

墓主	官品	葬年	官品	墓葬形制				
				A	B	C	D	E
高克从	正二	848	3				Ⅲ	
阎知诚	正二	857	3				Ⅲ	
杨玄略	正二	864	3				Ⅱ	
俞氏	正二	870	3					Ⅲb
唐思礼	正二	871	3					Ⅲb
苏君	从二	667	4		Ⅱ			
阿史那忠	从二	675	4				Ⅰb	
王氏	从二	863	4					Ⅲb
师知礼	从二	880	4					Ⅲa
李爽	正三	668	5				Ⅰb	
独孤思贞	正三	697	5					Ⅰa
韦慎名	正三	727	5				Ⅰb	
吴守忠	正三	748	5					Ⅲa
章令信	正三	758	5					Ⅰa
董氏	正三	837	5					Ⅲb
李升荣	正三	846	5				Ⅲ	
温思暕	从三	696	6			√		
张去奢	从三	747	6				Ⅰb	
李文贞	从三	819	6					Ⅰa
吴卓	正四上	814	7					Ⅲb
华文弘	正四下	705	8			√		
史思礼	正四下	744	8					Ⅰa
曹惠林	正四下	779	8					Ⅲa
司马睿	从四上	649	9					Ⅰa
韩氏	从四下	765	10					Ⅲb
亡宫	正五	657	11					Ⅰc

墓主	官品	葬年	官品	墓葬形制				
				A	B	C	D	E
董务忠	从五下	691	12					I a
独孤思敬妻杨氏	正五下	703	12					I a
独孤思敬	正五下	709	12					I a
张仲晖	正六	753	14				II	
范孟荣	正六下	832	15					IIIa
金乡县主、于隐	正二、正七	724	19					I a
路复源	正七上	858	19					IIIb
张叔遵	正七上	871	19				II	
何楚章	正八上	867	23					IIIb
董僧利夫妇	庶人	608/652	31					I a
陈感意	庶人	640	31					I d
杜道愿	庶人	660	31					I d
何刚	庶人	664	31					II
安宝	庶人	679	31					IIIa
康文通	庶人	697	31		I			
裴谨	庶人	736	31					II
韦胡氏	庶人	742	31					I a
张士清	庶人	845	31					IIIb
王氏	庶人	854	31					IIIb
曹氏	庶人	876	31					IIIb

注：此表为了便于电脑排序和运算，在官品列中把原有的品级作了数字化处理，正一品相当于1，从一相当于2，从九品下为30，庶人为31，其余依次类推。A代表三室砖墓，B代表双室砖墓，C代表双室土洞墓，D代表单室砖墓，E代表单室土洞墓。

通过上表，可以得出如下结论：

1. 形制变化最大的是三品以上官员的墓葬；

2. 单室砖墓的流行时间最长，墓主身份相对稳定在五品以上；

3. 庶人墓葬的变化最小，以单室土洞墓为主，变化仅体现在墓道形制上；

4. 四、五品官员墓葬发现的墓例，下葬时间段较为集中，从表中看均为单室长斜坡墓道土洞墓。

5. 各型墓葬之间有一定的交叉，这表明传统或者流行趋势有一定的滞后性。

基于上述的特点和对表格数据的分析，我们把唐代长安地区纪年墓葬分为五个大期。由于考古发现的缺乏，有的段与段之间存在一定的年代缺环，所以用墓志纪年表明大致时间段落，在起点和终点选择上，以墓志纪年相衔接。临界点是指新墓葬形制出现的时间，也就是形制发生变化的起始时间（表一〇）。

表一〇　唐代各期墓葬墓形

期别	主流墓葬形制	非主流墓葬形制
第一期	斜坡墓道土洞墓、砖室墓	靴形墓室墓、竖井墓道墓
第二期	双室砖墓、单砖墓	三砖墓
第三期	单砖墓、单土墓	竖井墓道墓
第四期	单土墓	不规则墓室的单土墓
第五期	竖井墓道墓	单土墓

这五期分别是：

第一期：墓志纪年为唐初（618 年）~ 657 年（敬德墓），大致相当于高祖、太宗、高宗前期。临界点选取以前、后室面积相差较大的双室墓出现为依据，这一依据在 656 年韦尼子、657 年五品亡宫墓也有发现。这两座墓，虽为土洞墓，但最后一个天井的面积超常，等同于一个墓室，这和敬德、安元寿等人的墓葬形制非常接近。这一变化表明，657 年前后是高级贵族墓葬由单室向双室转化的开始。此期墓葬基本延续隋代墓葬的形制，高级墓葬流行单室土洞墓和砖室墓。等级较低的墓葬流行靴形、刀形斜坡墓道单室土洞墓。如果细分，高级墓葬还可分为两个阶段，以李寿墓为界，前段以土洞墓为主，拱顶；后段流行砖室，四角攒顶或穹隆顶。李寿墓墓室下半为砖砌，上部为土洞，恰好说明此期的变化。

　　第二期：墓志纪年 658 年～710 年（节愍太子墓），大致相当于高宗后期、武则天、中宗时期。临界点选取的是双室墓中前、后室差别较大的墓形再次出现的时间。此类墓形的再次出现，表明双室墓已开始向单室墓蜕变，尽管 727 年的阿史那怀道墓仍然采取了典型的双室墓结构，但这只能算作前期墓形的遗留，已不是当时的主流墓形。因为节愍太子的身份明显高于阿史那怀道，而他采取这种墓形可能是出于特制，即将天井改建成墓室的结果。这表明从 710年开始，唐代墓葬放弃了双室墓这种结构。这一时期是双室墓流行的时期，所有双室墓均集中在此期。甚至还出现了一座三室墓，即李博义墓。单砖室多天井斜坡墓道墓是此期最为常见的墓形。这时的单砖墓，墓道偏于东侧，基本和墓室东壁相齐。墓室呈弧边方形，穹隆顶居多。小龛、天井常见。低等级墓葬继续沿用前期墓形，但墓室较为规整，没有靴形墓室，多为长方形，带有斜坡墓道，天井和小龛位于墓道里，个数较少。级别低于五品的多采用长斜坡多天井、小龛的单室土洞墓。710 年～727 年可能是单室墓和双室墓两种墓形交叉使用的时期，但在此期间，高级贵族使用单砖墓的比例明显高于使用双室墓的比例。

　　第三期，墓志纪年为 710 年～748 年（吴守忠墓），大致相当于睿宗、玄宗开元时期。临界点选取高等级墓葬使用竖井墓道墓的时间。这一现象说明双室墓退出历史舞台之后，单室墓成为主流墓葬形制。这一局面持续了近 40 年后，竖井墓道开始取代长斜坡墓道。此期墓葬最为流行的形制是单室长斜坡墓道洞室墓，规格高者为方形砖室，低者为长方形土洞。除皇室贵族墓葬依然保持较为平缓的斜坡墓道外，一般墓葬斜坡墓道的坡度变大，尤其是 744 年王守言墓、史思礼墓的墓道坡度达到 30°。而早期墓道的坡度均在 15°～18° 左右。在较晚的墓例中，747 年张去奢墓较为特殊，仍然保留了较为平缓的斜坡墓道和较多的小龛。这些特例是旧传统的延续，而此型墓在此期较后的时间里出现很少。

第四期，墓志纪年为 748 年～809 年（惠昭太子墓），大致相当于玄宗天宝、肃宗、德宗时期。临界点选取了最后一座单室长斜坡墓道砖室墓的葬年，此后这类墓葬基本消失。此期墓形以单室土洞墓为主流，高级贵族和部分皇室成员的墓葬依然保留单砖墓。土洞墓的墓室平面以长方形为主，还有梯形等不规则形状。因为资料缺乏，低级墓葬的形制无法得知。据推测可能以竖井墓道单室土洞墓为主。

第五期，墓志纪年为 809 年～唐末（实际纪年为 880 年师知礼墓），大致相当于宪宗至唐末。此期不见长斜坡墓道单室砖室墓，长斜坡墓道单室土洞墓也很少见，常见墓葬形制为竖井墓道单室墓，并且贵贱通用，单从墓葬形制无法区分墓主的身份。此期墓葬最具特色的是小龛的位置。较早的墓葬把小龛布置在甬道两侧，在较晚的墓例中，小龛却多位于墓室四壁。有的为了弥补南壁开门引起的空间不足问题，把其余两龛置于甬道之内，以凑足 12 个之数。竖井墓道平面有长方形和梯形两种。墓室平面以方形为主，但不规则形状的墓室出现比例明显高于前四期。

通过上述分期，我们可以发现唐代墓葬的演变规律如下：早期沿用隋代墓葬形制，到太宗时期开始发生变化。首先是原来的横宽室墓变为近似方形，甬道偏东，四壁开始外弧，以便于营建穹隆顶，此时小龛较少，随葬品主要放在墓室之内，高级墓葬普遍开始使用砖室。从高宗中期开始，高级墓葬开始由原来的单室墓变为双室墓，较早的墓葬可能通过扩建最后一个天井的做法来达到目的，此后双室砖墓成了高级贵族首选的墓葬形制，但单室砖墓仍然是当时主要的墓葬形制，此期墓葬的天井个数、小龛个数最多。从睿宗朝开始，双室墓这种特殊形制的墓葬又逐步退出了历史舞台，高级墓葬的形制又统一到单室砖墓上来。大约至开元之际，原来只用于庶人墓的竖井墓道开始出现在品官墓中，长斜坡墓道开始变短，坡度加大，有些斜坡墓道的前端出现了竖井。大约从公元800年左右开始，单室砖墓彻底消失，竖井墓道完全替代了长斜坡墓道。

---

①此图采自宿白：《西安地区唐墓壁画的布局与内容》，《考古学报》1982年2期。

②傅熹年：《唐代隧道型墓的形制构造和所反映的地上宫室》，载《考古与文物论集》，文物出版社1986年，322～343页。

③沈睿文：《唐陵结构名称考》，《文博》2000年1期。

④韩国河：《简论坡形墓道》，《郑州大学学报》2000年5期。

⑤王溥：《唐会要》卷二十一诸陵杂录，417页。

⑥刘昫：《旧唐书》卷八十九狄仁杰传，2866页。

⑦欧阳修：《新五代史》卷四十，441页。

⑧司马光：《司马氏书仪》，丛书集成初编排印，学津讨原本，1040册，789～790页。

⑨段清波：《晋侯请隧中的"隧"不当作墓道讲》，《中国文物报》2006年2月24日第7版。

⑩傅熹年：《唐代隧道型墓的形制构造和所反映的地上宫室》，载《考古与文物论集》，文物出版社1986年，322～343页。

⑪黄展岳：《释便房》，《中国文物报》1993年6月20日。

⑫黄展岳：《西汉陵墓研究中的两个问题》，《文物》2005年4期。

⑬班固：《汉书》卷七十，3024页。

⑭参见郑岩：《魏晋南北朝壁画墓研究》八，《青州傅家北齐画像石与入华祆教美术》，文物出版社2002年。

⑮巫鸿：《"华化"与"复古"——房形椁的启示》，载《礼仪中的美术——巫鸿中国古代美术史文编》，生活·读书·新知三联书店2005年，659～671页。

⑯韩国河：《温明、秘器与便房》，《文史哲》2003年4期。

⑰韦机此人，据其本传可知确实善于营建，但更善于迎合皇帝的心理。他受命在洛阳以西营建上阳宫就是很好的例证，后来，大水冲进王宫，造成多人死亡。相关的详细论述可参见拙文。程义：《隋唐洛阳城是个半成品吗？——对东西二京布局差异的再分析》，《唐研究》第12卷，2006年。

⑱秦建明：《便房考》，《文博》1999年2期。

⑲杜佑:《通典》卷八十五《棺椁制》。

⑳陆龟蒙:《顾道士亡弟子奉束帛乞铭于袭美因赋戏赠》,《全唐诗》卷六百二十六。

㉑元好问:《元好问集》卷三十三,《临锦堂记》,山西古籍出版社 2004 年。

㉒程义:《谈唐代丧葬文献中的"下帐"》,《中国文物报》2011 年 7 月 22 日。

㉓原墓志已佚,据《旧唐书》卷六十四本传"咸亨二年薨,赠开府仪同三司、荆州都督,谥曰恭。"李博乂葬于 671 年之后。

㉔参见李星明:《唐代墓室壁画研究》,陕西人民美术出版社 2005 年,98 页。

㉕昭陵文管所:《唐尉迟敬德墓发掘简报》,《文物》1978 年 5 期。

㉖陕西省博物馆等:《唐郑仁泰墓发掘简报》,《文物》1972 年 7 期。

㉗昭陵博物馆:《唐安元寿夫妇墓发掘简报》,《文物》1988 年 12 期。

㉘陕西社科院考古研究所:《陕西咸阳唐苏君墓发掘》,《考古》1963 年 9 期。此墓已经宿白和拜根兴考定为苏定方墓,分别参见宿白:《西安地区唐墓壁画的内容和布局》,《考古学报》1987 年 2 期和拜根兴:《也论苏君墓当为苏定方墓》,《考古与文物》2005 年 5 期。

㉙参见陈安利:《唐十八陵》,中国青年出版社 2001 年,280 页。

㉚安峥地:《唐房陵大长公主墓清理简报》,《文博》1990 年 1 期。

㉛解峰、马先登:《唐契苾明墓发掘记》,《文博》1998 年 5 期。

㉜西安市文物保护研究所:《唐康文通墓发掘简报》,《文物》2004 年 1 期。

㉝陕西省博物馆:《唐懿德太子墓发掘简报》,《文物》1972 年 7 期。

㉞陕西省文物管理委员会:《唐永泰公主墓发掘简报》,《文物》1964 年 1 期。

㉟陕西省文物管理委员会:《长安县南里王村韦泂墓发掘记》,《文物》1959 年 8 期。

㊱中国科学院考古研究所编:《西安郊区隋唐墓》,科学出版社 1966 年。

㊲陕西省考古研究所:《唐节愍太子墓发掘报告》,科学出版社 2004 年。

㊳岳起、谢高文:《咸阳发现阿史那怀道夫妇墓》,《中国文物报》1994 年 5 月 15 日。

㊴陕西省考古研究所:《唐李宪墓发掘报告》,科学出版社 2004 年,251 ~ 252 页。

㊵西安市文物保护考古所:《西安东郊唐温绰、温思暕墓发掘简报》,《文物》2002 年 12 期。

㊶孙秉根:《西安隋唐墓葬的形制》,载《中国考古学研究》编委会《中国考古学研究——纪念夏鼐先生考古五十年纪念论文集(二)》,科学出版社 1986 年,151 ~ 190 页。

㊷张全民:《唐严州刺史华文弘夫妇合葬墓》,《文博》2003 年 6 期。

第四章　唐代墓葬的葬具和封门

　　唐代墓葬的葬具主要包括石椁、木棺，封门设施则各式各样。这些设施有的沿用了旧的传统，有的是对旧传统的改造和重新利用。

第一节　概述

　　从北京山顶洞人尸体周围发现的赤铁矿粉，可以断定旧石器时代人们已经开始关注对尸体的处理和保护了。随着人们对血缘认识的深入和原始宗教的发展，原始人对尸体的保护意识越来越强。至迟在新石器时代的各墓地中普遍发现了简单的葬具，有的可能是柴草、有的是木棺，甚至还出现了用石片石块砌成的石棺，小孩的尸体多盛于陶罐之中。这些遗存就是葬具的雏形。据栾丰实研究："中国古代丧葬礼仪中的棺椁制度渊源久远。大约在仰韶时代中期，首先在东方的海岱地区和环太湖地区出现了木质的棺或椁，并且从一开始，棺椁就与社会内部的分化密切联系在一起。仰韶时代晚期，随着社会分层的发展，棺椁的使用范围有所扩大，数量也不断增多，并且发展出内外相套的两重棺椁，即一椁一棺。单层木棺与其他材质葬具的含义相似，两重棺椁的使用则显然超越了普通的埋葬含义。龙山时代早期，双重棺椁进一步增多，并且趋于规范化。两重棺椁的增多和规范化，是棺椁制度产生的一个标志，换句话说，龙山时代早期是棺椁制度的初步产生时期。龙山文化时期，随着城址的普遍出现和社会分化与分层，棺椁由两重发展到多重，完全成为地位、权力和身份的指示物，这种现象与商周时期严格的棺椁制度已无本质区别。"①产生于龙山时期的棺椁制度，在夏商周时期得到完善和发展，逐渐形成了独具特色的棺椁制度。这些制度基本保留在《礼记·丧大记第22》里。

虽然《礼记》的成书年代还有争议，但该书的内容大体反映了当时的制度，对此大家并无太大疑义。唐代杜佑在编撰《通典》时，也沿用了这些材料：

> 有虞氏瓦棺。（始不用薪也。有虞氏尚陶。）夏后氏堲周。（火熟曰堲，烧土冶以周于棺也。或谓之土周。）殷人棺椁。（椁，大也，以木为之，言椁大于棺也。殷人尚梓。）周制，天子之棺四重，水兕革棺被之，其厚三寸，杝棺一，梓棺二。四者皆周。国君大棺八寸，属六寸，椑四寸；上大夫大棺八寸，属六寸；下大夫大棺六寸，属四寸；士棺六寸。（大棺，棺之在表者也。四者皆周，此以内说而出。然则大棺及属用梓，椑用杝也。以是差之，上公革棺不被，三重也；诸侯无革棺，再重也；大夫无椑，一重也；士无属，不重；庶人之棺四寸。夫子之宰于中都，制四寸之棺，五寸之椁。上大夫，谓列国之卿也。属音烛。椑音步历反。杝棺之杝，音移。）君里棺用朱绿，用杂金鐕；大夫里棺用玄绿，用牛骨鐕；士不绿。（鐕，所以椓著里也。鐕音子南反。）君盖用漆，三衽三束；大夫盖用漆，二衽二束；士盖不用漆，二衽二束。（用漆者，涂合牝牡之中也。衽，小要也。）天子柏椁，以端，长六尺，诸侯松椁，大夫柏椁，士杂木椁。（椁，周棺者也。尊者用大材，卑者用小材。天子、诸侯、卿、大夫、士、庶人六等，其椁长自六尺而下，其方自五寸而上，未闻其差所定也。抗木之厚，盖与椁方齐。天子五重，上公四重，诸侯三重，大夫再重，士一重。）虞人致百祀之木，可以为棺椁者，斩之。（虞人，掌山泽之官也。百祀，畿内百县之祀也。）②

　　战国时期大体沿用了商周旧制，秦人入主关中以后，这一制度开始发生变化。田亚歧指出："东周时期关中秦墓棺椁的发展与演变具有一定的规律。以发展与演变的趋向看，它从多重的木质棺椁套合结构逐渐向单棺过渡，即从复杂到简单的过程，但作为护棺的目的和功能却逐渐在增加；不同时期采用不同的棺椁结构，需要相应的墓圹来对应，即棺椁结构的变化直接决定着墓圹结构也跟着变，或者说是墓圹结构的变化直接决定着棺椁结构的变化；棺椁的发展与演变轨迹也吻合于当时秦人葬俗制度的变化。"③

　　两汉时期，棺椁制度逐步完善起来。据黄晓芬研究，汉代椁室墓就可分为：箱型、间切型、题凑型。④从各地发现的棺椁遗存来看，墓主主要是高级贵族，大多为诸侯王、高级官员等，可见棺椁逐渐成为高级贵族的专利。这时的棺椁材质仍以木材为主。东汉时期道教兴起，与人们固有的升仙思想相结合，在一些道教较为发达的地区如四川等地最先出现了石质葬具——石棺。另外，随着砖室横穴墓的兴起，旧有的椁室已被砖壁和石墙替代，多重棺椁逐渐被单层木棺替代。魏晋南北朝时期，道教进一步发展，升仙思想和长生术得到普遍的认可。由于石头本身不易腐朽的特性满足了人们"与金石同寿"的愿望，所以这一时期石棺、石椁再次兴起，并一直影响到隋唐时期高级贵族的墓葬。⑤唐代虽然规定"诸葬不得以石为棺椁和石室。其棺椁皆不得雕镂彩画，施户牖栏槛，棺内不得有金宝珠玉。"⑥但据目前的考古发现看，唐代葬具至少有棺椁、棺床两大类。唐代墓葬大多数不用抗木，而使用棺床来承载棺材，少量的小型墓葬用几块墓砖支垫棺材，以利于保护棺木。根据不同的材质，棺椁可以分为木棺、石椁两类，棺床可以分为石棺床、石边砖心棺床、砖棺床、土棺床等类型。

　　如前所述，当竖穴土坑墓变为横穴洞室墓后，便产生了如何封闭墓室的新问题。由于墓室象征着死者生前居住的房屋，所以进出墓室的通道被称为墓门，封闭门道的设施通称为封门。据已有的考古发现看，西安地区封门材质的变化不大，以石、砖、土坯、木板

最为常见。唐代墓葬由于在墓道上开有数量较多的天井，加之墓道
内的空间较大，墓道较长，所以封门的层数较多，有的多达3层，
并且有明显的等级差别，这是唐代封门的新特点。中晚唐时期，随
着长斜坡多天井墓被竖井式墓道墓替代，封门又恢复汉晋旧制，以
单层封门为主。

第二节　棺椁

棺材是用来盛放尸体的，所以说"盛尸以棺"[⑦]，《说文解字》
称：棺，关也，所以掩尸。椁是棺材外的另一层葬具，《说文解字》
称：椁，葬有木椁也。段玉裁解释说：木郭者，以木为之，周于棺，
如城之有郭。汉代以后，渐渐有了石质棺椁。尽管两者的意义非常
接近，但其形制和使用者身份差异却很大。下面分别从木棺和石棺
椁两个方面对已报道的考古资料作一整理。

一　木棺

在已发掘的唐代墓葬中发现了大量的棺板灰痕，甚至还保留有
大块的木料，这应就是当年入葬时所用棺木的遗留。可惜，因时代
久远和人为破坏，这些当时制作精良的葬具已化为灰烬、残块。部
分有幸保留下灰烬痕迹的也因人为扰乱，已无法判定当时棺木的形
状。有的因报道不清晰，具体情况也不得而知。幸好有少量墓葬资
料保存完整，为我们认识唐代棺木形状提供了依据。

例1，西安西郊热电厂墓群M63，方向175°。墓室平面呈不规
则长方形，南北长3.16～3.42米，东西宽1.94～2.40米，高约
1.86米。室内发现两具棺木及铁棺钉，棺木均成灰，但尚可看清大
体形状。两具棺木东西并列、前后相错21厘米（图二三，1）。原报
道称："在（同一墓地）107座墓内发现有棺木痕迹及铁棺钉，其棺
木形制为头大尾小，一般长为200～210厘米，大头宽74～82厘米，
小头宽50～68厘米。有些棺木上涂漆或彩绘，个别装饰有鎏金铜帽

钉，如 M61。其余墓未发现棺木痕迹及棺钉，很可能当时是直接陈尸墓穴，因腐朽难以观察到。"⑧

例2，732 年韦美美墓。该墓木质葬具已朽毁，棺痕长 210 厘米，头宽 82 厘米，脚宽 62 厘米，棺板灰厚 5 厘米。一具死骨呈仰身直肢形，面部向上（图二三，2）。⑨

例3，832 年范孟荣墓。葬具为一木棺，已腐朽，位于墓室内中部偏西，棺南北长 230 厘米，南端宽 60 厘米，北端宽 80 厘米，高度不详。棺板朽灰的厚度为 4 厘米（图二三，3）。⑩

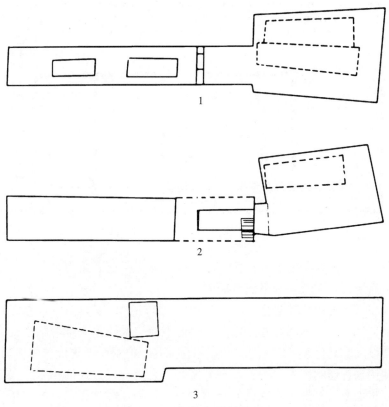

图二三　墓室内葬具痕迹

1. 西安西郊热电厂墓群 M63　2. 韦美美墓　3. 范孟荣墓

　　除上述保留棺木平面形状较好的各墓以外，在长乐公主、李勣、永泰公主、李承乾等墓里也发现了未腐朽的棺木残块。大量的墓葬里还发现有锈蚀的铁钉。尤其值得一提的是，在李宪墓石椁的底部发现了四条非常清晰的木条印迹（图二四）。原报告称之为"撑棺木条"，这应当就是文献里所谓的"茵"。《仪礼·既夕礼》载："加茵，用疏布"，郑玄注曰：茵所以籍棺者，木三在上，茵二在下。也就是说，茵是用来支垫棺木的木条。李宪墓发现了4条木条，可能是皇帝级别的葬礼，因而使用茵木数量较多。

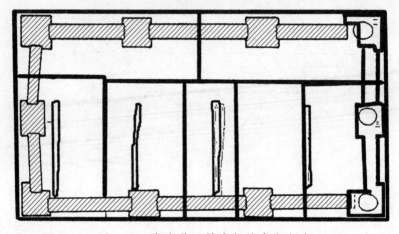

图二四　李宪墓石椁底部的木条印迹

　　在已发现的棺木中，平面形状有两类：一类平面为梯形，一类平面为长方形。梯形平面者居多，长方形平面者仅有：与罗观照墓同一墓地的初唐时期墓 M1、M2 棺木，206 所 M1 东侧棺木（据图判断）和李良棺木等几具。这些长方形平面棺木的主人身份除李良清楚以外，其他墓主因无墓志出土不得而知。但根据近现代葬俗推测，使用这种形制棺木的人，一种为家穷，无力购买正式的棺木，仅用木板做成一箱形木盒来盛殓尸体；另一种为迁葬墓，在入葬多年后再迁葬时，通常会用较为简单的木盒或木匣盛殓骨骸。后一种情况最值得关注，尤其是合葬墓中的棺木形状对解决谁是墓主，谁是祔葬至关重要。

　　棺木的长度最大约230厘米（合唐大尺7尺8寸），最短150厘米（合5尺），最宽端82厘米（合2尺7寸），最窄端60厘米（合2尺）。这个长度范围已超出《通典》所记周代棺椁制度。《通典》记载："（周代棺椁分为）天子、诸侯、卿、大夫、士、庶人六等，其椁长自六尺而下。"椁是用来盛棺的，椁长六尺，棺自然还要短些，天子之棺的长度也一定在六尺以下。所以唐代棺木制度有关长度的规定一定另有所依。据现有数据看，棺木的长度似乎和身份高低的联系不是很密切。例如范孟荣为左监门卫胄曹参军，品级为正六品下，但他的棺木长达230厘米，官阶不是最高，棺木却是最长者。棺灰的厚度最高达12厘米，约合唐代4寸，最薄者仅1厘米，以7~9厘米最常见，约合唐代2寸半至3寸。

　　木棺普遍使用了榫卯结构，有的在两端横挡和侧板联结处使用了长达18厘米的铁钉。但在很多较早的墓葬中没有发现棺钉或棺钉痕迹。这些棺木可能沿用"往古之事，棺皆不用钉，悉用细腰"[①]的传统，只用榫卯和衽木，而不用铁钉来加固。一些较为讲究的棺木外侧加有鎏金泡钉等装饰物。在极个别的墓葬里发现了棺木的漆皮，这表明唐代棺木的表面涂有油漆，个别还施有彩绘。

　　前述各例只提供了唐代棺木的平面形状。整个棺木的形状，因木棺腐朽不得而知。尽管在墓葬中没有保留下棺木的完整资料，但在已发现的唐代佛教舍利容器中保留了完整的唐代棺木形象。这类棺形容器据杨泓统计：

　　　　在田野考古发掘中获得的唐代舍利塔基地宫和座埋的舍利容器，迄今数量已达10余处，其中7处有明确纪年，现列表说明于下（表二）。表二所列7组有纪年的唐代舍利容器，又以唐武宗会昌五年（845年）灭佛分为两个阶段。会昌年间以前的五组舍利容器，均依武后所创规制，以微型贵金属棺椁为主。

　　这五组舍利容器中的前三组，均出土于唐代塔基地宫中，分别是甘肃泾州唐延载元年（694 年）大云寺塔基地宫、陕西周至开元十三年（725 年）仙游寺法王塔地宫和临潼唐开元二十九年（741 年）庆山寺塔基地宫。⑫

　　这些贵金属棺形舍利容器，为我们了解唐代棺椁的形象提供了宝贵的实物资料。这些金属棺椁中以泾州大云寺舍利塔基出土者最早⑬，临潼庆山舍利塔基出土者为开元时期制作⑭，著名的法门寺地宫出土者最晚⑮。虽然制作时间前后相差 180 年，但根据发表的图像资料看，各种材质的棺椁形制变化不大，基本为前高后低、前宽后狭，棺盖形若覆瓦，并略大于棺体，棺盖宽端弧形外凸，窄端略微平直的形状。这应当是对唐代世俗棺木形制的仿制，是唐代棺木的真实写照（图二五）。

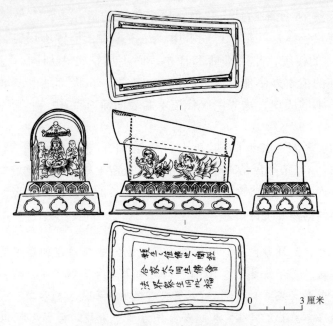

　　　　　　　　0　　　　　　3 厘米

图二五　法门寺地宫出土金棺

中国古代不仅对棺材的尺寸有严格的规定，而且对所用的木料也有规定。尽管出土了一些唐代棺木的残块，但到目前为止还没有做过木料鉴定。据杨树达研究和统计，汉代用作棺木的木材有：樟、梓、梗、楠、桐、杉、柏、杂木等。贫穷人家也有用瓦棺、蒿草作为葬具的。[16]唐代棺木的材质，文献记载很少。据"无品者，敛以松棺五钉"[17]和"桐棺瓦器，朕所慕之"[18]的零星记载，知有以桐木、松木为棺者。显然松木和桐木是棺材材质中较为低廉的类型。常用的棺木材料应当和汉代大致相同，尤以柏木、杉木等常见树种为主。至于诗歌等文学作品中所谓的"玉棺"、"白玉棺"等应当只是文人们的想象，不足为信。

二　石棺椁

尽管唐代规定"诸葬不得以石为棺椁"，但在一些特殊的时期，特殊身份墓主的墓葬里还是使用了一些装饰华丽、制作精良的石棺椁。目前已见诸报道的石棺椁按时代顺序排列有以下 20 具：李寿、郑仁泰、韦贵妃[19]、燕妃[20]、房陵长公主、李晦[21]、契苾明、懿德太子、永泰公主、韦浩、韦洞、韦洵、韦后第九妹、韦后第十一妹[22]、章怀太子、金乡县主、阿史那怀道[23]、杨思勖、李宪、李琮[24]。1980年在高陵县船张村发现的清河张氏墓石棺[25]，据简报描述显系石棺床，此处不再赘述。

（一）石棺椁的形制

根据模仿对象的不同，石棺椁可以分为 A、B 两型。A 型石椁为仿木棺形石椁，B 型石椁为仿宫殿形，也称为房形石椁，最为流行。

A 型石棺椁　仅发现一具，即郑仁泰石椁。墓室西侧已倒塌。清理后，在椁座上发现几块人骨，葬式不明。从石椁周围石柱的高低和弃置位置分析，石椁原来应南高北低，死者可能是头南足北。[26]由于此墓石椁遭到破坏，并且没有详细的文字说明和图版报道，所以其石椁形制还无法完全复原。但可以肯定，它是一具两端不等高的石椁，和木棺形制较为接近。

B 型石棺椁   除郑仁泰石椁为 A 型以外，目前已报道的均为此型石椁。此型石椁由底座、侧板、屋顶等构建组合而成，里外刻有精美的图案。根据屋顶的形制，此型石椁可以细分为 3 式：

B1 式石椁，为四阿式，或称之为庑殿式。此式石椁的屋顶部分为四面坡，由一条正脊和四条垂脊构成，其原型为宫廷建筑中的庑殿顶。使用此式石椁的墓最多，计有懿德太子墓、永泰公主墓、韦泂墓、韦浩墓、韦洵墓、韦后十一妹墓、章怀太子墓、金乡县主墓、杨思勖墓、李宪墓等。韦贵妃墓、燕妃墓和李琮墓没有详细报道，但极有可能使用此式石椁作为葬具。早期简报对于石椁的报道非常简略，仅韦泂墓、杨思勖墓和李宪墓报告发表有石椁线图。

例 1，韦泂石椁。由底、椁、顶三部分组成。底由长 109～140 厘米、宽 52～72 厘米、厚 27～32 厘米的 6 块石板排成它的外围边沿，刻划出秀丽的花草和虎兽等；椁由高 105 厘米、宽 50～70 厘米、厚 12 厘米的 10 块青石板镶成，西壁中的一块已被毁坏，石板内外全是人物及窗门等线画，里面是女像，外边是男像。椁东壁一块石板外面刻假门，在门两侧的石板上刻直棂窗，石板之间设长方形石柱，柱的下端中心有凸出的圆形铆，嵌在石椁底面的铆内，石柱左右两侧由上而下凿一道凹槽，石板边缘即纳入其中。石柱内外都刻着蔓草和鸟兽，也有的石柱和石板是一块石头雕成的。顶由长 178 厘米、宽 69 厘米的 4 块厚石板雕成，上面刻出屋脊、筒瓦垄及瓦当。开间为三间，进深两间（图二六）。[27]

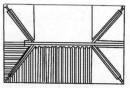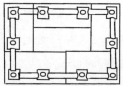

图二六   韦泂墓石椁

例2，李宪墓石椁。结构和韦洞墓石椁相同，也由底、梆、顶三部分组成。底由7块长方形青石条组成，全长396厘米，宽206厘米，高27~28厘米。周壁由10根方形石柱和10块长方形石板相间拼接而成。石柱的截面边长29~35厘米不等。壁板因位置不同，宽度也各不相同，最宽98厘米，最窄50厘米。东壁正中刻对开大门，两旁为直棂窗。立柱和壁板上刻有精美的花纹。石柱两侧刻有凹槽，纳入壁板，下端设有榫头以便与底座相连。庑殿顶由6块略呈三角形的青石刻成后拼合，每一石块都刻出脊瓦、瓦当等，出檐略上翘，檐口瓦当为朱绘莲花（图二七）。[23]

图二七　李宪墓石椁

B2式石椁，为歇山式石椁。此式石椁仅报道两具，即李寿石椁和阿史那怀道石椁。此式石椁的垂脊不直通檐口，而是中途有一曲折，由此导致南北两侧屋顶不再是一个完整的三角形。建筑学中称此类屋顶为歇山顶。[29]

例1，李寿墓石椁。该石椁由28块青石组成，通高220厘米，底长355厘米，宽185厘米。歇山顶，面宽三间，进深一间。当心间安装可以开合的石门两扇。里外均刻有精美的图案。[30]这具石椁的顶部较平，垂脊至屋顶中间停顿，南北两侧屋顶由小三角形山花和梯形房檐组成。

例2，阿史那怀道墓石椁。该石椁遭到破坏，但形制保存基本完整。石椁南北长 381 厘米，宽 210 厘米。单檐歇山顶，三开间。[31]

　　B3 式石椁，为硬山式石椁。此式石椁仅发现一具，即房陵大长公主墓石椁。该石椁由 18 块青石板组成，虽遭到破坏，但可以辨认出是一座貌似小型硬山顶的建筑。椁盖由 4 块各长 170 厘米、宽 72 厘米的石板拼成，仰面刻瓦槽状。石椁两端各用 3 条同高 132 厘米、宽 72 厘米、厚 20 厘米的石柱镶嵌 2 块同长 123 厘米、宽 32 厘米、厚 12 厘米的石板为椁档。左右两侧以同长 81 厘米、宽 113 厘米、厚 12 厘米的 2 块石板为椁箱拦板。石椁中脊高 154 厘米、两侧檐高 139 厘米。

表一一　　石椁统计表

墓主	身份	官品	葬年	死因	葬因	型式	开间/进深	长×宽（厘米）	是否陪陵	备注
李寿	皇亲	正一	630	正常	归葬	歇山	3/1	355×185	否	葬于家族墓地
郑仁泰	功臣	正二	663	正常	陪葬	棺形		不明	昭陵	
房陵公主	皇亲	正一	673	正常	陪葬	硬山	不明	280×72	献陵	
李重润懿德太子	太子	正一	706	被杀	改葬	庑殿	3/2	375×187	乾陵	
李仙蕙永泰公主	公主	正一	706	被杀	改葬	庑殿	3/2	不明	乾陵	
韦泂	外戚	从三	706	流放致死	迁葬	庑殿	3/2	不明	自称为荣先陵	同时迁葬多人
李贤章怀太子	太子	正一	711	被杀	改葬	庑殿	3/2	400×300	乾陵	对旧墓进行改造扩建
金乡县主	皇亲	正二	724	正常	祔葬	庑殿	3/2	350×210	否	和先死的丈夫合葬

墓主	身份	官品	葬年	死因	葬因	型式	开间/进深	长×宽（厘米）	是否陪陵	备注
阿史那怀道	外族首领	正二	727	正常	归葬	歇山	三开间	380×210	否	葬于家族墓地里
杨思勖	宦官	正一	740	正常	归葬	庑殿	3/2	350×228	否	和父母在同一墓地
李宪	让皇帝	无品	741	正常	陪葬	庑殿	3/2	395×235	桥陵	自称惠陵

此表仅统计了有正式报道，形制清楚的石棺椁。

根据表一一，可以将唐代石棺椁分为两期，即705年中宗执政以前为前期，706年改葬懿德太子至741年（开元二十九年）为后期[32]。前期石棺椁的形制不一，有棺形、歇山形、硬山形等形制，但没有庑殿形石椁，应当是按墓主的等级身份制作的。李寿身份最高，采用仅次于庑殿的歇山顶，郑仁泰身份最低，采用了传统的棺形石椁。早期石椁的开间小，进深短，底面积根据身份高低略有差别，使用者均为陪陵或皇室成员。后期石椁形制统一，均为庑殿顶，使用者身份差距较大，既有陪陵改葬者，也有事出特制者，甚至有得宠的宦官。这时石椁均为三开间，两间进深。形体以让皇帝李宪和章怀太子李贤石椁最大，长度达到400厘米，宽度超过230厘米，应当是他们特殊身份的标志。李宪以后再无普通人使用石棺椁，这说明开元二十五年的节葬令，确实发挥了作用。[33]

（二）石棺椁的渊源

有关葬具的规定是葬仪的重要组成部分，但由于"李义府、许敬宗以为凶事非臣子所宜言，遂去其《国恤》一篇，由是天子凶礼阙焉。至国有大故，则皆临时采掇附比以从事，事已，则讳而不传，故后世无考焉"[34]。而常人的葬仪，《礼仪志》多不记载，所以有关石棺椁的渊源在文献中很难找到答案。陈寅恪对隋唐制度史有过精辟的论述，他认为"李唐传世将三百年，而杨隋享国为日至短，两朝典章制度传授因袭几无不同，故可视为一体"，"隋唐制度虽极广博纷复，然究析其因素，不出三源：一曰（北）魏、（北）齐，二曰梁陈，三曰（西）魏周"。㉟这为我们探讨唐代石棺椁的渊源指明了方向。

唐代石棺椁中的棺形石椁，应当是仿制木棺而来。古人称椁为大棺或重棺，其目的是为了保护棺木，所以形状和木棺相近，只是尺寸略大于内棺。这种石棺早在新石器时代就已出现。目前发现较多的石棺集中分布在四川盆地周边地区，从战国延续至东汉末年。在关中地区，近年曾发现了石棺的陶质仿制品，其形制、纹样和四川石棺完全相同。㊱此型石棺应当就是文献中常常提到的"石棺"或"石椁"。在山西榆社县曾发现过北魏熙平年间（516～518 年）的画像石棺㊲，在西安发现了北周李诞石棺㊳，在陕西三原县双盛村隋代李和墓㊴以及郭家滩段威墓㊵中也发现过此型石椁。这些石棺椁是对木棺的仿制，是郑仁泰石棺椁的原型。

唐代使用最多的房形石椁，在唐以前就广泛存在于关中和河东地区。目前已发现了 9 例，这些北朝石椁对我们寻找隋唐时期石椁的渊源意义重大。

最早的一具是发现于大同市北郊的宋绍祖石椁。该石椁的顶部和天井中出土的墓铭砖上有"太和元年"（477 年）的纪年。这一雕刻精美的石椁高 240 厘米，宽 348 厘米，由上百个构件组成，占据了墓室的大部分空间。其外形模仿木构建筑，设有四柱前廊，上承横枋和斗拱，但没有窗子。屋顶为悬山顶。室内有一高起的 U 形平台。房屋正面设一高约 1 米的石门，门扉和房屋外墙上装饰 22 个铺首和大约 100 个圆形门钉，均为浮雕。其内壁原有彩绘，现只有北壁上的部分形象还能看清。残存壁画中有两人分别弹琴和阮，乐器和服饰均为典型汉式，但是围绕石撑放置的 117 件陶俑则皆着鲜卑式服装。㊶

第 2 至第 5 例均发现于大同南部智家堡村附近。其中一座因为绘有大量壁画，有关的报道比较详细，却没有发现任何纪年材料。

但是通过与附近云冈石窟相似的花纹进行比较，发掘者将墓葬的年代确定在太和八年（484 年）到十三年（489 年）之间，略晚于宋绍祖墓。该墓的石椁比宋绍祖墓石椁形制简单。屋顶为悬山顶，屋面没有加以刻划，墓门也极为简单。长 211 厘米，进深 113 厘米。[42]

第 6 例是美国波士顿美术馆收藏的宁懋石室。过去学者们称其为"享堂"或"石室"。此石椁早年出土于洛阳，后流失海外。宁懋石椁长 200 厘米，高 138 厘米，进深 97 厘米，大小与智家堡石椁相当。屋顶刻有瓦垄，为悬山顶。

第 7 例为北周史君（葬于 580 年）石椁，原简报称之为"石堂"。石椁为歇山顶式殿堂建筑，坐北朝南，面阔五间，进深两间，由底座、四壁和屋顶三大部分组成。底座用两块石板拼合而成，东西长 250 厘米，南北宽 156 厘米。四周均刻有浮雕纹饰。石堂四壁由 12 块石板构成（包括门扉 2 块、门框 1 块和门槛 1 块），其中四个转角处都是用"L"形整石雕凿而成。各石板之间的接缝处上方扣有铁质"细腰"，石板两侧、石板与底座之间用直榫相连。屋顶由 5 块石材拼合而成，其中 4 块平放在四壁上面形成屋檐，用朱砂绘有仿木的建筑结构。[43]

第 8 例为发现于太原的隋代虞弘墓（葬于 592 年）石椁。该石椁由汉白玉制成，置于墓室北部，坐北朝南，由底板、墙板以及屋顶组成，为仿木结构三开间歇山顶殿堂式建筑。长 246 厘米，宽 137 厘米，最高 217 厘米。[44]

第 9 例为隋李静训墓（葬于 608 年）出土的石棺椁。该墓有两层棺椁，外层为箱形石椁，由粗糙的石板拼对而成，长 263 厘米，宽 110 厘米，高 161 厘米。内层为平面呈长方形，长 192 厘米、宽 89 厘米的小型房形石棺。石棺的外形为面阔三间、进深一间的九脊歇山顶殿堂。西壁为殿堂的正面，正中刻有一大门，两侧为直棂窗。棺的南端朝向墓道，也刻有一门。屋顶为歇山顶，但山花很小，垂脊较长，正脊中央设有火珠，两端为鸱吻。屋面刻成瓦垄状，屋檐刻瓦当。石棺外壁为线刻图，内壁为壁画。[45]

通过对上述唐以前石棺椁资料的比对，我们可以看出在 477 年～608 年，这种葬具只使用于关中、河南及河东地区。在北朝时期，这里是北魏的统治区。北魏分裂以后，西魏北周、东魏北齐延续了这种传统。后来，这一传统也被隋代沿用，但远不如北朝使用频繁，并且使用者的身份比北朝时期要高。对于这些北朝石椁，巫鸿做过详细研究。他认为这是外族人"力图华化"的产物。对于此类葬具的起源，巫鸿认为有四种可能：（1）汉代流行的山墓，如中山靖王刘胜墓之类；（2）曾经流行于徐州、四川等地的画像石棺；（3）残存于地面的汉代石阙和祠堂；（4）北朝时期的木质棺厅，如库狄迴洛墓出土的构建以及见于北朝壁画中的影像。按巫鸿的理解，他最终把房形石椁的起源定于四川地区的画像石棺上。这是非常有说服力的论断，原因在于一方面在四川找到了石椁的原型，另一方面找到了传播的路线，这种传统是随着道教的传播而传入北方地区的。[46]北魏是个道教盛行的时期，长安地区则是个中转站，咸阳发现的陶棺就是此类葬具的仿制品。然而，巫鸿和郑岩[47]两位先生在寻找房形石椁渊源时都忽略了一个重要的事实：那就是古人长期流传并深信不疑的"事死如生"观念。既然墓葬是死者的家园，那么他的归宿"棺椁"自然就是他的居住地，也就是他生前住过的房屋。对于这点孙机已有论述[48]，不再重复。正因为这样的观念，所以其渊源可能来自隋代或更早的北朝时期，其模仿原型完全有可能来自现实生活中的宫殿建筑。

当然，唐代石棺椁和北朝的石棺椁也有差别。差别在于北朝石棺椁没有庑殿顶，屋顶的种类较多，体量明显较小。和唐代李寿石椁最为接近的虞弘石椁的原型显然就是该地区的旧传统。所以，把隋唐石椁的渊源溯至东魏北齐地区，应当不会有太大疑义。据陈寅恪研究：隋文帝继承宇文氏之遗业，其定礼仪则不依北周之制，别采梁礼及后齐仪注。高级贵族使用石质葬具可能就是齐礼的部分内容，而被沿用。如前所述，唐代早期，石椁的形制、等级和隋代接近，应当是隋礼的继承。但武则天称帝后，对李唐皇室进行了血腥镇压，中宗复辟后又急于重树皇族威严，对死于非命的太子、公主大肆改葬。在这一政治背景下，继续沿用旧的等级制度和葬仪就不足以凸显李唐政权的政治企图了，所以在葬具方面进行了改造。具体措施是普遍使用石质棺椁，使得棺椁的形制最终突破了等级限制，所有改葬者均使用最高级别的宫殿形制——庑殿——作为模仿原型。这一改变导致石质葬具的泛滥，甚至宦官、偏远地区的羽林军士兵也开始使用这种过去只有皇室和外戚等高级贵族才能使用的葬具。由于政治斗争至玄宗时期基本结束，庑殿顶房形石椁这一特殊时期的产物也就结束了它的历史使命。因而，玄宗在开元七年和开元二十五年两次颁布节葬令，明文禁止使用此类葬具。第二次节葬令，似乎发挥了作用，加之"安史之乱"导致唐朝政府国力大减，从此以后终唐一代再没有发现过房形石椁的踪影。

政府的禁令并不能反映人们的需要。此后，五代、宋、金各朝都明令禁止过此类葬具的使用[49]，但大量考古资料表明，这种葬具一直顽强地存在着。究其原因，据巫鸿的研究，是人们对石质材料特性的盲目崇拜。巫鸿认为：石和木相对——石头坚硬、素朴，特别是坚实持久的自然特性和"永恒"的概念相关；木材因其脆弱易损的自然属性而与"暂时"的概念相关。从这种差异中产生出两类建筑：木构建筑为生者所用，石质建筑则属于死者、神祇和仙人。石材一方面与死亡有关，另一方面又与升仙有关。[50]尽管这一观点是对汉代思想的总结，但事实是：从战国时期开始，中国人就一直在追求死后成仙的理想。因此用这一推论来解释石棺椁屡禁不止的原因，应当是合理的，也是能够被证实的。唐代以后出现的石棺椁，自然是此类葬具的延续，但已失去唐代石棺椁那种华丽、精巧的艺术风格，徒具形式而已。

第三节　棺床与封门

在洞室墓替代竖穴墓之后，墓室成为一个独立的封闭空间，棺椁可以不受填土的挤压、掩埋。这样的一个独立空间为新的葬仪提供了可能。人们在这个空间里绘制壁画，放置随葬品，当然也包括盛尸的棺椁。可能出于保护棺木的目的，尤其是为了抬高尸体的高度，区别死者和随葬俑的不同，营造和死者生前一样的等级差别，战国以来的墓葬里陆续出现了放置棺椁的基座。这些基座被形象地称为棺床。用来封闭墓室出口的设施被称为封门。唐代墓葬绝大多数拥有棺床和封门。由于死者身份和时代的不同，各墓的棺床在材质、形状方面略有变化，封门的材质、重数也各不相同。

一 棺床

在已发现的关中唐墓里，棺床的材质可以分为以下几种：石棺床、石边砖心棺床、砖棺床、砖心土棺床和土棺床。棺床的平面通常为长方形，南、北、西三侧和墓壁相连。只有极个别墓的棺床位于正中，或南侧不和墓壁相连。石棺床装饰华丽精美，级别最高；土棺床形制简单，仅为一土台，级别最低。无论石棺床还是砖棺床，在东侧立面上通常为束腰，并有壶门装饰。

石棺床是棺床里级别最高的一类，通常由多块石板以及压边石拼接而成。关中地区使用石棺床并见诸报道的唐墓有：长乐公主墓、段简璧墓、张士贵墓、尉迟敬德墓、新城公主墓、房陵公主墓、李凤墓、节愍太子墓、李仁墓、李贞墓、惠庄太子墓、薛莫夫妇墓、雷府君妻宋氏墓、张去奢墓、清河张氏墓、高力士墓、唐安公主墓、惠昭太子墓等。这些棺床大多被盗墓者破坏，而早期简报对石棺的报道也很简略，幸赖近几年出版的几本报告对石棺床做了详细报道和复原，使我们能够清楚地知道唐代石棺床的结构。下面以复原较为清楚的节愍太子墓石棺床略作说明。该石棺床由 9 块石条组成，其中 4 块刻有花纹和壶门装饰，是压边石，壶门朝外侧立在棺床周围。其余 5 块没有花纹，平面较大，平铺在压边石围成的方框内构成棺床的上表面，石块与石块之间用白灰弥合。平铺的石板略低于压边石，下面以夯土和碎砖填充，形成一个"凹"字形（图二八）。

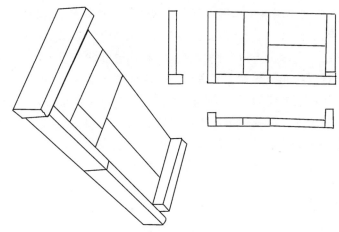

图二八　节愍太子墓石棺床

（此图采自《唐节愍太子墓发掘报告》，科学出版社 2004 年，31 页，图 17）

　　这是目前复原最完整的一座石棺床。其他石棺床大致和它相同，但由于石材的大小不统一，所用石材的块数也不同。平面基本都呈长方形，唯独敬德夫妇墓的棺床呈方形[51]。

　　石棺床是太子、公主和三品以上官员所用的葬具，其他人罕见使用。泾阳发现的 753 年下葬的张仲晖，仅为朝议郎、河南府士曹参军，却使用了石门、石棺床。朝议郎为正六品的文散官，河南府士曹参军为正七品下的职事官。这一现象出现在开元二十五年节葬令颁布之后，显得有些不合规定，其中的原因有待进一步考证。其余诸墓，均未发现超越等级的现象。总体来看，石棺床在天宝以前使用较多，开元之后逐渐减少。这一方面反映了唐政府国力的下降，另一方面可能是中晚唐时期，人们已不再重视墓内的装饰了，而改用其他更为直接的方式来炫耀身份和财富。[52]

　　砖棺床是唐代最为常见的棺床形制，平面也以长方形最为常见。但是在晚唐时期的姚存古墓（835 年葬）里出现了曲尺形棺床，随后在梁元翰墓（844 年葬）、李升荣墓（846 年葬）、高克从墓（848年葬）、阎知诚墓（857 年葬）、杨玄略墓（864 年葬）、张叔遵墓

(871 年葬)^㉝里出现了梯形砖棺床。这些墓葬的下葬年代集中，形制相同，除杨玄略、张叔遵墓之外均为竖井墓道的双梯形墓。这种梯形棺床通常靠近墓道口一侧较窄，仅和墓道外侧的墓壁等宽，北侧则可以宽至和北壁等宽。笔者认为，这种棺床是为了解决因为墓葬形制由斜坡墓道变为竖井墓道给棺材进入墓室带来的困难，而出现的新形制。这一形制的出现迅速影响和改变了旧的棺床样式，所以杨玄略、张叔遵墓尽管是长斜坡墓道墓，也采用了梯形棺床。正因如此，这种棺床可以作为唐墓的一个断代标准。

二 封门

已发现的唐墓封门遗存以砖封门最为常见，上自皇亲国戚下至庶人处士均可使用。砖封门多位于甬道的中部，用条砖斜插而成，不用黏合剂，讲究的多达 4 层（图二九）。

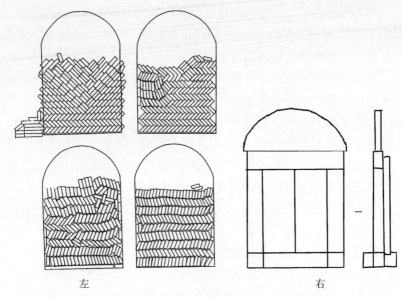

左   右

图二九 唐代墓葬封门

（左为砖封门，采自《唐惠庄太子李撝墓发掘报告》，科学出版社 2004 年，图 5；右为石墓门示意图，采自《唐李宪墓发掘报告》，科学出版社 2005 年，图 167）

保存最好、遗留最多的是石墓门。对于石墓门，尹夏清博士已有专文论述[51]，此不赘述。但是作者没有论及使用者的身份变化，这是一个遗憾。唐代规定不以石为棺椁，石门虽然不在限制之列，但因其费工多，制作不易，而显得奢侈。所以其使用者的身份明显集中在三品以上的贵族阶层，尤以太子、公主最为常见，这和石棺床的使用范围非常吻合。一座石墓门通常由门扉、门柱、门额、门楣、门砧、门限组成。按门楣的有无可以分为两个大的类型：一种不带半月形门楣，一种带半月形门楣。

除此之外，还有木门、土坯封门。墓门多已腐烂，仅能通过遗留下的一些痕迹作判断，其结构应当和石门相差不远。土坯封门者多是一些宫人或庶人墓葬。

表一二　葬具统计表

墓主	身份	葬年	棺床材质、尺寸 长×宽（厘米）	封门	陪陵与否	备注
李寿	正一	630	无	石1	否	石椁
长乐公主	公主	643	石 380×210	石3	昭陵	
司马睿	从四上	649	砖 250×70	砖1	否	
段简璧	正一	651	石 348×198	不明	昭陵	
董僧利	庶人	652	砖 360×180	砖1	否	合葬
韦氏昭容	正一	656	无	砖1	昭陵	
亡宫五品	五品	657	无	土坯1	昭陵	
张士贵	从一	657	石 360×190	石1 砖1	昭陵	合葬
尉迟敬德	正一	658	石 390×390	不明	昭陵	合葬
新城公主	公主	663	石 412×212	石1 砖1	昭陵	
郑仁泰	正二	664	无	不明	昭陵	石棺
何刚	庶人	664	无	土坯1	否	
三品亡尼	三品	665	土 230×120	不明	昭陵	
苏君	从一	667	无	砖1	否	

续表一二

墓主	身份	葬年	棺床材质、尺寸 长×宽（厘米）	封门	陪陵与否	备注
张臣合	从三	668	砖 400×125	不明	否	迁葬
李爽	正三	668	砖 390×236	砖 1	否	
温绰	正四下	670	土 398×176	砖 1	否	合葬
李勣	正二	670	砖 407×360	砖 1	昭陵	土台砖边
牛弘满	从五下	672	砖 346×340	不明	否	
房陵公主	正一	673	石 350×310	石 1	献陵	
李凤	正一	675	石 436×250	石 2	献陵	合葬
阿史那忠	从二	675	砖 300×210	不明	昭陵	合葬
临川公主	公主	682	不明	石 1 木 1	昭陵	
西宫二品	二品	682	土	砖 1	昭陵	
安元寿	正三	684	砖 270×180	砖 1	昭陵	合葬
元师奖	正三	686	无	砖 2	否	
董务忠	正六下	691	砖 372×164	石 1	否	
郭嵩	庶人	695	砖 240×175	不明	否	
契苾明	从一	696	无	石 1	否	石椁
温思暕	正二	696	砖 386×16	砖 1	否	
康文通	庶人	697	砖 368×204	砖 1	否	
姚无陂	正八下	697	砖 260×96	木 1	否	
独孤思贞	正三	697	砖 346×155	砖 1	否	
杨氏	从五下	703	不明	砖 1	否	从夫品
李思贞	正四下	705	砖	不明	否	
华文弘	从三	705	砖 350×180	砖 1	否	合葬
懿德太子	太子	706	无	砖 1 石 1 木 1	乾陵	石椁
永泰公主	公主	706	无	砖 1 石 1 木 1	乾陵	石椁改合葬
韦泂	从一	706	石	石 1	否	石椁改葬
郭恒	正四下	708	土	土坯 1	否	

续表一二

墓主	身份	葬年	棺床材质、尺寸 长×宽（厘米）	封门	陪陵与否	备注
独孤思敬	从五下	709	砖 250×200	砖 1	否	合葬
节愍太子	太子	710	石 350×180	砖 1 木 1	定陵	改葬
李仁	正一	710	石 395～250	石 1 砖 1	否	
章怀太子	太子	711	无	石门 1 木 1	乾陵	石椁改葬
李贞	正一	718	石 390×250	石 1	昭陵	改葬
鲜于庭诲	正二	723	无	砖 1	否	石门楣
金乡县主	正二	724	无	不明	否	石椁合葬
惠庄太子	太子	724	石 356×182	石 1 砖 1	桥陵	
阿史那怀道	正二	727	无	石 2	否	石椁合葬
韦慎名	正三	727	砖 390×280	砖 1	否	合葬
薛莫	正二	728	石 354×210	石 1 砖 1	否	合葬
韦美美	庶人	732	砖 270×90	砖 1 木 1	否	
裴谨	正七下	736	砖	不明	否	
李承乾	国公	738	砖 250×140	砖 1	昭陵	以国公礼改葬
杨思勖	从一	740	无	石 1	否	
李宪	让皇帝	742	无	砖 1 木 1 石 1	桥陵	石椁
韦胡氏	庶人	742	砖 270×90	不明	否	
王守言	正二	744	砖 280×220	砖 1	否	
史思礼	正四下	744	砖（疑）	砖 1	否	
宋氏	正二	745	石 270×123	不明	否	从夫品
张氏	从三	747	石 164×164	不明	否	从夫品
张去奢	从三	747	石	砖 2	否	
吴守忠	正二	748	砖 380×160	砖 1	否	封门据图判断
张去逸	正二	748	砖	砖 1 石 1	否	
张仲晖	六下	753	石	石 1	否	
清源县主	正二	757	砖	木 2	否	据简报判断

墓主	身份	葬年	棺床材质、尺寸 长×宽（厘米）	封门	陪陵与否	备注
章令信	正三	758	无	土坯1	否	
裴利物	正七上	759	砖285×150	砖1	否	合葬
高力士	从一	762	石420×220	石1砖3	泰陵	
韩氏	从四下	765	砖318－120	砖1	否	
瞿昙譔	从三	776	无	砖1	否	
曹惠林	正四下	779	砖	不明	否	
曹景林	从二	782	砖345×153	不明	否	
唐安公主	公主	784	石370×200	石1	否	
董楹	正二	807	砖270×110	砖1	否	
惠昭太子	太子	809	石460×200	石1	否	
李文贞	从三	819	无	砖1 土坯1	否	
李霸	从五下	824	无	砖1	否	
姚存古	正二	835	砖	砖1	否	曲尺形棺床
董氏	正三	837	无	砖1	否	从夫品
梁元翰	正二	844	砖	砖2	否	曲尺形棺床
张士清	庶人	845	不明	砖1	否	
李升荣	正三	846	砖400×138/180	砖1	否	曲尺形棺床
高克从	正二	848	砖	砖1	否	曲尺形棺床
王氏	庶人	854	无	砖1	否	
阎知诚	正二	857	砖	不明	否	曲尺形棺床
王氏	从二	862	无	砖1	否	从夫品
杨玄略	正二	864	砖	不明	否	曲尺形棺床
何楚章	正八上	867	无	砖1	否	
张叔遵	正七上	871	砖	不明	否	曲尺形棺床
曹氏	庶人	876	砖	砖1	否	
师知礼	从二	880	砖	不明	否	

①栾丰实：《史前棺椁的产生、发展和棺椁制度的形成》，《文物》2006年6期。

②杜佑：《通典》卷八十五，礼45，棺椁制。

③田亚歧：《东周时期关中地区国人秦墓棺椁的演变》，《考古与文物》2003年4期。

④黄晓芬：《汉墓形制的变革——试析竖穴式椁墓向横穴式室墓的演变过程》，《考古与文物》1996年1期。

⑤a 巫鸿：《“华化”与“复古”——房形椁的启示》；b 有关材质和长生观念的论叙可参见巫鸿：《“玉衣”或“玉人”？——满城汉墓与汉代墓葬艺术中的质料象征意义》，均载于《礼仪中的美术——巫鸿中国古代美术史文编》，生活·读书·新知三联书店2005年，659~671页，123~141页。

⑥杜佑：《通典》卷八十五，礼45，棺椁制。

⑦杨树达：《汉代婚丧礼俗考》，上海古籍出版社2000年，54页。

⑧西安市文物管理处：《西安西郊热电厂基建工地隋唐墓葬清理简报》，《考古与文物》1991年4期。

⑨呼林贵、侯宁彬、李恭：《西安东郊唐韦美美墓发掘记》，《考古与文物》1992年5期。

⑩陕西省考古研究所：《唐范孟荣墓发掘简报》，《考古与文物》2005年2期。

⑪江淹：《江淹集——铜剑赞》，转引自杨树达：《汉代婚丧礼俗考》，58页。细腰即为衽木，见同页所引《礼记》郑注。

⑫杨泓：《中国隋唐时期佛教舍利容器》，《中国历史文物》2004年4期。表二所列的容器中有九例出土有棺形容器。

⑬甘肃省文物工作队：《甘肃省泾川县出土的唐代舍利石函》，《文物》1966年3期。

⑭临潼县博物馆：《临潼庆山寺舍利塔基精室清理记》，《文博》1985年5期。

⑮陕西省法门寺考古队：《扶风法门寺塔唐代地宫发掘简报》，《文物》1988年10期。

⑯杨树达：《汉代婚丧礼俗考》，上海古籍出版社2000年，55~56页。

⑰欧阳修：《新唐书》卷四十七，1223页。

⑱董诰编：《全唐文》卷八十八，《大唐故悼王石塔铭》。

⑲此墓未有正式报道，参见陈安利：《唐十八陵》，中国青年出版社2001年，280页。

⑳陈志谦：《昭陵唐墓壁画》，《陕西历史博物馆刊》第1辑，三秦出版社1994年。此文重在介绍壁画，石椁形制不明。

㉑陕西省考古研究所：《陕西新出唐墓壁画》，重庆出版社1998年，63~67页。石椁形制未专门报道。

㉒韦氏家族四座墓除韦洞墓外，资料未完整报道，其余四墓石椁可参见陕西省考古研究所编：《唐李宪墓发掘报告》252~253页表九。韦洞石椁可参见员安志：《陕西

长安县南里王村与咸阳飞机场出土大量隋唐珍贵文物》，《考古与文物》1993 年
6 期。

㉓岳起、薛高文：《咸阳发掘唐阿史那怀道夫妇合葬墓》，《中国文物报》1994 年 5 月
15 日。

㉔参见陕西省考古研究所编：《唐李宪墓发掘报告》252～253 页，表九。

㉕高陵县文物管理委员会：《唐独孤夫人清河张氏墓清理简报》，《文博》1992 年
4 期。

㉖陕西省博物馆、礼泉县文教局唐墓发掘组：《唐郑仁泰墓发掘简报》，《文物》1972
年 7 期。

㉗陕西省文物管理委员会：《长安县南里王村唐韦泂墓发掘记》，《文物》1959 年
8 期。

㉘陕西省考古研究所：《唐李宪墓发掘报告》，科学出版社 2005 年，16 页，图5、6。

㉙靖边县出土的杨会石棺也属于此式，但已超出本文研究的范围，不详论。值得一提
的是，杨会石椁上的题名为我们理解石椁的意义和用途提供了绝好资料。杨会葬于
开元二十三年（735 年），身份为羽林军士兵，仅凭上柱国（正二品）的勋位使用
了石椁这种高级葬具，这反映了石椁的流行状况。

㉚陕西省博物馆、文管会：《唐李寿墓发掘简报》，《文物》1974 年 9 期。

㉛岳起、薛高文：《咸阳发掘唐阿史那怀道夫妇合葬墓》，《中国文物报》1994 年 5 月
15 日。

㉜据《旧唐书》卷九玄宗纪，庆王李琮薨于开元十一年（723 年）。

㉝此令见仁井田陞著、栗劲等译《唐令拾遗》，长春出版社 1989 年，763 页。此令原
文存于《通典》卷四十五凶 7 棺椁制、《六典》卷十八内，仁井田陞系于开元七
年、二十五年。

㉞欧阳修：《新唐书》卷二十志第十礼乐，441 页。

㉟陈寅恪：《隋唐制度渊源略论稿》，生活·读书·新知三联书店 2004 年，3 页。

㊱咸阳北原出土，李朝阳兄见告，长 180 厘米，宽 80 厘米，两侧模印青龙、白虎，
挡板模印双阙。

㊲王太明：《山西榆社县发现北魏画像石棺》，《考古》1993 年 8 期。

㊳程林泉等：《陕西西安发现北周婆罗门后裔墓》，《中国文物报》2005 年 10 月 21
日。图版来自西安新闻网。

㊴陕西省文物管理委员会：《陕西省三原县双盛村隋李和墓清理简报》，《文物》1966
年 1 期。

㊵资料未发表，参见孙秉根：《西安隋唐墓的形制》，载《中国考古学研究》（2），科
学出版社 1986 年，151～190 页。

㊶山西省考古研究所、大同市考古研究所：《大同市北魏宋绍祖墓发掘简报》，《文物》2001 年 7 期。

㊷王银田、刘俊喜：《大同智家堡北魏墓石椁壁画》，《文物》2001 年 7 期。

㊸西安市文物保护考古所：《西安北周凉州萨保史君墓发掘简报》，《文物》2005 年 3 期。

㊹山西省考古研究所等：《太原隋代虞弘墓清理简报》，《文物》2001 年 1 期。

㊺中国社会科学院考古研究所：《唐长安城郊隋唐墓》，文物出版社 1980 年，7 ~ 9 页。

㊻巫鸿：《"华化"与"复古"——房形椁的启示》，载《礼仪中的美术——巫鸿中国古代美术史文编》，生活·读书·新知三联书店 2005 年，659 ~ 670 页。

㊼郑岩：《魏晋南北朝壁画墓研究》，文物出版社 2002 年，248 ~ 249 页。

㊽孙机：《唐李寿石椁线刻仕女图、乐舞图散记》，《文物》1996 年 5、6 期。

㊾有关禁令参见《唐令拾遗》第 17 条后所列参考内容。

㊿巫鸿：《"玉衣"或"玉人"？——满城汉墓与汉代墓葬艺术中的质料象征意义》，《礼仪中的美术——巫鸿中国美术史文编》，生活·读书·新知三联书店 2005 年，132 ~ 133 页。

(51)对此并不难理解，因为敬德之妻苏氏早逝，要和敬德葬于同一墓室之中，显然是迁葬，这就需要按两具棺木的位置来制作石棺床，所以敬德墓棺床的平面就近似正方形。

(52)参见齐东方：《唐代的丧葬观念习俗与礼仪制度》第五节，《考古学报》2006 年 1 期。

(53)这里引用的墓例均来自孙秉根《西安隋唐墓的形制》一文，棺床形制据平面图观察而知。

(54)尹夏清：《北朝隋唐石墓门及相关问题研究》，四川大学博士学位论文 2006 年 5 月打印本。

第五章　唐代墓葬随葬品研究

　　唐代墓葬的随葬品包括两大类：一类为明器，主要为各式各样的陶俑及少量的陶质模型；另一类为墓主生前使用过的个人物品及盛装供奉物的容器等。

　　明器是专为随葬而制作的器物。这些器物有的由政府机构制造，然后供给官员死后使用。但大量的明器来自于明器市场，即凶肆。由于这些器物专供随葬使用，所以制作时间和墓葬的年代应当相距不会太远。加之明器具有一般商品的属性，和社会喜好联系紧密。因而，这类器物的时代特征明显，具有较高的类型学价值和年代标尺意义。

　　隋唐墓葬的明器数量巨大、种类繁多。为了便于研究，通常将其分为人物、动物和模型三类，实际上还应有一类为镇墓神怪。这种分类法简单易行，但也有局限性。显而易见的是，这种分类法忽略了每个俑的礼仪价值和作用。这些俑类，除少数形象比较明确的镇墓神怪俑是按照用途制作外，大多数为模仿现实的俑类，可能并没有预先设计具体的用途。其用途和位置要等到顾客购买或下葬时才按照需要临时安排。例如，一件放在出行仪仗里的女立俑和一件置于墓室内的女立俑，尽管形象可能比较接近，甚至可能是同范制作而成，但其意义可能完全不同。因此，在研究随葬品过程中，逐渐产生了按位置和用途划分俑群的分类法。这种分类法通常把俑群分为：镇墓类、出行仪仗类、家居生活类、动物模型和日常生活用具模型类等。

　　这两种分类法各有利弊。前者简单易行，对于大多经过盗扰的唐墓而言，由于随葬品的位置大多已被扰动，用这种方法来整理资料不失为一种万全之策。后者则注重探讨随葬品的礼仪价值，对于深入了解唐代人的丧葬习俗、精神生活有着重要的参考价值。

本章的主旨在于解决类型学和分期问题，所以暂不考虑随葬品的位置。在后面的一些章节里，再按照不同的位置和用途进行具体研究。

第一节　镇墓神怪俑

镇墓神怪类俑群的形象来源通常不见于现实生活，大多为人们通过想象或组合各种现实形象而成。张全民称此类俑群为"镇墓神煞俑"，而白彬等称之为"镇墓神怪俑"。这类俑包括镇墓兽、武士天王俑、十二生肖俑、铁牛铁猪，大型文官俑和武官俑也应归于此类。

（一）镇墓兽

通常分为人面和兽面两种，成对出现。两种俑仅在面部形象方面有差异，所以不单独划分型式。材质有陶质和三彩两种。根据王去非的考释[①]以及河南[②]、陕西[③]等地的考古发现，可以确信镇墓兽就是《唐六典》里所记载的"祝明"。白彬根据广东海康元墓的砖刻"地轴"铭文确认出土于长治等地的双头神怪俑和海康元墓砖刻形象接近，应当就是文献中的"地轴"。[④]此类形象曾在昭陵韦贵妃墓出土过，当时未引起足够的注意，也没有和海康元墓[⑤]的砖刻形象联系起来，值得进一步研究。[⑥]

根据姿态、肩部装饰、踏板、背部装饰等因素将其分为五型（图三〇）：

Ⅰ型　兽面、人面区别明显，后肢半曲，爪足，呈趴踞式。肩部无齿形鬣毛（司马睿墓出土一件带有鬣毛，风格和段简璧墓出土者接近）。人面者，头部有三棱形发髻或矮圆形发髻。薄踏板，风格简约，形象和现实的兽类比较接近。此类镇墓兽和李静训墓出土者较为相似。纪年标本出土于李寿墓、长乐公主墓、司马睿墓、董僧利墓。

I 型　　　Ⅱa式　　　Ⅱb式　　　Ⅲ型　　　Ⅳa式　　　Ⅳb式　　　Ⅳb式　　　Ⅳc式　　　Va式　　　Vb式

图三〇　镇墓神怪俑的类型

　　Ⅱ型　兽面、人面区别明显，开始出现蹄足，后肢全曲，呈蹲踞式。肩部有齿形鬣毛2到3支。踏板较厚，为岩石状。风格简约，比较接近现实的兽类。

　　根据头部装饰的不同分为2式，如下：

　　Ⅱa式　人面者，蹄足，头部为矮圆形发髻；兽面者，爪足，头部为矮短的双耳。纪年标本出土于司马睿墓、段简璧墓。

　　Ⅱb式　人面者，头部为三角形隆起，不再塑出发髻，但刻意加大了耳部；兽面者，头部为矮短的双耳或双角。纪年标本出土于新城公主墓、李爽墓、段伯阳妻高氏墓[⑦]、韦美美墓[⑧]、罗观照墓、临川公主墓、严君妻任氏墓[⑨]。

　　Ⅲ型　人面、兽面差别明显，后肢全曲，呈蹲踞式。肩部饰尖锐的鬣毛，背部饰鱼鳍形装饰，并有向上的戟形饰。蹄足，薄岩石形踏板。三彩贴金，风格华丽，和真正的兽类差别很大。此型镇墓兽在关中唐墓中仅见于郑仁泰墓，但已见于安阳隋代张盛墓，可能和河东地区有一定的渊源。

　　Ⅳ型　人面、兽面差别已不明显，人面者面目狰狞，和兽面接近，后肢全曲，呈蹲踞式。肩部饰尖锐的鬣毛，数量增多，变长，背部饰鱼鳍形装饰，有的甚至演化为翼状。多为蹄足，爪足少见。耳部刻划明显，呈斧形大耳。头顶有长角，形象复杂多变。踏板变厚，变高，以厚岩石形踏板和束腰树墩形踏板最为常见，个别形体较大者不带踏板。此期镇墓兽中三彩器为多，风格华丽，造型优美，是难得的艺术精品。

　　根据踏板的类型，可再分为3式，如下：

　　Ⅳa式　厚岩石形踏板。纪年标本出土于张臣合墓、元师奖墓。元师奖墓兽面镇墓兽较为奇特，一前肢上扬，另一前肢下按一螃蟹，此类镇墓兽仅见此一例。

　　Ⅳb式　束腰树墩形踏板。纪年标本出土于康文通墓、独孤思贞墓、永泰公主墓、节愍太子墓（足下抓一条蛇）、章怀太子墓、李贞墓、鲜于庭诲墓、金乡县主墓、韦美美墓。另据报道，裴氏小娘子墓也有出土，但此墓出土遗物经过多次转手，其俑群的年代值得怀疑，下文拟作专节探讨。

Ⅳc式　体形宽扁，基本没有踏板。纪年标本出土于郭恒墓、独孤思敬墓。后者出土兽面者一前肢上举，一前肢握一条蛇，较为奇特。

Ⅴ型　人面、兽面区别不明显。后肢完全伸直，呈站立状，脚下踩怪兽。一手上扬超过头顶，一手下垂，三趾明显。肩部有火焰形装饰。有的手中握蛇。束腰树墩形踏板，但是开始变薄。制作粗糙，风格开始简化，不见三彩质。

根据头部装饰的不同，此型可分为2式：

Ⅴa式　头顶带火焰形或螺旋形角。纪年标本出土于史思礼墓[⑩]、雷府君妻宋氏墓、章令信墓。

Ⅴb式　头部一侧有短而圆的角或头顶呈三角形隆起。纪年标本出土于清源县主墓、朱庭玘墓[⑪]。

通过上述分析，可归纳镇墓兽的发展演变规律如下：早期镇墓兽装饰简单，呈趴踞状，基本没有鬣毛，踏板较薄，人面兽面分别明显；此后，逐渐开始向蹲踞状发展，肩部增加鬣毛，头顶增加各种角，流行束腰树墩形踏板，时代越晚，装饰越华丽；天宝以后，镇墓兽就基本呈站立状态，装饰开始简化，制作粗糙，踏板变薄。9世纪以后，陶质镇墓兽不再流行。

（二）武士天王俑

此类俑通常成对出现，偶见单件。王去非认为是《唐六典》中的"当圹"、"当野"[⑫]；徐苹芳也认为这可能就是《大汉原陵密葬经》里的"当圹"、"当野"[⑬]。两件形制相同，早期为披甲执盾武士形象，后渐变为脚踩小鬼怪兽的武士形象。因为和佛教天王接近，所以一般称此类武士俑为"天王俑"，本文统称为武士天王俑。

根据身姿、服饰、踏板、体形以及脚下踩物的不同，分为四型（图三一）：

Ⅰ型　戴尖顶兜鍪，盔尖有小孔，原似插羽翎。着明光甲，左右各一圆护，十字甲袢，未刻划甲片。右臂微曲，右手握拳贴胯间，

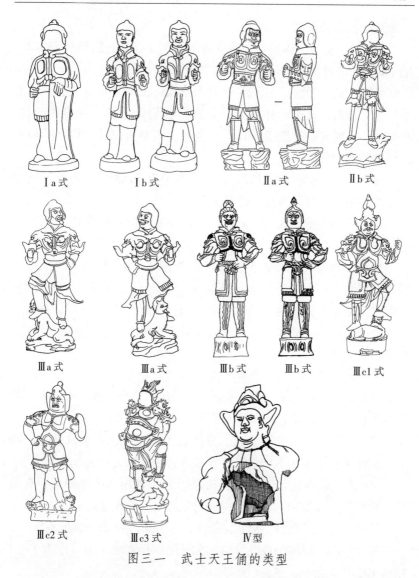

Ⅰa式　　　Ⅰb式　　　Ⅱa式　　　Ⅱb式

Ⅲa式　　　Ⅲa式　　　Ⅲb式　　　Ⅲb式　　　Ⅲc1式

Ⅲc2式　　　Ⅲc3式　　　Ⅳ型

图三一　武士天王俑的类型

拳中有孔，持兵器状。体格健壮，相貌魁梧，直立，平视。披膊简单，护耳紧切脸颊。身姿端正直立。薄型踏板。

Ⅰa式　左手扶盾，五指分开。纪年标本出土于段元哲墓、独孤开远墓、长乐公主墓。

Ⅰb式　姿态、体形均和前式相同，但不持盾，服饰逐渐复杂。纪年标本出土于司马睿墓、董僧利墓。

Ⅱ型　此型俑已摆脱了北朝武士形象，服饰刻划复杂。双手握拳，上臂弯曲，置于身体两侧，不再有执盾的痕迹。戴圆顶兜鍪，有顿项，穿明光铠，披膊较长。身姿直立或略有扭曲。根据踏板和脚踩物的不同分为2式：

Ⅱa式　仅有树墩形踏板，脚下不踩小鬼和动物。纪年标本出土于新城公主墓、郑仁泰墓、张臣合墓。

Ⅱb式　踏板较薄，脚下踩一趴卧动物。纪年标本出土于苏君墓、李爽墓。

Ⅲ型　此型天王俑的典型特征是身体呈"S"形扭曲，一手叉腰，一手上举。头戴兜鍪，顶部装饰变化多样且华丽，护耳外翻；身着明光铠，胸甲分为左右两半，各有一圆护。纵束甲带，在胸前横束，绕至背后。披膊多为龙形，肩部装饰华丽。束腰树墩形踏板，脚下多踩小鬼或怪兽。

根据兜鍪顶部和脚下所踩物的不同分为4式：

Ⅲa式　踏板较薄，兜鍪顶部装饰简单，体形较瘦。脚下踩一抬头的趴兽。纪年标本出土于罗观照墓、临川公主墓。

Ⅲb式　束腰树墩形踏板，身体较直，兜鍪顶部装饰简单，脚下不踩怪兽。纪年标本出土于康文通墓、独孤思贞墓、永泰公主墓。

Ⅲc式　踏板为较厚的束腰树墩形，兜鍪顶部装饰华丽，有鸟形、桃形等。根据脚下所踩动物的形象还可分为3亚式：

Ⅲc1　脚下踩怪兽，形状接近羊。纪年标本出土于郭恒墓。

Ⅲc2　脚下踩横躺或趴卧的小鬼。纪年标本出土于节愍太子墓、独孤思敬墓、金乡县主墓。

Ⅲc3　脚下所踩的小鬼面朝前，力图站起来，天王的一脚高置于小鬼头顶，一脚置于踏板之上。纪年标本出土于郭嵩墓、章怀太子墓、李贞墓、韦美美墓、杨思勖墓（下半残缺，根据头顶装饰推测）、史思礼墓⑭、雷府君妻宋氏墓、吴守忠墓。

Ⅳ型　此型天王俑资料极为缺乏，仅有元和八年（808 年）朱庭玘墓出土一件残俑，可资参考。此俑的下半部分已残，仅兜鍪部分形制可见。该俑的兜鍪一改前一型的华丽冠饰为简单的尖顶，帽檐外翻明显，开五代兜鍪形制之先河。

通过上述分析，可发现天王俑发展演变规律如下：早期为武士形象，持盾，直立，装饰简单；其后，摆脱持盾的束缚，出现了不持盾的武士形象；此后，身躯开始略有扭曲，且脚下开始踩踏小鬼和动物；大致从武周时期开始，天王俑的身躯开始作"S"形扭曲⑮，造型优美，装饰华丽。天宝时期尽管还沿用前期的造型，但总体风格已显臃肿，各部分比例不协调。9 世纪初开始衰落。

（三）大型文官俑和武官俑

此类俑形体高大，和武士天王俑的高度接近，通常置于镇墓兽、天王俑附近。在简报和报告里也称为"文吏俑"、"武士俑"。为了区别于一般的文官俑和武士俑，特加上"大型"二字以示区别。根据咸亨三年（672 年）河南偃师杨堂墓出土陶俑颈部朱笔"文官"题名⑯，可以确信，这类陶俑应称为"文官"、"武官"俑。

根据服饰和踏板的不同，文官俑可分为三型，武官俑可分为两型。

1. 文官俑

头戴进贤冠⑰，身着褒衣博袖的交领长衫。带束腰树墩形踏板或没有踏板。体形修长，直立，双手置于胸前，应执有"笏"之类的物品（图三二）。

Ⅰ型　进贤冠的耳部较小，展筩刻划清楚。纪年标本出土于康文通墓、独孤思贞墓。

Ⅱ型　进贤冠的耳部不分歧。分为 2 式：

Ⅱa 式　无展筩。纪年标本出土于节愍太子墓、鲜于庭诲墓。

Ⅱb 式　展筩刻划清晰可见。纪年标本出土于章怀太子墓（711 年）。

Ⅲ型　进贤冠的耳部外撇，分歧明显。整个冠形呈上大下小状。纪年标本出土于李贞墓、金乡县主墓、杨思勖墓、豆卢建墓。

图三二　大型文官俑的类型

　　Ⅳ型　进贤冠耳部不分歧，冠正中刻划一方形簪导。纪年标本出土于吴守忠墓、唐安公主墓（仅余俑的头部）。

　　2. 武官俑

　　根据冠饰分为两型（图三三）。

　　Ⅰ型　冠饰为写实的鸟形。根据服饰可细分为3式：

　　Ⅰa式　褒衣博袖，胸前带方帛。纪年标本出土于张臣合墓、康文通墓（此俑小鸟刻划不太明显，但根据线图还可看到鸟形的残迹）。

　　Ⅰb式　褒衣博袖，胸前不见方帛。纪年标本出土于独孤思敬墓、章怀太子墓、李贞墓。

　　Ⅰc式　褒衣博袖，外罩两当。纪年标本出土于金乡县主墓。

　　Ⅱ型　冠饰为抽象的鸟形或鸟翅。根据服饰可细分为3式：

　　Ⅱa式　纪年标本出土于郭恒墓、独孤思敬墓、章令信墓。

　　Ⅱb式　窄袖交领外衣。纪年标本出土于节愍太子墓。

　　Ⅱc式　褒衣博袖，外罩两当。纪年标本出土于杨思勖墓、豆卢建墓。

　　此类俑出现的时间相对集中在高宗至玄宗时期，其他时期少见。较早的标本中文武配对并不严格，多为相同的两件，稍后逐渐为文武配对。文官俑的变化主要体现为冠形的变化。总体来看，冠的后沿越来越高，分歧变浅，直到消失。武官俑的冠在早期带小鸟形装

Ⅰa式　　　　Ⅰb式　　　Ⅰb式　　　　　Ⅰc式

Ⅱa式　　　　　　　Ⅱb式　　　　　　　Ⅱc式

图三三　武官俑的类型

饰，此后主要以刻划鸟翅的鹖冠为主，冠形由低变高。

（四）十二生肖俑

此类俑通常成套出现，形象为穿通肩外衣的人形，双手执笏或抱于胸前。头部按照生肖的不同塑为"鼠、牛、虎、兔、龙、蛇、马、羊、猴、鸡、狗、猪"十二种动物的形象。五代以后还出现了头部为人形，但在头顶塑造生肖的十二生肖俑，也有把生肖动物抱在手中的形式。

根据生肖俑颈部的长短和体形，分为两型（图三四）：

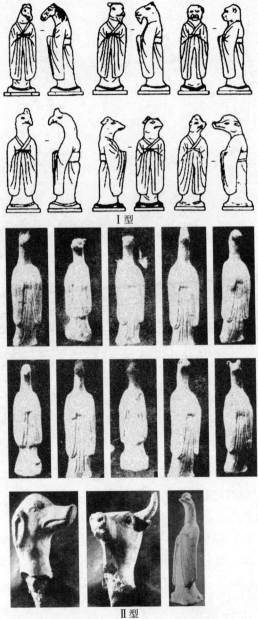

图三四　十二生肖俑的类型

Ⅰ型　颈部较短，除头部为生肖动物形象外，其余均和人俑接近。纪年标本出土于孙承嗣墓、杨思勖墓、史思礼墓[18]。

Ⅱ型　颈部细长，动物特征明显。纪年标本出土于雷府君妻宋氏墓、清源县主墓、西昌令夫人史氏墓、朱庭玘墓[19]。

据报道，章令信墓、回纥府君墓[20]也出土有十二生肖俑。但只有文字描述，没有图像资料，无法参与分型定式。

第二节　塔式罐

塔式罐又叫塔形罐，有的报告称之为带座罐、三节罐，是唐代新出现的一种明器。一般由盖、罐、座三部分组成，因形似佛教中的塔而被称之为"塔式罐"。塔式罐多为陶质，有灰陶、红陶、白陶之分，一般都施有彩绘。通常先在器表涂一层白衣，再施以红、黑、黄、赭等色彩绘，图案主要有宝相花、卷云、仰覆莲等，有的还堆塑莲瓣、兽首、铺首衔环等图案，或直接在器表压印凹弦纹为饰。也有不少塔式罐为瓷质或釉陶质，装饰以堆、贴塑为主。塔式罐在初唐至晚唐墓中多有出土，且变化有序，是北方唐墓分期断代的标型器之一。

关中唐墓出土最早的塔式罐纪年材料来自段元哲墓，惜无图像资料发表。此后，唐墓里多有发现。通过资料整理，发现纪年资料过于集中，并不能全面真实地反映唐代塔式罐的演变与发展规律。有鉴于此，此节将对关中地区出土的所有塔式罐资料进行排比整理，并做类型学的分析。没有纪年材料的尽量和有年代学意义的其他俑类互相参照，以便研究。

根据塔式罐盖、罐、座三部分的变化，分为三型（图三五）：

Ⅰ型　盖纽为细高的竹节状，实心，盖为饼形或浅盘形。根据座和罐的形状可细分为3式：

Ⅰa式　罐体的最大腹径位于中部，罐座束腰明显，高矮适中。纪年标本出土于节愍太子墓、金乡县主墓、韦慎名墓、西昌令夫人

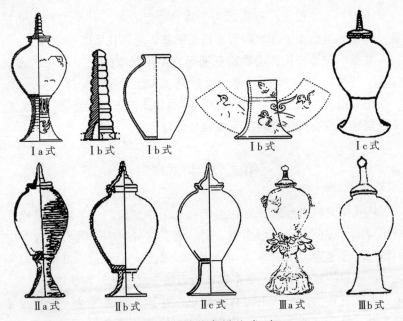

图三五　塔式罐的类型

史氏墓。无纪年标本有黄河厂唐墓[21]、枣园唐墓[22]M16：2、枣园唐墓[23]M19：1、西安郊区隋唐墓 M605：20、秦川机械厂[24]M3：9、陕棉十厂[25]M7：1、紫薇 M60：20[26]。

　　Ⅰb式　罐体的最大腹径位于中部，罐座束腰不明显，高矮适中。纪年标本出土于李宪墓。无纪年标本有硫酸厂唐墓[27]M1：2、M2：1、热电厂唐墓[28]M70：4。

　　Ⅰc式　罐座不分开，罐体最大腹径位于中部，座较矮，下沿上卷，束腰不如 a 式明显，但尚有一定的收缩。纪年标本出土于郭家滩任氏墓[29]。无纪年标本有曹家堡唐墓[30]。

　　Ⅱ型　盖纽为竹节状，空心，除个别较细高外，均为低矮的塔形。盖为饼形或覆钵形。根据座和罐的形状可细分为 3 式：

　　Ⅱa式　盖纽为竹节状，或低矮的塔形，空心。罐体最大腹径下移，罐体腹部斜收，曲线圆滑。座修长，束腰明显。纪年标本有李良墓塔式罐，李文贞墓塔式罐的座和盖。无纪年标本出土有西窑头唐墓塔式罐[31]、秦川机械厂唐墓 M10：5、热电厂 M136：12、凤翔南郊唐墓 M158：1。

Ⅱb式　盖纽为低矮的塔形，空心，盖均为覆钵形。罐体最大腹径下移，罐体腹部斜收，腹壁较直。座束腰明显，上端伸出一台沿。典型标本有凤翔南郊[32]M33：6、西安郊区隋唐墓 M503：1、陇县店子[33]M244：2、西北林院[34]M10：3、枣园唐墓[35]M12：5、马腾空[36]M28：3。

Ⅱc式　盖纽为低矮的塔形，空心，盖均为覆钵形。罐体最大腹径下移，罐体腹部斜收，腹壁较直。座束腰不明显，呈倒扣的敞口盆形。无纪年标本。典型标本出土于凤翔铁丰唐墓[37]、凤翔南郊 M83：3[38]、凤翔南郊 M30：1、陇县店子[39]M37：1。

Ⅲ型　盖纽顶为桃形，用一带棱纹的立柱和覆钵形盖相连，罐体下腹斜收明显。根据座的形状，可细分为 2 式：

Ⅲa式　座为束腰形，标本出土于中堡村唐墓[40]。该罐为三彩质，装饰繁缛华丽，座的上下两端均饰有覆莲和仰莲。

Ⅲb式　座为覆盆形，罐体下壁斜收，覆钵形盖，上立圆柱，纽顶为桃形。标本出土于临潼关山唐墓[41]。

通过上述类型学分析，可知唐代塔式罐的演变规律是：盖纽由实心细高向空心低矮的塔形过渡，最后彻底脱离塔形，演化为桃形；罐盖由早期的浅盘形演化为常见的覆钵形；罐座由较早的细束腰演化为低矮的覆盆形；随着最大腹径的下移，罐体有一个逐渐变修长的过程。郭家滩任氏墓和曹家堡唐墓出土的联体塔式罐，形态最具原始性，应当是较早的标本。塔式罐的材质以泥质红陶最为常见，在高宗到玄宗开元、天宝时期，高规格墓葬里常见三彩塔式罐。

第三节　人物类陶俑

关中唐墓出土的人物类陶俑数量众多，造型变化多样，包括出行仪仗俑、家作侍仆俑、伎乐俑、贵妇俑、胡人俑等。在不同的简报和报告里通常按不同的标准来分型分式，标准很不统一。大多数所谓的"式"仅仅是俑的姿态不同，"式"与"式"之间并无逻辑关联。本文在分型分式时，暂只考查具有断代意义的特征，不考虑俑的动作和姿态。关于胡人俑，任江的硕士论文已有很好的论述，本文不再重复。

（一）男俑　按照冠饰可分为四种常见的类型：幞头俑、笼冠俑、风帽俑、小冠俑。

1. 幞头俑　根据幞头的形状、高矮，分为六型（图三六）：

Ⅰ型　平头小样幞头。幞头顶部低平，扎结松散。纪年标本出土于长乐公主墓、司马睿墓、段简璧墓、董僧利墓、韦尼子墓、张士贵墓、新城公主墓、郑仁泰墓、苏君墓、张臣合墓、元师奖墓。

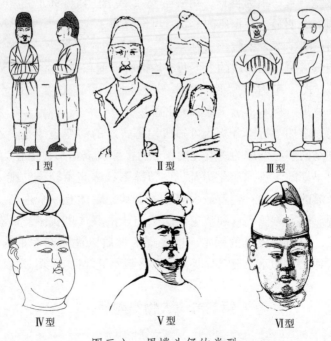

图三六　男幞头俑的类型

Ⅱ型　高头幞头。幞头顶部高耸，应是内衬高头巾子的结果。纪年标本出土于康文通墓、姚无陂墓、独孤思贞墓、董务忠墓、懿德太子墓、韦洞墓。

Ⅲ型　高而踣的幞头。典型特征是幞头明显前倾，发髻部分压在头顶的前上方，甚至伸出额头之外。纪年标本出土于节愍太子墓、李贞墓、鲜于庭诲墓、惠庄太子墓、金乡县主墓、韦慎名墓、安元寿墓、孙承嗣墓、李承乾墓。

Ⅳ型　球形幞头。幞头不再前倾，分瓣明显，顶部呈圆球形。纪年标本出土于杨思勖墓、李宪墓、豆卢建墓[42]、宋氏墓、吴守忠墓、张去逸墓[43]、裴利物夫妇墓、李玄德墓[44]、清源县主墓、章令信墓。

Ⅴ型　折角幞头。仅见于清源县主墓。

Ⅵ型　尖顶幞头。顶部较小，较尖。扎结很紧，应当是硬质内衬或巾子定型而成。纪年标本出土于曹景林墓、唐安公主墓、史氏墓胸像幞头俑、李良墓胸像幞头俑、假言信妻骆氏墓[45]（807 年）、吴卓墓、郭家滩张渐墓[46]（845 年）。

幞头是唐代男性最常见的头部饰物，很受时人的关注，因而变化较多。唐代早期流行平头小样式幞头，武周以后幞头变高变紧，开元、天宝时期幞头高而前倒，天宝末幞头不再前倒，而变成置于头顶的两个巨大球形，德宗时期巾子由原来的软巾子向硬巾子过渡，因此幞头显得棱角分明，顶部较尖且高挺。折角幞头是天宝时期新出现的形制，值得注意。

2. 风帽俑　包括立俑和骑俑两大类。风帽的形态具有很强的一致性，根据风帽的顶部特征分为三型（个别简报图像较小，无法判断型式者，不参与分型）（图三七）：

Ⅰ型　风帽顶部低而圆。纪年标本出土于李寿墓、段元哲墓、长乐公主墓、司马睿墓、董僧利墓、新城公主墓、郑仁泰墓、苏君墓、李爽墓。

Ⅱ型　风帽的顶部高耸且宽大。纪年标本出土于张士贵墓、张

Ⅰ型   Ⅱ型   Ⅲ型

图三七　男风帽俑的类型

君夫人王氏墓、张臣合墓、元师奖墓、董务忠墓、独孤思贞墓、姚
无陂墓、永泰公主墓、严君妻任氏墓[47]（707 年）、韦慎名墓、章令
信墓。

　　Ⅲ型　风帽顶部较高，但顶端略向前倾，从侧面看风帽有一定
的弧度。纪年标本出土于郭恒墓、薛氏墓[48]（710 年）、节愍太子墓、
李贞墓、金乡县主墓、薛从简墓（726 年）[49]、李承乾墓、韦君夫人
胡氏墓、张去逸墓[50]、高力士墓。

　　风帽的形状直接受帽下幞头形状的影响，因此风帽俑的变化基
本和幞头俑一致，但缺乏晚期标本。

　　3. 笼冠俑　笼冠俑包括立俑和骑俑两大类。笼冠的形态具有很
强的一致性，因此根据笼冠的形制特征分为三型（个别简报图像较
小，无法判断型式者，不参与分型）（图三八）：

　　Ⅰ型　小冠低平，笼冠基本呈方形，和隋代笼冠形制相同。此
类标本仅见于李寿墓。

　　Ⅱ型　小冠刻划清楚，笼冠的顶部略窄，基本呈长方形。纪年
标本出土于段元哲墓、独孤开远墓、长乐公主墓、司马睿墓、董僧

Ⅰ型　　　　　　　　Ⅱ型　　　　　　　　　Ⅲ型

图三八　男笼冠俑的类型

利墓、韦尼子墓、新城公主墓、苏君墓、元师奖墓、董务忠墓、独孤思贞墓。

Ⅲ型　小冠和笼冠合为一体，形态已经十分接近后代的乌纱帽。纪年标本出土于懿德太子墓、节愍太子墓、鲜于庭诲墓、金乡县主墓（724 年）、惠庄太子墓、韦慎名墓、安元寿墓、李承乾墓、郯国公主墓[51]（787 年）。

唐代笼冠俑的变化较少。早期流行北朝式笼冠，冠体为方形，小冠低平；稍晚，流行长方形笼冠，小冠刻划清楚；开元时期，冠体和小冠已合为一体。

4. 小冠俑　小冠也叫平巾帻，由汉代平上帻发展而来，魏晋南北朝时期称为小冠或平巾帻[52]。这类俑通常呈双手合抱于胸前的站立状。发现较少。根据冠式的变化，可分为三型（图三九）：

Ⅰ型　小冠刻划清楚，后沿较高，有分歧。纪年标本仅见于段元哲墓。李寿墓石椁线刻图里的小冠也为此型。

Ⅱ型　小冠刻划较为模糊，低平，后沿不分歧。纪年标本出土于长乐公主墓、司马睿墓、段简璧墓、董僧利墓。

　　Ⅰ型　　　　　Ⅱ型　　　　　Ⅲa型　　　　　Ⅲb型

图三九　男小冠俑的类型

　　Ⅲ型　小冠后沿增高，斜顶明显。根据冠饰的细部特征还可分为2式：

　　Ⅲa式　顶部为一斜坡。纪年标本出土于韦尼子墓、张夫人王氏墓。

　　Ⅲb式　顶部刻划展筩或簪导，Ⅲa式当是此式的简化形态。纪年标本出土于张臣合墓、独孤思贞墓。此后小冠俑少见，基本被进贤冠替代。

　　（二）女俑　按体形特征可分为四型（图四○）。

　　Ⅰ型　削肩细颈型——体形清瘦修长，着窄袖长裙，裙腰较高，可达胸部以上。李寿墓石椁线刻伎乐图人物是很好的写照。根据发型可细分为4式：

　　Ⅰa式　发髻低平，在头顶盘绕两圈。纪年标本出土于李寿墓、段元哲墓、独孤开远墓、长乐公主墓、段简璧墓、董僧利墓。

　　Ⅰb式　发髻横置于头顶。纪年标本仅出土于董僧利墓，李寿石椁伎乐图第八人发型应为此类发型的图像资料。隋吕武墓[33]也有出土。

　　Ⅰc式　发型为较高的半翻髻。纪年标本出土于段元哲墓、司马睿墓、段简璧墓、董僧利墓、李爽墓、张臣合墓。

Ｉd式　发型为双环髻，正视可见两个球形隆起。据李爽墓出土俑头的后视图，可知此类发髻就是双环髻，也称双环望仙髻。但此髻早期双环较小，较低。李寿墓石椁线刻伎乐图第一排后三人即梳此髻。纪年标本出土于段简璧墓、郑仁泰墓、李爽墓、张臣合墓、姚无陂墓、独孤思敬墓。

Ｉe式　发髻为一柱状突起，位于头顶正中。纪年标本出土于郑仁泰墓、元师奖墓、董务忠墓、姚无陂墓。

Ⅱ型　体形胖瘦适中，比例协调。身着广袖长裙，披帛。由于几座重要的大墓资料报道不完整，此型俑的实物资料相对较少，但丰富的壁画内容补充了这个缺憾。根据发型的不同，此型女俑可细分为：

Ⅱa式　发型为半翻髻。纪年标本出土于韦尼子墓、新城公主墓、张君夫人胡氏墓、永泰公主墓壁画、懿德太子墓壁画、节愍太子墓、章怀太子墓壁画。

Ⅱb　发型为反绾髻。纪年标本出土于永泰公主墓。图像资料见于契苾明墓门石刻线画、懿德太子墓壁画、章怀太子墓壁画、韦泂墓墓门石刻、节愍太子墓壁画。

Ⅱc式　发髻较低，顶部略斜。纪年标本出土于新城公主墓、永泰公主墓。图像资料见于懿德太子墓、永泰公主墓。

Ⅱd式　发型为较小的螺髻。纪年标本出土于新城公主墓。

Ⅱe式　发型为平髻。纪年标本出土于新城公主墓。

以下几种形式并无俑类出土，但人物形象在壁画里十分常见。主要有双环望仙髻、惊鹄髻、双圆球髻、球形单髻和双螺髻。

Ⅲ型　体形臃肿、肥胖。身着长裙，裙摆更大，更长。但裙腰较低，仅及胸部。脸部尤显丰满。根据发型可分为以下4式：

Ⅲa式　倭堕髻。此髻呈双鬟抱面形，发髻由后向前置于头顶，发髻前端为圆球形。纪年标本出土于鲜于庭诲墓、惠庄太子墓、金乡县主墓、杨思勖墓、李宪墓、史思礼墓[50]、宋氏墓、章令信墓、唐安公主墓。

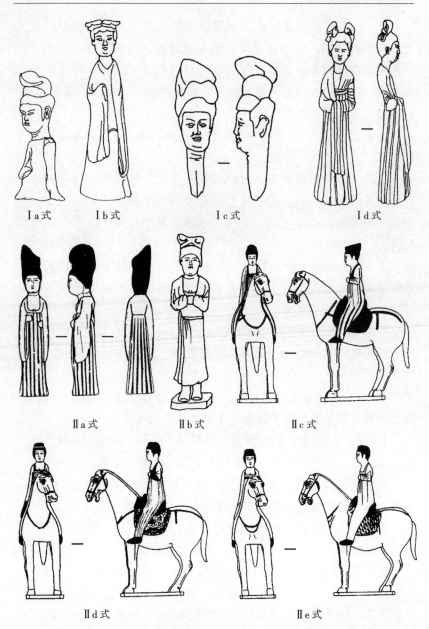

Ia式　　　Ib式　　　　　Ic式　　　　　　Id式

IIa式　　　　　IIb式　　　　　IIc式

IId式　　　　　　　IIe式

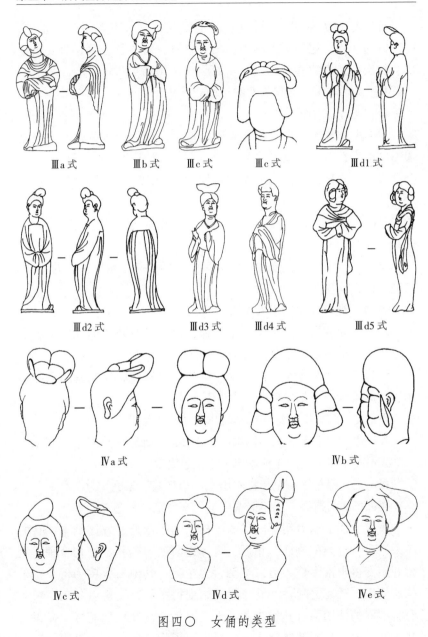

图四〇　女俑的类型

Ⅲb式 堕马髻。此髻呈双鬟抱面式，发髻不置于头部正中，而是偏向一侧。纪年标本出土于吴守忠墓、清源县主墓、唐安公主墓、史氏墓、崔纨墓。

Ⅲc式 丛髻。此髻为双鬟抱面式，头顶梳向后，多条发束。纪年标本仅见于张堪贡墓[55]。

Ⅲd式 高髻。此类髻形双鬟不抱面，头发梳至头顶，再挽结成不同的发髻。根据发髻的不同，还可细分为5个亚式：

Ⅲd1 双球形高髻。纪年标本出土于李宪墓、史思礼墓[56]、吴守忠墓[57]。

Ⅲd2 单球形髻。纪年标本出土于李宪墓、豆卢建墓[58]、宋氏墓。

Ⅲd3 反挽髻及其变体。此髻为横长形，应当是反挽髻的变体。仅见3例，均出土于宋氏墓。

Ⅲd4 螺髻。仅见于宋氏墓。

Ⅲd5 双垂髻。此髻头发不上梳，而是挽成两个圆球置于脸颊两边。纪年标本出土于金乡县主墓、宋氏墓。

Ⅳ型 半身胸像型。此型女俑均为半身胸像，应当有木质的躯体和丝质服饰。根据发型可分为以下5式：

Ⅳa式 双球髻。纪年标本均出土于杨思勖墓。

Ⅳb式 双垂髻。纪年标本出土于杨思勖墓、史氏墓、吴卓墓。

Ⅳc式 扁髻。纪年标本出土于杨思勖墓。

Ⅳd式 堕马髻。纪年标本出土于李良墓、朱庭玘墓[59]。

Ⅳe式 闹扫髻。纪年标本出土于李良墓、柳昱墓[60]。

唐代女俑早期沿用了隋代的风格，细颈削肩，发髻低平，有的还采用头身分离的制法。稍后，身体逐渐变得匀称，结构合理，发髻开始变得丰富多样，但以半翻髻为主流，其他发髻多为侍女、乐伎所使用。开元之际，女俑身材开始变得肥胖，发髻以各式高髻和双鬟抱面的倭堕髻、丛髻为主。天宝以后，女俑更加肥胖，显得有些臃肿，尤其是面部非常丰满，新出现了胸像俑，发髻以堕马髻为主，侍女以双垂髻为主。公元 800 年以后，大型俑类已不多见，女俑以胸像俑为主，发髻以堕马髻和闹扫髻为主。

第四节 动物类陶俑

唐代墓葬里出土的动物俑以马、驼、牛、猪、狗、羊、鸡最为常见，其中鸡的变化较小。还出土过鸭子、驴、兔子等，但只是偶尔出现。马俑、牛俑和驼俑中可能存在着作为出行工具和财富象征两种不同性质的俑。这种区别可以根据体量的大小来判断，体量高大，并和出行仪仗较为接近的应当是出行工具俑类，反之即为财富象征俑类。这些大型俑类特征明显、保存完好的较多，因此断代意义相对较强。而那些体量较小、单范制作的俑类则变化较小，年代学意义较低。本节拟以常见的大型俑类为主，再参以小型俑类，对唐代墓葬里出土的动物类俑作类型学的分析。

（一）马俑　根据马的动作及装饰分为三型（图四一）：

Ⅰ型　头部呈长方形，嘴紧闭，头低垂，呈沉思状，没有鬃毛或披鬃，尾巴长而下垂，没有复杂的鞍鞯。带长方形踏板。纪年标本出土于李寿墓、张士贵墓、新城公主墓、张臣合墓、安元寿墓、元师奖墓、康文通墓、独孤思贞墓。

Ⅱ型　动作丰富，造型富有动感，有的作嘶鸣状，有的作回头状，有的作仰头站立状。多配有华丽的鞍鞯，鬃毛多剪为三花，带有长方形踏板。此型马俑以三彩质最为常见。纪年标本出土于独孤府君妻元氏墓[61]、永泰公主墓、懿德太子墓、郭恒墓、独孤思敬墓、节愍太子墓、章怀太子墓、李贞墓、鲜于庭诲墓、金乡县主墓、李宪墓、张去逸墓[62]。

Ⅲ型　卧马。制作粗糙，徒具其形。纪年标本出土于吴守忠墓、章令信墓、高力士墓、唐安公主墓、史氏墓、李良墓。

（二）驼俑　根据动作分为两型（图四一）：

Ⅰ型　站立状，少数前肢半跪，头部高扬，有的作嘶鸣状。多

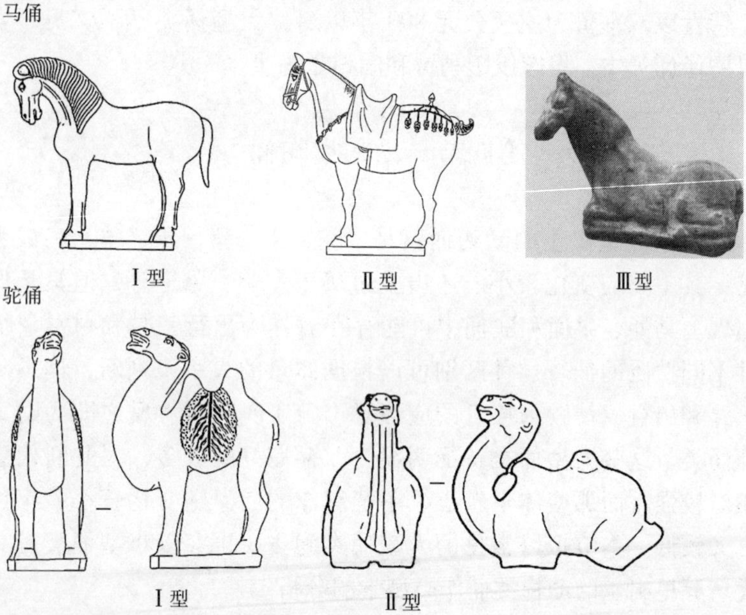

马俑

Ⅰ型　　　　　　　　Ⅱ型　　　　　　　　Ⅲ型

驼俑

Ⅰ型　　　　　　　Ⅱ型

图四一　动物类陶俑（马、驼俑）的类型

为双峰驼，仅契苾明墓出土一具单峰驼俑。纪年标本出土于长乐公主墓、董僧利墓（残破）、新城公主墓、张臣合墓、安元寿墓、元师奖墓、董务忠墓、契苾明墓、康文通墓、独孤府君妻元氏墓[63]、永泰公主墓、郭恒墓、独孤思贞墓、节愍太子墓（头已残）、鲜于庭诲墓、金乡县主墓、李宪墓、张去逸墓[64]。

Ⅱ型　卧驼。姿态单调，缺乏动感。纪年标本出土于郭恒墓、节愍太子墓、尚范墓[65]（714年）、金乡县主墓、李宪墓、吴守忠墓、清源县主墓、章令信墓、高力士墓、唐安公主墓、史氏墓。

（三）牛俑（图四二）

Ⅰ型　多站立在长方形踏板上，肌肉发达，肥胖，四肢粗壮。此型牛俑极有可能充驾车之用。纪年标本出土于长乐公主墓、司马睿墓、新城公主墓、张臣合墓、临川公主墓、安元寿墓、元师奖墓、独孤思贞墓、永泰公主墓、严君妻任氏墓[66]、韦洞墓、惠庄太子墓、

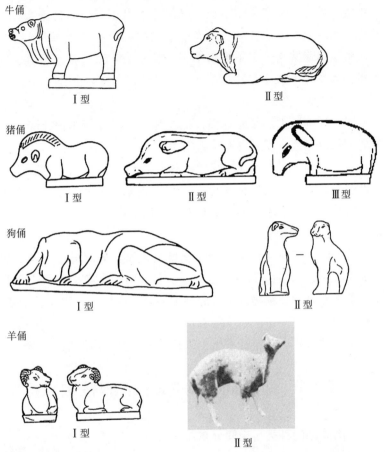

牛俑

Ⅰ型　　　　　　　　　　Ⅱ型

猪俑

Ⅰ型　　　　　Ⅱ型　　　　　Ⅲ型

狗俑

Ⅰ型　　　　　　　　　　　Ⅱ型

羊俑

Ⅰ型

Ⅱ型

图四二　动物类陶俑（牛、猪、狗、羊俑）的类型

金乡县主墓、韦美美墓、李承乾墓、清源县主墓、唐安公主墓。

Ⅱ型　卧牛。纪年标本出土于张士贵墓、金乡县主墓、高力士墓、史氏墓。

（四）猪俑（图四二）

Ⅰ型　卧猪，头部扬起。纪年标本出土于新城公主墓、李爽墓、安元寿墓、永泰公主墓、韦泂墓、惠庄太子墓、金乡县主墓、韦慎名墓、高力士墓、史氏墓。

Ⅱ型　卧猪，头部紧贴踏板。纪年标本出土于长乐公主墓、张士贵墓、韦泂墓、韦慎名墓、李承乾墓、柳昱墓[67]。

Ⅲ型　四蹄站立。纪年标本出土于长乐公主墓、张士贵墓、安元寿墓、金乡县主墓、韦君夫人胡氏墓。

（五）狗俑（图四二）

Ⅰ型　卧狗，头部紧贴地面，似在睡觉。纪年标本出土于新城公主墓、张臣合墓、安元寿墓、惠庄太子墓、李良墓、吴卓墓。

Ⅱ型　卧狗，头部抬起。纪年标本出土于张士贵墓、李良墓。

Ⅲ型　站立式。纪年标本出土于张士贵墓、安元寿墓、节愍太子墓、韦慎名墓、李承乾墓、韦君夫人胡氏墓。

（六）羊俑（图四二）

Ⅰ型　卧羊。纪年标本出土于新城公主墓、安元寿墓、董务忠墓、姚无陂墓、永泰公主墓、惠庄太子墓、韦慎名墓、韦君夫人胡氏墓、李承乾墓、裴利物墓、清源县主墓、章令信墓、唐安公主墓、史氏墓、李良墓。

Ⅱ型　站立式。纪年标本出土于长乐公主墓、韦泂墓。

第五节　随葬品的空间分布、组合与分期

一　随葬品的种类与空间分布

1. 随葬品的种类

唐代墓葬中的随葬品，据《唐六典》记载："当圹、当野、祖明、地轴、诞马、偶人，其高各一尺；其余音声队与童仆之属，威仪、服玩，各视生之品秩所有，以瓦、木为之，其长率七寸。"[68]

据此可知，唐代墓葬内的随葬品大致可以分为四类：镇墓神煞类，包括当圹、当野、祖明、地轴，可能就是镇墓兽、武士天王俑、十二生肖类，《唐会要》合称四神十二时；偶人诞马类，包括大型的马俑、人俑及驼俑；音声童仆类，包括鼓吹俑、较小的男女立俑等；

其他随身物品。根据考古发现，除上述四类外，还有少量日用陶瓷器，如陶罐、陶瓶、瓷碗等，这些陶瓷器大多是用来盛装所谓"千味食"或其他物品的容器。

2. 空间分布

随葬品在墓葬中承担着不同的礼仪功能，因而它们的分布空间明显不同。由于目前发现的唐墓大多经过人为或自然扰动，要确切搞清每一类俑的分布已不可能。但部分墓葬保存相对较好，可以为我们探讨随葬品空间分布的规律提供一定的线索。

例1，649年司马睿墓。陶俑共153件，有镇墓兽、武士天王俑、文官俑、男侍俑、女侍俑、骑马乐俑和牛、羊、狗、猪、鸡俑等，均为红陶质表面施粉彩绘俑。分别放置在墓室及墓道两侧的壁龛内。

例2，657年张士贵墓。该墓为长斜坡墓道双室砖墓，带4个小龛。共清理出遗物409件，包括大量陶俑和瓷器残片。在小龛内出土了各式男女立俑、骑俑、动物俑、陶质模型。瓷器残片多出土于前室、后室及甬道。

例3，667年苏君墓。该墓是多天井、长斜坡墓道、砖室刀形墓。由墓道、甬道、前后室、天井、小龛组成，前室东西两壁各开小龛1个。各类陶俑共352件，多出于墓道两旁的4个小龛内。前室两侧小龛中出的俑，与墓道小龛的俑没有区别。现存的陶俑中，不见女俑，以墓道西壁第二小龛为例，可看出各类俑的大致分布情况：大多数立俑排列在小龛口部，其后为骑马俑，骑马武士俑一般在前，骑马声乐俑在后，每排3至6个不等。武士俑出土于墓道东壁第二龛中，天王俑出土于前甬道与前室相接处。陶碗2件，出土于前室西北角。陶罐1件，出土于第二甬道末端。

例4，668年张臣合墓。该墓为斜坡墓道单砖室墓，由墓道、甬道、墓室组成。俑及模型随葬品多放置在墓室东部及棺床南部，自甬道口往北依次为武士天王俑、武官俑、骆驼俑、镇墓兽、男女俑、骑马俑、小马俑、牛车。

例 5，698 年独孤思贞墓。该墓是长斜坡墓道单室土洞墓，带 2 个小龛。虽经盗掘，但大体位置还保留较好。镇墓兽、墓志、武士天王俑、文官俑均放置在甬道里，4 件文官俑和武士天王俑分别对立两侧，镇墓兽在最南边，分两列排列在甬道之内。两个小龛里放置的是各式陶俑，包括人物俑和动物俑。墓室东南角还出土了一些牵马俑和侍俑。其他陶瓷器和生活用品均出土于墓室。

例 6，706 年永泰公主墓。该墓是多天井长斜坡墓道双室砖墓，由墓道、过洞、天井、小龛、前后甬道和前后墓室组成。第一天井下两个小龛多出骑马俑，为仪仗队，此外也出有三彩碗、碟、瓶等。第二天井下的两个小龛内多为彩绘骑马男女侍俑、披巾女立俑等。马俑有备鞍和没备鞍的两种。第三天井下各小龛内随葬生活用具，大多被盗墓人捣毁，仅能看出有盆、罐、碗、井、磨、房子、牛、羊、猪等。第四天井下各小龛亦随葬生活用具，多为三彩器，有盆、罐、碗、盒、碟等，陶器较少。镇墓俑和镇墓兽位于木门和石门外侧。

例 7，706 年懿德太子墓。该墓是多天井长斜坡墓道双室砖墓，由墓道、过洞、天井、小龛、前后甬道和前后墓室组成。共有 8 个小龛，比较完整的有 6 个。东、西第四龛均被盗扰，仅见一些生活用具。由于龛顶和四周倒塌，东一、二龛，西一、二龛，随葬物原来的位置已被打乱；东、西第三龛保存比较完整，尚可看出随葬物原来的位置（图四三）。这两龛内仪仗俑排列的特点是：以贴金铠甲男骑马俑为前导，以三彩釉陶男骑马俑为后护，中间还有骑马乐俑，四周排列头戴风帽的男立俑。在石门内发现一对三彩釉陶马，一匹作嘶鸣状。

例 8，708 年韦洞墓。该墓是多天井长斜坡墓道双室砖墓，由墓道、过洞、天井、小龛、前后甬道和前后墓室组成。男骑俑出土于东二龛、西一、二龛内，女骑俑出土于西二龛内，驼俑、猪俑、羊俑、鹅俑和狗俑均出土于西一龛内。马俑出土于东二龛内。牛车出土于东一龛内。

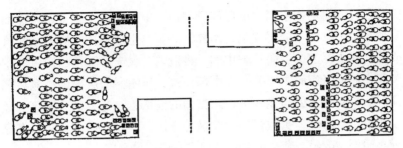

图四三　懿德太子李重润墓龛内陶俑出土状态

　　例9，710年节愍太子墓。该墓是多天井长斜坡墓道双室砖墓，由墓道、过洞、天井、小龛、前后甬道和前后墓室组成。共出土320件随葬品，以陶俑为大宗。东一龛出土陶模型、陶动物、陶碗、骑马俑。西一龛出土陶车、陶磨、武士俑、胡帽骑俑、笼冠骑俑、陶瓷器，其中幞头武士俑最多，分两层放置。东二龛出土陶马、骑马俑、武士俑、小立俑、陶车、骆驼、猪、狗等。西二龛出土物较少，有陶俑、瓷器、陶碟、陶车。前甬道和前室出土三彩马、三彩骆驼、天王俑、骑马俑、文吏俑、塔式罐。后甬道靠近墓室处发现一组玉佩饰和玉册残片。

　　例10，711年章怀太子墓。该墓是多天井长斜坡墓道双室砖墓，由墓道、过洞、天井、小龛、前后甬道和前后墓室组成。共发现600多件随葬品，绝大部分为陶器。第四天井的东西龛放置陶立俑、乐俑、男女骑俑、猪、犬、羊、牛等。第三天井的东西小龛，放置男女三彩立俑、伎乐俑、猪、犬、牛、羊、鸡和大型的三彩马、骆驼。第三天井的东西龛放置三彩武士俑、文官俑、镇墓兽、彩绘陶器、彩绘塔式罐座、绿釉花盆等。

　　例11，724年惠庄太子墓。随葬品分布在6个壁龛和墓室东部以及棺床周围。第一天井西壁龛出土大量的骑马俑、男立俑，另有陶牛、羊、犬、猪、粉盒、碟、甑、鸡等，分上下两层放置。上层全部为骑马俑，置于由底部四根柱子支撑的架板之上，中间的骑马俑分别由里而外、由左向右地放置，左右两翼及后翼分别放置两排骑马俑，方向均朝中间。下层放置陶俑，中间是由里到外、由左而右放置得十分密集的男立俑，两翼及后翼与上层相同，即各以两排骑马俑作为翼卫，头向均朝中间。将冠帽、服饰及服色相同者集中一起安放。风帽俑主要分布在中部位置；风帽俑的后部即小龛后部靠近后翼骑马俑处为笼冠俑，风帽俑的前部也是笼冠俑分布区；风帽俑的左右两侧为头戴幞头的胡俑分布区；小冠立俑主要分布在靠近龛门处。陶碟一套7个置于龛门之右侧，另有陶牛、马、鸡、犬、粉盒、甑分别置于龛内东北、东南角处。第一天井东壁龛内的随葬品内容与西龛内基本相同，放置也分上下两层，上层均为骑马俑，下层两翼及后翼也是两排骑马俑，头向均朝中间，中间则是十分密集的大量的男立俑，笼冠俑置于中间，幞头俑放在笼冠俑的后半部左右两侧，小冠俑放在龛内西北角。此龛没有西壁龛中的陶牛、羊、猪、犬及其他生活明器，但在龛内下层正中出土了1件小陶鹦鹉。第二天井东龛被严重盗扰，仅出土了骑马俑的残块；西龛因盗洞而坍塌，也出土了大量的骑马俑残块。第三天井东龛被盗尽。西龛全部为骑马俑，分上下两层，结构与第一天井西龛相同，上层均为骑马俑，下层两侧翼、后翼为两排骑马俑，头向均朝中间，其余由内到外、由左到右进行排列，倒塌严重，排列次序和位置不明。墓室东部发现有大量的陶马残块、镇墓兽残块、哀册残段，看来东部是放置陶马、镇墓兽及盛装哀册的箱（匣）之处。另外在棺床的南、北两头及两边发现大量的陶女侍俑的俑头及身体残部，这些地方当是放置陶女侍俑的地方。石灯出土时，由于座、身及台面相互分离，故放置位置不能确定。台面出于墓室东侧前部，灯身出于甬道石门内侧，疑其放于墓室入口处。

例12，736年孙承嗣墓。该墓为长斜坡墓道多天井单室砖墓。共出土随葬品159件，大多位于甬道和墓室前方。各式俑类均分布在甬道口附近，墓志之后较为集中。坐乐俑置于墓室之内，棺床的正前方。

例13，741年李宪墓。该墓为长斜坡墓道多天井单室砖墓，带6

个小龛。各式人物俑、动物类俑均置于小龛之内。镇墓兽、天王俑、跪拜俑残片出土于甬道之内。陶瓷器出土于甬道、墓室内。

据王仁波研究、介绍，十二时俑分布在墓室四周，按鼠马子午线式围绕棺床排列。745 年雷府君妻宋氏墓出土了十二生肖俑围绕棺床排列的实例。762 年高力士墓出土的十二生肖壁画也可作为此类俑分布的参考。铁牛、铁猪通常放在墓门口，也有个别放在北部。⑩据《大汉原陵密葬经》记载，铁牛、铁猪分别安放亥地、丑地，即西北角和东北角。⑰唐代晚期流行的十二小龛可能就是专门放置十二生肖的地方，不过由于不再使用陶俑，所以仅留下小龛而没有发现生肖俑。

通过对上述墓葬的分析，各类随葬品的分布具有明显的规律性，试归纳如下：

（1）当墓葬带有小龛时，小龛是随葬品的主要放置地点，墓室里基本不放置鼓吹仪仗类俑，典型的例子如永泰公主墓等。当墓葬没有小龛时，甬道末端、墓志周围或墓室的东南角是随葬俑类的集中分布地点，华文弘墓是个典型例子。双室墓的前室很少分布随葬品，即使有，也和小龛内的俑群性质相同。日用陶器的分布没有太大的变化，以墓室的北端两角和墓室西南角为多。

（2）镇墓神煞类俑中，镇墓兽和武士天王俑通常分布在墓门附近，左右对称分布，距离墓志较近，甚至环绕墓志分布，个别墓葬如章怀太子墓等把此类俑置于小龛之中。文官武官俑以及跪拜俑和镇墓兽天王俑分布的位置相互关联。十二时辰俑分布于棺床周围。

（3）家禽家畜俑和仪仗鼓吹俑多置于小龛当中。根据俑的多少，小龛内使用架板分层放置。通常将冠帽、服饰及服色相同者集中安放。小冠俑位于前面，风帽立俑位于两侧，大型驼俑位于后侧两角。风帽俑绝对不置于靠近棺床的位置，如果有小龛则必置于小龛之内。牛车或大型牛俑通常和女立俑、男立俑放置在一起。值得注意的是，大型鞍马俑通常分布在墓室东南角或甬道北端，这可能就是所谓的供灵魂骑乘的"诞马"之类。

（4）坐乐俑在郑仁泰墓中置于东三龛内，但较晚的墓例多置于墓室棺床正前方，百戏俑也是如此分布。小型俑类多位于墓室，象征的应当是主人生前的贴身侍仆。"安史之乱"后，各式娱乐俑和游乐模型多出土于墓室之内。

（5）塔式罐通常位于墓室的西北角或置于四神附近，这暗示着它的某种礼仪性意义。

二 随葬品的组合与分期

根据各墓葬出土器物的分型分式情况，将唐代墓葬器物组合列成表（见本章附表）。在墓例选择时，尽量选择简报或报告资料发表完整的，一些墓如朱庭玘墓、郭克全墓、王季初墓等，比较重要，也酌情收入。经过先期资料整理的墓葬，如果能够还原的，也尽量作了还原。[①]

通过对器物组合表的分析，唐代墓葬随葬器物的组合以及材质有如下变化：

（1）最常见的组合为武士天王俑和镇墓兽组合，这一组合持续到 8 世纪中叶开始衰落，代之而起的是十二生肖俑组合，有的墓中生肖俑和天王俑、镇墓兽共存；

（2）人物类俑中幞头男俑和女俑持续时间最长，基本贯穿整个唐代。鼓吹仪仗俑在 8 世纪中叶消失，女骑俑和鼓吹俑基本同时消失。大型女俑的数量到 8 世纪中叶以后开始减少，并且多为捧物侍俑，新出现了胸像俑、木俑等，伎乐俑也在较晚的墓葬中出现；

（3）动物俑的类别以马、驼、牛、猪、羊、鸡为基本组合，偶见兔、鹅、鸭，以马、驼、牛的变化最大。大型牛俑通常和牛车或车轮同出，而不和小型动物共处，8 世纪初消失，大型马俑和驼俑在 740 年李宪墓以后消失；

（4）镇墓神怪类在 9 世纪以后基本绝迹，808 年朱庭玘墓为最后纪年，新出现了铁牛、铁猪；

（5）日用陶瓷器中，瓷器数量有增加的趋势。另据李知宴研究，晚唐时期茶具，如注子出现频率较高。塔式罐，虽然在 639 年段元哲墓已有出土，但流行时间却开始于 7 世纪末 8 世纪初的武则天统治时代；

（6）模型以磨、碓、房屋、车常见，车模型 8 世纪初以后基本不见，8 世纪中叶以后新出现了假山、游乐等模型；

（7）器物材质方面，三彩器的流行时间很具代表性，664 年郑仁泰墓出土最早的三彩器物残片，在此之前 651 年段简壁墓曾出土过釉陶器，657 年张士贵墓曾出土过瓷俑，在 7 世纪末年的几座墓中开始出现大量三彩俑，这一趋势持续到 8 世纪中叶，此后忽然消失。

根据器物组合以及器物型式的变化，初步将唐代随葬品分为四期，列表如下（表一三）：

表一三　随葬品分期表

分期	起止年	镇墓兽	武士天王俑	文官俑	武官俑	生肖俑	铁牛铁猪	男俑 幞头	男俑 风帽	男俑 笼冠	男俑 小冠	女俑	陶器	瓷碗	塔式罐
第一期	618~648	I	Ia Ib					I	I	I II	I II	Ia Ib	罐 IaIIa 带耳罐、IaIIa 瓶I		△
第二期	649~696	IIa IIb III IVa	IIa IIb IIIa	△				I	I	I II	II	Ic Id Ie IIa IIc II dIIe	带耳罐 IIb IIc 瓶II 盏I	I II	Ic
第二期	697~744	IVc IVb	I II III	Ia Ib Ic IIa IIb	I II IIa			II III	II	II III	III	Id Ie IIa IIb IIIa IIId IVa IVb	罐 Ib Ic 带耳罐 Ib IIb 瓶III 盏II III	I II III	Ia Ib

续表一三

分期	起止年	镇墓兽	武士天王俑	文官俑	武官俑	生肖俑	铁牛铁猪	男俑				女俑	陶器	瓷碗	塔式罐
								幞头	风帽	笼冠	小冠				
第三期	745~808	V	IV	IV	IIa	I II		III IV V	II III	III	III	IIIa IIIb IIIc IIId IVb IVe	罐I 带耳罐 Ic IIc	III	I IIa IIb
第四期	809~唐末						△	VI				IVb	带耳罐 IId 瓶IV	III	IIc

第一期（618 年～648 年）：实际纪年墓 630 年～648 年，相当于武德、贞观时期。镇墓兽之兽面、人面区别明显，后肢半曲，爪足，趴踞式，肩部无齿形鬃毛。流行执盾武士俑，戴尖顶兜鍪，着明光甲，左右各一圆护，十字甲袢，未刻划甲片。披膊简单，护耳紧切脸颊。男俑幞头较低，笼冠，基本呈方形，和隋代笼冠形制相同，稍晚的笼冠呈长方形。风帽顶部低平。小冠俑的小冠刻划清楚，后沿较高，有分歧。骑马鼓吹俑常见。女俑多见削肩细颈，发髻低平，已出现了半翻髻。牛车和没有鞍鞯的马在俑群中出现频率很高。塔式罐少见。

第二期（649 年～740 年）：根据三彩俑的大量出现以及武士天王俑的变化可以细分为两段，以 697 年独孤思贞墓为界。前段大致相当于高宗时期，后段相当于武则天时期至开元末年。

前段（649 年～696 年）：只有三彩模型和釉陶俑，且出土数量少、墓例少，未成为随葬品的主流。镇墓兽开始出现了锯齿形鬃毛，耳部变大，稍后的镇墓兽开始变得面目狰狞，人面、兽面区别不显，踏板为薄岩石形。天王俑已不再是武士形象，身体较直或略有扭曲，踏板为薄岩石形。男俑的幞头仍为平头小样式。风帽俑顶部低平或略有增高，笼冠的顶部略窄，小冠刻划清楚，基本呈长方形。小冠俑依然存在。鼓吹俑常见。女俑体形胖瘦适中，比例协调，身着广袖长裙，披帛。发型多样，以半翻髻最为流行，其他发髻多为侍女或乐伎俑所用。大型马俑、牛俑、驼俑流行。在契苾明墓出土了一件二十四孝三彩塔式罐。

后段（697 年～744 年）：三彩大量流行。器物普遍装饰华丽，造型优美。镇墓兽肩部、头部装饰繁缛，人面、兽面区别不显，脸部表情非常凶险，踏板为束腰树墩形。天王俑呈一手叉腰、一手上举的"S"形扭曲状，脚下踩踏怪兽或小鬼。头顶装饰丰富，尤以鸟形饰、桃形饰最具代表性。踏板也为束腰树墩形。文官、武官俑集中出现在此期，十二生肖俑开始出现，但还不太流行。男俑幞头顶部高耸，进而前倾，风帽顶部宽大，笼冠上已不再刻划小冠，小冠俑基本绝迹。女俑体形高大，臃肿，脸部尤显丰满。裙摆更大，更长，但裙腰较低，仅及胸部。发髻式样繁多，以倭堕髻和高髻为主流。杨思勖墓出土的半身胸像俑是此期出现的新因素。大型鞍马、驼俑依然流行，且多为三彩质。牛车或大型牛俑基本消失。动物俑的数量突然猛增，数量大大超过前段，是新的趋势。鼓吹俑依然流行。塔式罐多见且装饰华丽。

第三期（745 年～808 年）：三彩器基本消失。镇墓兽、武士天王俑组合也不常见，十二生肖俑流行。镇墓兽人面、兽面区别不明显，后肢完全伸直，呈站立状，脚下踩怪兽，一手上扬超过头顶，一手下垂，三趾明显，肩部有火焰形装饰。有的手中握蛇。束腰树墩形踏板，但是开始变薄。制作粗糙，风格开始简化。天王俑没有发现完整标本，仅 808 年朱庭玘墓出土残俑可资参考。此俑的兜鍪一改前一型的华丽冠饰为简单的尖顶，帽檐外翻明显，开五代兜鍪形制之先河。男俑幞头不再前倾，分瓣明显，顶部呈圆球形或扎结很紧，顶部尖小。风帽、笼冠、小冠俑随着鼓吹俑的消失而消失。女俑体形基本延续前期特征，但出现了大量的胸像俑，发型以堕马髻、丛髻、闹扫髻和各式高髻为主。人物俑数量急剧减少，男俑少见。小型动物俑数量较多。塔式罐继续流行。

第四期（809年～唐末）：此期陶质随葬品缺乏，可能是大量使用纸质或木质随葬品的结果。镇墓神怪类只见铁牛、铁猪一种，其他类型均已消失。据《唐会要》卷三十八的记载，四神十二时可能还是主要的镇墓俑类，但缺乏具体实物。

第六节　随葬品的数量与高度

唐代墓葬里的随葬品有明确的等级差别，即唐绍所言"王公以下，送终明器等物具标格令，品秩高下，各有节文"。[72]文献里也多次提到具体的数量、种类和高度。

据《唐六典》记载：

> 甄官署：凡丧葬则供其明器之属，别敕葬者供，余并私备。三品以上九十事，五品以上六十事，九品以上四十事。当圹、当野、祖明、地轴、诞马、偶人，其高各一尺；其余音声队与僮仆之属，威仪、服玩，各视生之品秩所有，以瓦、木为之，其长率七寸。[73]

《唐六典》为开元十年（722年）唐玄宗召起居舍人陆坚修撰，并亲自制定理、教、礼、政、刑、事六条编写纲目，由丽正书院（后更名集贤院）总其事。先后由张说、萧嵩、张九龄等人主持。开元二十六年（738年）撰成并注释后，于次年由宰相李林甫奏呈皇帝。所以，书题为唐玄宗御撰，李林甫奉敕注。其内容以唐代通行律令条文为主，上溯至周秦时期。所据令文一说为开元七年，一说为开元二十五年。[74]无论《唐六典》取材于开元七年令文还是开元二十五年令文，这一记载当有所本。显然，上述数据必是开元二十五年以前所定。

此后，政府多次以诏敕或律令的方式，对于随葬陶俑的种类、数量及高度做了明确具体的规定。这些规定多记载于《唐会要》。

（开元）二十九年（741 年）正月十五日敕。古之送终。所尚乎俭。其明器墓田等，令于旧数内递减。三品以上明器，先是九十事，请减至七十事；五品以上，先是七十事，请减至四十事；九品以上，先是四十事，请减至二十事；庶人先无文，请限十五事。皆以素瓦为之，不得用木及金银铜锡。……其别敕优厚官供者，准本品数，十分加三等。

元和六年（811 年）十二月条流文武官及庶人丧葬。三品以上，明器九十事。四神十二时在内，园宅方五尺，下帐高方三尺。……五品以上，明器六十事。四神十二时在内，园宅方四尺，下帐高方二尺。……九品以上明器四十事，四神十二时在内，园宅方三尺。……四神不得过一尺，余人物等不得过七寸。并不得用金银雕镂、帖毛发装饰。其散试官，但取散官次第。如散官品卑者，即据试官品。第五品以上，递降一等。六品以下，依本官制度。内侍省品秩高，各随本秩。有章服者，紫同三品，绯同五品以上。绿及应官，并同九品以上。命妇及文武官母妻，无邑号命妇，各准本品。如夫子官高，听从夫子，无邑号者，各准夫子品。

会昌元年（841 年）十一月。御史台奏。请条流京城文武百寮及庶人丧葬事。三品以上……任准令式，明器并用木为之。不得过一百事，数内四神，不得过一尺五寸，余人物等，不得过一尺。……内外官同。五品以上……明器。不得过七十事。数内四神，不得过一尺二寸。余人物不得过八寸。内外官同。九品以上，明器不得过五十事，四神不得过一尺，余人物不得过七寸。内外官同。散试官等，任于阶官之中，取最高品。……工商百姓诸色人吏无官者、诸军人无职掌者，其明器任以瓦木为之。不得过二十五事。四神十二时并在内。每事不得过七寸。……臣酌量旧仪，创立新制，所有高卑得体，丰约合宜。免令无知之人，更怀不足之意。伏乞圣恩，宣下京兆府，令准此条流。宣示一切供作行人，散榜城市，及诸城门，令知所守。如有违犯，先罪供造行人贾售之罪。庶其明器，并用瓦木。永无僭差。以前条件。臣寻欲陈论伏候进止，承前已于延英具奏讫。敕旨。宜依。

《通典》里也有相应记载：

三品以上九十事，五品以上六十事，九品以上四十事。四神驼马及人不得尺余，音乐卤簿不过七寸。（此处"七"当为"八"或"九"之误，因三品的女子等已高达"八寸"、五品的音声仆从也已达"七寸五分"，显然均高于"七寸"，所以应改为"八"或"九"。"七"和"九"形似，易混淆，为"九"之可能性较大。笔者注）三品以上帐高六尺，方五尺；女子等不过三十人，长八寸；园宅方五尺，奴婢等不过二十人，长四寸。五品以上，帐高五尺五寸，方四尺五寸；音声仆从二十五人，长七寸五分；园宅方四尺，奴婢十六人，长三寸。六品以下，帐高五尺，方四尺，音声仆从二十人，长七寸；园宅方三尺，奴婢十二人，长二寸。⑮

据上引文献将随葬品数量、高度列成表格如下（表一四）：

表一四　文献记载随葬品的高度和数量

		三品以上	五品以上	九品以上	庶人	文献来源
732年	数量	90	60	40	无规定	《通典·礼典》
	高度	四神驼马及人不得尺余，音乐卤簿不过七寸。女子等不过三十人，长八寸	音声仆从二十五人，长七寸五分。奴婢十六人，长三寸。	音声仆从二十人，长七寸。奴婢十二人，长二寸。⑯		
737年以前	数量	90	60	40	无规定	《唐六典》
	高度	当圹、当野、祖明、地轴、诞马、偶人其高各一尺，其余其长率七寸				

续表一四

		三品以上	五品以上	九品以上	庶人	文献来源
741 年以后	数量	70	40	20	15	《唐会要》
	高度	失载				
811 年以后	数量	90	60	40	缺载	
	高度	四神不得过一尺，余人物等不得过七寸				
841 年以后	数量	100 以下	70	50	25	
	高度	四神，不得过一尺五寸，余人物等，不得过一尺	四神，不得过一尺二寸。余人物不得过八寸	四神不得过一尺，余人物不得过七寸	每事不得过七寸	

　　《通典》的记载来自《大唐开元礼》，而《大唐开元礼》于开元二十年（732 年）成书并颁行，所以《通典》所据当为开元二十年前后的令文。《唐六典》和《大唐开元礼》中关于随葬品高度的数据来源应当是一致的。据上表可知开元二十年，即 732 年以前的随葬品数量和高度文献缺载，741 年至 811 年以前器物高度缺载，以后数据虽然保存完好，但大多和考古发现不合。为了尽量复原唐代丧葬令的内容，现将考古发现的俑类统计如表一五。

　　通过对表一五数据与文献记载相比对，可得出如下结论：

　　（1）家禽家畜没有明确数量限制，不在律令限制之列。由于 737 年前至 741 年颁布律令的时间跨度最小，数据相对集中，所以首先选取这个时段分析，力图找出丧葬令数据计算的基本规律。属于这个时段的墓葬包括韦慎名墓、孙承嗣墓、李承乾墓、俾失十囊墓、杨思勖墓。孙承嗣和李承乾两墓的随葬品保存完整，身份也很清楚。据墓志记载，孙承嗣为兵部常选，庶人无品；李承乾为太宗之子，因谋反被贬为庶人，死于流放地黔州。玄宗时期，其孙"（李）适之以祖被废，而父象见逐武后时，葬有阙，至是丐陪瘗昭陵阙中，诏可。"[⑦]"适之以祖得罪见废，父又遭则天所黜，葬礼有阙，上疏请归葬昭陵之阙内。于是下诏追赠承乾为恒山愍王，象为越州都督、

表一五　考古发现的俑类数量、高度统计表

（高度：厘米）

墓主	品阶	葬年	男俑	女俑	人俑总数	俑类总数	镇墓兽、天王俑高度	人俑 立俑高度	人俑 骑俑高度
李寿	正一	630	立俑、骑马甲士、鼓吹	立俑、舞俑、骑俑	—	333（含器物）	—	—	—
段元哲	正四下	639	立俑、鼓吹	立俑	66	66	—	—	—
长乐	公主	643	立俑	—	74	83	41、31	23	31
司马睿	从四上	649	立俑、鼓吹21	立俑、女骑9	153+10（木）	176	70、35	25	31
段简璧	邳国夫人	651	甲士、立俑	立俑、骑俑22	130+36	179	32	28	42
董僧利	庶人	652	立俑、骑俑9、胡人	立俑、骑俑2	72	78	61、27	25	残高24
张士贵	从一	657	立俑、胡俑、鼓吹22	立俑、女骑9、坐俑	227+14	367	49（马）	23	38
新城	公主	663	立俑、骑俑33	立俑、骑俑30	244+34	323	89、54	32	48
郑仁泰	正二	664	立俑、鼓吹38、胡俑、猎俑	立俑、乐俑、女骑36、坐俑、舞俑	467	483	72、63	39	40
苏君	从二	667	立俑、鼓吹24、男骑82	—	331	352	108、68（武士）	32	60
段伯阳妻	夫从三	667	立俑、骑俑	立俑			36	31	35
李爽	正三	668	立俑、鼓吹（男女47）	立俑、女骑	179	212	99、47	23	40

续表一五

墓主	品阶	葬年	男俑	女俑	人俑总数	俑类总数	镇墓兽、天王俑高度	人俑 立俑高度	人俑 骑俑高度
张臣合	从三	668	立俑、鼓吹13、胡俑、侏儒、昆仑奴	立俑、女骑11	104	135	74，62	39	34
温绰	正四	670			6（木）	6	—	21	31
李凤	王	674	立俑、鼓吹68＋17	女骑16	225	225	—	29	—
阿史那忠	从二	675	立俑、男骑8	立俑	88＋13（木）	92	—	22	37
临川	公主	682	立俑、男骑56	女骑47	284	199	—	—	—
元师奖	正二	684	男骑5、鼓吹9、胡人	女骑2	44	59	63（兽）	23	36
安元寿	从三	684	立俑、鼓吹8	立			—	23	32
董务忠	从五下	691	骑俑13	立俑、骑俑1	42	60	—	23	30
姚无陂	正八下	697	男骑2、侏儒、胡人	立俑、女骑1	19	21	—	23	38
康文通	庶人	697	立俑、胡人	立俑1	10	16	104（三彩）		
独孤思贞	正三	698	立俑、鼓吹22、舞俑、胡人	—	85	141	95，88（三彩）	25	38
华文弘	正四	705	立俑、骑俑14	立俑、骑俑6	61＋13	70	—	21	24

续表一五

墓主	品阶	葬年	男俑	女俑	人俑总数	俑类总数	镇墓兽、天王俑高度	人俑 立俑高度	人俑 骑俑高度
懿德	太子	705				805			
永泰	公主	706	立俑 264、男骑 216（含猎俑）、鼓吹 27、胡人	立俑 106、女骑 79	504	718	134（三彩俑）	20	35
任氏	庶人	707	立俑、胡人		13	22	77、35	23	—
韦洞	从一	708	男骑 68（含鼓吹）、立俑 14	女骑 19	102	149	—	17	37
独孤思敬	从五	709	立俑、胡人	立俑	18	32	102、85	23	—
节愍	太子	710	甲士、骑俑 105	—	253	265	103、78	24	35
章怀	太子	711	立俑	立俑	大于600		130、100	33	—
李贞	越王	718	立俑	女骑 2	约85		130、92	32	51
鲜于庭诲	正二	723	立俑、鼓吹 22、胡人、载乐驼 1	女骑 8	大于69	116	67、72 文官	45	35
惠庄（李撝）	太子	724	立俑、骑俑 507、骑马乐俑 1		1077	1090	—	33	36
金乡县主	县主	724	立俑、鼓吹 18、狩猎 8、百戏俑	立俑、骑俑 4、骑乐 5	98	138	77、63	40	30

续表一五

墓主	品阶	葬年	男俑	女俑	人俑总数	俑类总数	镇墓兽、天王俑高度	人俑立俑高度	人俑骑俑高度
李仁	成王	726	立俑、骑俑10	立俑	17	18	?	?	?
韦美美	庶人	732	—	—	—	—	56	—	—
韦慎名	从三	736	立俑、鼓吹22、男骑14、胡俑		76	238	—	20	35
孙承嗣	庶人	736	立俑、胡人、坐乐俑4、百戏		15	124	25（生肖）	57	—
李承乾	王	738	立俑、鼓吹10	立俑	65	123	—	20	32
俾失十囊	正三	739	立俑、男骑7	立俑、坐乐俑	57	57	—	54	43
杨思勖	正二	740	石俑2、立俑	立俑	121	121	残高70	79	—
李㧑	让皇帝	741	立俑、骑俑193、胡人	立俑、骑俑57	807	853	150、70	76	46
韦胡氏	子五品	742	立俑	立俑	7	71	—	10	—
豆卢建	从二	744	立俑	立俑	—	—	118	—	—

续表—五

墓主	品阶	葬年	男俑	女俑	人俑总数	俑类总数	镇墓兽 天王俑	人俑	
								立俑高度	骑俑高度
史思礼	正四下	744		立俑	—	—	108、92、42 生肖	58	—
雷来氏	从四	745	立俑	立俑	32	33	142、122	49	—
苏思勖	从三	745	立俑、骑俑 24	—	82	194	—	22	30
张去逸	正二	748	立俑、骑俑	立俑	—	—	—	49	21
吴守忠	正三	748	立俑、骑俑	立俑	—	—	—	54	—
裴利物	正七	752	立俑	—	7	9	—	31	—
清源县主	县主	757	立俑	立俑	7	17	残	32	—
高力士	正二	762	立俑、鼓吹 14	—	90	192	—	24	34
唐安	公主	784	立俑、坐乐 10、胡人	立俑	27	49	—	—	—
史氏	正七	792	立俑	立俑	6	26	生肖 27	—	—

郇国公，伯父厥及亡兄数人并有褒赠。数丧同至京师，葬礼甚盛，仍刊石于坟所。"㉓庶人的随葬品数量文献缺载，但元和六年和会昌元年皆定为15事，且元和六年所定品官随葬品数和《唐六典》记载完全相同，所以庶人用随葬品15事应当是可信的数据。孙承嗣墓出土15件人物俑，且没有一件骑俑，这恰好是庶人的规格。如果加上动物俑，该墓共出土124件俑，这个数据已远远超出庶人所能使用的数量，也超过了一品官员的数量。李承乾生前虽贵为太子，但最终落得客死异乡的结局，经过孙子的斡旋最终得以归葬昭陵。因为其特殊的身份和经历，他的葬礼也只能中规中矩地安排，不可能有任何逾制行为。其随葬品有人俑65件，但鼓吹俑只有10件，和韦慎名墓相比少了12件，如果以此补齐，再加上四神十二生肖，则在90件上下，接近"一品九十事"的规定。原简报以为此墓没有三彩俑出土，也没有镇墓俑类，因此判定此墓的规格接近宫人墓。这种看法有误。通过对随葬品材质的统计，三彩俑在开元时期即已开始减少、消退，如金乡县主墓，使用了大型石椁，该墓俑类中也完全没有三彩。再如杨思勖墓也没有发现三彩，稍后的让皇帝李宪墓同样没有三彩俑。由此可见，时代不同，随葬品的材质变化很大。这一变化和玄宗上台后励精图治，提倡节俭有关。据此甚至可以推测《唐六典》引用令文可能即为开元七年令文。高力士墓俑群的组合也可说明此问题。高力士是玄宗的切身宦官，玄宗在位时，恩宠无比，但"安史之乱"爆发后，玄宗仓皇出逃，至马嵬驿，士兵哗变，杨贵妃兄妹被杀。玄宗前往四川避乱，肃宗前往灵武迅速即皇帝位。"安史之乱"结束后，玄宗回到长安，但被武装护送至西内软禁。此时高力士一直陪伴在玄宗身边，死后陪葬泰陵。从高力士的经历来看，肃宗统治时期被贬往巫州，代宗执政赦免，死于回京途中。此时他已失去了昔日的荣耀和地位，因此他死后也就没有任何逾制安葬的可能，安排葬礼的官员只需照章办事而已。他的随葬俑群人俑已达90事，若再把可能已经腐朽的"四神十二时"计入，则超过100事，接近"别敕优厚官共者，准本品数，十分加三等"的标准。

而加上动物俑则达 192 事，显然已大大违规。通过其他几个墓例，也都发现了这个问题。因此可以确定小型动物俑并不计算在内。在文献里也没有提到家禽家畜的数量、高度问题，此类随葬品不受限制可能是终唐一代的惯例。俑在古代文献中是人物类"明器"的专称，而且它有特殊的含义，从来没有称呼过其他动物类的"明器"。㉒现在考古简报动辄把各式非实用器称为"明器"，和文献记载不符。日用陶器、瓷器、生活用品同样不在等级规定范围内，这些可能直接和个人的财力相关。认识这一点，对于考察随葬品的数量以及墓葬的等级至关重要。

（2）随葬品的数量问题。通过对唐墓随葬俑类数量的统计，可以断言，唐代中期以前真正敢于超越法令规定的墓葬并不多。为了进一步弄清各个时段，尤其是开元二十年以前随葬俑类的数量问题，我们将这一时段分为武德贞观时期（618～649 年）、高宗时期（649～684 年）、武则天时期（684～704 年）、睿宗中宗和开元二十年（704～732 年）四个小段，逐段分析，力图复原一个可信的数据表。需要说明的是，由于各墓随葬品的完好程度不一，所以这一复原带有很大推测性。

武德、贞观时期（618～649 年）：仅有较完整的墓例 2 座，即李寿墓、长乐公主墓。李寿墓没有数据报道。长乐公主墓出土人俑74 件，镇墓俑 6 件，大型驼俑 3 件，合 83 件，未见骑马鼓吹俑，若以稍后的段简璧墓为准补齐，俑的总数也在 90～100 事之间。

高宗时期（649～684 年）：这一时期的墓例较多，计有三品以上 13 座、五品以上 2 座、五品至庶人 1 座。在三品以上的诸墓中，陪陵的有 8 座，随葬品最多的为郑仁泰墓，达 467 件，最少的为阿史那忠墓，74 件陶俑、13 件木俑，合 87 件，若再把可能已被破坏或盗掘的镇墓俑计入，则也在 100 事左右。不陪陵的有 5 座，即苏君墓、段伯阳妻墓、李爽墓、张臣合墓、元师奖墓，随葬俑最多的为苏君墓，达 352 件，最少为元师奖墓 44 件。苏君"乾封二年卒，年七十六。高宗闻而伤惜，谓侍臣曰：'苏定方于国有功，例合褒赠，卿等不言，遂使哀荣未及。兴言及此，不觉嗟悼。'遽下诏赠幽州都督，谥曰庄。"⑧所以苏定方的埋葬规格也超乎寻常，不宜按常规墓葬计算。段伯阳妻墓，只有图版没有数据报道。李爽为宗室，随葬品179件。张臣合墓有人俑104件，另有镇墓俑6件，大型驼俑、马俑4件，合114件。元师奖墓近年被盗，仅残留17件完整陶俑。综合考虑，此期三品以上官员的随葬俑数可能在120件左右，李爽墓若在此基础上增加十分之三，大体符合。陪陵者则不在此限之内，可能是"别敕优厚"的结果。五品以上2座，温绰墓，无陶俑，可能是个特例。司马睿墓有随葬品134件，再加上6件镇墓俑，10件木俑，合150件，基本和三品以上官员的数量相当。但此人的"志文中提及司马睿'擢拜晋王府典军，既而从入春宫'，当是说司马睿于贞观十七年之前在晋王李治府中任职，李治立为太子时，他又从入太子宫中。'"⑧但他在贞观二十三年（649年）六月李治继皇帝位前四个月就死了。此前，太宗已于贞观二十三年春命太子于金液门听政。⑧可以推想，在太宗去世以前，一些具体事务实际已由李治负责。所以跟随他多年的贴身侍卫忽然去世，太子给予了他超乎常例的葬礼规格。以十分超三的惯例推算，五品以上官员的随葬品数约在100件上下。庶人1座，即董僧利夫妇墓，人俑72件，镇墓俑4件，大型动物俑2件，合78件。由于这是一座合葬墓，到底是夫妇合用一套陶器，还是每人一套，难以判断，所以只能存疑。若按一人计算，显然数字太大，窃以为这是每人一套的结果。如此，则庶人可用40件左右的陶俑。如果五品以下的级差按常例为20，五品与三品之间为30，则此期墓葬随葬品的数目大致为三品以上120事，五品以上90~100事，九品以上70事。庶人虽未有规定，但大致应在40~50事左右。若陪陵或其他特殊原因则不受此限。

　　武则天时期（684~704年）：共有三品以上墓1例、五品墓1例、五品以下墓1例、庶人墓1例。三品以上墓为独孤思贞墓，人俑85件，镇墓俑6件，大型驼马10件，合计101件。五品墓为董务忠墓，曾经被盗，出土陶俑42件，4件大型驼俑。若加上12生肖俑，镇墓俑 4 件，则该墓至少有 60 件左右的俑群。五品以下墓为姚无陂墓，出土陶俑 19 件。庶人墓为康文通墓，出土陶俑 10 件。若上述计算不误，则此期俑群的数量为三品以上 100 件左右，五品以上 60 件左右，五品以下 20 件，庶人 10 件。这个数量显然偏小。如果以最大级差（30 件）计算，九品以上的俑数应在 30 ~ 40 件左右。

睿宗、中宗至玄宗开元二十年前（704 ~ 732 年）：共有太子公主墓 5 座，三品以上墓 6 座。太子公主墓中以懿德太子墓和惠庄太子墓俑群规模最大，达千余件，极有可能是"号墓为陵"规格的体现。永泰公主墓也达近 700 件的规模，也是事出特制的结果。正常的太子墓俑群以节愍太子墓为基准推算较为合适。三品以上墓例中，韦洞墓俑数最多，人俑 102 件，加上镇墓俑、大型驼马等，数量接近 120 件。这也是事出特制，酌情增加十分之三的结果。如果正常安葬，则三品以上官员的俑群数量应为 90 事。韦美美墓仅出土 4 件镇墓俑，其他俑群已失，但以年代较为接近的庶人墓孙承嗣墓为基准，可推得庶人墓的俑群规模应在 15 件至 20 件之间。

开元二十年以后诸墓，如果以文献所记的数量看，大体上都符合政府的规定，在此就不再论述了。依据上面的推算现将唐代墓葬中俑群的数量列为表一六：

表一六　随葬品数量复原

	三品以上	五品以上	九品以上	庶人
619 ~ 649 年	90 以上	暂缺	暂缺	暂缺
649 ~ 684 年	120（陪陵者不在此限）	100 ~ 90	70	估计为 40 以下
684 ~ 704 年	100	60	30 ~ 40（推算）	10
704 ~ 732 年	90	60（推算）	40（推算）	20 ~ 15

（3）俑的高度问题。这个问题涉及几个方面：第一，根据文献记载，俑群的高度至少有两个层次，即四神、偶人像马和音声人童

仆。晚唐时期还有关于奴婢高度的规定。奴婢应当就是那些10厘米左右、面目刻划不清的小泥俑，或者还包括仅留下靴子的那些小俑。其高度基本符合规定，可以信从文献的记载。但四神类和音声人的问题相对比较复杂。第二，每个类别计算高度的标准是哪一种？比如四神类，如果包括镇墓兽和天王俑，天王俑往往高出镇墓兽很多，如何理解？再如，音声人多为骑俑，是人骑组合以后的通高，还是只计单体人俑的最大高度？

根据文献记载，音声人童仆之属的高度变化最小，高不过一尺（约30厘米），低不过七寸（约21厘米）。通过对骑俑高度（通高）和立俑高度的对比，可以发现立俑的高度基本符合这一限制，即21厘米至30厘米⑧之间。而骑俑高度则基本不在此范围之内。据此可以断定，音声人的高度是指单体人俑的高度，而不是人马合计，骑马俑如果将人马分开来计算，则也符合这一限制。

四神偶人像马类，通常的情形是天王俑最高，镇墓兽和大型驼俑、马俑高度基本相当。在四神高度的统计中，我们实际统计了天王俑、镇墓兽、大型马俑、十二时俑的高度，如果镇墓兽和天王俑高度相差较小，就只统计最大高度，如果相差过大，则两者均予以统计。统计数据显示，开元二十年以前，仅有一例镇墓兽的高度低于31厘米，即庶人董僧利墓出土镇墓兽低于一尺。这使我们怀疑是文献记载错误，还是所有墓葬统统都逾制呢？显然文献记载有误的可能性较大。会昌元年御史台为了遏制当时的厚葬陋习，提出新的标准"四神，不得过一尺五寸，余人物等，不得过一尺"。这一标准应当是对旧标准的折衷。因此，原来的"四神不过一尺"的标准十分值得怀疑，我以为这里的"一尺"当为"二尺"之误。如果以前的旧标准为"四神不过二尺余"的话，绝大多数墓里的镇墓兽都符合这一标准。当然，这只是一个推断，还需大量的考古新发现来证实。这一推测在《全唐文》里还有一个证据。据《全唐文》所载卢文纪《请禁丧逾式奏》所记：

准元和六年（811 年）十二月刑部兼京兆尹郑元状奏。条流文武官及庶人丧葬，三品已上，明器九十事，四神十二时在内，不得过二尺五寸，馀人物并不得过一尺。……九品已上，明器四十事，四神十二时在内明器并使瓦木为之，四神不得过一尺，馀人物等不得过七寸，并不得用金银雕镂帖毛发装饰。[84]

此奏文没有记载五品以上官员四神十二时的高度，但清楚地记载了三品以上官员此类俑的高度，即"不得过二尺五寸"。《唐会要》元和六年条失载了这一重要数据。"不得过一尺"是对九品以上官员的规定，也可能包括三品以下至九品以上官员。

因此，对《唐会要》记载的数据作出新的校改是势在必行的。为了慎重起见，在没有新的文献证据以前，开元二十三年以前三品官员墓内四神类的高度也可暂定为二尺以上。

天王俑的高度问题很复杂。大多数天王俑，尤其是高宗至开元前期，其高度甚至超过一米，合 3 尺有余，几座号墓为陵者所出土者竟然达到 130 余厘米，合 4 尺多。这和前面推测的随葬品数量此期呈扩大的趋势相一致。太极元年唐绍的批评正是针对这种愈演愈烈的趋势而发的。

值得注意的是，从武则天时期开始，镇墓兽和天王俑的高度增加明显，尤其是三彩俑的高度增加异常。考虑到三彩俑属于高级产品，应当是官府作坊的产品。这就暗示着官府对这一现象的默许或认可。还有一种可能，那就是只计天王本身的高度，而不计墩台的高度，这和骑俑人马分计的原则酷似。700 年左右还有一些不带墩台的镇墓兽，这也说明墩台并不是此类俑的必要部分。"安史之乱"以后，大型俑类标本缺乏，但个别俑的高度常常超出等级规定之外，这是当时社会竞相厚葬的结果。当然，由于四神以及当圹、当野、祖明、地轴的具体形象还有争议[85]，所以这一类俑的高度问题，目前只能做上述推论。另外，通过考古实例来看，会昌元年御史台关于随葬陶俑高度的分级标准在实践中并没有实行，可能只是一个理想化的建议，最终也只能流为一纸空文。

通过对文献和考古发现的整合，最终可以肯定大家常常引用的有关唐代丧葬的文献——《唐会要》卷三十八《葬》的缺文很多，尤其是关于四神高度的记载。在"三品以上"后面应当加上卢文纪奏文里保留的数据，这样才可以解决长期困扰大家的这个难题。过去一直用"逾制"来解释俑类高度不合文献的托辞也就可以不再沿用了。

第七节　裴氏小娘子墓出土陶俑年代再探讨

裴氏小娘子墓出土的黑人俑是人们探讨唐代和非洲交往的重要物证，历来受到人们的重视而被多次引用[⑯]，但是对其他共出俑群则关注不够。1993年李秀兰、卢桂兰公布了48件裴氏小娘子墓出土文物，使我们对晚唐这一重要墓葬遗物进行研究成为可能。但是，此次公布的文物确如作者所言"几经转手，故出土文物原数量已经不得而知"[⑰]，而通过仔细观察和比对后，我们认为这批所谓的"裴氏小娘子墓出土文物"极有可能是几个单位的混合物，而不完全出土于裴氏小娘子墓。但是这一混乱可能在1955年左右已经形成，并不是两位报道者的失误。下面对此问题再作一探讨。

一　裴氏小娘子和裴氏小娘子墓俑群

裴氏小娘子，据其墓志记载：小字太，其先河东闻喜人。是故相国郇国公裴均的孙女，河中解梁县令裴销的第三女。"发未逮笄，而天夺其寿。"大中五年（850年）五月死于解县的县衙之内，时年仅17岁。同年十一月从河东解县归葬于长安附近的神禾原之先茔，即今长安县南贾里村。其六世祖为威震西域的军事家、外交家裴行俭。

据报道，墓内共残留48件陶俑，计有男立俑14件，女立俑6件，牵马俑4件，胡人牵马俑2件，陶马12件，小陶牛2件，镇墓兽2件，天王俑2件（原报告定名为武士俑，其一残，未修复），载物驼俑2件，骑马俑1件，黑人俑2件。以上各俑均为红陶彩绘，镇墓兽和天王俑贴金。其中2件黑人俑刚一出土就被报道和引用，应当没有疑义。其余诸俑中，最具时代意义的镇墓兽、天王俑、载物驼俑、陶马、男立俑、女立俑均和时代特征不合。按照考古报道的习惯，镇墓俑通常放在最前面，所以在此对原文顺序做了相应调整。

贴金天王俑，2件，通高55厘米，头戴盔，内穿战袍，外着甲，肩带披膊，一手叉腰，一手似握物状，脚踏小鬼。

贴金彩绘镇墓兽，2件，1残。通高54厘米，人面兽身，蹲于不规则圆形台座上。鼓目咧嘴，面带笑容，双角高耸，大耳张于两侧，双肩各有3刺。

彩绘陶载物驼俑，2件，立形，引颈仰首，驼背上有一驼架，架上搭一虎头形囊包。

彩绘陶马（大型3件，小型9件，形制简单、常见），大型共两种。第一种2件，身上有鞍鞯，无鬃尾，高32厘米，长30厘米；另一种1件，头小颈壮，作昂首嘶鸣状，备有鞍鞯，尾上翘，高35.5厘米，长37厘米。

男立俑14件，通高31厘米，均头戴幞头，双手拱于胸前。原报告没有描述幞头的形状，据图版可知此俑的幞头为较高的球形幞头或前倾较多的"高而踣"的英王踣式。

女立俑6件（实际图版报道5件），发式分为倭堕髻、高髻等。

二　裴氏小娘子墓发现的时间及其俑群的流传

裴氏小娘子墓的发现时间本来并无疑义，但是目前却有两种说法：一说为1948年，持此说者较多，目前没有较早的文字记录；另一说为1954年，杜葆仁在其论文里首次提到。1979年杜先生在他的论文里起首便介绍："1954年，西安南郊嘉里村（实为贾里村）唐代裴氏小娘子墓里出土了一批文物……裴氏小娘子墓出土文物中，有一件黑人陶俑。这件黑人俑高 15 厘米。上身裸露，隆乳鼓腹，下身穿一短裤，右臂微曲，手置腰部，左臂下垂。"[⑧]但没有提到另一件着衣黑人俑。而李秀兰、卢桂兰两位却称"1948 年冬在长安县贾里村附近发现唐墓一座，出土文物运往当时的长安县后移交县文化馆保存。1950 年由县文化馆交西北历史文物陈列馆（陕西博物馆的前身，今为碑林博物馆）收藏。"杜葆仁生前为陕西考古研究所研究人员，1974 年参加过兵马俑的发掘工作，曾在陕西博物馆工作。李、卢两位一直在陕西博物馆保管部工作至退休。据前述背景分析，杜葆仁可能是误记或以上展年代为准而致误。因为杜葆仁的论文就是专门从黑人俑说起的，如果第二件黑人俑当时也已入藏的话，理应一并介绍，断然没有弃之不顾的可能。如果这件黑人俑当时已入藏，那么另一件黑人俑可能是误入，或没有公开展览。

三　各位研究者对此俑群的态度

这一晚唐时期重要俑群的重见天日，本来为唐代晚期墓葬缺乏陶俑标本的局面提供了绝好的补充材料，但是各位研究者却表现出了少有的沉默。目前常见的隋唐考古学断代著作以齐东方编著的《隋唐考古》[⑧]和秦浩编著的《隋唐考古》流传最为广泛。但是在两位的大作里却看不到此墓俑群的相关论述。齐东方在大作里还专门提到此墓[⑨]，但在其后的分期论述里却对此只字不提。不知何故，齐先生舍弃了有 48 件俑的纪年墓，却保留了一件俑都没有的一些墓葬。秦浩在他所著的《隋唐考古》里也没有对此墓俑群做相应分析。[⑨]王仁波生前曾长期在陕西历史博物馆工作，对于馆藏文物应当非常熟悉。他撰写的长篇论文《西安地区北周隋唐墓葬陶俑的组合与分期》[⑩]专门以关中地区墓葬陶俑为研究对象，并且引用了大量未发表资料，但是同样对此墓俑群避而不谈。其实，他当时遇到的问题和我们现在遇到的问题一样，都是晚唐墓葬里陶俑极其缺乏的问题。如果有这样一个种类齐全、数量较大且纪年明确的俑群，那应当是十分重要的资料，怎会舍而不用？近来张全民的博士论文《西安地区隋唐俑的研究》也没有将此俑群纳入类型学研究的系统当中。
另外，1958 年出版的《陕西省出土唐俑选集》里也未收录此俑群。
这是第一本关于陕西地区出土唐俑的图录，虽然名为选集，但是没
有报道过的纪年墓陶俑基本都予以收录，尤其是晚唐标本较少，所
以连朱庭芘墓出土的残天王俑都收了进来。但主编者也没有将如此
完整重要的俑群收入，其用意实在令人费解。

上述情况表明各位研究者对此俑群持怀疑态度。稍有考古学常
识的人都会发现，此俑群里的各俑，应当属于"安史之乱"以前，
而这一年代却和墓志纪年完全不合。正是这个矛盾，导致各位研究
者对此俑群采取了避而不谈的态度。

四　各俑在类型学系统里的位置及绝对年代

1. 镇墓兽、天王俑　此俑群的镇墓兽为斧形大耳，头顶有两只
细长的尖角，肩部鬣毛为长而细的 3 支，踏板为束腰树墩形。这一
形象属于Ⅳ型镇墓兽。根据镇墓兽的演变规律，由于它的鬣毛比较
少而且没有弯曲或者演变为翅形，所以应当是此型镇墓兽里年代较
早的一例，绝对年代应在 700 年前后。天王俑脚踩小鬼，小鬼呈努
力站起的形状，身体呈"S"形扭曲，踏板为束腰树墩形。这一形象
属于Ⅲ c3 亚式天王俑，和章怀太子墓出土的天王俑除了甲胄形制略
有差异外，其他部分几乎完全相同，因此它的绝对年代也在 700 年
前后。

2. 驼俑　此俑群的驼俑为大立驼，属于Ⅰ型，只流行于天宝以
前。尤其引人注目的是背部有一个怪兽形装饰。这个装饰在 668 年
张臣合墓、698 年独孤思贞墓[⑤]壁龛出土的大型驼俑、中堡村唐墓驼
俑[⑭]上均有发现。尤其是独孤思贞墓驼俑和此俑装饰几乎如出一辙。
这种装饰图案也发现于河南洛阳安菩墓（709 年）[⑮]驼俑、关林唐墓
驼俑[⑯]上，通常称为虎头形囊。据姜伯勤考证，这是一种盛于皮囊里
的祆神[⑰]。祆教是流行于中亚粟特人中的一种宗教。"安史之乱"爆
发以后，唐朝朝野上下对胡人的热情急剧下降，甚至有人认为"开

元中初有线鞋，侍儿则着履，奴婢服襕衫，而士女衣胡服，其后安禄山反，当时以为服妖之应"[⑧]。这显然是后人的评论，但却恰恰真实地反映了"安史之乱"后人们对"胡人"的普遍反感情绪。目前，发现的带此图案的驼俑均出土于"安史之乱"以前的墓葬当中。这应当和"安史之乱"后人们对胡人的反感有关。退而言之，唐会昌五年（845 年）武宗排佛时袄教也受牵连，袄祠被拆毁，祭司被勒令还俗，袄教受到沉重打击。虽至大中年间弛禁，却未能恢复元气。因此，按照类型学的原理和历史发展的规律，此类驼俑只可能是天宝以前遗物，不可能是"安史之乱"以后的产品，更不可能是武宗灭佛以后的产品。

3. 马俑　此俑群共有陶马 12 件，其中大型马俑 3 件，高达 35 厘米，小型马俑 9 件，高 12 厘米，均为鞍鞯齐备的立俑。小型马俑较常见，暂不论。这 3 件大型马俑中的一件呈伸颈嘶鸣式，另 2 件为低头沉思式，属于 II 型马俑。马是唐代艺术家最热衷描绘的对象之一，其观察之仔细，刻划之准确超乎想象。这 3 件大型立马俑，姿态生动，肌肉发达且结构紧凑，和 700 年前后的马俑极为接近，尤其是嘶鸣者和永泰公主墓、金乡县主墓、孙承嗣墓出土的马俑更为相像，而沉思者则和独孤思敬、郭恒墓出土的马俑较为接近。根据我们的统计，748 年以后大型立马俑几乎绝迹，只有小型卧马俑常见。因此，其年代应和这几座墓的年代大体相当，即开元前后。

4. 男俑　此俑群男俑包括立俑和骑俑两种。幞头形状原报告者未详细描述，但根据图版可以看出均为向前倾斜的球形幞头，不是晚唐那种小而尖的硬质幞头。所以这些男俑属于 VI 型幞头俑。另外，根据第七节的统计，骑俑在 8 世纪中叶以后已经绝迹，850 年的墓葬里更不可能突然再次出现。

5. 女俑　此俑群的女俑共 6 件，体形肥胖并略显臃肿，属于 III 型女俑。裙摆较窄，发髻有倭堕髻、高髻两种，均为双鬟抱面式。其形象和金乡县主墓女俑以及雷府君妻宋氏墓出土女俑接近。而八世纪下半叶流行的发式是发髻抛向一侧的堕马髻、丛髻、闹扫髻等。

五 结论

根据类型学研究的成果和上述分析，我们断定这批所谓的晚唐裴氏小娘子墓出土的陶俑的年代应当在天宝以前，而非晚唐遗物。具体时间根据最具代表性的驼俑和女俑来看，可以确定在公元700年前后，即开元前后。至于这批俑如何混入裴氏小娘子俑群，哪些才是裴氏小娘子墓出土物，由于时过境迁，许多当事人和经手人已相继过世，恐怕只能成为一个永远的谜了。但是，可以确信的是这些俑不是出自同一时期、同一单位。

---

①王去非：《四神、高髻、巾子》，《考古通讯》1956 年 5 期。

②张文霞、廖永民：《隋唐时期的镇墓神物》，《中原文物》2003 年 6 期。

③张国柱、李力：《西安发现唐三彩窑址》，《文博》1999 年 3 期。

④张勋燎、白彬：《道教考古》，线装书局 2006 年，1705～1706 页。

⑤曹腾騑：《广东海康元墓出土的阴线砖刻》，《考古学集刊》第 2 辑。

⑥程义：《再论唐宋墓葬里的"四神"和"天关、地轴"》《中国文物报》2009 年 12 月 11 日。

⑦陕西省文管会编：《陕西省出土唐俑选集》，文物出版社 1958 年，图 11、12。

⑧陕西省文管会编：《陕西省出土唐俑选集》，文物出版社 1958 年，图 22。

⑨陕西省文管会编：《陕西省出土唐俑选集》，文物出版社 1958 年，图 42、43。

⑩陕西省文管会编：《陕西省出土唐俑选集》，文物出版社 1958 年，图 65。

⑪此墓未完全报道，资料仅见于陕西省文管会编：《陕西省出土唐俑选集》，文物出版社 1958 年，图 118～121。

⑫王去非：《四神、高髻、巾子》，《考古通讯》1956 年 5 期。

⑬徐苹芳：《唐宋墓葬中的"明器神煞"与"墓仪制度"——读〈大汉原陵密葬经〉札记》，《考古》1963 年 2 期。

⑭陕西省文管会编：《陕西省出土唐俑选集》，文物出版社 1958 年，图 64。此俑基本和宋氏墓出土的天王俑相同。

⑮这一造型和当时的佛教造像关系密切，应是受长安模式影响的结果。有关"长安模式"可参见王建新：《试论佛教造像的长安模式与盛唐风格》，载《慈善寺与麟溪桥》，科学出版社 2002 年。

⑯偃师商城博物馆：《河南偃师县四座唐墓发掘简报》，《考古》1992 年 11 期。

⑰本文所用有关服饰用语均以孙机：《进贤冠与武官大弁》为据，文物出版社 2001，
161～184 页。

⑱此墓无正式简报，图版见于《陕西出土唐俑选集》，文物出版社 1958 年，图 71～
82；陈安利：《古文物中的十二生肖》，《文博》1988 年 2 期。

⑲王仁波：《西安地区北周隋唐墓葬陶俑的组合与分期》，《中国考古学研究论集——
纪念夏鼐先生考古 50 周年》，三秦出版社 1987 年；图版见于《陕西出土唐俑选
集》，文物出版社 1958 年，图 121。

⑳陈安利：《古文物中的十二生肖》，《文博》1988 年 2 期。

㉑李军辉：《西安东郊黄河机器制造厂唐、五代墓发掘简报》，《考古与文物》1991 年
6 期。此墓的年代根据共出的武士俑（图 7）可以确定在唐代初期，即武德贞观
时期。

㉒石垒：《西安西郊枣园唐墓清理简报》，《文博》2001 年 2 期。

㉓石垒：《西安西郊枣园唐墓清理简报》，《文博》2001 年 2 期。

㉔西安市文物管理处：《西安东郊秦川机械厂汉唐墓葬发掘简报》，《考古与文物》
1992 年 3 期。共出有颈部较短的十二生肖俑（12），年代应在开元至天宝初年
之间。

㉕陕西省考古研究所：《西安西郊陕棉十厂唐壁画墓清理简报》，《考古与文物》2002
年 1 期。此墓出土有站立式镇墓兽（13）、带鸟形饰的天王俑（14）、十二生肖俑
（15）、大型文吏武官俑（16）。这一组合的年代最早不早于 736 年孙承嗣墓，或与
之相当。

㉖陕西省考古研究所：《西安紫薇田园都市工地唐墓清理简报》，《考古与文物》2006
年 1 期。共出踏小鬼头部饰小鸟的天王（18）、站立式镇墓兽（19）。该墓的年代
应在 750～800 年之间。

㉗孙铁山、张海云：《西安硫酸厂唐墓发掘简报》，《文博》2001 年 2 期。

㉘西安市文物管理处：《西安西郊热电厂基建工地隋唐墓清理简报》，《考古与文物》
1991 年 4 期。

㉙陕西省文管会：《西安郭家滩唐墓清理简报》，《考古通讯》1956 年 6 期。

㉚张海云：《西安市郊曹家堡唐墓清理简报》，《考古与文物》1986 年 2 期。

㉛陕西省文管会：《西安市西摇头村唐墓清理记》，《考古》1965 年 8 期。

㉜尚志儒、赵丛苍：《陕西凤翔县南郊唐墓群发掘简报》，《考古与文物》1989 年
5 期。

㉝陕西省考古研究所：《陕西陇县店子村汉唐墓葬》，《考古与文物》1999 年 4 期。

㉞咸阳市文管会：《西北林学院古墓清理简报》，《考古与文物》1992 年第 3 期。

㉟陕西省考古研究所:《西安西郊枣园唐墓清理简报》,《文博》2001 年 2 期。

㊱陕西省考古研究所:《西安市南郊马腾空唐墓清理简报》,《江汉考古》2006 年 3 期。

㊲陕西省考古研究所:《凤翔铁丰唐墓发掘简报》,《考古与文物》2001 年 2 期。

㊳尚志儒、赵丛苍:《陕西凤翔县南郊唐墓群发掘简报》,《考古与文物》1989 年 5 期。

㊴陕西省考古研究所:《陕西陇县店子村汉唐墓葬》,《考古与文物》1999 年 4 期。

㊵陕西省文管会:《西安中堡村唐墓清理简报》,《考古》1960 年 3 期。此墓共出的天王俑和镇墓兽流行时间约在 700~750 年左右。

㊶赵康民:《临潼关山唐墓清理简报》,《考古与文物》1982 年 3 期。此墓共出的镇墓兽和天王俑年代和中堡村唐墓基本接近,或略晚,但应不晚于章令信墓(758 年)。

㊷陕西省文管会编:《陕西出土唐俑选集》,文物出版社 1958 年,图 60。

㊸陕西省文管会编:《陕西出土唐俑选集》,文物出版社 1958 年,图 103。

㊹陕西省文管会编:《陕西出土唐俑选集》,文物出版社 1958 年,图 107。

㊺陕西省文管会编:《陕西出土唐俑选集》,文物出版社 1958 年,图 116。

㊻陕西省文管会编:《陕西出土唐俑选集》,文物出版社 1958 年,图 122。

㊼陕西省文管会编:《陕西出土唐俑选集》,文物出版社 1958 年,图 45。

㊽陕西省文管会编:《陕西出土唐俑选集》,文物出版社 1958 年,图 52。

㊾陕西省文管会编:《陕西出土唐俑选集》,文物出版社 1958 年,图 46。

㊿陕西省文管会编:《陕西出土唐俑选集》,文物出版社 1958 年,图 96。

51陕西省文管会编:《陕西出土唐俑选集》,文物出版社 1958 年,图 110。

52参见孙机:《中国古舆服论丛》,文物出版社 2001 年,172 页。

53《西安郊区隋唐墓》图版 19 之 5、6。

54陕西省文管会编:《陕西出土唐俑选集》,文物出版社 1958 年,图 70。

55陕西省文管会编:《陕西出土唐俑选集》,文物出版社 1958 年,图 109。前图为该俑的照片,后图为孙机所绘的发髻细部。

56陕西省文管会编:《陕西出土唐俑选集》,文物出版社 1958 年,图 66。

57陕西省文管会编:《陕西出土唐俑选集》,文物出版社 1958 年,图 104。

58陕西省文管会编:《陕西出土唐俑选集》,文物出版社 1958 年,图 61。

59陕西省文管会编:《陕西出土唐俑选集》,文物出版社 1958 年,图 120。

60陕西省文管会编:《陕西出土唐俑选集》,文物出版社 1958 年,图 114。前图为该俑的照片,后图为孙机所绘的发髻细部。

61陕西省文管会编:《陕西省出土唐俑选集》,文物出版社 1958 年,图 33、34、35,这里选取图 34。

○62 陕西省文管会编：《陕西省出土唐俑选集》，文物出版社 1958 年，图 100。

○63 陕西省文管会编：《陕西省出土唐俑选集》，文物出版社 1958 年，图 38、39，选取了图 38。

○64 陕西省文管会编：《陕西省出土唐俑选集》，文物出版社 1958 年，图 101。

○65 陕西省文管会编：《陕西省出土唐俑选集》，文物出版社 1958 年，图 50。

○66 陕西省文管会编：《陕西省出土唐俑选集》，文物出版社 1958 年，图 41。

○67 陕西省文管会编：《陕西省出土唐俑选集》，文物出版社 1958 年，图 115。

○68 李隆基撰、李林甫注：《大唐六典》卷二十三，三秦出版社 1983 年影印，425 页。

○69 王仁波：《西安地区北周隋唐墓葬陶俑的组合与分期》，载《中国考古学研究论集——纪念夏鼐先生考古 50 周年》，三秦出版社 1987，428～454 页。

○70 《大汉原陵密葬经》27 页，载《永乐大典》卷 8199。

○71 这一情况尤以出版较早的《西安郊区隋唐墓》为甚。这本报告所选的标本多不是纪年墓出土，而且分型标准可能把握不严，因此对此类墓葬只作简单统计，无法参与型式分析。

○72 王溥：《唐会要》卷三十八，692 页。

○73 李隆基撰、李林甫注：《大唐六典》卷二十三，三秦出版社影印，425 页。

○74 《中国历史大辞典·隋唐五代卷》唐六典条，上海辞书出版社 1995 年，641 页。

○75 杜佑：《通典》卷一百八，礼 68，2328 页。

○76 杜佑：《通典》卷一百八，礼 68，2328 页。

○77 欧阳修：《新唐书》卷一百三十一，4503 页。

○78 刘昫：《旧唐书》卷九十九，3101 页。

○79 何直刚：《俑名试说》，《文物》1965 年 5 期。

○80 参见《旧唐书》卷八十三苏定方列传，对于苏定方的死因及死时遭受的各种不公正待遇以及高宗采取的补救措施，可参见拜根兴：《也论苏君墓当为苏定方墓》，《考古与文物》2005 年 3 期。

○81 员安志、王学理：《唐司马睿墓清理简报》，《考古与文物》1985 年 1 期。

○82 刘昫：《旧唐书》卷三太宗纪下，62 页。

○83 唐尺分大小两种，据《唐六典》卷三尚书户部金部郎中条记载："凡度以北方秬黍中者一黍之广为分，十分为寸，十寸为尺，一尺二寸为大尺，十尺为丈。凡量以秬黍中者容一千二百为龠，二龠为合，十合为升，十升为斗，三斗为大斗，十斗为斛。凡权衡以秬黍中者百黍之重为铢，二十四铢为两，三两为大两，十六两为斤。凡积秬黍为度、量、权衡者，调锺律，测晷景，合汤药及冠冕之制则用之；内、外官司悉用大者。"而对于唐大尺的具体长度则各家说法不一，这里取其中间值，即 30 厘米。参见胡戟：《唐代的度量衡予亩里制度》，《西北大学学报》1980 年 4 期。

(84)王溥：《五代会要》卷八，中华书局1998年，102页。另见董诰编：《全唐文》卷八百五十五，中华书局1983年影印。

(85)张勋燎、白彬：《道教考古》，线装书局2006年，1705~1706页。

(86)典型的研究成果有：杜葆仁：《从西安出土的非洲黑人俑谈起》，《文物》1979年6期；沈百昌：《中非交往的历史见证》，《百科知识》，1983年3期；葛承雍：《唐长安黑人的来源寻踪》，《中华文史论丛》第65辑；李梅田：《唐代陶瓷中的外来文化因素》，《中原文物》1999年2期。

(87)李秀兰、卢桂兰：《唐裴氏小娘子墓出土文物》，《文博》1993年1期。

(88)杜葆仁：《从西安唐墓出土的非洲黑人俑谈起》，《文物》1979年6期。

(89)齐东方：《隋唐考古》，文物出版社2002年，82页。

(90)齐东方：《隋唐考古》，文物出版社2002年，76页。

(91)秦浩：《隋唐考古》第六章第二节，南京大学出版社1996年。

(92)王仁波：《西安地区北周隋唐墓葬陶俑的组合与分期》，载《中国考古学研究论集——纪念夏鼐先生考古50周年》，三秦出版社1987，428~454页。

(93)中国社会科学院考古研究所：《唐长安郊区隋唐墓》，文物出版社1985，图版35。

(94)陕西省文管会：《西安西郊中堡村唐墓清理简报》，《考古》1960年3期。

(95)洛阳文物工作队：《洛阳龙门唐安菩夫妇墓》，《中原文物》1992年3期。

(96)洛阳博物馆编：《洛阳唐三彩》，郑州出版社，1985年，图版48、50、53、54、55。

(97)姜伯勤：《中国祆教艺术史研究》，生活·读书·新知三联书店2004年，225~236页。

(98)欧阳修：《新唐书》，中华书局1957年，531页。

附表　墓葬器物类型组合表

墓主	葬年	镇墓兽	武士天王俑	十二时俑	文武官俑	铁牛铁猪	幞头男俑	笼冠男俑	风帽男俑	小冠男俑	女俑	总数	马	驼	牛	猪	狗	羊	其他	总数	三彩俑	三彩器	塔式罐
		镇墓神怪俑					人物类俑						动物类俑										
李寿	630	I	△					I	I	I	I a I b	333（含器物）	I	△						?			△
段元哲	639	I	I a				I	I	I	I	I a	66		I		II	I	I		4			
独孤开远	642	△	I a				△	△	△	△	I a	?								?			
长乐	643	I	I a				I	II	I	II	I a	74			I		I		鸡	9			
司马睿	648	I	I				I	II	I	II	I c	134+10（木）		I	I		I	I	鸡	13	55	5	
段简璧	651	II a								II	I a I a II c II d	130+36				II	I	I	鸡鸭	11		5	
董僧利	652	I	I b				I	II		II	I a I b I c	72		I	I					2			

续附表

墓主	葬年	镇墓神怪俑					人物类俑					总数	动物类俑							总数	三彩俑	三彩器	塔式罐
		镇墓兽	武士天王俑	十二时俑	文武官俑	铁牛铁猪	幞头男俑	笼冠男俑	风帽男俑	小冠男俑	女俑		马	驼	牛	猪	狗	羊	其他				
韦尼子	656	△	△				I	II	II	IIIa	Ic	46	I	I	II	II	I	I		7			
张士贵	657						I	II	II		Ia Ib	227+14	I	I	II	III	III	I	鸡	22	7	22 瓷俑	
亡宫五品	657	△							II			14				II		I		3			
张楚贤	662	△	△				I			II IIIb		46			I					2			
新城公主	663	IIb	IIa				I	II			IIb IId IIe	244+34	I	I	I		I			45	1		
郑仁泰	664	III	IIa		△		I	II	II		Id Ie	467	I	I	I	II	I	I		16		450 釉陶	
高氏	667	IIb									不见												
苏君	667	IIb	IIb				I	II	II			322								0			
李爽	668	IIb	IIb				I	II	II		Ic Id	179	I	I	△		III	I		28	7		

续附表

墓主	葬年	镇墓神怪俑					人物类俑					总数	动物类俑							总数	三彩俑	三彩器	塔式罐
		镇墓兽	武士天王俑	十二时俑	文武官俑 武Ⅰa	铁牛铁猪	幞头男俑	笼冠男俑	风帽男俑	小冠男俑	女俑		马	驼	牛	猪	狗	羊	其他				
张臣合	668	Ⅳa	Ⅱa		武Ⅰa		Ⅰ	△	Ⅱ	Ⅲb	Ⅰc Ⅰd	104	Ⅰ	Ⅰ	Ⅰ	Ⅰ	Ⅰ	Ⅰ	鸡鸭	22	4含车2		
温绰	670	△	Ⅲa									6（木）								0	2		
牛弘满	672						Ⅰ				△	10		△						1			
房陵公主	673						△	△			△	？								？			
李凤	674						Ⅰ	Ⅱ	Ⅱ		△	225								0			
阿史那忠	675								Ⅰ			74+13				△	△		鸡	4	1		1
罗观照	680	Ⅱb	Ⅲa									0								0			
临川公主	682	Ⅱb	Ⅲa				Ⅰ		△	△	帷帽	284	△	△	Ⅰ			△		61			

续附表

墓主	葬年	镇墓兽	武士天王俑	十二时俑	文武官俑	铁牛铁猪	幞头男俑	笼冠男俑	风帽男俑	小冠男俑	女俑	总数	马	驼	牛	猪	狗	羊	其他	总数	三彩俑	三彩器	塔式罐
元师奖	686	IVa					I	II	II	II	I e	44	I	I	I			I		15			
董务忠	691			?			II	II	II		I e	41								0			
郭高	695		IIIc					II	II			5		I	I					6			
温思暕	696						II	II	II			211		I	I	I				30			
康文通	697	IVb	IIIb		文 I		II	II	II		△	10		I	I		II III			6	4		
姚无陂	697						I	II	II		I d I e	19		I	I			II		2		10	
独孤思贞	698	IVb	IVb		文 I		II	II	II		I	85	I	I	I			I		57		19	
华文弘	705						II		II			61 +13							鸡			132	
麟德	705						II		II			805 (合计)	II	△	△	△				0			

续附表

墓主	葬年	镇墓神怪俑					人物类俑						动物类俑								三彩俑	三彩器	塔式罐
		镇墓兽	武士天王俑	十二时俑	文武官俑	铁牛铁猪	馒头男俑	笼冠男俑	风帽男俑	小冠男俑	女俑	总数	马	驼	牛	猪	狗	羊	其他	总数			
永泰	706	IVb	IIIb				II	II	II		IIb IIc	664	II	I	I	I		I		54	5	68	104
任氏	707	IIb							△			13								5			I c
郭愔	708	IVc	IIIc1										II	I	I II				鸡	14			
韦洞	708	△	△		△			△	△	△	△		△	△		△	△	△	鹅	47			
独孤思敬	709	IVc	IIIc2		文 I b							18	II	I	△	△				8	22		
节愍太子	710	IVb	IIIc2		文 IIa 武 IIb		III	III	III		IIa	253	II	II			III			12	20		I a
章怀太子	711	IVb	IIIc3		文 IIb				II		△	大于600	II	△	△	△	△	△	鸡			23 含车 2	△
李贞	718	IVb	IIIc2		文III 武 I b		III	III	III			大于39	II	I		II	I	I	鸡	42	8	23	

续附表

墓主	葬年	镇墓神怪俑					人物类俑					总数	动物类俑							总数	三彩俑	三彩器	塔式罐
		镇墓兽	武士天王俑	十二时俑	文武官俑	铁牛铁猪	幞头男俑	笼冠男俑	风帽男俑	小冠男俑	女俑		马	驼	牛	猪	狗	羊	其他				
鲜于庭诲	723	IVb	△		文 IIa		III	III	III		IIIa	大于69	II	I	I	I	I		鸡	47	17		
金乡县主	724	IVb	IIIc2		文III 武Ic		III	III	II		IIIa IIId3	98	II	I II	I II	III	I III		鸡	40		2	Ia
惠庄太子	724						III	III			IIIa	1077			I II	II	III	II	鸟1	13			
李仁	726						III	III	II		IIId1	17	II						1				
安元寿	727						III	III	II		IIIa	95	I	I	I	I	I III	I	鸡	42	3		
韦美美	732	IVb	IIIc3					III				1（小型）								0			
韦慎名	736						III	III	II			76	II	I	I	I II	I	鸡5 鸭14 鹅	162			3	Ia

续附表

墓主	葬年	镇墓兽	武士天王俑	十二时俑	文武官俑	铁牛铁猪	幞头男俑	笼冠男俑	风帽男俑	小冠男俑	女俑	总数	马	驼	牛	猪	狗	羊	其他	总数	三彩俑	三彩器	塔式罐
		镇墓神怪俑					人物类俑						动物类俑										
孙承嗣	736			I			Ⅲ				Ⅲd1	15	Ⅱ	I	I	I	I	I	鸡15	109			
李承乾	738							Ⅲ	Ⅲ		Ⅲd1	65	I	I	I	Ⅱ	Ⅲ	I	鸡18	58			
俾失十囊	739						Ⅳ		Ⅲ	Ⅲ	Ⅲa Ⅲd5	57											
杨思勖	740			I	文Ⅲ 武Ⅱc		Ⅳ				Ⅲa Ⅲd1 Ⅲd2 Ⅴa Ⅳb Ⅳc	121 (大约)								0			
李宪	740	△	△		△		Ⅳ				Ⅲa Ⅲd1 Ⅲd2	807	Ⅱ	Ⅰ Ⅱ						46			Ⅰb
韦胡氏	742								Ⅲ		△	7	Ⅲ	Ⅱ	Ⅱ	Ⅱ	Ⅲ	Ⅱ	鸡9	64			
史思礼	744	Ⅴa	Ⅲc3	I							Ⅲa Ⅲd1	?								?			

续附表

墓主	葬年	镇墓兽	武士天王俑	十二时俑	文武官俑	铁牛铁猪	幞头男俑	笼冠男俑	风帽男俑	小冠男俑	女俑	总数	马	驼	牛	猪	狗	羊	其他	总数	三彩俑	三彩器	塔式罐
豆卢建	744						Ⅳ				Ⅲd2	?								?			
苏思勖	745	Ⅴa	Ⅲc3	Ⅱ							Ⅲa Ⅲd2 Ⅲd3	112	Ⅰ	Ⅰ	Ⅰ Ⅱ	Ⅱ	Ⅲ	Ⅰ	鸡	82			
宋氏	745	△	Ⅲc3	△			Ⅳ		△		Ⅲb Ⅲd1	32	Ⅲ							1			
吴守忠	748				文Ⅲ		Ⅳ		△		Ⅲd	?			Ⅱ		Ⅰ	Ⅰ		?			
张去逸	748						Ⅳ	Ⅲ				?	Ⅲ						鸡				
张氏	749											0	Ⅲ		Ⅱ	Ⅱ		Ⅰ		12			
裴利物	752		△				Ⅳ					7						Ⅰ	鸡	2			
清源	757	Ⅴb	△	Ⅱ			Ⅳ Ⅴ				Ⅲb	7	Ⅲ	Ⅱ	Ⅱ	Ⅲ		Ⅰ	鸭	10			

续附表

墓主	葬年	镇墓神怪俑					人物类俑						动物类俑								三彩俑	三彩器	塔式罐
		镇墓兽	武士天王俑	十二时俑	文武官俑	铁牛铁猪	幞头男俑	笼冠男俑	风帽男俑	小冠男俑	女俑	总数	马	驼	牛	猪	狗	羊	其他	总数			
章令信	758	Ⅴa	△	△			Ⅳ				Ⅲa Ⅲd5	32	Ⅲ	Ⅱ	Ⅱ	Ⅱ				26			
高力士	762							Ⅲ				90	Ⅲ	Ⅱ	Ⅱ	Ⅱ	Ⅰ	Ⅰ	鸡15 兔13	102			
张堪贡	780						Ⅵ				Ⅲc	?								?			
曹景林	782						Ⅵ				Ⅲb Ⅲd5												
唐安公主	784				文Ⅵ		Ⅵ				Ⅲa Ⅲb	27	Ⅲ	Ⅰ Ⅱ	Ⅰ Ⅲ		Ⅰ	Ⅰ		22			
史氏	792			Ⅱ			Ⅵ				Ⅲa Ⅲb	6	Ⅲ	Ⅱ		Ⅱ	Ⅰ	Ⅰ	鸡2	20			
李良	801						Ⅵ				Ⅵd Ⅵe	7	Ⅲ		Ⅱ		Ⅱ	Ⅱ		28			Ⅰa
柳晕	804										Ⅳe	?								?			Ⅱa

续附表

墓主	葬年	镇墓兽	武士天王俑	十二时俑	文武官俑	铁牛铁猪	蹼头男俑	笼冠男俑	风帽男俑	小冠男俑	女俑	总数	马	驼	牛	猪	狗	羊	其他	总数	三彩俑	三彩器	武士罐
路氏	807						Ⅵ				Ⅲb	8								0			
董福	807																						
朱庭起	808	Ⅴb	Ⅳ	Ⅱ			△1				Ⅲd5	?								?			
崔绽	811						Ⅵ				Ⅲb	1								0			
吴卓	813						Ⅵ				Ⅳb	1					Ⅰ			1			
渐贯	845																						
郭克全	873					△																	
曹延美	876					△																	
王季初	879					△																	

注：表中的"△"表示：有此类器物出土，但无具体数据报道；"?"表示无具体数据报道或无具体描述；女俑后指"总数"是人物俑的数量，武士天王俑不计入此类；三彩俑包括三彩俑的数量；三彩器包括三彩日用器和模型等。

所有的俑类，即镇墓神怪类俑、人物类俑、动物类俑。

第六章 唐代墓葬壁画研究

关中唐墓一个显著特点就是墓内装饰华丽，大多数墓葬中发现有壁画。尤其是那些规模大、规格高的贵族墓葬，其壁画绘制之精美、场面之宏大，令人叹为观止。前贤对这些精美的壁画已做了深入的研究，基本弄清了唐墓壁画的布局、内容、分区、渊源等问题，对一些重要的画面也做了必要的考释。但是，由于受各种因素的制约，尤其是大多数研究者只能利用出版物来研究，使得壁画被剥离了它的原生状态。在这样的研究背景下，学者产生了两种倾向：一种是考释单幅壁画，这一倾向以对"客使图"和"列戟图"的研究为代表；另一种则是以唐墓壁画为资料，笼统地探讨其社会价值、史学价值等。前者固然是研究壁画的最基本手段，但脱离墓葬这一原生背景，难免会产生一些误区，使画面与画面之间的联系被斩断，从而削弱了壁画的本来意义。后者在壁画内容，尤其是其在葬仪方面的作用还未探讨清楚时，就宏观论述其作为"资料"的相关价值，自然也是不足取的。

基于上述原因，本章暂不作诸如分期、断代等方面的探讨，而是把论述的重点置于壁画本身，即图像的解释上来，并以此为基础，着重分析唐墓壁画在葬仪中的用途。

第一节 壁画序说

一 壁画的含义

这一问题看似简单，回答起来却颇具难度，且又是一个不能回

避的问题。如果不对壁画的概念作一个界定，后面的论述难免发
生混乱。近来郑岩在研究魏晋南北朝壁画墓时做了一些尝试和努
力，尤其是在"方法论的自觉性上有所突破"①。其中重要的自觉
就在于把各种图像资料整合在一起，"复归"于墓葬空间当中。这
一研究方法突破了过去"就画论画"的弊端，对于壁画墓和墓室
壁画的研究，都有重要的参考价值。他认为：目前许多考古学论
著中所使用的"壁画"一词，专指壁面的笔绘彩色图像，而以其
他的材料和技术手段制作的壁面装饰，大多另加定名，一般不包
括在"壁画"的范畴内。隋唐壁画墓的报道中也是同样情形。在
唐墓报告中，绘于墓道墓室墙壁的绘画通常被称为"壁画"，而刻
在石质葬具上的画像通常被称为"石刻线画"。它们之间的关系鲜
有人去关注，两者之间的图像学意义也没有得到重视。这种态度
大致反映了对于壁面图像装饰的一种分类方式，即以材料和技术
作为分类标准。这种分类的合理一面是，使用不同材料和技术所
创作的壁面装饰往往分布在不同的区域，有着自身的文化传统，
因此可以进行相对独立的研究；但另一方面，这种分类也存在一
些问题。首先，这种分类并不符合考古遗存名称原有的意义。据
《通典》"棺椁不得雕镂彩画、施户牖栏槛"的记载，可知在唐代
刻和画是等同的，并且可以将刻在石质葬具上的图案称为画。从
制作工艺来看，"石门、石葬具上面雕刻的各种图像，原皆赋彩，
不过大多无存，陕西三原贞观四年司空淮安郡王李寿墓的石门、
石椁尚存残迹，可以为证"②。也就是说，这些图案不但经过雕刻，
而且还要再"画"一次。按照对壁画概念旧有理解进行研究，往
往容易忽视不同类型壁面装饰之间原有的联系。从图像内容方面
看，不同的材料和技术手段之间并没有严格的界限。从技术方面
来看，不同材料的壁面装饰之间也常常互相产生影响。例如唐代
常见的石窟艺术，不同的地区往往采用不同的技术手段，有的以
石刻为主，有的以泥塑为主，而有的则刻、绘、塑并用。制作时
工匠们可能使用统一的范本，根据实际情况采用不同的施工方

法，一个范本可能用于多处。而不同材质的作品实际上并不影响它的使用价值。试想，一个石刻的佛像，一个泥塑的佛像和一幅绘于纸上的佛像，在参拜者心里会产生差别吗？不同创作目的的作品要求用不同的方式去欣赏和体验。纯审美的艺术品，比如卷轴画等，要求欣赏者细致入微地去体验作品的每一个细节，因此形式、材质、色彩等因素对欣赏者来说至关重要。但是，作为一种实用装饰艺术，墓葬壁画的欣赏者则必须融入墓葬这一大环境中去体会壁画的含义，也就是说，这里所画的一切必须经过观者思维的再次合成。壁画所描绘的物象只是一个引导、一个提示，观者需要的是由它们而生成的"镜像"。"镜像"是一种感觉，因而作品的材质、方法等技术因素就显得无关紧要了。所以把这些有目的地去绘制、刻划的图像通称为"壁画"是合理的，也是综合研究所必需的。本文所用的"壁画"概念和美术家所理解的壁画概念比较接近。如李化吉认为：壁画是"装饰壁面的画。包括用绘制、雕塑及其他造型或工艺手段，在天然或人工壁面（主要是建筑物内外表面）上制作的画"。他根据"制作和技法"将壁画分为"绘画型"和"绘画工艺型"两大类，前者以手绘方式完成，后者借助工艺制作手段体现画面装饰形式。[③]因为同样具有绘画的特征，线刻图大致属于"绘画工艺型"。这一由创作实践所得出的概念，对于古代壁画而言，既比较接近事实，也有利于研究的深入。[④]

因此本文所使用的壁画一词和郑岩等人所用的概念基本吻合，既包括绘制的画面，也包括刻制的画面。

二　谁是壁画的享用者

在很多合葬墓或改葬墓里，壁画都经过重新绘制，存在两层壁画。作为葬仪的一部分，壁画几乎是不可缺少的。绘制精美的壁画要花费大量的人力物力，这是为谁绘制的？谁是壁画的使用者、欣赏者、享用者？我认为不同位置的壁画有不同的"使用者"。

唐墓壁画的基本配置是：墓道口绘制青龙白虎，接着绘仪仗出行图，过洞上方为门阙，在甬道里的墓门附近为门吏，接着是侍女，墓室四壁多绘制伎乐，墓顶绘制天象图。较晚的墓葬，如高力士墓的壁画里新增加了十二生肖图，有的还有树下老人图。石墓门或石椁上的壁画相对较为固定。石门上有实际意义的图像包括墓门门扉上的门吏、门额上的双龙、门楣上的朱雀（李寿墓门楣上为兽面，后文另有讨论），其余均为一些纯装饰性图案。石椁图案分为内外两侧，李寿墓石椁内侧为伎乐、侍女、星象等，外侧为四神、武卫、文武侍从、骑龙仙人等。韦洞石椁也是内侧为女像，外侧为男像。其他几具石椁的情形大致和韦洞石椁相似。

根据壁画的分布区域，通常把壁画分为墓道壁画和墓室壁画。但两者的分界点并没有一个具体的说明。尤其是甬道壁画，问题更加明显。通行的做法是以墓门或封门为界限，这比较接近现实，也具有较强的说服力。在这里，我仍然沿用这一划分办法。

墓道壁画和墓室壁画除了场景的不同外，更为明显的差别在于墓道壁画的人面向墓道口，给人的感觉是一群将要或正在出行的人，人物与人物之间以动作或行为互相联系，人物多绘为侧面。墓室壁画则恰恰相反，人物都是面向一个固定的方向——棺材。如果有前室的话，前室壁画的人物都是朝后室走去，这部分壁画可以看作后室壁画的延伸。

在整个埋葬过程里只有两类人参与了仪式：送葬者——活者，墓主——死者。送葬者只是暂时来到墓地，等到墓门封闭，墓道回填，他们就必须离开，只有墓主被永远留在墓室里。因此，送葬者是暂时的、瞬间的，墓主是持续的、永恒的，壁画也是同样的命运。墓道壁画无论绘制得多么精美，宏大，最终要被填埋，而墓室壁画则要和墓主永久性共存。所以，墓道壁画的观者应当是通过墓道送葬的人，而墓室壁画则没有观者，而只有享用者。墓室壁画通常绘制伎乐、执物侍女等，其目的就是为了永久地侍奉死者或死者的灵魂。这类伎乐和侍女仆人是汉代以来墓室装饰的主要内容。信立祥认为这一切都是为灵魂服务[5]，伎乐更是取悦墓主灵魂的主要手段。墓室壁画是对现实生活的模仿，是"事死如生"观念的体现。墓道壁画描述的是出行的场面。但为何要费心绘制这一场面？我认为这仍然和人们对死后升仙的企盼有关。因为，在人们心目中，升仙其实就是死者灵魂的一次旅行。由于是灵魂出行，所以所有的画面中都没有出现死者的身影，而是以一种"空其位"的手段来表现。一些鞍辔齐备的马匹、空无乘客的肩舆和马车正是人们为他们设计的交通工具。由于这些内容是专门绘给"观者"看的，巫鸿称这些人为"outsider"，即"外人"，所以当葬仪结束时，外人就要离开，为外人专门绘制的壁画就失去了存在意义，因而在回填时一并被埋葬、破坏。也就是说，我们在考古报告里看到的墓道壁画，实际上是考古工作者在发掘后所"复原"的墓道被使用时的空间结构与视觉效果，而两壁壁画也只有在那个时候才有意义。[6]

三　壁画的构图——如何阅读唐墓壁画

在考古报道中，壁画通常是以"幅"和"段落"来报道的。一般把壁画分为诸如墓道壁画、天井壁画、甬道壁画、前室壁画、后室壁画等，在报道石椁壁画时甚至是按石板来报道。譬如李宪墓石椁就是把石椁图案分解在各石板上，每块石板报道内外两侧。[7]这一做法固然有利于石椁的复原和图像位置的报道，但明显削弱了图像的整体性关联。

"幅"和"段落"等概念都是以垂直于地面的视线为划分依据的，符合人们观看壁画的习惯。但是，我们也看到，所有的壁画，尤其是墓道壁画实际并不以"幅"的形式出现，而是一个首尾连贯的长卷式画面。这是汉代绘画的传统，巫鸿称之为"绘画的叙事性"。其实，这一叙事性在李寿墓壁画里还完整地保留着。李寿墓壁画用分栏的方式把不同的内容整合在一个画面中，既有过去场景，又有现在的场景。如果我们再强行划分"幅"的话，显然就会把画面割裂，难以理解。虽然此后的唐墓壁画不再采用分栏的构图形式，但画家在处理上下和左右的关系时，依然保留了这一传统。我们看到的绝大多数壁画依然是把壁画画面分为上下两部分，下部为人物院落，上部为云气飞禽等。这分别对应人间与天上，现实与虚构。因此，我认为，尽管在唐墓壁画里没有再使用上下分栏的做法，但构图依然是以上下为基本方位，左右展开。上下代表空间不同，而左右代表时间不同。

除了垂直壁面的壁画外，还有阙楼、甬道顶、墓室顶部壁画，这些均属于上部壁画。尽管它们之间有时会因为墓葬结构的限制而断开，但这些壁画通过观看者的联想和构图上的联系，可以和墓道两侧上部壁画连通，形成一个整体。

这一构图方式在石椁上同样存在，下部为现实图像，上部为虚构图像。下部代表人间生活，上部代表神仙生活。

另外，在研究壁画时，还必须注意到壁画和墓葬建筑之间的关系。尽管所有的人物都集中在一个平面上，一个画面里，但是不同的人物属于不同的序列。尤其是位于小龛两侧的人物，有时他们属于整个出行行列，有时明显属于两个看守门户的仆人。这两人通常呈两两相对的姿势，服饰、性别均较接近，如新城公主第二天井壁画[8]中的四个侍女可能就是守门人。在讨论壁画内容时把这些人的身份考虑进去，更有利于我们对壁画象征意义的把握。

简而言之，唐墓壁画的构图是分为上下两个层次的长卷，下层描绘模仿现实性场景，上层描绘虚拟性场景。阅读唐墓壁画应当上下区分，前后联系，而不是生硬地划分为"幅"或"段落"。

第二节 李寿墓壁画的内容、布局和渊源

李寿（字神通，577～630 年）墓位于陕西省三原县陵前公社焦村。陕西省文管会和陕西省博物馆于 1973 年对该墓进行了发掘。该墓为长斜坡墓道多天井多小龛的砖壁土顶单室墓。在小龛和墓室内

共出土陶、瓷、金、铜、铁、玉、玻璃等质地的器物 333 件，大部分为彩绘陶俑及生活用具。该墓室还出土了内外都有线刻图的大型石椁一具。墓道、过洞、天井、甬道、墓室里绘满了内容丰富的壁画。陕西省文管会和博物馆对该墓的壁画做了详细的报道，按其内容分为农耕牧养杂役、建筑图、出行仪仗、寺院道观四个大类，并根据当时的资料做了简单的对比研究。[⑨]

随后，王仁波等人在研究唐墓壁画时，将壁画内容分为：四神、狩猎、仪仗、宫廷生活、家居生活、礼宾、宗教、建筑、星象等八种。他所分的八种图像中，除礼宾图外，其余均见于李寿墓壁画。[⑩]但是，这种划分方法是"从图像的直观印象入手分类"。由于过于重视图像的分割，反而忽视了壁画作为墓葬的装饰和组成部分的特性。墓葬壁画不是仅仅为了审美需要而创作的卷轴画，而是一个连续的、完整的、具有"叙事性"、"情节性"的"多场面"长卷画。因此，"这样的分类局限于表面形式，而忽视了对主题的分析，同时将墓葬中有序的图像组合肢解得十分零碎，无法把握完整图像的意义。"[⑪]

有鉴于此，本节拟对李寿墓壁画的内容做重新审视，力图揭示画家和设计师的原初布局；在此基础上，本文还尝试通过对各个壁画单元内容渊源的追溯，结合当时的政治和文化背景，归纳出唐代早期壁画的风格。

一 李寿墓壁画的内容和分布

李寿墓壁画主要分布在墓道、甬道、墓室这三个部位，不同部位的壁画还分为上下栏。宿白先生已经注意到："和其后的唐墓壁画比较，最突出的不同是墓道、天井、墓室三部分的壁面布局分上下栏；其次是全部壁画的安排，分成两个单元，即以最后天井壁面所画列戟的所在为界，前后壁画各成一单元。"[⑫]

具体内容和分布如下：

墓道壁画：分布在东西两壁，中间以红色宽带分为上下两层。

墓道口为飞天，虽已脱落，但可据残片辨明。下层绘仪仗出行图。图中前导和主卫的骑士已跨上骏马，马扬尾蹩蹄欲行，主人的坐骑也鞍鞯齐备，但主人没有出现。上层为狩猎图。东西壁狩猎图内容相似：在崇山峡谷之间，数十名猎手，分作两个围场纵马放鹰，张弓搭箭，追赶着拼命逃窜的野猪、兔、鹿。画面的左上角有一人（残）驾鹰驻马静观，似乎是这场围猎的指挥者。

过洞、天井壁画：过洞的壁画保存较完整，天井的壁画全部脱落。根据残片看，天井下部绘步行仪仗队，上部为有关生产、生活的画面。在第三天井底部填土中发现的壁画残片上，绘有农耕、牧养、杂役等劳动生产的形象。下部是步行仪卫图，这是墓道壁画的延续。这一题材的画面一直持续到甬道口结束。在甬道壁上分布着告别的场面，这表明步骑仪卫到此结束，此后的内容和仪卫无关。甬道是两者的连接点，也是壁画内容的转换点。这一点在甬道里表现得异常清楚。甬道里的男性们正在和位于墓室门口的女性们告别。甬道后部两侧分别绘制着寺院和道观，由于壁面残损严重，已无法判定这两幅画面的具体内容。甬道顶部绘手持莲花的飞天和大幅的忍冬纹。值得注意的是甬道顶部的飞天是面向墓室飞翔的。

墓室壁画：西壁上部绘马厩及草料库（残）。北壁东部绘一座贵族庭院，仅存局部。正面、西边各一门，门两旁各列戟一架，每架插戟7根。左右廊房前各立门卫二人。东边一门残缺。院内左角绘台阁、山石、树木和游园的贵妇、侍女。南壁下部（墓室门）两边为两幅侍女图，其他画面模糊不清。

由于石椁和整个葬仪密切相连，因此在研究魏晋南北朝壁画墓时，郑岩突破了旧有的观念，把石椁、石棺外的石刻线画也纳入到壁画系统中。[13]为了便于理解画像在整个墓葬中的分布及其相互关系，本文也沿用郑岩的这一观点，把石椁线画也作为壁画的一部分来处理。

李寿墓石椁线刻分内外两部分。石椁外壁施浅浮雕，除四神等辟邪祈福的图案外，还雕出侍臣和在四周拱卫的甲士。内壁满布线刻图，椁顶为星相图，椁底周围为十二生肖图，四壁则是众多的人物，有盛装的宫官和成群的宦者。孙机已对内壁壁画做过深入的研究[14]，此处不再重复。外壁壁画除了下层的侍臣和甲士外，上层还布满了骑乘各种珍禽异兽的仙人（图四四）。

图四四　李寿墓石椁正面线刻图摹本

照墙壁画：在第一至第四过洞的照墙及甬道的南壁均绘有重楼建筑。第一过洞的建筑图保存基本完整，其余仅存残片。第一过洞南壁正中绘一重楼，为单檐四阿顶的全木结构，左右各有附属建筑方阁一座，用飞廊与主体建筑连成一组。受正面空间限制，方阁的一半绘在过洞上，一半外折绘于墓道两壁转角的一隅。主体建筑正脊的左、右角绘有飞天。

二　壁画的布局

以上是我们现在看到的壁画的分布。传统观点仅仅重视了墓室壁画模仿现实生活场景的特点。但是，在墓道、甬道、墓室、石椁上绘制的壁画按其内容来看，明显分属性质不同的两大图像系统：升仙神怪系统和模仿现实系统。因此，本文认为当前通行的划分并不完全符合当时设计者的思路。设计师和画家们应当是按照这两大图像系统的特性来安排、分割壁面的。

升仙神怪类图像包括墓道口的飞天，照墙上的阙楼，甬道里的飞天和忍冬纹，石椁上层的仙人。这个系统的图像表示的是墓主死后升仙的过程和路径。由于墓葬形制的限制，唐墓壁画没有像汉画像石那样构成一个完整的叙事性画面，而是通过壁画和墓葬结构相结合，来表现这一重要主题。只要把墓道口的飞天和石椁上的仙人联系起来就不难理解这一主题。

研究者通常认为阙楼是对墓主生前生活的深宅大院的描绘，但其两侧的飞天似乎揭示了它的另一种功能，即升仙功能。阙楼在汉代画像石里就是天门的形象[15]，是升仙的阶梯和借助物，在唐人的观念里依然如此。如唐诗"夕人已乘黄鹤去，此地空余黄鹤楼"，"危楼高百尺，手可摘星辰，不敢高声语，恐惊天上人"。等就体现了这一观念。当然，一种图像可能兼顾模仿现实和升仙需要这两种功能。郑岩在研究河西壁画时明确指出了这一点[16]，李寿墓壁画是对这一传统的继承。

当一个观者进入带有长斜坡墓道的墓葬，迎面首先看到的正是那幅高高在上、耸入云端的阙楼，而不是两旁威严的步骑仪卫。当观者的步伐逐渐深入到甬道和墓室之时，高高在上的一系列阙楼图像总是正对着观者。由此可以看出：画家正是通过这种巧妙的布局，用较少的，看似支离破碎的图像表达了一个有序的情节。而且，为了加强升仙的主题，画家还不时用飞天形象给观者予以提醒。但因为观者只是外人（outsider），并不参与这一过程，所以我们目睹的情节是倒叙的，即墓道口的飞天是这个主题的终结处，而墓室中的石椁才是这个情节的起始点。在这个叙事情节中，甬道顶部的壁画是死者的灵魂从墓室出发，开始升仙旅程的通道。这里布置着面向墓室的飞天，其意义在于迎接死者的灵魂。与此相联系，其下方布置着佛寺和道观图像，尽管在现实的葬仪中也不乏这样的场面，但这一类图像更直接的意义应在于帮助死者升仙与亡灵的超度。

　　另一个壁画图像系统为模仿现实类，主要是步骑仪仗、狩猎、列戟、侍卫、阙楼、道观佛寺、庭院。阙楼和道观佛寺，如前所叙，具有双重的意义，此处不再赘述。

　　下面重点分析其他图像的布局。这些图像位于壁面的中部和下部，由于受墓葬结构的影响较大，壁面经过天井、墓门的分割后，自然形成两个区域。画家为了保证画面不因为结构的分割而影响内容的连续性，就利用人物之间的动作来弥补这一缺陷。通过画面可以清楚地看到，画家在墓道部分主要描绘了两个方面的内容——步骑仪卫和狩猎。

　　值得注意的是这两部分人物的去向有着明显的差别。巫鸿通过对武梁祠的研究，得出不同的图像表现形式构成不同的情节表现形式的观点。[17]据他的观点，由于画中人物面向（侧面、正面）的不同，看画者（观者）和画中人的关系因之也会不同。（传统的侧面的、不对称的构图）画中人物彼此之间是互相联系的，他们的姿势和运动，意在表现彼此的行为与反应。画中人表现了一种叙事性情节，因而这种构图是闭合式的，它所表达的意义包含在画面本身的结构关系中……而看画人只是一位旁观者，不是参与者。尽管巫鸿的这一结论系由汉代的资料得出，但对我们研究唐墓壁画仍然具有启发意义。其意义在于促使我们转换研究视角，把观者和画面之间的关系也考虑进来，这对于唐代乃至所有壁画的研究都有方法论上的指导价值。墓道壁画中的飞天和出行队伍都朝着墓道口方向前进，而上层的狩猎图却朝着墓室的方向前进，这让人不得不去思考一个问题：他们和墓主（死者）之间的关系。

　　在朝向墓室前进的狩猎场面里，根据发掘者的理解，其中有一位指挥者，很可能就是李寿本人或者他的命令的执行者。而下层的飞天和步骑仪卫出行图里，如发掘者所言，之中只有死者的坐骑，而无死者的身影。通常认为，没有骑手的马匹是供灵魂骑乘的，灵魂自然无法用图像来显示。因此，这些图像应当不是对墓主生前生活场景的表现。那匹鞍辔俱全却没有骑手的骏马，很可能就是在向观者暗示，死者将要向另一个世界进发。墓道口的飞天在这里起到了指引死者升仙方向的作用。据此，笔者认为狩猎图是对墓主生前生活的追忆，而步骑则是对其死后升仙场景的描绘。过洞壁画也采取了同样的处理方法，即上层为农牧生活，是对死者生前场景的描绘。下层为仪卫，描述死者升仙的场景。

为了在墓道里安排两个系统的内容，画家把壁面分为上下两个区域。升仙题材位于最上方和顶部，通过其位置和观者的感受来表现。真实活动图像分布于下部，并根据事件发生的顺序，分为上下两段。上段为狩猎、劳作图像，是生前的事件。下段步骑仪卫是葬礼过程的描绘，并和升仙密切相关。这一题材的性质还可以通过壁画和俑的关系来判定。众所周知，狩猎图像除了在壁画里出现（如李寿、章怀太子等墓）外，也频繁出现在陪葬俑群当中。而俑，显然是参与葬礼活动的物品，因此把墓道壁画理解为对葬礼活动的模拟应当是可行的。

甬道前段上层为升仙题材，下层为现实生活的模仿。由于再也没有结构方面的限制，所以画家用众多的人物及其丰富的动作来处理画面间的关系。以石门前的女性告别者为界限，分为内外两部分。女性属于内眷，只是送别者，不参加葬礼和仪式。相反，男性们则表现为将要离开，去参加送葬活动。

石门之后即为佛寺道观，这也应当看作墓室壁画的一部分。这一场面既是葬礼的模仿，同时也是帮助墓主升仙的手段。由于东壁壁画残损，我们已无法确定墓室四壁壁画间的关系。上层壁画也已残损，估计应当仍然分布着神兽、飞天之类的升仙图像。

总之，李寿墓的壁画布局是以前后贯穿一气，上下分别描绘不同题材为主要特点的。同时，在水平分割壁面的基础上，还通过墓葬结构、人物关系来进一步细分空间。并非传统认为的那样，只把壁画的布局简单地垂直分割为墓道、甬道和墓室三部分。

三 壁画内容的渊源和特征

关于李寿墓壁画艺术的渊源，杨泓提出：壁画上下分栏是魏晋南北朝的传统画法，门前列戟是邺城地区东魏武定年间出现的壁画题材，外出游猎则是北齐晋阳地区墓道壁画的主要题材。过洞上方绘门楼，则是北周壁画的特征之一，后来为隋所沿袭。[18]但是杨泓显然没有重视李寿墓北壁的宴饮图、西壁的马厩图和天井上层的牛耕图。而宿白早在1982年就指出了这些图像"显然也和甘肃嘉峪关市十六国后期丁家闸第五号墓前室壁面所绘的耕作与放牧有关"。[19]

陈寅恪曾经指出过：河西地区也是魏晋时期重要的文化区之一，由于其特殊的地理位置，吸引了大量的知识分子，因而成为汉文化的保留地。[20]李寿墓壁画出现源自河西文化的内容正是陈先生这一论断的又一验证。郑岩在研究河西壁画时，也特别强调了河西壁画在整个魏晋南北朝壁画系统里的特殊作用。[21]他认为河西是中原文化的保留地，很多在中原地区已经消失的汉画题材，还保留在河西魏晋墓葬当中。当然，这些艺术实践活动可能一直在画师中延续。随着隋代的统一，传统壁画风格迅速回归中原地区。关中地区隋代壁画墓发现较少，资料也很不完整，但据潼关税务村隋墓的壁画来看，隋代壁画基本沿用了北齐规制，也就是郑岩所说的"邺城规制"，表明隋代壁画还没来得及把河西文化因素吸收进去。这一点和《隋书·牛弘传》的记载也极为吻合。

> 仁寿二年，献皇后崩，三公已下不能定其仪注。杨素谓弘曰："公旧学，时贤所仰，今日之事，决在于公。"弘了不辞让，斯须之间，仪注悉备，皆有故实。素叹曰："衣冠礼乐，尽在此矣，非吾所及也！"[22]

长期研究中国古礼的陈戍国认为"牛弘所以据的故实即齐

礼"。㉓这一文化上的混乱局面并没有随着隋朝的灭亡而消失。唐代统一全国以后，北齐、北周、河西、江南文化区的旧传统、旧文人纷纷来到长安地区。各地区的官方画家也被新政权所接收，来到长安。据《新唐书》记载，"唐初即用隋礼"㉔，当然也包括丧礼在内。但正如陈成国指出的那样"唐开元二十年以前，礼制并不完善，多有事不师古，甚而临时凑合者"。㉕草创之初的贞观时期更是如此，李寿墓壁画就是这一纷繁复杂局面的直观反映。李寿为唐代的皇亲国戚和开国元勋，他的葬礼理当经过精心设计，具体参与者无疑体现了当时各方面的最高水准。但是我们在壁画里却看到了风格不同的甚至是一些陈旧的画像。把这仅理解为画家的个人行为难免失之偏颇，这就需要我们把眼光投放到整个历史环境中去考察。每次朝代更替，新的统治者都面临一个现实的问题，即对旧文化的扬弃和新规制的建立。在没有形成自己的"规制"之前，最常见最稳妥的处理方式就是兼容并包。因而对于壁画石刻这些造型艺术而言，相应的表现方式就呈现出杂糅各方却又互不协调的特征。这是"新规制"产生的必由之路，也符合文化发展传承的基本规律。因此，我们在李寿墓壁画中看到来自北齐、北周、河西、南朝等不同时代和地区的风格并不奇怪。依循惯例，每一派画家手里都有一些供施工用的"粉本"。在一个时代统一的墓葬壁画风格没有形成之前，各派画家都会极力利用和展示本派的粉本，以取悦于统治者，这就导致李寿墓壁画表现出一种"拼贴画"的风格。这是当时政治背景和文化环境的合理产物。

　　基于以上分析，本文最后把唐代长安地区早期壁画的风格归纳为"杂糅东西南北的拼贴画"。在这里，"东"指东魏北齐的河东地区，"西"指河西，"北"指北周，"南"指江南。这种"拼贴画"的风格，是这一时期壁画内容高度不固定性和布局结构灵活性、来源多元性的具体表现。

第三节　长乐公主墓壁画再研究

　　1986 年，陕西昭陵博物馆发掘了唐太宗之女长乐公主墓。长乐公主李丽质是唐太宗的第五女，是长孙皇后唯一的女儿，下嫁于长孙无忌之子长孙冲。贞观十七年（643 年）薨，陪葬昭陵。该墓出土的墓志因时代久远及人为的破坏，志文大部已漫灭不可识，志盖篆书"大唐故长乐公主墓志"。该墓为长斜坡墓道单室砖墓。墓道口处绘有两幅所谓的"云中车马图"，紧接着为执旗佩剑的仪卫图。仪卫图分为两组，靠近云车的一组 8 人，穿常服、幞头，居后的一组 5 人，穿铠甲。手中所执的旗帜均为五旒，最前面的一面似为龙旗。

一　云中车马图试释

　　云中车马图共有两幅，绘制在接近斜坡墓道口的东西两壁上。西壁车前"两马间有一人，右手牵马，穿白色阔袖交衽长衫，束发。马右侧有二人，皆束发，回头北望，在前者穿白色交衽阔袖长衫，在后者穿红色阔袖交衽长衫，腰束白色带子。车上左边低厢坐二人，一人束发，一人留稀疏长须，戴莲花帽（这种莲花帽与《历代帝王图》中陈后主叔宝所戴的帽子大致相同，原简报所加），右边高厢坐一人，亦束发，三人均穿粉红阔袖交衽长衫。车箱左下方有一虎头鱼身的怪兽，鳍尾俱全，晕染红色，鳞淡青色。怪兽大张嘴，伸舌，口中吐气呈褐色"。东壁与西壁"大致相同。有几处小差异，牵马人在两马前边，穿红色阔袖交衽长衫……马左侧二人，后边的束发，前边的戴莲花帽；车右边低厢中坐二人，左边高厢中坐一人，均穿白色阔袖交衽长衫。怪兽作回头望状"，均未见车轮，下部饰云彩。

　　武仙竹[26]、邹规划[27]、文军[28]等已对此图做了初步研究。武仙竹对图中的人物、马、怪兽进行了考证。他认为：图中人物均是清一色的阔袖交衽长衫，这在当时是道教、佛教人物的统一装扮。他进一步指出，唐代男性一般多戴幞头，另外还有翼善冠、进贤冠、白纱帽、乌纱帽、平巾帻、黑介帻，而未见有以莲花帽或束发为饰者。戴莲花帽者，在当时唯有佛教的法师。束发者，在当时唯有道教的道士。而云中车马图中人物，除了戴莲花帽者外，其余均束发。据此判定该图人物为道、佛两教人士。他还认为，驾车的双马有其特殊象征，车下方的"怪兽"也有特殊象征。并且"怪兽"之称似有不当。他根据《穆天子传》、《荀子》的记载，把驾车之双马，土红色者比定为骅骝，青色者为骐骥。骅骝、骐骥都是传说中的古代神马。他还把马和龙联系起来，指出驾马车就是驾二龙。他根据《山海经》的记载，把所谓的怪兽认定为"龙鱼"，并指出，龙鱼位于车轮的位置，这是出于"驾龙鱼"的设计。在文末，他指出了此画的意义：（1）云中车马图第一次把道教人物、佛教人物和中国古代神话瑞兽绘在同一幅画中。（2）云中车马图中表现出初唐道、佛两教的微妙关系，反映出了某段特殊的历史现象。

邹规划等人认为从车后的七旒旗及其纹饰看，这是贵族死后置于灵堂的旗子，等到葬日以其为引导，导引灵魂步入极乐世界。车上戴莲花冠者为佛的化身。另一人为男装的长乐公主。怪兽为摩羯鱼，是佛的化身和守护者。灵芝形云彩，意味深长。所驾云车在汉画像石和敦煌壁画中均有发现，这应是传统题材。另外他还指出此图的构图和东晋顾恺之《洛神赋图》极为接近，只是把洛神所乘的龙改为马。

文军从图中绘制的摩羯和车中的人物两方面出发，通过对当时信仰的考察，最终判定该图实际展示了两部分的内容——净土变中主要人物观音的出现与摩羯的形象构成了佛教的内容，而奔驰的马夫与车夫护从构成了世俗的内容。这幅画是宗教与世俗的完美结合。

他们三位对该图中的人物、车马、怪兽，乃至艺术渊源都做了必要的解释。但问题正如郑岩在研究魏晋南北朝壁画时指出的那样，

"往往从直观印象入手，将墓葬中复杂的图像简单地分为人物类、动物类、植物类等，这样的分类局限于表面的形式，忽视了对主题的分析，同时将墓葬中有序的图像组合肢解得十分零碎，无法把握整套图像的意义"。[29] 另外，丧葬观念并不是严格意义上的宗教，因而在壁画绘制上有很大的自由度。所以简单地将某一幅壁画定为佛教或道教的题材，甚至是佛道相融的意象，如若缺乏文献的支持，缺乏历史的背景，理解起来将非常困难。

　　基于上述观念，我们有必要对这两幅图的位置做一简单介绍。由于该墓壁画接近墓道出口部分破坏比较严重，因而整个构图的前端已经无法再现。但细心的发掘者在文中已经说明："墓道东西两壁原有四幅壁画，两边基本对称。南端的青龙、白虎残损严重。"经过对线图的仔细观察，我们发现，在云中车马图和仪卫图之间，有较大的空白，画家以此来说明这两者之间相对较为疏远的关系。但在保存较好的西壁云中车马图的前方，我们可以清楚地看到残存青龙的尾部，其位置和车马图极为接近，下部的云气装饰也一气呵成。这一构图方式表明云中车马图和青龙白虎处于同一"幅"当中，因而在探讨它的主题时必须考虑整个构图的存在。据宿白的研究，青龙、白虎和仪仗出行壁画，自墓内移向墓道之处与青龙、白虎绘在出行队伍前面，大约都开始于北朝，现知最早之例即是此墓和距此墓不远的东魏武定八年（550 年）茹茹公主墓。而 1979 年山西省考古研究所发掘的太原武平元年（570 年）北齐东安王娄睿墓则未见墓道青龙、白虎壁画，这个现象似乎暗示，此图画内容为更高等级的墓葬所特具。它的来源如果可以和《梁书·武帝纪》中所记："天监七年（508 年）春止月……戊戌作神龙仁虎阙于端门、大司马门外"、《梁书·敬帝纪》所记："太平元年（556 年）……冬十一月乙卯，起云龙神虎门"相比拟，那就仅限皇室可以使用。如此，这个礼仪制度溯源，有可能又找到"中原士大夫望之以为正朔所在"的"江东吴儿老翁"那里去了。此题材以后继续沿用，但等级却日益下降。[30] 如果宿先生的推测不误，那么这里的青龙白虎应当和南方魏晋时期墓葬中的功能大体相仿。1968 年在丹阳建山金家村发现的东晋墓室中的砖画形象地说明了这一题材的用意。在龙虎前各有一仙人手持仙草引导，龙虎上各有三位飞翔的仙人手捧仙果、丹鼎相随。[31]显然这是升仙的前奏和序曲，丹鼎的出现，表明该图像和道教有某些关联。

武仙竹正是因为忽略了整个构图的关系因而错误地认为"两幅云中车马图的行驶方向，都是由墓道走向墓室"。方向判定的错误使他将整幅图像的意义彻底搞错，以致使原本要远离墓室升仙的图案变成了走向墓室的场景。对此正确的理解应该是在神龙、神虎的引导下奔向远方的一辆仙车。

虽然东西两壁处于同一位置上，但在画师眼里仍然存在着前后的区别，至少在要描绘的事件发生顺序上存在着先后。这一点原报告者虽然没有直接指出，但在其叙述中已不难看出，只是因为东壁壁画保存不佳，人们对此注意不够。具体来讲，东壁戴莲花冠者在马侧，牵马人在马的两侧，但车箱里已有两人。显然，这里的几个人物在西壁里都可找到，只不过是位置不同。东壁立的怪兽作回头状，似乎在警告后边的人，不要打扰正在上车的人。而西壁怪兽则一心一意地保护、跟随着仙车。所以从整体来看，东壁画面是正要上车的一瞬间的写照。西壁则是大家已经上车，在青龙白虎的指引下向另一个世界奔去。这种构图在古代叙事性画面里非常常见。东为上，当然在观者的心理暗示中就是早的、开始的地方。而西边是太阳落下的地方，也是观念中死者的归宿。这是古人眼里司空见惯的现象，但在现在人的眼里，已有些生疏，而此点对于理解画面有着非常重要的意义。只有我们理解了当时的想法和设计意图，我们才能更好地解读这些古代艺术家的思想，这是理解艺术品的关键。

在辨明了马车将要驶去的方向后，我们自然想到的是他们要到哪里去？对此，以研究汉画而闻名的美术史论家巫鸿给了我们一个很好的范例。他在考察了大量的汉代墓葬材料之后，提出"大量车马图像有着不同的目的。其中一部分用以表明墓主的官职或墓主其他生前经历；而另一部分则是对送葬行列或是想象中灵魂出行场面的描绘"。[32]如果简单地套用汉代的例子来说明唐代事物，显然大家很难接受。在这里我们先不去讨论车上的人物，因为车子在此是一个决定性因素，它的方向就是车上的人将要去的方向。下面我们就以该图的主题——云车为切入点，进行解说。

云中车的形象为：一车双厢，一高一低，车上有华盖。西壁车高厢里坐一束发之人，东壁高厢里也坐一人。此车的形象在唐代车制中不见。按唐礼规定"外命妇、公主、王妃乘厌翟车"，"厌翟车者，赤质，紫油纁，珠里通幰，红锦络带及帷"[33]，显然此车不是公主的乘车。邹规划已经注意到车上的旗子是贵族置于灵堂的旗子，也就是旒。但是公主为一品，一品之旗应有九旒，这里只画出了七旒，应当是画师的疏忽所致。这和懿德太子墓列戟图中的出错原因有些相似。[34]据信立祥研究，这种只见车厢不见车轮的车辆，在中国汉代画像石墓葬艺术中就已经非常常见，这些车子正是死者升仙的工具。他指出："祠主升仙时乘坐的车有舆无轮，代替车轮的是几朵云气，驾车的也不是牛马等牲畜，而是神奇的仙鸟，说明这是升仙专用的云车。"[35]长乐公主墓壁画中的云中车马图是汉代升仙图像的沿用和发展。车是导车的形象，但功能却发生了微妙的变化，因为有青龙、白虎引导，所以导车和祥车合而为一。巫鸿还注意到魂车中"空其位"，也就是说真正的魂车中没有乘客。这辆车中不但有乘客，还有导引者，这显然是唐代画师更为直观的表达方式。画师想用更为明显的视觉效果告诉参加葬礼的人，死者的灵魂将如何开始她前往另一个世界的旅程。

对于车中乘客的身份，大家争议较大。文军认为戴莲花冠者（陈文帝所戴的冠，据沈从文考证，实为白袷冠）为观音的化身，而武仙竹认为这几个人物和佛道两教有关。文军只指出了莲花冠者的身份，对于西车中另外两人未有明确解说，只说象征观音者身后的男子可能是墓主的化身或象征。我认为武先生的解释较为合理。低厢中的两人分别代表佛道两教，戴莲花冠者代表佛教，也许确实是观音的形象，束发者为道人。高厢中的人是整个事件的主角——长乐公主本人。东车的人物破损比较严重，较难判定其具体身份。从西壁的情况看，坐在低厢里的两人应该是佛道二教迎接灵魂的使者，而真正参与葬礼做法的高僧和高道正在做灵魂升天的最后准备。他们位于车外，等到法事完毕，他们将坐上仙车，陪伴公主开始灵魂之旅——这是西壁所描述的场面。对此点，文军也有论述，他把东西两壁壁画理解为东、西两个净土世界，也许可备一说。但若考虑到人物和车的关系，把两者理解为同一事件的不同阶段更有说服力一些。

关于车下的怪兽，武仙竹据《山海经·海外西经》的记载，认为应当是龙鱼，是古代仙人常见的骑乘物。而邹规划、文军则坚持这是北朝以来常见的摩羯鱼，是佛教的象征。据晋郭璞《山海经图赞下》的记载："龙鱼有一角，似鲤（一说似狸，见《艺文类聚》卷九十六）居陵。俟时而出，神圣攸乘。"据简报中发表的线图看，这个动物确实具有鱼的特征，但看不出角的痕迹。另外，战国时期人们想象出来的怪兽形象在汉代画像石中多有体现，但到目前为止还没有发现一例"龙鱼"的形象。我以为在战国帛画以及汉画中常见的"大鱼"和"龙"的组合可能就是所谓的"龙鱼"。例如长沙子弹库楚墓帛画中的龙鱼组合和《山海经》的记载非常吻合。另外，汉代流行一种"鱼龙漫衍之戏"，描绘的就是鱼变龙的故事，这里的龙就是"龙鱼"，它带有明显的鱼的痕迹。而我们看到的这两只怪兽虽然具有一些鱼的特征，但有翼，而且最为明显的是吻部非常夸张，和"兽"比较接近，和"鲤"差距较大。摩羯鱼是印度神话中一种长鼻、利齿、鱼身的动物，梵文称Makara，汉译作摩羯、摩竭、摩伽罗。据现存的中文文献，关于摩羯的神话在四世纪末已传入中国。晋建安元年（397 年）译出的《中阿含经》之《商人求财经》中已提到摩羯"位在海中为摩竭鱼王破坏其船"，在中文文献中摩羯具有"身体巨大，牙齿如山，双目如日，鱼身"的特点。[36]这和壁画中的形象极为吻合。据其他相关材料来看，人们对摩羯的形象并不陌生，在金银器、石刻、瓷器⑤、星图中都可见到它的身影。因此，我认为这里的怪兽还应当是"摩羯鱼"。据《杂譬喻经》记载，相传五百商人入海求宝，恰遇摩羯鱼张开大口欲食众生，船楼顶上的人见两日出，上有白山，中有黑山，萨薄主惊嘱众人奉佛，五百商人齐呼南无佛。大鱼听到佛名，心想："今日世间乃复有佛，我当何忍伤害众生！"于是闭口，五百商人得以脱险。又据《分别功德论》记载，阿僧祇堕畜生道中，变为海中的摩竭鱼，身长七百由延。五百商人入海寻宝，赶上这大鱼吞船，商主提醒大家诵佛，鱼闻佛名，本性尚存，心想佛已出世间，我身何故还在鱼中，就没入水中。这说明摩羯鱼是有佛性的，后来它成了佛的保护者。在这幅壁画中它承担的正是这样一个角色。

在辨清图中主要形象之后，该图的主题不难辨明。我们发现这是一幅杂糅了佛道两教的升仙图。这在残存的志文当中也有反映，如"掩心之镜访秦宫而英逢，长生之药祈王母而不至"就反映了为祈求生存而做的各种尝试。这种杂糅一方面和当时"兼容并包"的开放风气、宗教政策有关，另一方面也和当时信仰的特征有关系。古代民间的信仰带有很强的功利性，和意识形态不同，它没有强烈的排他性。人们在实用美术中尽可能地从各个方面来满足自己的需求，因此佛道二教的图像出现在同一画面当中。李寿墓壁画中的佛寺和道观共存也是这一现象的反映。至于这一图像的艺术原型，也就是它的粉本可能来自于一幅当时极为流行的水陆画，而不一定远至东晋顾恺之的《洛神赋》，尽管此图当时可能很受欢迎。当时的宫廷画师既画墓葬壁画，也画寺院道观壁画，必定有很多可供选择的粉本备用，而这一幅可能就是其中一幅的复制品。

二　长乐公主仪卫图

东壁前面八人：人高约130厘米，均为站立状。服饰相同，戴黑色幞头，内穿白色圆领窄袖长袍，束腰，外穿淡青色系领敞襟短袖风衣，足蹬长筒尖头黑靴。前边一领队，其余七人分两排，前排三人，后排四人，腰间均左佩弓套、长剑，右佩箭箙，手执红色五旒旗。第一面旗上绘一飞翔的黑鸟，旒端还有雉尾状饰物长托下垂。后面一组六人，均穿甲袍。兜鍪由十多个边沿弯曲的甲片拼合而成，顶饰红缨，护耳为椭圆形。项护宽大，由数十个边沿弯曲的甲片分两排组成。披膊为毛皮里，外扎长方形甲片。袍也是毛皮里，外扎长方形甲片，从项下直至小腿。腰束黑色板带，带上有扣和便于扣结的圆孔。胸前有两个小圆护。足蹬长筒尖头黑靴。前边一人与后边五人拉开距离，为领队，左手按剑，右手指点。后边五人前二后三，参差排列，均左佩弓套、长剑，右挂箭壶，手执红色五旒旗。西壁大致相同。

这副仪卫图和李寿墓相比，显然要简单得多。尤其明显的是，长乐公主墓里没有大量的出行图，仅有两组仪卫，并且只有步卫，而无骑卫。仪卫似乎是固定的，仪卫与仪卫，仪卫和云车之间留有较大的空白。我们可以看到画家一方面极力试图摆脱旧传统的限制和束缚，另一方面极力创制新的壁画模式的痕迹。这些图像的渊源，云车已如前述，来自汉魏旧规。而站立的成排仪卫在北齐间叱地连墓、磁县湾漳墓均有发现。

和北齐壁画相比，长乐公主墓的场面要小得多，仪卫人数仅28人，这和墓葬中三重石门的高规格极不相称。并且明显可以看出，长乐公主墓壁画的人物与人物之间缺乏联系，动作呆板，缺乏生机，指向不明确。这可能只是对公主宅邸仪卫的简单仿制。原报告还注意到有四个过洞内未绘壁画，通常这个位置绘制的是列戟图。而较早的李寿墓已出现了列戟，在较晚的墓葬里却没有这类题材，似乎是个难解的问题。再加上墓室内上部"逾越传统"的朱雀图[⑧]，使人很难想象这是一套成熟的壁画配置。

这一不成熟的表现正是当时墓葬壁画艺术的特点。人们往往会以为政治上的成熟和文化上的发达相适应。如果从长的历史时期来看，确实如此，但放在一个小的历史时期，尤其是一个王朝的开始阶段，则文化往往滞后于政治。从对李寿墓壁画的分析中我们可知，当时是以"拼接"为主，还没有达到"吸收"，更不用说"消化"了。当时的画家们，力图使用旧的粉本来满足新的需求。贞观十三年以后，在长乐公主墓里，我们终于看到了一种风格统一、构图完整的唐代壁画范本。通过对墓室里残存的零星壁画观察，长乐公主墓墓室壁画的内容已经和后来的盛唐壁画完全吻合了。两者之间的差别只是规模大小的问题。这种简单是当时的文化氛围造成的，和墓葬的等级无关。也就是说，这种简单并没有降低该墓的规格。从壁画里的甲士形象看，其规格仍然和李寿墓，甚至和后来的懿德太子墓接近。因为，这种甲士虽然没有出现在这两座墓的壁画里，但随葬俑类里出现了甲士俑。而这种甲士俑的使用者身份都很高，普通品官几乎没有使用者。

简而言之，如果说李寿墓壁画的特点是"拼接"，那么长乐公主墓壁画的特点可以归结为"创制"，它力图创立新的具有唐代风格的壁画规制。

第四节 新城公主墓壁画研究

1994～1995年陕西省考古研究所对位于礼泉县昭陵寝宫附近的陪葬墓新城公主墓进行了发掘。该墓墓主为太宗第二十一女，葬于高宗龙朔三年（663年）。据出土墓志，知公主名为李字。该墓由斜坡墓道、5个天井过洞和8个小龛组成，是典型的斜坡墓道单室砖墓。使用了石棺床、石门等石质葬具。墓内随葬品已被盗掘，仅保留有陶瓷器和小件物品300余件。值得庆幸的是由于此墓位于九嵕山上，地势较高，墓内没有受到地下水的破坏，壁画保存非常完整。该墓是继长乐公主墓之后发现的又一座昭陵陪葬壁画墓。它的发现正好填补了唐墓壁画早期创新阶段（长乐）至盛唐成熟阶段（懿德、永泰等）之间的缺环。

一 壁画的内容和分布

该墓壁画分布在墓道口、墓道、门楼、过洞、甬道、墓室等位置。

墓道口附近的东西两壁绘制巨幅青龙、白虎，接着依次是门吏、朱红大门、鞍马，其后分别是檐子或牛车图（图四五）。

图四五 新城公主墓墓道壁画

墓道北壁第一过洞南口的上方绘门楼，门楼东侧残存较多，可见卷帘和栏杆，内有侍女坐在榻上，左手持长柄团扇倚于肩上。

过洞拱券顶中部用赭红绘 6 排方形平綦图案，两侧排长方形图案，间隔较密。东西两壁用赭红绘 4 根廊柱，将壁分成三个开间，上部绘撩檐枋、阑额和柱头栌斗，底部绘赭红宽边。每个开间内绘两个人物，有的还半隐于廊柱之后。第一过洞绘男侍，第二、三、四、五过洞绘侍女。

5 个天井均绘有影作木构建筑，四角以赭红色绘角柱，一斗三升转角斗拱，四壁上方绘撩檐枋，撩檐枋之下还画有阑额。南北壁过洞口边沿绘赭红色窄边。东西两壁底部绘赭红宽边。第一天井两壁各绘有一副 6 杆列戟架和两个仪卫。第二天井至第五天井东西两壁的内容基本相同，小龛两侧各绘一侍女，龛口上方绘有宝相花。天井北壁过洞与影作阑额之间多有宝相花。

甬道拱券顶中部绘 4 排方形平闇，内为四瓣团花。两侧绘较密的长方形，内填绘花卉及火焰纹。东西两壁绘影作廊柱、柱头栌斗、撩檐枋、阑额和蜀柱，布局与过洞相同，亦将壁面分为三间，并相互对应，每间各绘两三个侍女。

墓室四壁上端绘两周赭红色宽带表示撩檐枋，其间又以排列较密的红道表示檐椽。四角各绘一角柱和转角斗拱，每壁又绘两根红柱将壁面分为三个开间。柱上斗拱均为一斗三升，上面绘撩檐枋，下绘阑额，补间铺作为曲脚人字形拱。东、北、西三壁各于三个开间内绘侍女群像，每间内有三到四个侍女，南壁也残存侍女群像。

墓室穹隆顶绘天象图，从东北角至西南角绘一条宽约 30 厘米的白带象征银河。顶东部南侧绘直径约 35 厘米的黄褐色太阳，内有一墨绘三足乌。

二　与李寿墓、长乐公主墓、永泰公主墓壁画布局和内容的比较

据李星明最近的统计，新城公主墓壁画是继长乐公主墓壁画之后，保存最好，报道最为完整的一座。[㊲]其下葬年代正处在《显庆礼》已制定完毕的龙朔年间，其间出现了一些新现象和新内容，是以前壁画规制里所没有，或者没有完全创制出来的。因此，把它和前后的典型墓例进行比较，有利于探索唐代壁画墓形成的轨迹和墓葬装饰艺术发展的一般规律。在这里我选择之前的李寿、长乐公主墓和之后的永泰公主墓作为参照系，进行比较。因为这几座墓分别代表了初唐和盛唐时期墓室壁画的完整规制，加之他们的身份接近，不存在明显的等级差别。具体比较内容见下表（表一七）：

表一七　李寿、长乐、新城、永泰公主墓壁画内容比较

墓主	墓道口	墓道前段	墓道后段	墓道北壁	过洞天井	前甬道壁	后甬道壁	甬道顶	墓室四壁	墓室顶部	备注
李寿	飞天	下层骑马仪仗、上层狩猎		门阙	下层列戟仪仗、上层牛耕庭院生活	男侍与女侍告别图	佛寺道观	宝相花 飞天	马厩、奏乐、院落、南壁残存侍女	天象图	没有影作木结构
长乐	青龙 白虎	云车	蟆头甲士仪卫	门阙	挂剑仪卫男侍	执物男侍	执物侍女	宝相花 平棊	仅存上部马尾	天象图	均有影作木结构，第三、四天井用棚起木棚起
新城	青龙 白虎	门吏 大门	鞍马人物牛车樠子散骑	门阙	北向男侍、列戟、执物、捧烛侍女	侍女两人	侍女	宝相花 平棊	执物侍女	天象图	影作木结构
永泰	青龙 白虎	阙楼 门吏	鞍马人物列戟	门阙	樠子人物	花草假山人物	被破坏	云鹤	前室执物捧烛侍女，后室男侍、乐队	天象图	影作木结构

　　通过上表，我们可以发现李寿墓和后三座墓的壁画差异最大，因为从严格意义上讲，李寿墓壁画带有更多的北朝风格，还不是真正的唐代风格。尤其是李寿墓里没有使用影作木结构作为整个壁画的背景和构图的基础，这和后几座壁画墓的设计理念差别较大。长乐、新城、永泰三墓的壁画共性较大，例如：墓道口均绘青龙、白虎，普遍使用影作木结构，第一过洞南口上方统一绘制门阙、列戟图（长乐公主在相应位置留空），后室顶部绘天象图等。

　　但是我们也可发现从长乐到永泰公主墓壁画的发展和变化。这些变化表现在长乐公主墓里用于升仙的云车在后两者里不再出现，而在新城公主墓里新出现了第一道大门，随后被永泰、懿德等大墓壁画沿用。长乐公主墓第一道石门和第二道石门之间的执物侍女部分残缺较为严重，因而无法判断里面是否也有执烛侍女。但是这一画面在此后的新城、永泰、章怀、懿德等墓均有发现。

　　如前所述，在新城及以后的墓道壁画里，现实世界的交通工具替代了带有浓厚神话色彩的云车。牛车是魏晋以来士人的主要交通工具，"魏、晋已降，迄于隋代，朝士又驾牛车"[⑩]。而檐子，一称肩舆，也就是后来的轿子，却是只有因病年老的重臣才能使用的特殊交通工具。这种特殊交通工具在南北朝时期曾经一度流行，但在唐代却是高宗执政以后才重现的，据《旧唐书》记载：

　　　　武德、贞观之时，宫人骑马者，依齐、隋旧制，多著幂罗，虽发自戎夷，而全身障蔽，不欲途路窥之。王公之家，亦同此制。永徽之后，皆用帷帽，拖裙到颈，渐为浅露。寻下敕禁断，初虽暂息，旋又仍旧，咸亨二年又下敕曰："百官家口，咸预士流，至于衢路之间，岂可全无障蔽。比来多著帷帽，遂弃幂罗曾不乘车，别坐檐子。递相仿效，浸成风俗，过为轻率，深礼容。前者已令渐改，如闻犹未止息。又命妇朝谒，或将驰驾车，既入禁门，有亏肃敬。此并乖于仪式，理须禁断，自今已后，勿使更然。"[41]

由上可见，在咸亨二年（1671 年）左右，乘檐子出门的人已经很多，朝廷已不得不下令予以禁止。这幅檐子图形象地说明了当时公主出行的场面。在檐子之后也布置有一匹鞍鞴俱备的马，这和后来的永泰公主墓道壁画的布局相同（图四六）。在这里布置一幅檐子牛车图和鞍马的用意相同，都是加强壁画表现出行的能力。在壁画里无论是檐子、鞍马、牛车里均没有发现乘客。同样，墓道里发现的随葬品中也有牛车、鞍马，但是均没有乘客。而用于鼓吹的马匹则与此不同，人马往往配套出现。当然，这里的马匹是指随葬品中较为特殊的几匹，通常为两匹。这两匹马装饰华丽，体量庞大，和作为财富象征的马、牛、鸡等截然不同。由于其体量、装饰和那些小型马匹模型差别较大，应当是有意识购买或制作的特殊用途的随葬品，而不是普通意义的马匹。我认为这些马匹是供墓主骑乘的交通工具。

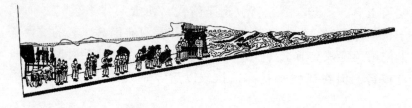

图四六　永泰公主墓墓道壁画

通过和长乐公主墓壁画的对比，我们看到，后来的鞍马、檐子等交通工具和云车处于同一位置，因此应当具有同样的用途和意义，即是死者通往天界的工具。当然这种图像往往具有双层含义，一方面向进入墓道的送葬人群显示死者生前的荣华富贵，一方面向人们暗示死者已经开始了他的灵魂之旅。

这些车马载着死者的灵魂向墓道口走去，在墓道口布置了门或门阙，门阙外布置腾云驾雾的青龙白虎。如果不去考虑墓道壁画的暗示意义，在这里门阙显然是区分现实和虚妄，生前和死后的一个界限。而人们的各种葬仪活动都是为了使死者超越这个界限，达到"死如生"的境界。在人们的观念里，天堂和人间并没有什么实质区别，所以在死人的世界里还要备上各种生前使用的物品，以便能够像地上那样衣食无忧，享受过去拥有的一切。但在新城公主墓里出现的这幅朱红大门确如李星明所言"墓道前段在仪仗队前面绘制朱红大门不见于其他唐代壁画墓，此为一特例"。其实这个说法并不确切，后来的永泰墓、懿德墓等壁画墓里都在相应位置出现了阙楼，虽然这些图像之间的差别较大，但是用途和意义完全相同，只是门的规模和等级低于阙，两阙之间也有通道和外界联通。因此从用途方面来考察，这些门阙几乎成了盛唐时期壁画的必要组成部分。新城墓壁画和长乐墓壁画相比，用一道门将青龙和白虎隔开，这是画家在现实图像和虚拟图像之间增加的一个过渡，使得画面的系统性、连贯性得到加强。而在长乐公主墓的同一位置的较大范围的空白，正反映了画家在处理画面时所遇到的困难。由于难以将这两个系统的画面有机地组织在一起，画家不得不借助大面积留空来处理画面中的冲突。增加一道门阙，不但解决了画面的联系，同时也使画面更加符合墓葬壁画"内宅化"[42]的要求。

李寿墓之后的几座壁画墓里还有一个引人注目的新出现的画面。这一场面就是后来频繁出现在唐代墓葬壁画里的捧物仕女图。这一画面出现的位置相对比较固定，通常在甬道附近或双室墓的前室。

此类画面在长乐公主、新城公主、房陵公主、李凤、懿德太子、永泰公主等墓中均有发现，且保存较好。懿德太子墓中此类画面尤为引人注目。在该墓发掘简报发表的同时，李求是就将此类画面和《大唐六典》中有关六尚的文献相联系，并进而推断这些侍女人物

"属皇帝六尚宫官的可能性较大"。^④近来在新出版的《唐李宪墓发掘报告》的结语部分，执笔者再次用同样的证据论证了这一题材的属性，即是对六尚十二局的描绘。^④

这一视角和早期研究汉代画像石的学者解释汉画内容的视角基本相同。他们都力图在墓主身上找到画像里所描绘的一切，这派学者被称为"历史特殊论"者。^⑥但是，学者们很快就发现了这一观点和视角的局限性，转而开始寻找常见画像的一般意义和象征意义。这对我们理解唐墓壁画有同等重要的方法论方面的指导作用。不可否认，任何图像都是人们对现实的描绘或对虚构的表达。问题是这些反复出现的画面如何在墓葬仪式中发挥作用？它和死者如何发生联系？它给观者以什么样的暗示？这是我们必须要重新考虑的问题。

为了进一步探讨这类图像的意义和作用，本文把相关资料制成下表：

表一八　侍女手持物统计表

墓主	葬年	手持物	总人数	分布位置	备注
长乐公主	643	花瓶、盂、拂尘、丁字杖、团扇	可见8人	甬道	
新城公主	663	花盘、团扇、盘、花、包袱、果盘、羽扇、胡瓶、包袱、卷轴、烛台、浅盘、敞口盆、丁字杖、胡瓶、高脚杯、方盒、长方形器	53人以上	甬道和墓室	
李爽	668	拂尘、团扇、杯盘、包袱、水盂、瓶子	8人以上	前室	和乐人相连，墓室壁画脱落严重
房陵公主	673	胡瓶、杯子、萱草、鸡头壶、果盘、拂尘、短颈瓶、大白盘、如意	残存27人	甬道、前室	

续表一八

墓主	葬年	手持物	总人数	分布位置	备注
李凤	674	团扇、奁具、胡瓶、花、披巾、包袱	14 人	甬道	
阿史那忠	675	团扇、拂尘、丁字杖、方盒、杯子、包袱、盆、弓囊、箭袋	11 人以上	过洞、天井	男女相间
安元寿	684	团扇、胡瓶、包袱	残存 3 人	甬道	壁画脱落严重
懿德太子	705	团扇、炭盆、包袱、杯子、烛台、胡瓶、拂尘、水盂、如意、方盒子、果盘	30 人左右	过洞、甬道、前室、后室	缺乏完整报道，人数难以统计，后室分布伎乐
永泰公主	706	玉盘、方盒、烛台、团扇、高脚杯、拂尘、包袱、丁字杖、如意	18 人	前室	甬道壁画脱落严重，后室分布伎乐
韦泂	708	包袱、盘、团扇、壶、盆、花	不明	石椁和前室	壁画破坏严重
节愍太子	710	团扇、如意、高脚杯	不明	墓室	壁画破坏严重
李宪	741	团扇、如意、方盒、包袱、圆盘、托盘	28 人以上	甬道、前室	前室人物手持物不明

　　通过上表的比较，可以发现这一题材并不是太子墓或"号墓为陵"的墓葬所特有的画面。在公主墓，甚至大臣墓中都有发现。新城公主墓中此类人物多达 53 个，是所有墓葬里执物侍女人数最多的一例。因此，要把这类人物和皇帝、太子的后宫宫官对应起来，就

显得有些勉强。与其把她们归结为特殊身份的标志，还不如把她们
理解为满足墓主基本生活的一般性人员。从上表的对比来看，侍女
的手持物具有很大的共性。团扇、拂尘、包袱、方盒、瓶子等几乎
在每座墓的壁画里都出现了，这一共性表明这一场面具有共同的性
质。团扇、拂尘是贵族生活中的把玩之器，在很多场合都会出现。
但包袱、方盒之类显然和服饰有关。包袱是盛装衣物的，方盒是放
置首饰的容器。瓶子和胡瓶，据房陵公主墓前室东壁侍女的形象看，
应当有两种用途：一种和阔口盘配合使用，是盥洗器中的储水器；
另一种和高脚杯配合使用，是储酒器。再联系到新城、永泰、懿德
墓里的执烛侍女，可以肯定这一场面就是晚间墓主即将就寝前的写
照。就寝前，墓主照例要饮酒、进食水果（果盘等），赏玩音乐，盥
洗（瓶、盂），更衣（包袱、方盒、丁字杖）。执烛侍女起到照明和
点明主题的双重作用。

　　这些人物的服务对象应当就是墓主。但是，画家为什么要选择
这样一个场面来装饰墓葬？这和人们对死的理解有关。古代中国人
认为死只是人存在的另一种状态，主张"事死如生"。因而要在墓葬
里给死者配置和生前一样的侍女群。就寝前的场面一方面描绘死者
生前的生活，另一方面是为了服务于死者的灵魂。确切地讲，是为
了帮助死者进入另外一个状态，另外一个世界。死亡就像一次永久
的休息，因此，准备就寝休息的场面是暗示墓主即将开始的另一个
旅程的最合适的场景。虽然唐代墓室壁画里缺乏墓主画像，但在北
朝壁画里却保留了很好的例证，如闾叱地连墓[46]、崔芬墓[47]。在这些
壁画里，墓主周围环绕着大量的执物侍女，有的手持物和唐墓壁
画里的基本相同，应当是功能大致相当的画面。这些侍女是墓主
生前的随从，更是墓主灵魂的服务者。唐墓壁画的此类题材是对
北朝壁画的模仿和发展，而北朝壁画中墓主侍女组合应是此类题
材的渊源。

　　另外一个值得注意的问题是，虽然这一画面出现的频率很高，
但其分布位置较为灵活，在过洞、天井、甬道、前室、后室都有

发现。很多学者认为前室象征着"前堂"，是皇帝或太子处理政务的场所。通过对上述几座大墓的分析和比较，尤其是对壁画内容的分析，我认为要把前室比定为"前堂"可能还需要重新考虑。因为，一个礼仪性空间，尤其是处理政务的地方，是不该出现这些以家居生活为主题的侍女的。再联系到前室普遍出现的伎乐图，这种观点就更加值得怀疑。我认为，这一空间应当是一个半私密空间，在这里可以举行非正式的聚会，相当于中朝，不是真正的朝会之所。而后室则相当于后寝，是纯个人的私密空间，也是死者灵魂的归宿。

第五节　唐代壁画典型风格的内容、布局及其散解

一　壁画典型风格的内容

唐墓壁画经过武德、贞观时期的发展，到高宗、武则天时期已逐渐摆脱了北朝壁画的影响，形成了自己的典型风格。这一风格大约开始于高宗时期，结束于开元、天宝之际。这一时期大致相当于宿白确定的二、三阶段。由于武则天改唐为周后以洛阳为神都（真正的都城），大多数在此期间去世的高官多葬于洛阳，所以这一时段的墓例相对缺乏。

长安地区这一时期壁画墓保存较好的有昭陵郑仁泰墓、咸阳苏君苏定方墓、昭陵阿史那忠墓、献陵李凤墓、懿德太子墓、永泰公主墓、韦洞墓、节愍太子墓、章怀太子墓、金乡县主墓、惠庄太子墓、让皇帝李宪墓、韦君夫人胡氏墓。这些壁画墓的墓主多为三品以上官员，甚至是太子公主，只有韦君夫人胡氏品阶可能较低。这些壁画应当代表了当时壁画绘制的主流风格。通过对这些壁画的分析，我们可以把握唐代最为兴盛时期的壁画内容及其布局。为了便于分析，现将上述墓例的壁画内容和布局列为下表：

表一九　典型风格唐墓壁画内容比较

墓主	葬年	墓道壁画	过洞和天井壁画	甬道壁画	前室壁画	后室壁画
郑仁泰	664	东壁绘马驼、执旗武士、带剑武士、告别图，西壁绘牛车、执旗武士、带剑武士、告别图	第五过洞西壁残存侍女	脱落	脱落	
苏定方	667	东壁绘青龙、头向墓门的鞍马，执笏、告别场面，西壁大体相同	第五天井残存载架，其他部分保留有人物残片	仅留人物的足部	顶部：天象图	顶部：天象图
阿史那忠	675	东壁绘青龙、牛车、仪仗、门吏	影作木结构，第一过洞南壁绘门楼，第一二过洞绘男侍，第一天井绘载架，第三四五过洞曾绘男女侍者，第二三天井也绘男女侍者，四天井绘告别场面			
李凤	675	残存持旗人物	影作木结构，过洞顶部绘团花、驼、仪卫，佩剑武士，第四天井绘告别场面	影作木结构，执物、执花侍女	影作木结构，人物，天象图，花卉等（已脱落）	

续表一九

墓主	葬年	墓道壁画	过洞和天井壁画	甬道壁画	前室壁画	后室壁画
懿德太子	706	青龙、白虎、城阙、仪仗队（车）、北壁绘门楼	影作木结构，第一二天井列戟、训豹架鹰图，第三天井东壁告别图，第三过洞西壁执扇侍女，顶部宝相花	侍女	影作木结构，捧物执烛侍女	影作木结构，捧物侍女，石椁上刻侍女
永泰公主	706	青龙、白虎、城阙、仪卫、载架、鞍马、告别场景	顶部绘平棊、云鹤，第五过洞残存檐子图，人物	人物、假山、花草	影作木结构，男侍，执烛捧物侍女	影作木结构，捧物侍女、乐队，石椁上刻捧物侍女
韦洞	706	影作木结构，青龙、白虎、朱雀，北壁绘门楼	脱落	顶部云鹤	影作木结构，上部为飞鸟，下部为花草	影作木结构，男侍、捧物女侍，石椁上刻捧物侍女
节愍太子	710	青龙、白虎、山石、打马球、仪卫、北壁绘门楼	影作木结构，第一过洞绘属吏，第二天井上部残存云鹤、仙人，第二三过洞绘宫女，云气，第四天井绘宫女	影作木结构，顶部仙鹤、鸾鸟、孔雀，样云，下部宫女	脱落	后甬道和前甬道基本相同，残存影作木结构，上部为云鹤，下部为侍女、十二扇屏风侍女

220 关中地区唐代墓葬研究

续表一九

墓主	葬年	墓道壁画	过洞和天井壁画	甬道壁画	前室壁画	后室壁画
章怀太子	711	青龙、白虎、狩猎出行图、马球图、仪卫	第一过洞绘廊房、武士，第二过洞绘列戟，告别图	影作木结构，执物、执鸡、抱花、侍女和男侍	影作木结构、乐舞、观鸟、侏儒等	影作木结构、游园
惠庄太子	724	残存车马出行仪卫，北壁绘门楼	影作木结构，第一天井绘列戟、仪卫，第二过洞绘天井仪卫，北壁绘云鹤、文吏	侏儒、男侍、幼童、侍女	天象图	
李宪	741	飞仙、青龙、白虎、祥花、飞花、仪卫队、北壁绘门楼	第一二三过洞绘男侍、祥云，第二天井绘宫女，第三天井绘男侍、飞花	顶部绘云、飞花、下部绘宫女	顶部绘天象图、东壁绘乐舞、北壁绘侍女、玄武、西壁绘祥云、南壁绘朱雀	
韦君夫人胡氏	742	青龙、白虎、武士	第一过洞第一天井绘鞍马、驼、牛车、第二过洞第二天井绘男侍、马匹，第三过洞第三天井绘男女侍者	残存男侍	脱落	

　　通过上表列举的典型墓例来看，在唐墓壁画里存在两个大的图像系统。一个图像系统为非现实系统，这个系统包括青龙、白虎、朱雀、玄武、飞仙、云鹤、祥云、天象图。在模拟现实系统图像里的鞍马、阙门已如前节所述，可能兼顾有两种功能，即模仿现实和暗示比喻死者灵魂升仙的工具。而后者的意义在墓葬壁画艺术里更为重要。前一系统内各式人物、动物、云气的运动方向高度一致，均向墓道口运动，形成一种上升的局面。这个系统的图像由于受到建筑结构的影响，是不完全连续的，必须借助观者的理解力。这也许正是画家要表达的意义之所在。这个系统是汉代以来墓葬壁画艺术的主流。由于长时间的流传，人们对这一主题已经非常熟悉，因此只需要很少的画面、甚至是简单的提示即可表达想要表达的主题。所以，尽管这是墓葬艺术的核心内容之一，但分布的面积却十分有限。和汉代画像石艺术相比，升仙题材在唐墓壁画里的面积非常小，但丝毫没有削弱这一题材的功能，也没有完全放弃这一题材。

　　另一个系统为模拟现实系统。这个系统包括人物、山石树木、列戟、影作木结构、鞍马、门阙等。这个系统的分布范围非常广泛，从墓道开始，几乎一直到墓室四壁，都是这一系统图像的分布范围。在过去的研究中，这个系统通常被理解为死者生前宅院的模拟和再现。问题是：精心绘制这些壁画的目的是什么？壁画要表现的主题是什么？也就是画家要给壁画的观看者一种什么样的感觉？过去的研究都忽略了这样一个简单的事实，那就是壁画和其他造型艺术一样，都有预定的观者。在墓葬艺术里面，观者只可能有三个：一为参观者，即参与葬礼过程的人；二为死者，这是现实生活中的人，较晚五代墓葬或较早的北朝墓葬里的墓主画像即属此类；第三是灵魂，即死者的化身，根深蒂固地存在于人们心里。按照郑岩对北朝壁画的研究，他认为墓道壁画是暂时的、瞬间的，因为他在库狄迴洛墓里发现，壁画被后来的封门所破坏。事实上无论多么精美的壁画，最终都要被永久性地封闭在地下。尤其是墓道壁画，在葬礼结束后就会被回填的泥土所破坏，所掩盖。既然这些画面是暂时的，瞬间的，那么观者就不可能是永远被留在墓室里的死者及其灵魂，也就是说观者只能是曾经进入墓道的人，或者来参观墓葬建筑的人。我们站在已经发掘的壁画墓的墓道里，无论是从墓道口一路向墓室看去，还是从墓室一路向地面走去，墓道两边的壁画就像一幅长卷画一样，它有自己的情节性和叙事性，展现的是一个完整连续的场景。

这个场景的主题是有关墓主的。抛开等级的差别，这个场景里面有两个内容很有代表性。一个是鞍马、车辆、骆驼等交通工具，一个是告别图。鞍马、车辆、骆驼，尽管在形态上或是级别上有较大的差异，但功能是相同的，都是交通工具。在其前后布置的仪卫有多少之分，这可能需要按墓主的身份来安排。告别图是墓道壁画里一个常见画面，在上表里可以清楚看出。过去学者往往将其简单归之为男侍。但是，通过对墓道壁画人物群的分组，我们发现，靠近墓室的地方是男女侍女的分界线。在这个分界线的北侧以女性侍者和内侍为主，而在这个分界线的南侧，则以男侍、仪卫为主。有时也会以门吏、戟架等作为分界线，但更多的是通过人物丰富的面向和动作来体现界限。墓道里的人物通常是面向墓道口的，但是在靠近这条分界线的附近通常绘有一个或多个面向墓室的人物，如在郑仁泰墓墓道北端、苏君墓墓道北端、李凤墓第四天井、懿德太子墓第三天井、永泰公主墓墓道的北端，均发现了这一场面。画面中面向北的人物似乎在和靠近墓室的人群告别。告别图一般暗含有两个人群互相离开的意义，而他们的去向是相反的。一部分人将跟随那些交通工具向墓道口走去，另一部分人将向墓室走去。向墓道口走去的人群最终和青龙、白虎汇合。苏君墓里把一匹面向墓室的马和青龙、白虎布置在一起，而那匹马的牵控者正在和后面的人群交谈，似乎在嘱咐什么，之后这匹马就要转身向青龙、白虎的方向奔去。也就是说这些交通工具的去向和青龙、白虎的方向一致。引人深思的是这些交通工具上通常没有乘客。长乐公主墓给我们提供了很好的解释。据原发掘者报道，那辆云车上有乘客，且确信乘客就是墓主本人。在墓葬艺术里人们通常不以具体形象来描述墓主。因为死亡已经是不可逆转的事件，所以人们更关注死者灵魂的去向。在中国人的观念里，灵魂是不可见的，因此也是无法表现的。在艺术实践中，艺术家通常会用一些暗示来表示。这种暗示的画面，巫鸿称之为"位"。他认为"无论是榻上还是帷帐内却都不见有主人的像，这个空位明显是留给一个无形的灵魂的"⁴⁸。这个结论对研究唐代壁画有重要的启发意义。那些没人骑乘的鞍马，骆驼、空载的牛车显然也是"位"这一视觉传统的延续。如果将这些交通工具的乘客复原出来，那么墓道壁画的作用和意义就不难理解了。墓道壁画的叙事情节是：在墓室男女侍者的簇拥下，墓主的灵魂走出"家门"，到了一个必须告别家人的地方，开始和家人告别（有时在这里也布置有鞍马），然后在大量男侍仪卫的护卫下，跨上已经备好的鞍马或车辆，飞奔向远方。高等级墓主在旅途中还会有狩猎、马球等娱乐活动。这一切显然都是为了愉悦墓主而设计。对观者而言，这些场面就成了墓主家人显示其地位的标志。这些人群在走到接近墓道口的地方就必须停下来。在大型墓葬里，通常用城阙作为这个旅程的一个转折点。出了城门墓主灵魂就要跟随青龙、白虎的指引前往"天国"。

告别画面以北的人群属于另一种性质的人群，他们不随墓主出行，而是永远地待在地下。这些人多为墓主生前身边侍者的形象。等到墓主去世后，他们也被刻划出来，置于墓室之内，永久性侍奉"主人"。墓室壁画的设计者在墓室或前室或更外边的地方设计一组被比定为宦官的捧物侍女。其实，这也是一组非常有暗示意义的画面。无论人物组合如何变化，捧烛侍女的出现都告诉壁画的观者，这是一个夜景，而不是普通的日常生活。既然是夜晚，那么那些捧物的侍女等应当就是为夜晚服务的人物。因此，我把这个画面理解为侍寝。联系到墓道壁画的告别场景，这个侍寝场面暗示主人已经进入墓室——棺椁就寝了，永远不再出现。后室四壁通常也有壁画，壁画人物以乐舞和侍者为主。大型石椁上的线刻图也大体相同，尤其以乐舞图像最为常见。乐舞图像通常绘于墓室的东壁，也就是棺椁的正前方。显然这是古代"事死如生"观念的延续，其目的也在于愉悦墓主及其灵魂。

这个叙事情节的复原虽然带有很大的推测性，但是如果不从这方面进行探讨，而拘泥于壁画细节的考释，势必给人一种我们把墓室壁画等同于其他艺术形式的错觉。墓葬壁画的核心还是在于"葬"，而不在于"画"。画些什么，画在什么地方都是"葬"的要求。

二 壁画典型风格的布局

通过上述分析，我发现过去常被视为定论的墓葬结构和地面建筑相对应的研究，值得我们重新去思考。假如说地下结构的每一个部位均和地面建筑有关，那么对应人群的位置应当也是固定不变的。但是根据上表的统计，我们看不到这样的规律。以最为主要的一个转折点——告别图为例，我们发现它的分布可以在前甬道口附近，也可以在一个过洞里，也可能在一个天井里。而和人告别的位置，在日常生活里，一般是相对固定的。但是如果我们不去考虑墓葬结构的位置，只把壁画当成一个连续的场景来看，上面提到的交通工具、告别、侍寝场面之间的相对位置是非常固定的，并没有错乱的现象。这样的事实告诉我们，画家在作画的时候可能并没有有意识地把墓葬结构当成构图的框架，而只是把壁面当成作画的载体，尽可能把想要描绘的图像安排妥帖。因为只有这样，才能给观者一个完整的视觉印象。

三 晚期壁画的内容

唐代典型壁画风格形成并流行了一个世纪之后，逐渐开始散解。壁画内容中旧的因素逐渐被新的因素所冲击和替代。"安史之乱"爆发后，关中经济一落千丈，昔日的繁荣景象一去不返。朝廷在藩镇、朋党、宦官之间飘摇。在这样的社会背景之下，贵族墓葬已经不能再延续开元以前的规制，简化已是无法避免的事实。与此相对应的壁画也迅速简化，有些墓葬甚至根本就没有绘制壁画。

（一）晚期壁画墓的发现与内容

就目前已经见于报道的资料来看，"安史之乱"以后壁画墓的数量急剧下降，在长达150年的时间里，关中地区发现的壁画墓仅有10座（纪年墓）。这些墓葬分别是：高元珪墓、清源县主墓、高力士墓、韩氏墓、唐安公主墓、剡国大长公主墓、姚存古墓、梁元翰墓、高克从墓、杨玄略墓。这10座墓中，清源县主墓、高力士墓、剡国公主墓、杨玄略墓为长斜坡墓道多天井墓，其余几座，除唐安公主墓墓道未发掘外，均为竖井墓道墓。前者是唐代早中期流行的墓葬形式，使用者的身份相对较高，而清源县主和高力士两人应当是以"葬令官给"的方式埋葬的，所以体现了对旧传统的延续和保留。使用竖井墓道者，墓主身份相对较低，且多为宦官，其品阶波动较大，上自四品，下至八品均有。这些墓葬的壁画保存均不太理想，加之报道也很不完整，给深入研究带来了一定的困难。下面按时代顺序将这几座壁画墓的内容列成表二〇。

通过表二〇的统计，可以发现"安史之乱"以后墓葬壁画的内容发生了较大的变化。首先，墓道（含天井过洞）部分原有的青龙、白虎、门阙、步骑仪卫、列戟基本不再出现，只保留了最简单的青龙、白虎、鞍马部分。尤其是在较晚的墓葬中，墓道变为竖井样式后，仅仅安排青龙、白虎，其他内容都被省略。韩氏墓则把牵马图安排在甬道里。再次，从高宗时期开始流行的影作木结构，到开元晚期已经开始衰落，在天宝以后的墓葬里基本不见其踪影。甬道部分，由于各个墓例保存得都不好，暂时无法比较。墓室部分的内容变化最大，最为突出的是在墓室南北两壁绘制了朱雀、玄武，这样

表二〇　晚期壁画墓内容统计表

墓主	葬年	官品身份	墓型	墓道天井过洞壁画	甬道壁画	墓室壁画	出处
高元珪	756	明威将军（正四下）、检校左威卫将军（从三）	斜坡墓道多天井单室砖墓	青龙、白虎、骑马侍卫	侍女	东壁：乐舞；西壁：花卉；北壁：墓主画像、玄武；南壁：朱雀	《文物》1959年8期
清源县主	758	县主（正一）	斜坡墓道多天井单室砖墓	不明	脱落	脱落	《文物》1958年10期
高力士	762	内侍监（正三）、开府仪同三司（从一）、齐国公（从一）	斜坡墓道多天井单室砖墓	残存卷云纹	顶部：卷云 两壁：男侍、竹凳、花草、蜂蝶	东西两壁：十二扇屏风，上绘十二生肖和祥云；南壁：朱雀；顶部没有装饰	《考古与文物》2002年6期
韩氏	765	都督府司马（正四）妻	竖井斜坡墓道洞墓	脱落	马夫牵马、廊柱	西壁北侧：绘男女侍者（张建林认为是屏风），立柱、斗拱	《西安郊区隋唐墓》
唐安公主	784	公主（一品）	不明	未发掘	男女侍者	西壁：南壁：朱雀；北壁：玄武、男女侍者；东壁：男女侍者；顶部：星象图	《文物》1991年9期

续表二〇

墓主	葬年	官品身份	墓型	墓道天井过洞	甬道	墓室	出处
鄃国公主	787	大长公主（正一）	斜坡墓道多天井单室砖墓	青龙、白虎、男侍、牵马图，女侍		东壁：伎乐图；南壁：朱雀	《文博》1984年2期
姚存古	835	内侍省内侍置同正员（从四）、长城县开国公（从二）	竖井斜坡道单室砖墓	青龙、白虎	侍者	东壁：侍者；西壁：花井；南壁：朱雀；北壁：几座	孙秉根《西安隋唐墓葬的形制》
梁元翰	844	桂管监军使（正四）、奚官局令（正八）、上柱国（正二）	竖井斜坡墓道土洞墓	不明	不明	西壁：六扇鹤屏风；南壁：朱雀	孙秉根《西安隋唐墓葬的形制》
高克从	848	又昌军监军使（正四）	竖井斜坡墓道单室砖墓	不明	侍女	西壁：六扇翎毛屏风；南壁：朱雀	《文物》1959年8期
杨玄略	864	银青光禄大夫（从三）、掖庭局令（正七下）、上柱国（正二）、弘农县候（从三）	斜坡墓道多天井单室砖墓	青龙、白虎、树下人物、男侍、马夫、牵马	不明	西壁：六扇鹤屏风；南壁：朱雀；北壁：侍者；东壁：伎乐	《文博》1984年2期

就和墓道里的青龙、白虎配成一套完整的四神系统，起到保护墓主灵魂的作用。这一系统在韦慎名墓（727 年）中就已出现，开元以后更加流行，并逐渐成为墓室壁画的主要内容之一。另外，早中期出现较少的屏风画，在唐代晚期得到充分发展，几乎成了影作木结构的替代结构。尤其是西壁的六扇屏风更是引人注目，杨泓[49]、张建林[50]对此已有很好的论述。晚期壁画墓里的屏风画的内容一改鉴戒内容为主的局面，而代之以各式花鸟画。这些屏风画中又以云鹤题材最为常见，这种现象可能和当时社会心理有关。在晚唐动荡不安的年代里，人们一方面在现实中苦苦挣扎，另一方面把幸福寄托在宗教崇拜之上。升仙和成佛成了人们摆脱现实苦难的理想道路。在这样的社会现实下，人们把道教成仙的工具和象征物——云鹤描绘在现实的屏风上，死后又依据"事死如生"的原则带到地下。另一值得注意的现象是高力士墓发现的十二生肖画，同样题材广泛发现于较早墓志的边饰、陶俑当中。此类图像曾出现于北齐娄叡墓中，在唐代以壁画的形式再次出现于高力士墓中，此后唐僖宗靖陵又出现了绘于壁龛的十二生肖[51]。但是在高力士墓和靖陵中却没有发现十二生肖俑。这一现象表明，图像的形式和陶俑的形式其作用并没有本质的不同。晚唐出现大量的带有十二个小龛的墓例，这些墓葬里通常并没有发现十二生肖俑。根据高力士墓和靖陵的情况来看，不排除以绘画代替陶俑的可能，当然也不排除纸质或木质俑像的可能。

（二）晚期壁画墓的基本配置

结合考古发现和上述的分析，我们可以把唐代晚期壁画墓的基本内容复原如下：第一，墓道部分，大多数只保留青龙、白虎图，等级较低的墓葬甚至"已把墓道两壁空出来，不再绘制壁画了"[52]；第二，甬道部分，可能依然绘制男女侍者群，但比"安史之乱"以前要简略得多；第三，墓室部分，东壁依然保留了乐舞场面，这一题材的规模甚至比"安史之乱"以前更为庞大。西壁则流行屏风画，尤其是六扇云鹤屏风出现的频率很高，应当是晚唐墓室壁画配置的基本内容。南壁，由于壁面较小，因而内容相对简单，早中期在这一部位通常安排一两个人物和其他部分相呼应，但在晚期壁画里通常只绘制一幅朱雀图，有时候朱雀的足下还有莲座，在北壁相应部位也绘制了玄武图与之呼应。北壁除了绘制玄武图以外，主要的内容是墓主画像。墓主画像在东汉晚期至魏晋十六国时期非常流行，北朝时期仍有少量发现。到了隋代，这一题材在墓葬壁画里基本消失。[53]从北壁壁画保存较好的高元珪墓、唐安公主墓、姚存古墓及杨玄略墓来看，墓主画像在晚唐时期再次流行起来，基本内容包括墓主以及男女侍者。根据姚存古墓等残存的几座来看，墓主（根据白沙宋墓开芳宴推测，如果是合葬墓也可能是夫妇）应当是坐在凭几旁，两侧站立男女侍者。墓主画像的作用和功能，参考巫鸿对马王堆帛画的研究，我认为仍然和早期墓主画像的功能一样，即代表死者在上具天文、下具地理的宇宙背景中"生活"于墓葬这个"幸福之家"或"永远的家"。[54]由于晚期唐墓的墓室顶部保存不好，所以，此期唐墓墓室顶部的装饰情况还不十分清楚。根据高力士墓墓室壁画推测，从汉代以来就一直流行的星象图，在"安史之乱"以后似乎开始消失。但这一趋势在五代时期被扭转，星象图再一次成为墓室顶部装饰的主流。

　　（三）壁画简化的原因

　　在过去的研究中"通常被解释为中晚唐政局动荡、皇权不稳、经济衰退、丧葬制度遭到破坏等原因。然而这一长期影响着人们对唐墓的认识不仅不能令人满意，还与文献记载发生了重大矛盾，使研究陷入了尴尬境地。"齐东方在对考古资料和文献进行了深入的研究之后，对唐代墓葬的演变，尤其是八世纪中期唐代墓葬的变革做出了全新的解释。他认为"变化的关键在于整个丧葬中的丧祭地位被提升，使得葬的直接表现形式墓葬变得简陋起来"。[55]这一全新的视角解决了文献中的"厚葬"和考古发现中的"薄葬"之间的矛盾，值得信服。

　　但是，习俗的改变只是其中的原因之一。经济原因也是不可忽视的因素之一。由于经济实力的下降，官方在墓葬方面的付出日渐下降。靖陵的营建者甚至为解决石材的问题，不得不就近搬运两通乾陵陪葬墓的墓碑来制作棺床。正是由于经济实力的下降，因而晚唐时期要求"薄葬"的诏令接连不断，这时营建庞大的墓葬已经和时代的要求不相吻合。在这样的主导思想下，晚唐墓葬规模明显缩小，大多数墓葬采用了施工量较小的竖井墓道洞式墓。此后，进出墓室只能通过上下垂直的墓道。这和原来的长斜坡墓道相比显然有诸多不便。正是这些不便，限制了进入墓葬的参观者，因而壁画的"观者"减少，墓葬壁画日益成了墓主独享的艺术品。那些原来用于表现墓主身份的戟架、步骑侍卫逐渐被淘汰，仅保留了侍奉墓主、取悦墓主的墓室壁画部分，以及引导死者亡灵升天的青龙白虎图等。墓主画像的再次出现正是这一变化的要求。反复出现的墓主画像说明，墓室壁画的主要享用者由原来的"参观者、墓主"改变为"墓主"。

①巫鸿：《专家推荐意见》，载于郑岩：《魏晋南北朝壁画墓研究》卷首，文物出版社 2002 年。

②宿白：《西安地区唐墓壁画的布局与内容》，《考古学报》1982 年 2 期。

③李化吉：《壁画》，中国大百科全书总编辑委员会《美术》编辑委员会、中国大百科全书出版社编辑部编：《中国大百科全书·美术I》，81～82 页，中国大百科全书出版社 1991 年。

④此观点受郑岩的启发较大，沿用了他的观点，在此予以说明。

⑤信立祥：《汉代画像石综合研究》，文物出版社 2000 年，142 页。

⑥郑岩：《魏晋南北朝壁画墓研究》，文物出版社 2002 年，193 页。

⑦参见陕西省考古研究所：《唐李宪墓发掘报告》有关石椁图像的报道。

⑧陕西省考古研究所：《新城公主墓发掘简报》，科学出版社 2004 年，图 77、78。

⑨陕西省博物馆、文管会：《唐李寿墓发掘简报》，《文物》1974 年 9 期。

⑩王仁波：《陕西唐墓壁画之研究》，《文博》1984 年 1 期、1984 年 2 期。

⑪郑岩：《魏晋南北朝壁画墓研究》，文物出版社 2002 年，10 页。

⑫宿白：《西安地区唐墓壁画的布局和内容》，《考古学报》1982 年 2 期。

⑬郑岩：《魏晋南北朝壁画墓研究》，文物出版社 2002 年，14 页。

⑭孙机：《李寿墓石椁线刻侍女图和乐舞图散记》（上、下），《文物》1996 年 5 期、6
期。

⑮赵殿增：《天门考——兼论四川汉画石组合与主题》，《四川文物》1990 年 6 期。

⑯郑岩：《魏晋南北朝壁画墓研究》，文物出版社 2002 年，158 页。

⑰巫鸿：《武梁祠·中国古代画像艺术的思想性》，生活·读书·新知三联书店 2005
年，149～150 页。

⑱杨泓：《隋唐造型艺术渊源简论》载《汉唐考古和佛教艺术》，科学出版社 2000
年，160 页。

⑲宿白：《西安地区唐墓壁画的布局和内容》，《考古学报》1982 年 2 期。

⑳陈寅恪：《隋唐制度渊源略论稿》，中华书局 1963 年，19 页。

㉑郑岩：《魏晋南北朝壁画墓研究》，文物出版社 2002 年，172 页。

㉒魏征：《隋书》，中华书局 1973 年，1309 页。

㉓陈戍国：《中国礼制史·隋唐五代卷》，湖南教育出版社 1998 年，13 页。

㉔欧阳修：《新唐书》，中华书局 1975 年，308 页。

㉕陈戍国：《中国礼制史·隋唐五代卷》，湖南教育出版社 1998 年，53 页。

㉖武仙竹：《唐初云中车马图浅议》，《四川文物》1995 年 4 期。

㉗邹规划等：《长乐公主墓壁画〈瑞云车马送行图〉琐谈》，《陕西历史博物馆馆刊》
第 6 辑，陕西人民教育出版社 1999 年。

㉘文军：《佛教与世俗的结合——长乐公主墓壁画〈云中车马图〉初探》，《陕西历史
博物馆馆刊》第 8 辑，陕西人民教育出版社 2001 年。

㉙郑岩：《魏晋南北朝壁画墓研究·序论》，文物出版社 2002 年。

㉚宿白：《关于河北四处古墓的札记》，《文物》1996 年 9 期。

㉛南京博物院：《江苏丹阳县胡桥、建山两座南朝墓葬》，《文物》1980 年 2 期。

㉜巫鸿：《从哪里来？到哪里去？——汉代丧葬艺术中的"柩车"与"魂车"》，载
《礼仪中的美术——巫鸿中国古代美术史文编》，生活·读书·新知三联书店 2005
年，260～273 页。

㉝欧阳修：《新唐书》卷二十四，中华书局 1975 年，512 页。

㉞陕西省博物馆、乾县文教局唐墓发掘组：《懿德太子墓发掘简报》，《文物》1972 年
7 期。此墓列载其中一面应为 12 竿，而误为 13 竿。

㉟信立祥：《汉代画像石综合研究》，文物出版社 2000 年，159 页。

㊱岑蕊：《摩羯纹考略》，《文物》1983 年 10 期。

㊲孙机：《摩羯灯》，《文物》1986 年 12 期。

㊳昭陵博物馆：《唐昭陵长乐公主墓发掘简报》，《文博》1988 年 3 期。

㊴参见李星明：《唐代墓室壁画研究》，陕西人民美术出版社 2005 年，409～423 页。

⑩刘昫：《旧唐书》卷四十五志25，1949～1950页。

⑪刘昫：《旧唐书》卷四十五志25，1957页。

⑫李星明：《唐代墓室壁画研究》第四章，陕西人民美术出版社2005年。

⑬李求是：《谈章怀、懿德两墓形制等问题》，《文物》1972年7期。

⑭陕西省考古研究所：《唐李宪墓发掘报告》，科学出版社2005年，257～260页。

⑮巫鸿：《武梁祠——中国古代画像艺术的思想性》，生活·读书·新知三联书店2006年，69页。

⑯汤池：《东魏茹茹公主墓壁画试探》，《文物》1984年4期。

⑰郑岩：《魏晋南北朝壁画墓研究》图98，125页。

⑱巫鸿：《无形之神——中国古代视觉文化中的"位"与对老子的非偶像表现》，载《礼仪中的美术》，生活·读书·新知三联书店2005年，517页。

⑲杨泓：《屏风周昉画纤腰——漫话唐代六曲屏风》，《文物天地》1990年2期。

⑳张建林：《唐墓壁画里的屏风画》，载《远望集——陕西考古研究所华诞四十周年纪念文集》，陕西人民美术出版社1998年，720～729页。

㉑陕西省考古研究所：《陕西新出土唐墓壁画》，重庆出版社1998年，185～190页。

㉒宿白：《西安地区唐墓壁画的布局和内容》，《考古学报》1987年2期。

㉓郑岩：《墓主画像研究》，载山东大学考古系编《刘敦愿先生纪念文集》，山东大学出版社1997年，450～468页。

㉔巫鸿：《礼仪中的美术——马王堆再思》，载《巫鸿中国古代美术史文编》，生活·读书·新知三联书店2005，105页。

㉕齐东方：《唐代丧葬观念习俗与礼仪制度》，《考古学报》2006年1期。

第七章　唐代墓葬的组合与排列

前述各章对墓葬进行的是个案分析。本章拟把墓葬作为一个完整单位，来集中探讨唐代墓葬的组合关系，尤其是帝陵陪葬墓的分布规律以及家族墓地的排位方式。最后再利用日益丰富的考古资料对唐长安城周边的唐墓分布情况作一归纳。

第一节　帝陵陪葬墓的分布及其规律

一　帝陵陪葬墓的记载

1. 献陵陪葬墓（表二一）

唐代帝王陵墓中的陪葬墓是从高祖献陵开始出现的。献陵位于今三原县和富平县交界的徐木原东段。徐木原海拔 500 米，东西走向，石川河由西北向东南流过。所有的陪葬墓呈扇形分布在徐木原向石川河过渡的斜坡上。起初，献陵并无陪葬墓。贞观十八年（644 年），太宗对侍臣说："佐命功臣，义深舟楫，追念在昔，何日忘之，汉氏相将陪陵，又给东园秘器，笃终之义，恩意深厚。自今以后，功臣密戚及德业佐时者，如有薨亡，赐茔地一所，及赐以秘器，使窀穸之时，丧事无阙，凡功臣密戚请陪陵葬者听之。以文武分为左右而列。"[①]此后，陆续有宗室多人及少量大臣陪葬献陵。据《长安志》卷二十记载，献陵有陪葬墓 23 座，《唐会要》卷十一记载为 25 座，《文献通考》卷一二五、《历代山陵考》卷上、《关中陵墓志》、《陕西通志》卷一七一、《关中胜迹图志》卷八所载均为 25 座。其墓主分别为楚国太妃万氏、馆陶公主、河间王孝恭、襄邑王神符、清河王诞、韩王元嘉、彭王元则、道王元庆、郑王元懿、虢王凤、酆王元亨、徐王元礼、滕王元婴、邓王元裕、鲁王元夔、霍王元轨、江王元祥、密王元晓、并州总管张纶、荣国公樊兴、平原郡公王长楷、谭国公丘和、巢国公钱九陇、刑部尚书刘德威和刑部尚书沈叔安。另外，还有房陵公主墓，虽不见于文献记载，但经过考古发掘，确属献陵陪葬墓。②考古资料称献陵有陪葬墓 30 座，集中分布在献陵的东部及东北部，范围东西长 4000 米，南北宽 1500 米。③这些陪葬墓的封土堆大部分为圆形，覆斗形只有一座，即已经发掘的虢王李凤墓。④由于献陵陪葬墓保存状况较差，目前可以判定墓主的仅有三座，分别是位于南庄附近的襄邑王神符墓⑤，富平县吕村乡双宝村房陵公主墓，富平吕村乡北吕村西的虢王李凤墓。其余诸人墓葬位置已不可考。顺便提及，沈睿文在《唐昭陵陪葬墓墓地布局研究》⑥中把淮安王李寿墓也列为献陵陪葬墓，是个明显错误。李寿墓位于今三原县陵前乡焦村永康陵附近，在献陵西北很远的地方。

表二一   献陵陪葬墓统计表

墓主	官职	殁日	身份	入葬方式	死因	备注
楚国太妃万氏	高祖妃	不明	楚王智云母	陪葬	正常	
馆陶公主	公主	不明	高祖女	陪葬	正常	
李孝恭	河间王	贞观十四年（640 年）	（太祖子）	陪葬	正常	
李神符	襄邑王	永徽二年（651 年）	（太祖子）	陪葬	正常	
李诞	清河王	不明		陪葬	正常	
李元礼	徐王	咸亨三年（672 年）	高祖子	陪葬	正常	
李元嘉	韩王	垂拱中被杀（685～688 年）	高祖子		参与李贞反对武则天被杀	

墓主	官职	殁日	身份	入葬方式	死因	备注
李元则	彭王	永徽二年（651 年）	高祖子	陪葬	正常	
李元庆	道王	麟德元年（664 年）	高祖子	陪葬	正常	
李元懿	郑王	咸亨四年（670 年）	高祖子	陪葬	正常	
李凤	虢王	永隆二年（681 年）	高祖子	陪葬	正常	已发掘
李元亨	酆王	贞观六年（632 年）	高祖子	陪葬	正常	
李元婴	腾王	武后时	高祖子		武则天时被酷吏所杀	
李元裕	邓王	麟德二年（665 年）	高祖子	陪葬	正常	
李元夔	鲁王	神龙前	高祖子		参与李贞反对武则天被杀	
李元轨	霍王	垂拱中被杀（685 ~ 688 年）	高祖子		参与李贞反对武则天被杀	
李元祥	江王	永隆元年（680 年）	高祖子	陪葬	正常	
李元晓	密王	上元三年（676 年）	高祖子	陪葬	正常	
张纶	并州总管	不明	武德功臣	陪葬	正常	
樊兴	荣国公	永徽初（651 年）	武德功臣	陪葬	正常	
王长楷	平原郡公	不明	武德功臣	陪葬	正常	
丘和	谭国公	贞观十一年（637 年）	武德功臣	陪葬	正常	一作邱和
钱九陇	巢国公	贞观十二年（638 年）	武德功臣	陪葬	正常	
刘德茂（威）[⑦]	刑部尚书	永徽三年（666 年）	妻为平寿县主[⑧]	陪葬	正常	

墓主	官职	殁日	身份	入葬方式	死因	备注
沈叔安	刑部尚书	不明	武德功臣	陪葬	正常	
房陵公主		咸亨四年（673年）	高祖女		正常	无记载，考古发掘证实

2. 昭陵陪葬墓

昭陵陪葬墓群分布在昭陵的东南方向。昭陵陪葬墓的数量，文献记载差别较大。据两《唐书》记载有74座，《唐会要》记载155座，《长安志》记载155座，《文献通考》载174座，《关中陵墓志》载130座，《礼泉县志》载203座，《历代陵寝备考》、《陕西通志》等书所载则为160余座。⑨1977年，昭陵文物管理所对昭陵陪葬墓进行考古调查，称昭陵有陪葬墓167座，其中可确定墓主姓名、身份和入葬时间的有57座。⑩后来昭陵博物馆与煤炭部航测遥感中心合作，运用航测和实地勘查相结合的方法，确定陪葬墓数为188座。现在可以确定墓主的陪葬墓有60余座。为了深入研究陪葬墓的分布规律，沈睿文曾对这些墓葬进行了分区。他把陪葬墓分为两个大区：陵山区和南麓陪葬墓区。南麓陪葬墓区又细分为：A区－陵山南趾区；B区－澄心寺、安乐原北部；C区－临川公主等墓区；D区－瑶台寺、安乐原中部区；E区－安乐原东部中区；F区－瑶台寺南区、安乐原东区中部；G区－瑶台寺南原区；H区－安乐原南缘区。至于陵山北部的白鹿原区，可能只是乙速孤行俨家族墓地，而不是昭陵陪葬墓，沈先生本人也未在文中论述此区墓葬的意义。这个分区虽然不一定正确，但对于了解陪葬墓的分布和具体位置很有帮助。

目前经过发掘的昭陵陪葬墓已达30余座，加上地面保留的碑石资料，可以确定墓主的陪葬墓有：韦贵妃墓、燕妃墓、韦昭容墓、长乐公主墓、段简璧墓、城阳公主墓、新城公主墓、魏征墓、宇文士及墓、唐俭墓、唐嘉会墓、薛颐墓、遂安公主与驸马都尉王大礼墓、杨恭仁墓、高士廉墓、马周墓、房玄龄墓、温彦博墓、李靖墓、裴艺墓、宇文崇嗣墓、彭城夫人墓、褚亮墓、孔颖达墓、杜君绰墓、崔敦礼墓、李思摩墓、李福墓、阿史那忠墓、豆卢宽墓、豆卢仁业墓、段志玄墓、张胤墓、李承乾墓、清河公主与驸马程处亮墓、兰陵公主墓、李孟尝墓、吴黑闼墓、房仁裕墓、程知节墓、姜遐墓、姜简墓、李震墓、斛斯政则墓、张阿难墓、李勣墓、尉迟敬德墓、王君愕墓、周护墓、李冲墓、李贞墓、薛收墓、契苾氏墓、张士贵墓、陆妃墓、执失善光墓、临川公主墓、郑仁泰墓、牛进达墓、许洛仁墓、安元寿墓和梁仁裕墓等。20 世纪 80 年代在陵山上还发现过一批宫人墓，昭陵博物馆进行过发掘和调查。[11]

3. 乾陵陪葬墓（表二二）

乾陵陪葬墓的数量，文献记载也不一致。据《唐会要》载有 16 座，《长安志》载有 6 座，《文献通考》、《关中陵墓志》均载有 17 座，《乾州志稿》则称有 41 座。据《唐会要》卷十一载，陪葬乾陵者有章怀太子李贤、懿德太子李重润、泽王李上金、许王李素节、邠王李守礼、义阳公主、新都公主、永泰公主、安兴公主、特进王及善、中书令薛元超、特进刘审礼、礼部尚书左仆射豆卢钦望、右仆射刘仁轨、左卫将军李谨行和左武卫将军高侃。据《文献通考》和《关中陵墓志》载，陪葬乾陵者还有左仆射杨再思。这就是说，乾陵陪葬墓至少有 17 座。考古调查的结果也是如此。所以，《唐会要》的记载基本正确。除了大家熟知的章怀、懿德、永泰三座大墓外，李谨行、薛元超[12]、刘仁轨之子刘濬墓[13]已经过考古发掘。刘濬墓是祔葬墓，它的发现解决了刘仁轨墓的方位问题。根据志文"以（开元）十八年五月十九日合附葬于文献公陪乾陵西次"的记载，确定位于刘濬墓东 300 米处，今杨家洼村西北的大墓就是刘仁轨墓[14]，也即今乾陵博物馆门前的大墓。

表二二 乾陵陪葬墓统计表

墓主	官职	身份	殁日	入葬方式	死因	备注
李贤	章怀太子	高宗子	永淳二年（683 年）	迁葬	酷吏逼杀	706 年改葬，已发掘
李重润	懿德太子	中宗子	大足元年（701 年）	改葬	杖杀	706 年改葬，号墓为陵，已发掘
李仙蕙	永泰公主	高宗女	大足元年（701 年）	改葬	杖杀	706 年改葬，号墓为陵，已发掘
李上金	泽王	高宗子	载初中（689 年）	改葬	酷吏诬陷致死	神龙初年
李素节	许王	高宗子	载初中（689 年）	改葬	酷吏诬陷致死	中宗即位后改葬
李守礼	邠王	章怀子	开元十九年（731 年）	祔葬	正常	
义阳公主		高宗女	不明			
新都公主		中宗女				
安兴公主		睿宗女				
王及善	特进	王君愕子	圣历二年（699 年）	正常		其父陪葬昭陵
薛元超	中书令	薛收子	弘道元年（683 年）	正常		其父薛收陪葬昭陵
刘审礼	特进		仪凤中（676～678 年）	没于阵		
豆卢钦望	左仆射	豆卢仁业子	景龙三年（709 年）	正常		其父祖陪葬昭陵
刘仁轨	右仆射		垂拱元年（685 年）	正常		其子刘濬祔葬，刘濬墓已发掘

墓主	官职	身份	殁日	入葬方式	死因	备注
李谨行	左卫将军		上元三年（677 年后）	正常		
高侃	左卫将军		永徽后			
杨再思	左仆射		景龙三年（709 年）			《文献通考》载，《唐会要》无

4. 定陵陪葬墓

据《唐会要》和《长安志》记载有 6 座，即节愍太子重俊、宜城公主、长宁公主、城安公主、定安公主及驸马王同皎、永寿公主及其驸马。《文献通考》及《关中陵墓志》没有记载定陵陪葬墓。《富平县志》所载与《唐会要》相同，考古调查亦为 6 座。其中节愍太子墓已经发掘，该墓位于南陵村刘家堡西北 200 米、赵家正北。

5. 桥陵陪葬墓

据《唐会要》及《长安志》记载计有惠宣太子、惠庄太子、金仙公主、梁国公主、息国公主及驸马李思训。《文献通考》所载为 9 座，《关中陵墓志》所载为 12 座，《蒲城县志》所载为 13 座。据沈睿文最新研究，桥陵陪葬墓可能至少有 12 座，分别是：惠文、惠宣、惠庄三座太子墓，昭明、肃成两皇后墓，王贤妃墓，李思训墓，代国、息国、梁国、金仙四公主墓。并且，根据《旧唐书》有关睿宗诸子中李宪的记载，推测李珣、李宪妃元氏也陪葬桥陵。[15]其中惠庄太子墓已经过发掘，位于今蒲城县坡头乡桥陵水泥厂东约 500 米处。

6. 泰陵及其以后诸陵陪葬墓

泰陵陪葬墓，据《唐会要》、《长安志》、《文献通考》及《关中陵墓志》记载只有 1 座，即已经发掘的高力士墓。考古调查发现陪葬墓 1 座。建陵陪葬墓,《唐会要》、《长安志》所载只有汾阳王郭子仪墓 1 座。据《新唐书》等文献记载,还有章敬皇后墓和李怀让墓。现存圆锥形封土堆 3 处。丰陵有陪葬墓 1 座,《新唐书·后妃传》记载为庄宪皇后墓。景陵陪葬墓,据《唐会要》载为惠昭太子、孝明太后郑氏、懿安太后郭氏和贤妃王氏。考古调查只发现 1 座。诸书均载光陵有陪葬墓 2 座,即恭信太后王氏和贞献太后萧氏。现仅存 1 处,墓主尚不能确定。庄陵有陪葬墓 1 座,为悼怀太子李吾墓。端陵和贞陵据文献记载各有陪葬墓 1 座,均为妃嫔墓。贞陵陪葬墓还没有发现。其余诸陵均无陪葬墓。

二 唐代帝陵陪葬墓的数量、分期及其盛衰

唐代帝陵陪葬墓的数量,在《唐会要》、宋代宋敏求《长安志》、元代马端临《文献通考》、明代《关中陵墓志》、清修《陕西通志》以及清代毕沅的《关中胜迹图志》里都有记载。尤以前三种文献记载最为系统。但从宋敏求开始,对帝陵陪葬墓的数量记载就有了差异。现将文献记载数量列表如下(表二三):

表二三 唐代帝陵陪葬墓数量统计表

陵墓名称	文献所载帝陵陪葬墓数					考古调查数	发掘数
	《唐会要》	《长安志》	《文献通考》	《关中陵墓志》	其他		
高祖献陵	25	23	25	25	《三原志》23	30	2
太宗昭陵	155	166			《礼泉志》203	167	60
高宗乾陵	15	6	17		《乾州志》41	17	6
中宗定陵	8(驸马2)	6			《富平志》6	6	1
睿宗桥陵	7(驸马1)	6	9	12	《蒲城志》13	6	1
玄宗泰陵	1	1	1	1		1	1
肃宗建陵	1	1	1			3	
顺宗丰陵	0		0	《新唐书》1		1	
宪宗景陵	4	3		3		2	

陵墓名称	文献所载帝陵陪葬墓数					考古调查数	发掘数
	《唐会要》	《长安志》	《文献通考》	《关中陵墓志》	其他		
穆宗光陵	2	2	2	2		1	
敬宗庄陵	1	1	1			1	
文宗章陵	0	1	0		《富平志》1	1	
武宗端陵	1		1		《新唐书》1	1	
宣宗贞陵	1			1			

　　通过上表的比较，可以发现对唐代帝陵陪葬墓数量的记载以近现代考古调查和发掘数量最多，清修方志数量次之，《长安志》数量最少。造成这种差异的原因，大抵有以下几个：其一，唐陵经过唐末五代军阀战火的破坏，地面碑志损失惨重，因此宋敏求记载数量较少。经过宋代的修缮，情况有所好转，因而元代马端临的记载就和《唐会要》较为接近。其二，《唐会要》只记载陪陵人的名讳，不管夫妇是否合葬。而《长安志》则记陪葬墓的总数量，如果把定陵和桥陵的驸马墓和公主墓合为一墓，则两书记载的数量实际相同。其三，丰陵以后诸陵，基本为后妃或皇后陪葬，这种现象已和太宗下诏陪葬的意义大不相同。所以在统计时，就会发生分歧。《文献通考》可能就没把此类墓葬记入，丰陵就是很好的例证。其四，由于时代久远，封土、碑志残缺，人们已很难把祔葬墓区别开来，在统计时就只能一墓一记，这就造成了清代和近现代考古记载陪葬墓数量较多的现象。另外，通过现代科技手段和考古钻探，可以发现过去仅凭查阅文献和地面踏查无法发现的墓葬。这也是近现代记载反而比距离唐代时间较近的宋元还多的一个原因。

　　通过对比可知，唐代帝陵陪葬墓以昭陵最多。从乾陵开始，帝陵陪葬墓的数量开始减少，泰陵之后则变得很少或基本没有。因此，分期主要针对泰陵以前的阶段。姜宝莲[16]、任士英[17]、王双怀等研究者把唐代帝陵陪葬墓分为四个阶段：初创期——献陵阶段，兴盛期——昭陵阶段，由盛转衰期——乾陵阶段，衰落期——泰陵之后。这一分法只按墓主去世的时间来分，而不考虑每座帝陵陪葬墓的具体差异，所以这种分期只是一个表面化的结果，对于深入研究并无太大参考价值。

唐代帝陵陪葬开始于贞观十年（636年）。太宗首先安排了献陵陪葬人选，同时他还开始考虑陪葬昭陵的人选。他在献陵安排了大量的同辈宗室，还有少量高祖生前钟爱的大臣。昭陵陪葬墓入葬时间可以分为前后两段。前段开始于637年温彦博墓，结束于683年的安元寿、梁仁裕墓。后段开始于706年纪国先妃陆氏墓，还包括718年的李贞墓等。683年高宗去世，至706年中宗反正以前，武则天成了实际统治者。由于她的血腥迫害，期间除了陪葬乾陵外，再无人敢要求陪葬献陵、昭陵，朝廷也未安排人陪葬这两陵。因此以683年为界限，把昭陵陪葬墓分为两段是符合当时形势的。这点在陪葬墓群中也可找到证据。如685年陪葬乾陵的薛元超，他父亲就是655年已陪葬昭陵的薛收。豆卢钦望的父祖也先期陪葬昭陵。他们置祔葬昭陵的荣耀和归葬旧茔的传统于不顾，其中的原因应是武则天执政后对李唐宗室及其支持者的打击。706年之后，中宗、睿宗、玄宗三朝的首要问题都是重树宗室的声誉和威信，因此这三朝注重用陪陵来表示对皇室死难者的肯定与褒奖。从实际的行动来看，从中宗定陵开始，"唐陵在某种意义上，几乎就是唐代最高级别家族墓地的同义词"。[18]

基于以上分析，我把唐代帝陵陪葬墓分为四期：636年至683年为第一期，683年至706年为第二期，706年至718年越王李贞迁葬为第三期，玄宗之后为第四期。第一期，为昭陵、献陵同时陪葬期，太宗的高辈及同辈的宗室多归于献陵，功臣密戚多归于昭陵，这一时期为褒奖功臣和家族墓地并重的时期；第二期，仅限于乾陵，是以武则天个人喜好而确定的"功臣"陪葬期；第三期，为平反昭雪期，墓主多为太子、公主和亲王，分布在昭陵和乾陵，少量辈分较高的宗室归葬献陵；第四期，为家族墓葬时期。高力士本身就是玄宗的家奴，所以也可归入家族墓地之列。从第三第四期开始，外姓陪葬逐渐消失，代之而起的是皇室和后妃，也就是姜捷所谓的"家族式聚族而葬"。

从各期陪葬墓的数量看，不同时期的帝陵陪葬墓的数量变化非常显著。唐代早期的太宗朝是帝陵陪葬墓数量最多的时期。从685年武则天执政后，陪葬墓数量急剧下降。706年中宗复辟，陪葬墓数量略有回升，但这只是昙花一现。至763年泰陵时，只有宦官高力士一人陪葬。此后，大臣陪陵便基本消失了。造成这种现象的原因，学术界虽有过论述，但似乎还没有得出令人信服的结论。综合诸家研究成果，我认为有以下三方面的原因：

第一，君臣关系和社会风尚的变化是导致陪葬墓数量变化的主要原因。唐代初年，大多数朝臣都是和太宗父子出生入死的功臣，君臣之间有着生死之交，甚至情同手足。为了加强这种关系，太宗还通过公主赐婚的方式把皇室和创业元勋联系在一起。在这样的背景之下，太宗于贞观十年（636年）下诏：

> 佐命功臣，义深舟楫，或定谋帷幄，或身摧行阵，同济艰危，克成鸿业，追念在昔，何日忘之！使逝者无知，咸归冥寂；若灵魂有识，还如畴曩。居止相望，不亦善乎！朕是以使将相陪陵，又给以东园秘器，笃全终之义，恩意深厚，古人之志，岂异我哉！自今以后，功臣密戚及德业尤著，如有薨亡，宜赐茔地一所，加以秘器，使窀穸以时，丧事无阙。[19]

为了在死后也能保持这种良好的关系，和生前"佐命功臣们""居止相望"，太宗极力提倡功臣密戚陪陵。贞观二十年太宗再次下诏，重申了这一重要观点和要求，并同意功臣子孙从葬昭陵。这种良好的君臣关系持续到太宗去世。高宗执政后，昭陵陪葬墓的数量继续增加，这一方面是太宗生前的安排，另一方面也是高宗坚持太宗陪陵诏的结果。683年高宗去世，685年武则天执政，

690年改唐为周。这一系列重大变故，使得宗室和大臣难以适应。各种各样的反对意见随之而起，起兵反抗者有之，私下议论者有之。对于这些反对力量，武则天采用了"酷吏政治"来予以残酷镇压。据《资治通鉴》记载："太后自垂拱以来，任用酷吏，先诛唐宗室贵戚数百人，次及大臣数百家，其刺史、郎将以下不可胜数。"[20]这时君臣关系非常紧张，加上此后皇室内乱叠起，大臣很难预知谁将是下一任皇帝。在这种情形下，自然没有人会请求陪陵。

此外，初唐以后，伴随国家进入管理建设阶段，文职官员的需求增加，作用也显得更加重要。再加上科举制的兴起，唐初的尚武风气逐渐开始淡化。因而，作为褒奖功臣，尤其是褒奖军功的陪葬制度也就逐渐失去了本来的意义，自然而然地开始衰落。[21]

第二，帝王的倡导和家族观念的兴起对帝陵陪葬墓的数量产生了一定的影响。太宗去世后，高宗继续坚持安排昭陵陪葬墓的人选，所以昭陵陪葬墓数量继续增加。但到了武则天时期，由于她极力想"改唐为周"，建立自己的王朝，所以她没有继续安排昭陵陪葬墓，而是给自己未来的陵寝乾陵安排了少量陪葬墓。由于她不是李唐王朝的法定继承人，所以她并没有大力提倡和号召陪陵。另外一个原因可能是随着社会秩序的稳定，各个家族开始兴建自己的家族墓地，这在客观上就减少了愿意陪葬帝陵的人选。

第三，晚唐动荡的社会结构和衰弱的国家经济导致陪葬制度最终退出历史舞台。"安史之乱"以后，社会持续动荡不安。军阀混战、周边国家的入侵耗费了唐王朝的大量人力和物力，至此国家已无法承担"丧事"的费用了。甚至连皇帝的丧事也无力承办，例如位于乾县的僖宗靖陵的石棺床竟然是用乾陵陪葬墓豆卢钦望墓和杨再思墓的墓碑拼凑而成。因为，陪陵者的所有丧葬费用都要由国家承担，即所谓的"葬令官给"。陷入经济困境的晚唐皇室已无法负担高昂的陪陵费用，最终导致了陪陵制度的衰落。

三　昭陵陪葬墓的分布及其规律

（一）昭陵陪葬墓布局研究的历史与概况

唐代是中国历史上又一个黄金时代。这个时期形成的新帝陵制度，对后世帝陵制度产生了深刻影响。因此，自宋代以来，学者们或研究碑石，或考证史志，前赴后继，不乏其人。在唐代帝陵中，尤以昭陵最受学人关注，昭陵庞大的陪葬墓群自然也是学者研究的主要对象。对昭陵陪葬墓群的研究大体可以分为三个阶段[22]：第一阶段，宋代至清代金石学阶段，代表性成果为宋代游师雄《唐昭陵图》和清代毕沅《关中胜迹图志》；第二阶段，20 世纪初日本学者的考古勘查阶段，以关野贞的田野考察、足立喜六的《长安史迹考》最富创建；第三阶段，20 世纪 50 年代以来的现代考古学发掘与研究阶段。这一阶段的成果首推考古发掘和调查的全面展开。到目前为止，已发掘昭陵陪葬墓 30 余座，探明 190 余座，考定墓主的近 170 座。这为我们研究昭陵陪葬墓的布局提供了翔实可靠的资料。

正是有了这个基础，学者们纷纷开始探讨昭陵陪葬墓的布局问题。姜宝莲认为：在昭陵陪葬墓中即便有个别特殊现象，也还不能否定"左文右武"的分布规律。[23]沈睿文对此问题也做了深入研究，认为：在昭陵陪葬墓地中，"文左武右"只是一个大体的原则，但是在实际运作过程中，还存在一些其他的原则，如对称。进而推论"阴宅仿效阳宅是唐陵的总体设计思想，这一点从昭陵陪葬墓地可以很明显地得到印证。昭陵陪葬墓地就是仿效长安城的宫城与皇城两部分。有趣的是仿效皇城的部分中所表现的各衙署的位置正好与实际相反，这也许是因为一个是阴宅一个是阳宅的缘故。"[24]另一些人认为，这种所谓的"文左武右"的原则，根本就不符合现实，应当是按时间先后依次入葬。[25]

主张按文武分左右厢者都有一个不可回避的问题，那就是一些"特例"。这些特例本身并没有任何不同于其他墓的地方，为何不按所谓的"规律"入葬呢？据文献记载，昭陵陪葬墓地是"所司即以闻，赐以墓地”㉖，“于昭陵南左右厢，封境取地，仍即标志疆域，拟为葬所，以赐功臣”㉗。这表明政府提前已将墓地划分，只等皇帝赐予功臣密戚。在昭陵陪葬墓里，李靖墓是“贞观十四年（640年），靖妻卒，有诏坟茔制度依汉卫霍故事，筑阙象突厥内铁山、吐谷浑内积石山形，以旌殊绩”㉘而提前选定的。李勣墓也是提前选定的，所以李勣长子李震“先勣卒”㉙，也就得以陪葬昭陵。长孙无忌也曾“自于昭陵封内先造坟墓”。这表明，分赐功臣墓地可能是成批赐予，而不是等到某人去世才临时决定。由于墓地已提前分配确定，所以墓主可以提前建墓，亲人也可在相应位置祔葬。成批规划墓地的结果就是在相邻的区域安排年龄大致相仿的功臣，因为人的寿命大致会有一个平均值。这样就可以避免临时再划分墓地的问题。无论姜宝莲，还是沈睿文都忽略了这个问题，所以在“左文右武”的限制下，自然无法得出可信的结论。沈睿文提出程知节和段志玄是左卫将军和右卫将军，因此这两墓分别位于左右两侧。这看似合理，然细究其原因就会发现，这只是个偶合，并非普遍规律。段志玄死于642年，程知节死于665年，之间相差13年之久。如果说这两墓都是提前一次性规划好的话，那么程知节的二夫人卒时即可先行入葬墓地。但事实并非如此，据墓志记载，她们是等到程知节去世时才一起入葬的。这表明这两座墓是不同时期规划的结果，因而这并不能证明陪葬墓地象征长安城的观点。同样，姜宝莲指出“左戎卫大将军杜君绰、左卫大将军程知节、右骁卫大将军阿史那忠的墓葬，排在左面，这似乎是另有特殊的原因”。其实按照她的观点来考察，这样的特例还有杨恭仁墓、李靖墓、李孟尝墓等，均不合“左文右武”的分布原则。

　　另外，还有一个值得注意的问题，即在昭陵陪葬墓中武将人数的比例远远大于文臣，如果按照“左文右武”的原则，或者按照长安城内衙署的分布来安排墓地的话，势必会导致“右重左轻”或“右密左稀”的布局。这显然不利于有效利用陪葬墓区。

　　如上所述，这种“左文右武”或“分左右厢”的布局原则是不可信的。昭陵陪葬墓的布局另有原则。这个原则，我认为是：按时间先后由北向南依次入葬，受地形的限制，分为左、中、右三大块区域。

（二）昭陵陪葬墓区的地形

一个大型的墓区，地形的制约是不可避免的问题。古人在选择墓地时通常有一套自己的原则。从古到今这些原则变化很大，但是也有一些通用的原则，譬如地势高敞干燥、地下水深、土层厚等。

昭陵陪葬墓呈扇形分布于昭陵陵山前的丘陵坡地上，地势北高南低，由东向西倾斜。接近山脚处海拔 600 米，接近南原泔河台地处海拔 500 米左右。山下所有陪葬墓均分布在 600 米到 500 米等高线之间的缓坡上。在陪葬墓区里分布两条西北至东南走向的缓沟。东沟经由官厅村、袁村、到太阳村，西沟经由庄河村、马寨村、西屯村。这两条缓沟把墓区分为东、西、中三个区域。东区以宇文士及和唐俭墓为中心；西区较为平缓，北起段志玄墓，南达安元寿墓一线；中区最大，北起温彦博墓和高士廉墓，南达泔河河边。

（三）昭陵陪葬墓墓主的身份

除去陵山顶部及附近的皇室和后宫墓以外，陵山脚下陪葬墓的墓主身份可以分为两类：一为宗室和皇亲，一为文武功臣。现将各墓主的身份及入葬时间列为下表（表二四）：

表二四　昭陵陪葬墓主身份统计表

墓主	官职	殁日	葬日	入葬方式	备注
王大礼	歙州刺史、驸马都尉	669.4.2	670.11.21	迁厝	近茔
李思摩	右武卫将军	647.4.25	647.6.7	陪葬	
房玄龄	尚书左仆射、司空、梁国公	648	648.7~8	陪葬	
高士廉	尚书右仆射、上柱国、申文献公	647.2.14	647.3.9	夫妇陪葬	山南趾，墓而不坟
温彦博	中书令、虞恭公	637.7.1	637.10~11	陪葬	给茔地陵侧

续表二四

墓主	官职	殁日	葬日	入葬方式	备注
李靖	尚书右仆射、卫景武公	649.7.2		658.6.6～7.5 立碑	坟制如卫霍故事
杨恭仁	吏部尚书、右卫大将军	639.12.30	640.4.8	陪葬	
刘娘子	彭城夫人、唐太宗乳母	643.12.20	644.3.18	陪葬	
褚亮	散骑常侍、弘文馆学士	647		夫妇陪葬	
马周	中书令、尚书右仆射	648.2.7	648.4.1	陪葬	
宇文士及	中书令、右卫大将军	642		陪葬	曾尚寿光县主
李福	赵王、太宗第2子、司空	670.10.2	672.1.22	迁葬	
裴艺	赠晋州刺史、顺义公			夫妇陪葬	649年立碑
薛赜	太史令、紫府观道士	646.11.25	647.1.25	陪葬	筑紫府观陵左
唐俭	户部尚书、莒国公	656.10.22	656.12.15	夫妇陪葬	741.2.21～3.21 重刊碑
唐嘉会 元万子	唐俭四子、殿中少监、尚衣奉御 唐君妻	678.2.2	678.3.12	合葬于莒公旧茔	
崔敦礼	太子少师、中书令、监修国史	658.1.13	658.2.21	陪葬	安乐乡平美里
孔颖达	国子祭酒、曲阜宪公	648	648	陪葬	
段志玄	右卫大将军	642	642	昭陵之侧	图形于戢武阁
姜简 姜遐	左领军卫成国公、吏部尚书 左鹰扬卫将军	691.9.11	不详 691.11.5	归于旧茔	
牛进达	左骁卫大将军、琅琊郡开国公		651.5.5	陪葬	昭陵赐茔地
王君愕 张廉穆	左武卫将军、邢国公 义丰县夫人、王君愕妻	645.7.20 654.4.7	645.11.9 655.3.21	夫妇陪葬	神迹乡常丰里旧茔

墓主	官职	殁日	葬日	入葬方式	备注
裴艺	晋州刺史	不详	不详	陪葬	649 年立碑
张阿难	左监门将军、内侍、汶江县开国侯	不详	不详	陪葬	671.10.28 立碑
豆卢仁业	右武卫将军、芮国公豆卢宽子	678.10.21 ~ 11.19	678.10.11	祔葬	
豆卢宽	镇军大将军、特进、芮公	650	678.10 ~ 11 贞观中	陪葬	
阿史那忠	右骁卫大将军、兼检校羽林军	675.6.22	675.11.7	夫妇陪葬	安乐原
李氏	定襄县主	约 653 葬	675.11.7 迁		
薛收	天策府记室参军、太常卿	633	655.9.28	夫妇陪葬	655.9.28 立碑 昭陵之左
李孟姜	临川郡长公主、韦贵妃生	682.7.1	683.1.27	陪葬	
张胤	散骑常侍、礼部尚书	658.2.14	不详	陪葬	658 年三月立碑
张士贵	左领军大将军、辅国大将军、虢国公	6577.19	657.12.29		
李孟尝	右威卫大将军、汉东郡开国公	657.7.19	657.12.28	陪葬	东南 13 里
杜君绰	左威卫大将军、兼太子左典戎卫率、开国襄公	664.2.26	664.3.1	665.3.9 迁葬昭陵	陵东南 10 里
李贞	越王、太宗 8 子、燕妃生、太子少保、豫州刺史	686	718.3.2 迁	陪葬	
纪国妃陆氏	越王李贞妻	665.8.13	665.8.13	陪葬旧茔祔葬	妃父陆爽尚书库部二曹郎中
李冲	琅琊王李贞长子		718 迁	陪葬	
房仁裕	兵部尚书	657		陪葬	
李承乾	废太子、太宗长子、恒山愍王	643.11.17	738.1.2	迁窆，妃招魂合拊	安乐乡普济里东赵村

续表二四

墓主	官职	殁日	葬日	入葬方式	备注
李勣	太尉、司空、太子太师、英国公	671.1.19	671.3.21	夫妇陪葬迁葬	象山形
英国夫人	李勣妻	约 660 葬	665.12.2		
李震王氏	梓州刺史、使持节定国公、李勣子	665.5.19	666.1.10	祔葬旧茔	先李勣而葬
	李震妻	663	665~683		
吴黑闼睦氏	洪州都督、濮阳郡开国公吴黑闼妻	668.12.8	669.6.28	夫妇陪葬	安乐乡青山之原
尉迟敬德	并州都督、鄂国公	658.12.26	659.5.10	迁葬	夫妇合葬陵东南 13 里安乐乡普清里
鄂国夫人	尉迟敬德妻	613.6.21	659.5.11		
李淑	兰陵长公主太宗第 19 女	659.9.9	659.11.18	夫妇陪葬	陵东南 10 里安乐原
宇文崇嗣	中御大夫、埒园公、宇文士及子		663	祔葬	
李敬	清河长公主、太宗第 11 女		664.11.1.6~53	夫妇陪葬	陵南 11 里
许洛仁	左监门将军	662.5.9	663.1.1	陪葬	安乐乡
周护	左骁卫大将军、嘉川襄国公	657.12.19	658.5.16	陪葬	
程知节瞿氏	左卫大将军、卢国公	628.7.27	665.12.4	夫妇陪葬	
	程知节妻	658.12.30			
斛斯政则	右监门卫大将军、清河恭公	670.6.17	670.12.27	夫妇陪葬	
执失善光	右监门卫大将军、朔方郡开国公	722.9.6	723.3.24	陪葬昭陵	
契苾氏	父契苾何力（镇国大将军凉国公）	720.7.2	721.3.27	陪葬旧茔	

续表二四

墓主	官职	殁日	葬日	入葬方式	备注
郑仁泰	右武卫大将军、同安郡开国公	663.12.23	664.11.15	陪葬	
梁仁裕	左金吾大将军	683		陪葬	649～683年立碑
安元寿	右威卫将军、安兴贵子	683.8.31	684.12.6	夫妇陪葬	窆于祖考玄堂
翟六娘	新息郡夫人、安元寿妻	698.11.23	727.3.26		

在上表中有几位较为特殊的墓主，其葬年晚于墓地确定的时间。李靖墓，其妻早卒，贞观十四年（640年）已先行入葬昭陵；阿史那忠尚定襄县主，县主先于永徽二年（653年）入葬；李勣墓，其妻及其子李震早卒，据李震墓志，可知其墓地的赐予当在显庆四年（658年）以前。㉚姜行本，贞观十七年（643年）前后死于高丽战场，"太宗赋诗以悼之，赠左卫大将军、成国公，谥曰襄，陪葬昭陵"。㉛姜行本之子姜简祔葬入昭陵陵园。这一家族墓地的入葬时间应确定为643年。

（四）昭陵陪葬墓的分布及其规律

根据上表，用不同符号代表不同身份的墓主，并把各自陪葬的年代置于其下，绘制昭陵陪葬墓分布图㉜如下（图四七）：

昭陵陪葬墓区的分布特点：第一，后妃墓、嫡出的公主墓分布于最靠近玄宫的区域。这些墓葬包括韦贵妃、燕氏、韦昭容、长乐公主、新城公主、城阳公主、三品亡宫周氏、西宫二品等墓；第二，在600米等高线附近，分布公主和驸马墓，如李思摩、王大礼等墓。高士廉由于是长孙皇后的舅舅，其墓葬也分布于此线上；第三，其他皇室成员，包括驸马墓，由于墓主的特殊身份和地位，其墓葬的选址更具灵活性；第四，文武功臣不分左右，由北向南，按入葬或赐予墓地的早晚，分三列依次向南推进。从北向南依次为温彦博墓（637年）、杨恭仁墓（639年）、李靖墓（640年）、段志玄墓（642

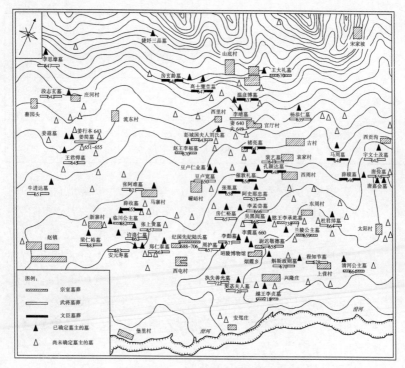

图四七　昭陵陪葬墓分布图

年)、姜行本家族墓 (643 年)、宇文士及家族墓 (642 年)、王君愕
墓 (645 年)、马周墓 (648 年)、薛赜墓 (646 年)、褚亮墓 (647
年)、裴艺墓 (649 年)、孔颖达墓 (648 年)、豆卢宽家族墓 (650
年)、牛进达墓 (651 年)、阿史那忠墓 (653 年)、薛收墓 (655
年)、崔敦礼墓 (656 年)、唐俭家族墓地 (656 年)、张士贵墓
(657 年)、张胤墓 (658 年)、房仁裕墓 (657 年)、许洛仁墓 (657
年)、周护墓 (658 年)、郑仁泰墓 (663 年)、杜君绰墓 (664 年)、
李孟尝墓 (666 年)、吴黑闼墓 (668 年)、斛斯政则墓 (670 年)、
安元寿墓 (683 年)、梁仁裕墓 (683 年)。

　　按此规则来考察,只有少数墓葬的年代较晚,却靠近北边。这些不合时间顺序的墓包括李勣家族墓、程咬金家族墓、尉迟敬德墓等。李勣家族墓地陪葬的时间最迟不晚于李勣之妻下葬的时间，即660年。敬德葬于658年，程咬金665年陪葬昭陵。这几座墓的年代较早，却安排在较南的位置，其原因之一就在于陪葬墓地是一次大规模规划妥帖后，分赐个人的，具体的下葬年代并不代表最早确立墓地的年代。另外一个原因是，当陪葬墓地抵达泔河河边时，向南已无法安排墓地，所以一些去世较晚而要陪葬者的墓地就被分配在北边一些空隙较大的区域，如张阿难墓、李孟尝墓、吴黑闼墓等。由于受地形条件的限制，这一时间顺序只是个大概描述，再加上个人的具体原因，入葬年代和南北位置并不绝对吻合。但除了细微的波动外，北边早，南边晚，左、中、右三列交替安置陪葬墓地的时空顺序非常明显。至685年左右，昭陵陪葬墓区基本分配完毕，所以706年以后的陪葬墓集中在兴隆庄附近的河滩上，而李承乾墓则不得不插入吴黑闼墓以东的位置。

总而言之，昭陵陪葬墓基本是按时间先后为序，由北向南依次排开，不存在所谓"左文右武、左右厢"的布局特征。这个规律推及乾陵，同样适用。

四　陪葬制度的渊源

唐代帝陵陪葬制度建立于太宗时期。在贞观十一年和二十年的《功臣陪葬诏》里说得很明白。太宗认为："诸侯列葬，周文创陈其礼；大臣陪葬，魏武重申其制。去病佐汉，还奉茂乡之茔。""佐命功臣，义深舟楫，追念在昔，何日忘之，汉氏相将陪陵，又给东园秘器，笃终之义，恩意深厚。"所以，他要求功臣密戚薨亡之后，"于献陵左侧，赐以葬地，并给东园秘器"。由此，可以清楚地知道唐陵陪葬制度实际源自汉代，尤其深受茂陵的影响。无论是献陵陪葬墓的位置，还是昭陵陪葬墓中象山形封土堆的大量出现，都和茂陵有着非常密切的关系。昭陵由于受地形的限制和坐北朝南观念的影响以及模仿长安城的需要，陪葬墓区由东北移至东南。但这个新布局的直接渊源，可能来自较近的北朝帝陵。③

　　功臣陪葬制度自汉代创立之后，就被各代帝王沿用，经过魏晋时期的发展，到唐代昭陵达到顶峰，此后逐渐衰落。

第二节　家族墓地的排位研究

　　家族是中国社会最基本的元素之一，也是中国古代社会中最重要的共同体之一。家族墓地作为这种共同体成员最终的归宿，其排位方式集中体现了家庭组织的内部结构、共同信仰、文化传承等。因此，从考古学的角度弄清家族墓地的排位方式，不仅有利于对考古发现的诸多现象进行深入研究与探讨，而且也有利于复原中国古代社会家庭组织的本来面目。对此而言，田野考古工作显得尤为重要。然而，令人遗憾的是有些简报只是按照单一墓葬来报道公共墓地的发掘情况，却没有发表整个墓地的分布图。例如韦氏家族这样重要的墓地，迄今为止尚未发表一张可供研究的墓葬分布图，这给深入研究造成了很大困难，也导致考古发掘资料的利用价值大为降低。而在现有资料下，如果运用考古类型学的原理对于一些大型墓地、尤其是家族墓地的排位方式进行系统研究，再结合墓志和有关文献记载进行比对，会对墓主身份的判定，墓葬长幼排位关系的确定，以及墓葬相对年代的判定产生非常重要的作用。

　　本节拟利用已经发表的考古资料和文物地图集中所标明的唐代家族墓葬位置，参考相关墓志和文献资料，对关中地区唐代家族墓地的排位方式进行归纳和探讨。

一　唐以前家族墓地的排位方式

　　墓葬的出现，至少可以追溯到旧石器时代晚期。然而，当时的墓葬是单一埋葬，似乎不存在家族的排位问题。进入新石器时代以后，出现了以血缘为纽带的"氏族公共墓地"，即将若干座墓葬按照血缘关系集中埋葬在一起。到了商代，"公共墓地"依然存在。同时，带有等级色彩的氏族墓葬与日俱增。尔后经西周、春秋、战国至秦汉各个历史时期，墓葬的排位方式随着社会生产力、生产关系和上层建筑的发展而不断演进，显示出一定的规律性。商周时代，特别是西周以来的宗法制度十分严格，它强调同族之内的血缘关系，死后按宗法关系同族而葬，并形成了主次分明的昭穆制度。这种墓地在战国时代被称为"族坟墓"。"族坟墓"还可以细分为以下两种：一种称为"公墓"，即国君、王室的墓地，其中也包括了国君周围贵族们的墓地。这种"族坟墓"由冢人掌管，按照宗法等级关系进行排位。另一种称为"邦墓"，即所谓"国人（国民）"墓地，也按宗法关系进行排位。至西汉前期，昔日的"公墓"制度遭到一定程度的破坏，但仍保留了许多残余现象。例如，位于陕西西安渭河之北黄土台原上的西汉帝陵，就是以高祖长陵（祖位）为基准的。高祖之子惠帝的安陵在长陵之右，居于穆位；而惠帝之子景帝的阳陵则在长陵之左，居于昭位。如上所述，"公墓"制度的排位方式，自始至终都坚持着宗法关系的排列原则。正如《周礼·春官·冢人》郑玄注曰："子孙各就其所出王，以尊卑处其前后。""公墓"制度利用嫡庶、长幼、亲疏等氏族宗法关系，将死者墓葬的排位固定化，这种排位正是各墓主生前相互关系的具体反映和缩写。

西汉中期以后，随着奴隶制的崩溃，宗法势力逐渐削弱，"族坟墓"制度退出了历史舞台，"家族墓地"应运而生。这一新兴制度，在以门第和个人品行选官的门阀制度推动下，再加上魏晋时期的大力推广，日臻完善起来。然而，由于各地的风俗习惯、自然条件以及选择葬地的观念不同，因而不同的家族形成了不同的排位方式。据徐苹芳研究："在家族茔域之内，父子兄弟墓位的排列方式，大致有以下三种：第一种是父子兄弟一行顺排，如潼关弘农杨氏茔域；第二种是前后左右按长幼辈分排列，如南京象山东晋王氏茔域；第三种是坟院式的茔域。这种形式的茔域流行于中国西北地区，在甘肃敦煌、新疆吐鲁番阿斯塔那和雅尔湖等地都发现过。"他还注意到"这些坟院的方向和祖穴的方位多不相同，没有一定的规律，这很有可能是按照姓氏的五音来决定坟院的方向和祖穴的方位的。相墓术和风水地理之说兴起以后，在葬俗上发生了许多变化，对中国古代墓葬制度也有很大的影响。"㉝

对于魏晋南北朝时期的这种排葬方式，韩国河提出了与徐苹芳不同的看法。他认为"广大中原地区普遍流行的家族墓排列形式，大约脱胎于族坟墓中'长辈居前'的排列方法，经过了父子两代相背或左右聚葬的格式，最后在东汉晚期形成了一次性排列的模式。但是，河西地区东汉晚期坟院式的家族墓形式是有别于中原地区的地方性特征，这种吸收内地墙垣结构形成的聚葬模式，就是西北地区魏晋——唐代坟院式茔域的先声。"㉟

李蔚然利用南京附近出土的考古资料，对六朝墓地的排葬方式也进行过初步研究。他认为："六朝家族墓地的排葬次序以长者居右、居前、居中为主。"㊱不过，北朝家族墓地的排葬方式，在宿白先生看来："父子（女）墓葬的排列，有以下四种方式即以父坟为祖坟，子坟居于左前、左后、右前、右后四个方向。"㊲此后，马忠理通过对磁县东魏、北齐陵墓兆域的亲自考察，认为这一时期父子兄弟墓葬之间有一定的规律可循。即"父子墓序为父南子北，兄弟自东向西，即自左向右排列，尤其是父子墓序很固定。"㊳

由于关中地区北朝墓葬发掘的数量相对较少，加之发表的资料不完整，所以目前对于家族墓地排葬方式的系统研究还远远不够。近来，在东郊洪庆发现的北朝、隋代迁葬墓给我们的相关研究提供了一条非常重要的信息。这里发现的 M2 和 M6，有明确的纪年和世系记载。据发掘者介绍：M6 位于北边，M2 位于南边，M6 墓主人是M2 墓主人的父亲。由此可见，这一家族墓地采用的是父北子南的排位方式。㊴

二　前人对唐代家族墓地排葬方式的研究

关于唐代家族墓地的排葬方式，徐苹芳以前只谈及河西地区的特点，并强调指出："坟院内墓葬的排列，不论是斜行或横行，都是从坟院的一个里角开始，向山门方向排列。这与敦煌石窟中发现的卷子本唐张忠贤《葬录》中所附的'茔地图'是十分相似的。"⑩

近年，沈睿文在研究唐代帝陵的排葬方式时，根据湖北郧县李泰家族墓地的排葬方式，提出了"李泰家族墓地则采取父子墓序，长辈在南（前），晚辈在西北（左后）的原则入葬"。⑪同时他还提出了唐代家族墓地以男性为主的主导思想。另外，他在研究昭陵陪葬墓时，指出其排葬方式至少存在着以下两种情况：其一，父为祖坟，子在祖坟的南边；其二，父为祖坟，子在祖坟的左前方，还有一些父子相邻的形式。尽管他对此做了简单说明⑫，但是还存在着很大的研究空间。

以上这些认识和研究无疑具有重要的意义，但是关中唐墓的复杂排葬方式远非三言两语所能解释，且不可套用任何一种单一模式。

三　唐代家族墓地的排葬方式

目前，从已发表的田野考古发掘资料和《陕西文物地图集》中已标明的墓葬位置来看，唐代家族墓地的排葬方式并不局限于沈睿文所列举的两类情况，反而呈现出多元化的倾向。

其排位方式，存在着以下几种不同情形：

（一）父子南北向的排位方式

属于此种类型的墓地共发现 7 例。如果进一步细分，还可以分为两种：

1. 父北子南式　即父辈居于墓地的北部，子孙居于父辈之南。有 4 例，即元师奖家族墓地，苏环、苏颋家族墓地，契苾明家族墓地和姜行本及姜简、姜遐父子墓。

元师奖家族墓地　元师奖墓位于岐山县枣林乡郑家村南，东距眉林公路约 200 米。墓左前方和右前方 200 米处各有一略小的墓，三墓构成"品"字形布局。位于左前方的墓在新中国成立前被盗，墓的形制和元师奖墓相同，只是略小于该墓，墓志铭表明墓主是元大亮。右前方的墓估计是元大亮的兄长之墓。根据调查情况看，岐山南原郑家村、麦城、同寨一带似为一个唐墓群或家族墓。元师奖出自豪门士族世家，以军功卓著起家。其曾祖元炽做过魏侍中和司空，祖父元祥做过魏宗正少卿，获上大将军、金紫光禄大夫等勋官，授封开国公爵位，父元庆做过县令。元师奖本人是唐都督鄮州刺史，获通议大夫、上柱国等勋散官，授封开国男爵位，卒于垂拱二年。由此看来，其先祖当为后魏宗室成员。⑬

　　姜行本及姜简、姜遐父子墓　该墓地也是昭陵陪葬墓群之一。据《昭陵陪葬墓调查记》⑭可知，姜氏兄弟墓为东西一字排开式排列。据沈睿文研究，姜氏兄弟墓位于其父姜行本墓的左前方⑮，因此也可归入父北子南式排列。

　　　　姜謩，秦州上邽人。祖真，后魏南秦州刺史。父景，周梁州总管、建平郡公。扗，大业末为晋阳长，（姜謩）子行本，贞观中为将作大匠。贞观十七年，太宗将征高丽，行本谏以为师未可动，太宗不从。行本从至盖牟城，中流矢卒。太宗赋诗以悼之，赠左卫大将军、郕国公，谥曰襄，陪葬昭陵。子简嗣，永徽中，官至安北都护。姜遐即姜行本第二子柔远。⑯

据昭陵出土《姜遐墓志》可知姜氏"代为天水著姓"。⑰

2. 父南子北式　此类和第一类恰好相反，父辈居于南部而子孙居于北部。有3例，即张臣合、张智慧家族墓地，臧怀亮、臧怀络家族墓地和豆卢宽、豆卢仁业父子墓。

　　臧怀亮、臧怀恪家族墓地　该墓地位于陕西省三原县陵前乡三合村西侧300米处。墓地西南为臧怀恪墓，臧怀恪墓正北为其子臧希晏墓。由此可以推测位于臧怀亮墓北的唐墓可能是他五个儿子的墓。据《臧怀亮墓志》，臧氏是东莞人，曾祖、祖均为东海公，"公绵历京官，婚姻不杂，子孙昌盛，便住关中矣"，世代为武将。⑱

　　（二）父子东西向的排位方式

属于此种情形的家族墓地共发现9例。可以细分为以下两种：

1. 父辈居于西部，子辈居于东部。此共有6例，即李勣、李震父子墓，温绰、温思暕家族墓地，李贞、李冲父子墓，程知节父子墓，白敬宗家族墓地和李寿、李孝同家族墓。

温绰、温思暕家族墓地　该墓地位于西安市东郊纺正街，已发现两座唐墓，即温氏父子墓，两墓东西相距 25 米。温绰夫妇合葬墓是单室土洞墓，葬于咸亨元年（670 年）。温思暕墓为双室土洞墓，由长斜坡墓道、甬道、天井、小龛、前后室等部分组成，葬于万岁登封元年（696 年）。因为该墓墓志仅发表拓片，录文资料未发表，故而其他情况不详。[49]

程知节父子墓　该墓地是昭陵陪葬墓群之一。程知节，本名咬金，济州东阿人，早年追随太宗李世民，麟德二年卒，赠骠骑大将军、益州大都督，陪葬昭陵。有子三人：处默、处亮、处弼。处亮，以功臣子尚太宗女清河长公主。[50]程处亮和清河公主合葬墓位于程咬金墓正东或略偏南方向。

李寿、李孝同家族墓　李寿即淮安王神通，陇西狄道人，高祖从父弟也。父亮，隋海州刺史，武德初追封郑王。晋阳起兵时李神通未在京师起兵响应。李寿薨于贞观四年，太宗为之废朝，赠司空，谥曰靖。贞观五年葬于三原县万寿原[51]，即今陕西省三原县陵前乡焦村。该墓为一长斜坡墓道多天井单室土洞墓，由甬道、小龛、墓室等部分组成。该墓出土的一具大型石椁和一盒龟形墓志很具特色。李孝同为李寿第三子。李孝同子为李璲，李璲子为李广业。[52]据《陕西文物地图集》知李孝同墓位于李寿墓之东，李广业墓位于李寿墓之东北。此类墓序仅此一例，其排葬方式父子为东西墓序，但曾孙墓位于西北，似乎又是采用了南北墓序。产生这种复杂变化的一种可能性是受地形的限制，因为在李孝同墓的东部即为石川河的河谷，已经没有适合的墓位。另外一种可能性是随着时间的推移，李氏家族逐渐改用南北墓序的排葬方式。如果这种推测不误的话，那么湖北李泰家族墓地也是这一变化的产物。

2. 子辈居于西部，父辈居于东部。共 3 例，即令狐熙、令狐德棻父子墓，刘仁轨父子墓和唐俭、唐嘉会父子墓。

令狐熙、令狐德棻父子墓　该墓地位于今铜川市耀县县城东北，据文物地图集和调查资料知令狐熙墓位于其子令狐德棻墓之东。"令狐德棻，宜州华原人，隋鸿胪少卿熙之子也。先居燉煌，代为河西右族。德棻博涉文史，早知名。"乾封元年，卒于家，年八十四。[53]

刘仁轨父子墓　该墓地为乾陵陪葬墓群之一，位于今乾陵乡杨家洼村。刘濬，是左仆射刘仁轨之子，死后附葬乾陵刘仁轨墓。据刘濬墓志中"以（开元）十八年五月十九日合附葬于文献公陪乾陵西次"一句，很容易确定刘濬墓东的封土即距杨家洼村西北 300 米处的墓葬为刘仁轨墓。[54]"刘仁轨，汴州尉氏人也，少恭谨好学，遇隋末丧乱，不遑专习，每行坐所在，辄书空地，由是博涉文史"。（《旧唐书》卷八十四）"垂拱元年，从新令改为文昌左相、同凤阁鸾台三品。寻薨，年八十四。则天废朝三日，令在京百官以次赴吊，册赠开府仪同三司、并州大都督，陪葬乾陵，赐其家实封三百户。"[55]其子刘濬官至太子中舍人，垂拱二年为酷吏陷害，被杀，死后葬于乾陵陪葬墓区。

唐俭、唐嘉会父子墓　该墓地为昭陵陪葬墓群之一。据《昭陵陪葬墓调查记》可知，唐嘉会墓位于其父唐俭墓之西南方。唐俭，字茂约，并州晋阳人，北齐尚书左仆射唐邕之孙。父鉴，隋戎州刺史。俭落拓不拘规检，然事亲颇以孝闻。参加李渊父子晋阳起兵，平京城后，加光禄大夫、相国府记室，封晋昌郡公。武德元年，除内史舍人，寻迁中书侍郎，特加授散骑常侍。永徽初，致仕于家，加特进。显庆元年卒，年七十八。高宗为之举哀，罢朝三日，赠开府仪同三司、并州都督，赙布帛一千段、粟一千石，赐东园秘器，陪葬昭陵，谥曰襄，官为立碑。[56]据唐嘉会墓志称其为晋昌人，其曾祖《唐邕传》称："太原晋阳人，其先自晋昌徙焉"。[57]因此唐俭称晋阳人，其子称晋昌人均可。其主要活动均在旧北齐统治区。

此外，还发现了一例兄弟墓地，即独孤思贞、思敬兄弟墓地。该墓地位于今西安洪庆村之南，西临灞河，东依骊山。独孤思贞墓位于最西，其同祖弟思敬及妻元氏墓位于东侧，一字排开。墓均为南北向，长斜坡墓道多天井单室土洞墓。据墓志记载，独孤思贞家族祖籍河南洛阳，曾祖仕齐，祖唐太仆卿，历凉州都督，虞、杭、简三州刺史，父为左清道率。[58]

四　结论

通过上述资料的整理与研究，不难看出关中唐代家族墓地的排葬方式具有以下显著特点：

1. 排葬方式具有多元化倾向，没有形成整齐划一的排葬方式。其主要原因，我认为很可能与东汉末年以来人口的大迁徙有关。东汉以来关中成为各种政治力量较量的中心，人口成分逐渐复杂化。尤其是十六国时期我国北方地区分裂为许多割据政权。各个政权本着强干弱枝的原则，采用掠夺性手段，强行迁徙人口到自己的都城地区。318 年，刘曜在长安建立前赵，平阳（山西临汾南）仕女万余人迁往关中，320 年，氐、羌 20 余万人口迁入关中，后又从陇右、南安（今陇西）、秦州、仇池等地强行迁移大量人口至关中。[59]后赵石勒也曾将陇右移至雍州。[60]前秦定都关中后，曾从并州[61]、前燕故地[62]、关东[63]、前凉故地、陈州、洛州、许州、颍州等地[64]迁移大量人口到关中。后秦仍然定都长安，也先后从陇右、西河、河东等地迁大量人口至关中。[65]西魏、北周时期关中又成为主要的人口迁入区。534 年北魏孝武帝西入关中，大量北魏士人和宗室迁入关中。[66]554 年，西魏灭梁，将江陵附近人口十余万迁入关中。[67]北周建德五年（576）北周军队攻克北齐晋州，第二年灭北齐，"移并州军人四万余户于关中"。[68]北齐被灭后，邺城人口也曾大量迁入关中。[69]隋代灭陈后，将江南人口迁入关中。[70]还有大量丧失特权的"旧士族"为了获得晋身仕途的机会，不得不迁入长安地区。[71]因此，《隋书》称："京兆王都所在，俗具五方，人物混淆，华戎杂错"。[72]显然，从北朝时期开始关中就成了各地移民迁入的主要地点，人口来源呈现出多元化倾向[73]。唐代和隋代大体相似，关中依然是各地人口迁入的主要地点。[74]因而，来源不同的各个家族保留各自的"礼法"，形成了不同的排葬方式。

2. 父子东西墓序的家族来源最为清晰，尤其是采用父西子东式排葬的家族，除温绰家族因墓志未发表，来源暂时不明外，其余均来自河东地区，即北齐境内。父东子西式排葬的家族中也以来自河东的家族为主。

3. 同一家族采用相同的墓序，如李寿家族和李贞家族均为李唐宗室，在排葬墓序均采用了和其他来自河东的家族相同的墓序——父西子东式墓序。

4. 世居关中的家族多采用南北墓序，尤以父北子南式最为固定。这种墓序应当是北朝以来关中的传统。韦曲韦氏家族墓地虽无完整的报道，但根据主陵位于北侧，陪陵位于西南的分布特征来看，使用的依然是子南父北墓序。采用父南子北式的三处家族墓地中，张臣合家族和臧希晏家族不是有南方做官的经历就是直接来自南方，而此种墓序也是湖北李泰家族所采用的墓序，这也许代表了唐代南方家族墓地的常用墓序。

5. 同一地区的家族采用相同的排葬墓序。如前所述，唐代关中家族墓地排葬墓序，既没有采用传统的昭穆葬法，也没有采用宋代流行的以"五音所宜"为"立私宅冢墓所向及水流，皆随本音利便"[75]的原则来安排墓位。相反，各地旧有的传统在唐代关中地区得到较好的保留，反映出唐代文化对各文化区域旧有传统兼容并蓄的特点。（参见表二五[76]）

表二五　各姓分音与墓主郡望统计表

墓主	墓序	郡望	五音分姓	陪葬与否
元师奖父子	父北子南	后魏宗室	商	否
苏环父子	父北子南	京兆	羽	否
契苾明家族	父北子南	沙州（河西）	徵	否
姜行本父子	父北子南	秦州（河西）	商	昭陵
张臣合父子	父南子北	晋阳	商	否

续表二五

墓主	墓序	郡望	五音分姓	陪葬与否
臧怀亮家族	父南子北	东莞	商	否
豆卢宽父子	父南子北	关中	宫	昭陵
李勣父子	父西子东	河东	徵（徐为羽姓）	昭陵
温绰父子	父西子东	不明	商	否
李贞父子	父西子东	晋阳（宗室）	徵	昭陵
程知节父子	父西子东	东阿	商	昭陵
白敬宗	父西子东	晋阳、京兆	商	否
李寿家族	父西子东	宗室	徵	否
令狐熙父子	父东子西	河西	商	否
刘仁轨父子	父东子西	汴州	宫	乾陵
唐俭父子	父东子西	晋阳	商	昭陵

6. 由于缺乏完整的多代家族墓地资料，魏晋河西坟院式排葬方式是否对唐代关中地区造成影响，目前尚不能肯定。

第三节 长安城周围墓葬区的分布

长安城是隋唐两代的都城所在地。自隋文帝开皇三年（583 年）三月"常服入新都"后，到唐末天祐元年（904 年）朱温拆毁长安城为止，立都共计三百余年。在这三百余年里（武则天时期略有变化），长安城一直是当时文化、政治、经济和交通的中心，并且人口众多。据《长安志·西市》所记，仅"长安县所领四万余户，比万年为多，浮流寓寄不可胜记"。再加上皇室、官员、各种杂役、士兵以及万年县人口，在这座国际性大都市里，居住的人口达百万之巨应当是可信的数据。⑦长安既是这些人生前的生活场所，也是他们死后的葬身之地。过去五十余年里，由于考古发现不平衡，墓葬分布呈现出东多西少的局面。近些年来，随着西部大学城和西安环线以及关中环线的建设，这一局面得到了改观。因此，全面分析和归纳唐长安城周边墓葬分布情况的条件已经基本成熟。本节欲就此问题做一初步考察。

一　长安城周边的地理特征及唐代墓葬区的分布

从古到今，人们对死后的去处都十分关注。因此，各种有关葬仪、相地、堪舆之书，代有修撰。在传统葬书里，地形是选择墓地的首要因素。堪舆家认为，一个人死后，埋在什么样的地方，对于子孙后代的祸福至关重要。因此，地理特征决定着墓葬区的分布。

唐都长安位于渭河以南，秦岭以北，周围有八条河流经过，素有"八水绕长安"之说。整个城市东南高，西北低，东南海拔460米，西北海拔410米，落差达50米。城北为东西向的龙首原。城内分布着东北—西南走向的六条高岗，也称"长安六坡"。这六条高岗穿城而过，再加上周围河流的切割，在长安城周围形成若干个小的原区。[78]这些原区是唐代墓葬的集中分布区。长安城北为汉长安城区，旧城虽然因为"汉营此城，将八百岁，水皆咸卤，不甚宜人"[79]，但隋唐两代并没有将其彻底废弃，而是将它划入禁苑（隋为大兴苑，唐改称禁苑）。其范围"东拒浐，北枕渭，西包汉长安城，南接都城"。[80]

长安地区的唐代墓葬主要围绕长安城周围的黄土台原分布。历年来，在北至渭河以北的底张湾；南至长安县韦曲镇之南的神禾原、少陵原；东至灞河两岸的龙首原、长乐原、白鹿原、铜人原、洪庆原；西至长安县西北的高阳原、细柳原等广大范围内，均有大量的墓葬被发现。尤其地处唐长安城东以及东南近郊的龙首原、白鹿原、铜人原（或称洪庆原），之南的凤栖原、少陵原（或称杜陵原）、毕原（实为凤栖原的一部分）等地，墓葬分布更为密集。

这些地区发现的墓葬和出土的墓志，早在1963年就受到当时陕西省博物馆馆长武伯伦先生的重视。他根据这些墓志，对长安城郊的乡里村名进行了增补。这实际也是对墓葬区布局的一个初步归纳。

此后，爱宕元、杜文玉、尚民杰、笔者等人又对此问题做了必要的修订和补充。[81]《长安志》所记载的"104乡"，目前已经发现于墓志的乡已达93个之多。惠英在其《从出土墓志看唐代居民葬地》[82]里对相关资料做了进一步整理。这些研究结果表明，在绝大部分乡里，均有墓葬区的分布。通过对墓志资料和考古发掘调查资料的整理，我把唐长安周边地区的墓葬分布划为如下几个大的区域：

（一）城东

1. 东龙首原墓区　这个墓葬区呈南北向分布，因长乐坡的缘故，也称长乐原。由于位于浐河西岸，也称"浐川西原"。龙首原汉时称作龙首山，位于今西安城北1.5公里处，呈西北至东南走向。"头（北）至渭水，尾（南）连樊川"，东起浐河西岸的广大门，西至汉长安城之西的三桥车站附近，长约15公里。在今西安市东南的等驾坡、田家湾一带与少陵原相接，连绵"六七十里"。这一墓区位于皇城东墙外侧，北起东十里铺，南到马腾空村、等驾坡一带，以韩森寨、高楼村、王家坟最为集中。从20世纪50年代开始，这里陆续发现了200余座墓葬[83]和大量唐代墓志。仅《西安郊区隋唐墓》就报道了109座。此后又陆续发掘了高楼村14号、131号唐墓，秦川机械厂4座唐墓，华文弘夫妇墓。据文献记载，宗室蜀王李傀、彭王李僅、济阴郡王李嗣庄也葬于此地。[84]

2. 白鹿原墓区　白鹿原位于西安东南，属浐河与灞河之间的黄土台原，墓志也称"浐灞之间"、"神鹿原"、"浐河东原"、"灞河西原"、"雍州东原"等。东北稍高，向西南倾斜。南北长约25公里，东西宽约6～10公里。海拔600～780米，最高803.9米，高出西安200～300米。有鲸鱼沟自东南流向西北，注入浐河，将原面分割为二，东北半部比西南半部高出近百米。《三秦记》载：周平王时原上出现白鹿，故名白鹿原。又因汉文帝死后葬于原上，坟名霸陵，故名霸陵原。这一墓区北起浐灞交汇处，南抵鲸鱼沟，东西以灞河与浐河为界。中心地带为霸桥镇、堡子村、郭家滩、纺织城、神鹿坊。[85]《西安郊区隋唐墓》报道20世纪50年代至70年代在此曾发掘过22座唐墓，1956年俞伟超又发掘报道了14座[86]。此后又陆续发掘了温绰父子墓、纺织城曹氏墓、电力器材厂唐墓、91计生唐墓、国棉五厂韦美美墓（据该墓简报，此地发现唐墓很多，这是其一）、国棉四厂唐墓（4座）等。

3. 铜人原墓区　　铜人原位于西安灞桥东北，西起西安至高陵公路东侧，东至临潼斜口，南起洪庆镇，北抵新合乡，东西长7公里、南北宽5公里，属渭河南侧的二级阶地。北俯渭河，西临灞水，东南接临潼骊山西侧的黄土原，地当要冲。秦时铸铜人十二尊，汉时董卓坏以为钱，余二尊，魏明帝欲运往洛阳，到霸城，重不可置，无法运走，留在霸城大道之南，该地因此名叫铜人原。此地在唐代墓志里也写作"同人原"、"同仁原"、"杜陵东原"。中心地带为路家湾、洪庆村、梁家庄、向阳、岳家沟、惠东候村及其以东的低原。50年代曾经发掘报道过5座唐墓（包括成王李仁、独孤思贞家族墓、韦仁约墓等），此后又有部分墓志和墓碑中称葬于"铜人原"[87]。据尚民杰研究，这里是李仁家族墓所在地，还葬有德宗第五女宜都公主、肃宗第二女和政公主。[88]

4. 洪庆原墓区　　洪庆原墓葬主要分布于田王、侯村（东候、西侯）、庆华电器厂、路家湾、洪庆镇、新筑、务庄、劲平店等地。洪庆原北坡与铜人原相连，两者难以断然分开。20世纪五六十年代曾经在此发掘并报道了5座唐墓。1988年在此出土过文安公主墓志。据王育龙1997年的报道，此地共发现唐墓多达300余座。[89]著名的金乡县主墓也属于此墓区。近来又在洪庆办事处基建工地发现了1座唐代墓葬。[90]尚民杰根据《陕西文物地图集》和相关文献考证出"此地当为唐中晚期的一处极为重要的皇室墓区"。[91]

（二）城南

1. 凤栖原、少陵原墓区　　凤栖原位于西安市雁塔区南界，东连少陵原，西至勋阴陵，南起韦曲镇，北接三爻村，系少陵原向西北延伸的分支部分。《咸宁县志》云："总为鸿固原，南曰少陵原，北曰凤栖原。"因汉神爵四年（前58年），凤凰集杜陵而得名。在墓志中这一墓葬区又被称为"曲江南原"、"曲江原"、"杜陵原"、"洪固原"、"长安县南原"，靠近韦曲北的西半段也称"毕原"和"韦陌"。由于位于樊川之北，也称"樊川北原"。这个墓葬区的唐墓主要分布于今三爻村、净水厂、射击厂、杜陵、南里王、北里王、曲江村、寒窑、金滹沱、羊头镇、二府井、韦曲北原、岳家寨、缪家村、庞留村、兵工部 206 所等地。

　　这一区域地势高亢，风景优美，是唐人心目中的理想葬地，因此这里分布有大量的高规格墓葬。长安韦氏家族墓地就是其中最著名的一处。除此之外，据宋代张礼《游城南记》记载，在曲江池附近还有仇士良墓、郭子仪家族墓、长孙无忌墓、萧灌墓、论弓仁墓[②]、颜师古墓、白道生墓。[③]20 世纪 50 年代以来，陆续发掘了庞留村清源县主墓、羊头镇李爽墓、姚无陂墓、韦氏家族墓多座、三爻村新安建材厂唐墓（4 座）、净水厂唐墓（16 座）、李让夷家族墓[④]。据王元茵 2000 年统计，碑林藏志出土于此区的达 23 方。韦氏家族墓志多藏于长安县文化馆和陕西考古研究所，尚不在此列。惠英 2006 年据《隋唐墓志汇编、续编》统计，出土于此区的墓志达 60 方之多。

　　2. 神禾原墓区　神禾原位于少陵原西南，樊川之南，氵存水与皂河之间。因此地有著名的香积寺，也称"香积寺南原"。早在 1948 年这里就发现了裴氏小娘子墓[⑤]，后来又陆续发现近 10 方墓志[⑥]。

　　3. 高阳原墓区　高阳原位于今西安市西南 10 公里的长安县与西安市交界处，东南与毕原相连。据《水经注》载："氵存水又西北枝合故渠，渠有二流，上承交水，合于高阳原而北经河池陂东而北注氵存水。"高阳原北起阿房宫故址，南至秦岭，因此《大唐皇朝英国公长史李（威）府君墓志》称"其原南瞻峻岭，北跨神池"，即此原南抵秦岭，北跨昆明池。大致相当于沣河以东，潏河以西，交河以北的区域。此原的西南部，靠近沣河部分通常称为细柳原。在墓志里，还因位于阿房宫之南而被称为"国西阿城南原"[⑦]；还因靠近昆明池又被称为"昆明之所"[⑧]；因斗门镇是秦杜县所在，故又称斗门镇一带为"杜城"⑨。这个区域的墓葬主要分布在今电子城、紫薇田园都市（480 座⑩）、西部大学城陕西师大校区（100 余座）、西北大学校区、郭杜街道、樱花广场、大小居安村一带，在斗门镇、王寺、贺家村、沈家桥、阿房宫附近也有过墓志出土。⑩

（三）城西

西龙首原墓区　西龙首原和东龙首原实为一原，被禁苑、宫城、皇城从中分为东西两半，东边的称东龙首原，西边的称西龙首原，在《裴利物墓志》里，还称之为"龙尾原"，以和龙首原对应。该墓区位于沣河以东，渭河以南，禁苑、宫城、皇城以西，阿房宫以北的区域。由于位于城西，所以在墓志里又被称为"国城之西"、"都门之西"、"皂原"⑩。因为这是西出长安的必由之路，著名的临皋驿即位于此，有时也称之为"临皋之平原"⑩。这一墓地的中心区域，位于今土门以西的枣园路、大庆路、三桥车站、三民村车站、东西柏良村、贺家村、简家村一带。20 世纪 50 年代考古工作者曾经在西郊进行过大规模发掘，报道了 39 座墓葬。随后又在此墓区发掘了著名的鲜于庭诲墓。1990 年，为了在西郊建设热电厂，曾对此地的墓葬进行过钻探和发掘。钻探结果表明，西郊也是唐代墓葬的密集分布区。这一发现彻底改变了过去大家对唐墓分布的认识。这次发掘，仅热电厂工地就发现了 187 座唐墓⑩。除了考古发掘外，此地还陆续出土了大量唐代墓志，仅碑林就收藏有 50 余方出土于此地的唐代墓志。惠英 2006 年据《隋唐墓志汇编、续编》统计，葬于"国城西原"或"龙首原"的墓主有近 70 人。

（四）渭北五陵原墓区

咸阳位于关中腹地，处在古代沣、渭和泾、渭交汇以西的两个三角地带。自北而南依次是渭河平原、头道原（也叫洪渎原）、二道原（也叫毕原）、川塬兼备。由西北向东南逐渐趋于平缓，南低北高。低处海拔 300 多米，高处海拔 500 多米，相差 100 多米。渭河之上从汉代开始就建有三座桥梁，分别叫中渭桥、西渭桥、东渭桥。这三座桥通常合称"渭河三桥"，是长安和渭河以北地区联系的必由之路。其中西渭桥和中渭桥都位于咸阳境内。由于这两座重要桥梁消除了渭北和长安之间的地理限制，所以在渭河以北也分布有一些重要的唐代墓葬区。在这些墓葬区里，尤以位于今窑店、底张一带的洪渎原墓区最为重要。这个墓区是汉代安陵、阳陵、义陵、平陵、康陵所在地，所以也称"五陵原"。北周帝陵也在此地，唐代武则天时期又在此修建了顺陵。这里"原高野旷，地厚泉深，五陵之下，俯披松柏之林；九嵕之前，回首衣冠之路"[105]，是唐代人心目中理想的葬地。明清以来，此地屡有隋唐墓志出土。20 世纪六七十年代，曾经进行过发掘，可惜除苏君墓外，均未发表正式报告。[106]据《隋唐墓志汇编》、《全唐文补遗》、《咸阳碑石》等书的综合统计，出土于此地的唐代墓志约 20 方。另外，还有 7 方德业寺尼姑墓志。[107]

二　唐代长安居民葬地分布的原则

（一）靠近居住地的原则

唐长安城内人口密集，这些人去世后必然要选择适合的地方来埋葬。除了部分经亲人护送，长途跋涉后归葬故里外，绝大多数人选择长安周围地区作为自己的最终归宿。[108]城内居民选择葬地时，首先考虑距离居住地较近的城郊。这个原则通过分析居住地和葬地的关系，不难发现。

为了便于探讨这两者之间的关系，我把相关墓葬资料整理出来，用以证明这个原则。城内各坊，按照和宫市的位置把长安城区分为：宫城之西（12 坊，即金光门大街以北诸坊）、西市周围诸坊（13坊）、皇城以南诸坊（20 坊）、东市周围诸坊（13 坊）、宫城之东诸坊（13 坊，含十六王宅）。长安城里的居民，据《唐两京城坊考》卷二记载："自兴善寺以南四坊，东西尽郭，率无第宅。虽时有居者，烟火不接，耕垦种植，阡陌相连"，尤其是所谓的"围外之地"的城南三列里坊更是空无人烟。因此在讨论居住地和葬地关系时，接近南城墙的四列之坊，可忽略不计。城外郊区，按方位分为不同的原区。根据墓志资料和考古发掘资料把居住地和葬地记载清楚的墓主资料整理成表格[20]。

将以上城内五个区域居民的埋葬地点统计如下表：

表二六　长安城居民葬地统计

	西龙首原	神禾原	高阳原	东龙首原	白鹿原	铜人原	凤栖原	少陵原	毕原	总和
宫城西	52＋9	2	4	4	1	1	0	1	2	72
西市周围	18＋3	4	3	4＋1	4	1	6	0	4	43
宫城东	1	0	1	54＋5	31	5	4	5	2	95
东市周围	2	1	3	21＋3	5	1	5	2	7	42
皇城南	2	2	4	5	5	6	5	0	3	32

注：加号之后的数字为墓志中仅表明葬于"龙首原"，但无法确信属于东龙首原，还是西龙首原。该表统计时，将住于西半边的归入"西龙首原"，住于东边的归入"东龙首原"。

通过上表数据分析显示，葬地和居住地有如下关系：其一，住地在宫城之西诸坊的居民，死后绝大多数葬于城西的龙首原。葬于其他几个墓区的人数大致相当；其二，住地在西市周围诸坊的居民，死后葬于西龙首原者，占半数左右。埋葬于城西南高阳原、城南神禾原、凤栖原、毕原的人数较宫城之西葬于该地区的比例要高；其三，宫城之东诸坊的居民，死后葬于城东浐河两岸的人占到墓葬总数的80%。这里应该是宫城以东诸坊居民葬地的首选区域。相邻的铜人原、少陵原、毕原、凤栖原是宫城东侧居民选择葬地的主要考虑范围；其四，皇城以南诸坊居民，在墓地选择上，较其他几个区域居民，具有更大的选择余地。其墓地的分布没有明显的集中区域。除城西龙首原分布较少外，其余几个墓区均分布有相当数量的墓葬。但根据上表数据显示，作为葬地，城东浐河两岸似乎比城西及西南更为理想。

从上表数据不难发现，绝大多数墓葬均位于居住地周围。具体而言，宫城之西诸坊居民多葬于西龙首原和高阳原北部；西市周围诸坊居民多葬于西龙首原、高阳原以及东龙首原等地。城南诸坊居民主要葬于毕原、凤栖原以及白鹿原南部。城东居民主要葬于浐河两岸。

在上述分布规律中有一些特例。居于城西部而葬于城东的人或居于城东而葬于城西的人中，大多数为归葬先茔或归祔先茔。女性则多为归葬夫家家族墓地，如汝南郡宗夫人"归葬于亡夫之茔"⑩、清河张氏"合祔先府君之松槚"⑪。

（二）靠近主要交通干线的原则

葬地选择不但和居住地有关系，而且还和交通线路的分布有明显关系。因为：其一，唐代的葬礼仪式和用具繁多，必须要有专门负责运送各种葬具的车辆随行。据《通典》卷一百三十九载：

> 彻遣奠，灵车动，从者如常，鼓吹振作而行。（六品以下无鼓吹。）先灵车，后次方相车，（六品以下魌头车也。）次志石车，次大棺车，次辒车，（志石与大棺若先设者，不入陈布之次。四品以下无辒车。）次明器舆，次下帐舆，次米舆，（五穀米实以五筐，各斗二升，幂用疏布。）次酒脯醢舆，（酒实以壶，各五升，幂用功布。醢实於二瓮，各三升，幂用疏布。）次苞牲舆，次食舆，（食盘椀具自足。方相以下驾士驭，士舁明器、下帐等，人皆介帻深衣。六品以下魌头，无驾士。）次铭旌，次蠢，次铎，（铎分左右。）次辒车。

尤其是一些特殊的葬具，如大型的棺木、石椁、石墓门、墓志等必须用车辆运输，所以在选择墓地时，交通方便是必须考虑的因素之一。

其二，唐代人在埋葬亲人时，还有大量的送葬人群以及由政府按级别配给的鼓吹、挽歌等仪仗。例如龙朔二年李义府改葬其父时"王公已下，争致赠遗，其羽仪、导从、辒辌、器服，并穷极奢侈。又会葬车马祖奠供帐，自灞桥属于三原，七十里间，相继不绝。"⑫这是一个特例，在当时受到了严厉的抨击。但"安史之乱"后，这样的现象似乎有愈演愈烈的趋势。⑬在《封氏闻见记·道祭》里就记载了很多规模更为宏大甚至堪称奢侈的葬礼。这样大规模的场面，如果没有足够的交通保障，丧事有关活动就很难展开。因此，交通方便的墓地更具吸引力。

再次，随着社会的发展，丧礼的作用也发生了变化，成了"徒以炫耀路人，本不因心致礼"[114]的热闹场合。在这一思想主导下选择墓地，必然是过往行人越多越能炫耀后人的财富和地位。

长安是当时的交通枢纽城市，城外分布着通往各地的交通大道。

唐代在长安城内设有都亭驿，来管理全国驿路事务和邮传。由于受城北禁苑的制约，通往北部的交通线路也不得不绕道城东和城西。因此，东西向大街成了城内最主要的交通线路，相应地，东西城门成了出城的首要通道。[115]

唐代长安行人西出咸阳，多取开远门。开远门外首驿为临皋驿。据李健超研究，临皋驿当在今玉祥门外、枣园村东南。[116]驿路出开远门至临皋驿，驿路于此分支，一条至咸阳。取道该路必过三桥，过三桥后，即上西渭桥，入咸阳县。另一条，缘汉长安城西墙北行，过中渭桥，至渭北洪渎原。在这条干线附近，分布的墓葬主要位于开远门后的龙首原，中心地带在三桥附近。

由长安出金光门，西南入骆谷的道路一般经户县、周至，沿渭河南岸而行。西南行至昆明池南侧。唐代在此设有细柳驿，李之勤认为当在唐长安县西南30余里唐细柳原附近。[117]其地正当昆明池南岸，今有细柳镇。唐人送客西南行，多至于细柳驿而止。过细柳驿后，再南行即至香积寺一带。在这条驿路附近分布有高阳原、细柳原墓区。

隋唐长安东面三门中，通化门出入最频繁，春明门次之，延兴门又次之。出通化门，下长乐坡，抵浐水西岸，有长乐驿。长乐驿东有滋水驿。驿路至此分为两支。一支东北行，沿洪庆原和铜人原之间通道至临潼；另一支，沿灞河南下，至武关。据严耕望考证也有选择出延兴门者，沿浐河西岸而行，东南至蓝田县与沿灞河南下的驿路汇合。这条干线是当时最为繁忙的驿路，在其附近分布有唐长安城郊最大的墓葬区——浐河两岸墓区。这一墓葬区包括东龙首原、少陵原、白鹿原，以及东北方向的洪庆原和铜人原。城东南的曲江池是长安城附近最著名的游览胜地,人员往来必然不少,因此其附近的凤栖原也是选择葬地的风水宝地。

长安城南门为明德门,位于今南郊杨家村一代,是南出长安城的最主要通道。出南门可至韦曲、杜曲、樊川等风景名胜区。再南行,可抵达秦岭北坡的诸峪,经子午道越秦岭至汉江谷地。南出明德门大街的子午道虽然崎岖迂回,行人稀少,但城南水网密布,风景优美,园林别业密布。因此,城南毕原、神禾原上分布的唐代墓葬也为数不少。

由上可见,城郊分布的大规模墓葬区多位于当时的交通干线附近,这就说明唐人在选择葬地时基本遵循了这一原则。

(三) 建墓于高敞之地的原则

从古到今,人们都认为"墓为阴宅",是灵魂的归宿,是人在另一个世界生活的场所。因此,选择墓地时,人们力求选择那些符合修建阳宅的地点。在人们心目中,理想的风水宝地通常要求干燥、背风、向阳。而长安周围这些黄土台原恰好符合这些条件。通过对长安周围墓葬区位置的统计,不难发现这一规律。而这正是古老的"事死如生"观念的延续,是对前代墓葬选址经验的继承。

(四) 社会政治、经济形势的变化对墓葬分布的影响

通过对长安城周围唐代墓葬的统计,我们发现城东浐河两岸分布的墓葬不仅数量大,而且皇室和高级官员的比例远远高于其他几个墓葬区。尤为明显的是,西郊简家村热电厂墓地,共发现了近180座唐代墓葬,而出土墓志者却很少。高阳原墓区发现近600座唐代墓葬,出土墓志约70方,比例也明显低于东郊浐河两岸墓葬区。而西郊出土墓志除了部分宦官[⑩]和宫女外,多为富商和低级官吏。这一情况表明,西郊是庶人墓葬的聚集区,而东郊是贵族墓葬的聚集区。这一分布规律,并不是对"就近原则"的违背,而恰恰是这一原则的遵循。

唐代长安正殿原在太极宫,至高宗时期在城东北郊兴建大明宫,含元殿替代太极殿成为宫廷正殿。皇帝多在大明宫内召见大臣和处

理政务，因此官员为了便于上朝和随时接受皇帝的召见，必然选择靠近大明宫的地方作为居住地。这是官员住宅第一次从西城向东城迁徙。此后，玄宗改建兴庆宫，并听政于此，更加加剧了这一趋势。对此，日本学者妹尾达彦有很深入的研究。他认为：八世纪前叶官员居住于街东的倾向更加明显。产生于开元年间的官员大都居住于街东的倾向，在"安史之乱"后得到进一步加强，街东成了官员的居住街区。⑲这一研究非常深入，也值得信服。由于大量的官员都居住在城东，葬地自然也就近选择了浐河两岸原区。因此，就出现了东边墓葬密集且等级较高的局面。

第四节　几处特殊人群的墓葬区

除了上述各墓葬区外，一些特殊人群的墓葬分布也值得探讨。本节集中讨论三阶教教众墓地、宫女墓地、寓华外国人墓地等三处特殊人群墓地的地望和分布规律。

一　三阶教教众墓地——樗梓谷⑳

隋唐时期是个开放和包容的时代，各种宗教流派在长安均有相当的发展。东汉时期传入中国的佛教，至此已彻底完成了自身中国化的进程，进而开始有了各个宗派。三阶教就是其中一个较为特殊的教派。三阶教又称三阶宗、三阶佛法等，创始人为隋代僧人信行禅师。三阶教把全部佛教依时、处、人分为三类，再把每类分为三阶，由此而得名"三阶教"。最初，信行于开皇三年至七年（583～587年）间，在相州光严寺发愿、修行，创建三阶教的基本教规，此后传入长安地区。

由于《尸陀林经》、《佛说要行舍身经》等经典的流行，有许多三阶教僧人实行林葬。又由于三阶教僧俗不分，对男女信徒也一视同仁，更有追陪祖师的风气，因此终南山、宝山等三阶教的圣地，就出现了僧俗墓群。代宗大历二年（767年）始在终南山樗梓谷建信行塔院，因该地僧俗墓塔成群，而被称为“百塔寺”。这个名称从八世纪沿用至十世纪，至宋初方改名为兴教院。从六世纪末至十世纪为止的400年间，在信行禅师墓塔周围形成了一处三阶教教众的特殊墓地。

楩梓谷也叫鸱鸣阜、天子谷、石砭峪，进而讹为石鳖峪，是樊川以西、子午谷以东的一个峡谷。信行禅师塔院位于今王庄乡石砭峪谷口西坡。据《长安志》记载：“兴教院在县南六十里楩梓谷口，本百塔信行禅师塔院，唐大历六年建，皇朝（宋）太平兴国三年改。”在终南山楩梓谷信行禅师附近，围绕着一些俗人的墓塔，他们几乎都是三阶教徒，在其塔铭或墓志中充分显示出三阶教的信仰。这些墓志明清以来就受到重视，并被收集、记录。

已经发现的墓志铭和塔铭包括如下几例：

建于显庆三年（658年）的《大唐王居士砖塔之铭》[121]云：以显庆元年十一月廿九日疾终于京第，春秋七十有三，即以三年十月十二日，收骸起灵塔于终南山楩梓谷。

建于武则天长安三年（703年）的《大周故居士芦州巢县令息君之铭》[122]，直称是舍身林葬：以调露元年八月十九日逝于鄠县修德之里。即以其月廿五日，迁柩于终南山云居……今于禅师林所起砖坟焉。

建于开元十年（722年）的《优婆夷张常求塔铭》[123]云：“开元十年构疾，至其年二月廿五日，逝化于怀德之私第焉，春秋七十八。迁柩于禅师林北起坟，礼也。”

建于玄宗天宝十二载（752年）的《故优婆夷段常省塔铭并序》[124]，也明白地说她：春秋七十有六，以天宝八载九月十日卒于私第，舍报归林，以天宝十二载建塔于兹。

值得注意的是，终南山的俗人墓塔中，有不少家族和夫妇的塔葬和墓地，如城阳管氏家族、雍州蓝田梁氏和安定乌氏人梁氏家族。城阳管氏家族中，管均、管真、管俊分别在唐高宗显庆四年（659年）、乾封元年（666年）年去世，而后在高宗“调露元年（679

年）十月十四日，（由管均出家的儿子）以调露元年十月十四日，息弘福寺僧嗣泰收骨起塔于终南山鸥鸣阜禅师林左。"[125]

另外，雍州蓝田梁氏数代坟塔，也都在终南山鸥鸣坵。朝议郎、行泽王府主簿、上柱国梁寺和其夫人唐氏夫妇"合葬于终南山楩梓谷口隋信行禅师林侧，陪大父录事参军之旧莹。"[126]志文称其葬于信行禅师林侧，是"陪大父录事参军之旧莹，申夙志也"，表明其父辈即为三阶教教众，并葬于百塔寺。这也是家族皆为三阶教信徒，其墓塔皆在终南山楩梓谷信行塔侧的例子。

在终南山楩梓谷信行禅师塔院之东，还有安定乌氏的梁氏家族墓塔。《大周故珍州荣德县丞梁君墓志铭并序》云："以万岁通天元年七月二日，终于益州蜀县，春秋卅有七。呜呼哀哉！即以万岁通天二年三月六日，葬于雍州城南终南山至相寺楩梓谷信行禅师塔院之东，陪先莹也。"[127]梁氏死在益州蜀具，经长途跋涉后，归葬于终南山信行禅师塔院之东"陪先莹也"。由此可见，梁氏家族应该都是忠实的三阶教信徒，故其家族墓地在三阶教教徒葬地之内。

除此之外，河东望族裴氏和三阶教关系十分密切。裴氏家族的两名女性就陪葬在信行塔侧。她们分别是礼部尚书裴行俭（？～682）妻库狄氏，太常协律郎裴公妻贺兰氏。据宋代张礼《游城南记》云："百塔，在楩梓谷，唐信行禅师塔院，今谓之兴教院。唐裴行俭妻库狄氏尝读信行集录，及殁，迁窆于终南山鸥号堆信行塔之后。"[128]由此可知，裴行俭之妻库狄氏是三阶教徒。开元四年（716年）去世的太常协律郎裴公之妻贺兰氏也是三阶教徒。据《大唐太常协律郎裴公故妻贺兰氏墓志铭并序》[129]云："奄臻其凶，春秋卅有四，即开元四年十二月十日。至十九日，迁殡于鸥鸣阜，实陪信行禅师之塔，礼也"可知，她也陪葬在信行塔侧。

除了上述的家族墓塔之外，卒于显庆四年（659年）的信女程氏和其夫婿[130]皆塔葬于终南山，他们也应是三阶教的信徒。除此之外，如功曹参军梁君夫人也是葬在楩梓谷之阿。据《大唐功曹参军梁君故夫人成氏墓志》云：春秋廿有二，以麟德元年十二月二日，卒于隆政里第。呜呼哀哉！即以其月十一日，殡于终南山楩梓谷之阿。^⑫据志文"殡于终南山楩梓谷之阿"，可知此人也葬于信行塔侧，但没有采用三阶教常见的塔葬方式，而是普通的土葬。

由前引金石资料可以看出，除了三阶教僧尼塔葬于此外，尚有大量教众，先暴露尸体于野外实行林葬，等到肌肉被鸟兽食尽后，再收骨起塔于楩梓谷。这些教众有的来自长安和周边地区，有的来自四川地区，还有的来自城阳（河南府南部）等地区。这些教众，往往是以家族或家庭为单位，集体归葬于此。因此，这是当时一个规模很大的墓葬区。在这个墓葬区里，除了常见的塔葬外，应当还存在着一般的土葬墓。

二　宫人斜与临皋驿地望考证——以唐代诗文为线索

历代宫廷均需要大量的宫人来承担宫内力役，唐代也不例外。唐代后宫处于中层的女性尚可统计（120 人左右），处于下层的宫女就难以统计了。《旧唐书》载：唐中宗景龙四年（710 年）上元（正月十五）夜，"放宫女数千人看灯，因此多有亡逸者"。数千人放假看灯，如按三分之一算，则宫女人数在万人以上。贞观二年（628 年），中书舍人李百药上奏说："窃闻大安宫及掖庭内，无用宫人，动有数万"，足见以上推算不差。历代帝王，都有"出宫人"之举，如太宗贞观间，前后出宫女三千余人；顺宗贞元二十一年（805 年）三月出宫女三百人；宪宗元和八年（813 年）六月出宫女"二百车"（按每车坐五人计，共一千人）；敬宗宝历二年（826 年）十二月，出宫女三千人^⑬；文宗开成三年（838 年）二月，出宫女五百余人……由此可见唐代内宫宫人数目必定不小。这些宫人死后，统一由官府埋葬在一个集中的地方，这个集体墓地就是所谓的"宫人斜"。宫人斜，亦称"内人斜"，原本是秦朝都城咸阳旧城墙内埋葬宫女的地方。宋代曾慥在《类说》卷四曾引唐代《秦京杂记》解释说："咸阳旧墙内谓之内人斜，宫人死者葬之，长二三里，风雨闻歌哭声。"宋敏求在《春明退朝录》里也称：唐人称宫人墓为"宫人斜"。因此可以说宫人斜就是唐代宫人的集中埋葬区。但宫人斜到底在哪里，目前尚无人论及，也没有相关的文字记载。幸赖在《全唐诗》里收有杜牧、王建等人写的 9 首有关宫人斜的诗歌，为我们寻找这一特殊人群的墓地提供了线索。本文试图根据有关诗歌所提供的线索以及考古资料，对这一特殊墓葬区的位置作一推测。

1. 宫人斜位于城西　虽然宫人墓志书写极为简单，甚至连宫人的年龄、姓名、居家何处都含混其词，略而不书。但通检《唐代墓志汇编》及《续集》等大型石刻文献资料，共发现 9 方墓志均称"城西"或"长安县龙首原"。这种记载上的高度一致性，表明在唐代长安城西龙首原上存在一大型的宫人墓葬区。过去零星出土的唐代宫人墓志除昭陵陵园比较集中外，大多数也来自西郊。这些资料均说明宫人斜的大致范围在西郊龙首原一带。根据大量出土于西郊的墓志可以判定，唐代的西龙首原的范围，南边以阿房宫遗址为界，东至城墙，北及渭河河滩，呈一个斜三角形。

2. 宫人斜的具体位置　确定了宫人斜的大体位置后，我们再来寻找宫人斜的精确位置。这时，墓志内容就无法帮助我们了。但唐代诗人凭吊宫人的诗歌为我们提供了一些蛛丝马迹。为了便于行文，下面把对解决此问题较为重要的 7 首唐诗全文引出如下：

其一：【宫人冢】（杜牧）尽是离宫院中女，苑墙城外冢累累。少年入内教歌舞，不识君王到老时。其二：【宫人斜】（窦巩）离宫路远北原斜，生死恩深不到家。云雨今归何处去，黄鹂飞上野棠花。其三：【宫人斜】（王建）未央墙西青草路，宫人斜里红妆墓。一边载出一边来，更衣不减寻常数。其四：【宫人斜绝句】（权德舆）一路斜分古驿前，阴风切切晦秋烟。铅华新旧共冥寞，日暮愁鸥飞野田。其五：【宫人斜】（雍裕之）几多红粉委黄泥，野鸟如歌又似啼。应有春魂化为燕，年来飞入未央栖。其六：【宫人斜】（孟迟）云惨烟愁苑路斜，路傍丘冢尽宫娃。茂陵不是同归处，空寄香魂著野花。其七：【宫人斜】（陆龟蒙）草著愁烟似不春，晚莺哀怨问行人。须知一冢埋香骨，犹胜昭君作虏尘。⑬

从上引述的七首诗里，可知宫人墓在"苑墙城外"的"北原"。这里的宫，据王建、雍裕之诗可知是"未央宫"。在宫人斜附近有"一路斜分古驿前"，并且是行人过往较多的驿路。这条驿路是通向"茂陵"的驿路。因为茂陵是汉陵，所以诗人说尽管是同一条驿路，但朝代不同，所以"不是同归处"。

通过对上述诗歌的分析，再加之墓志资料提供的大致范围，在此可以把唐代宫人斜的方位，归纳为以下几个条件：西龙首原，苑墙西，未央宫墙之西，驿路斜出，临近驿站。

西龙首原，泛指城西龙首原的余脉，出于城西的唐代墓志多称"葬于长安县龙首原"。苑墙，这里指禁苑的西墙。唐代有三苑，分别为禁苑、西内苑、东内苑。东、西内苑分别在大明宫、太极宫之北。而"禁苑也者，隋大兴苑也，其西则汉之长安四城皆包并之内。"[132]汉长安四城指长乐宫、未央宫、明光宫、北宫。未央宫是汉长安城的主要宫殿，是汉代的正殿，位于汉长安城西南角。未央宫西墙也就是长安城西墙，位于今皂河东岸，西为建章宫。未央宫南墙位于今陇海线以北，西马寨至大白杨村一带，保存较好，现在依然清晰可见。

前引唐诗里的驿路是指西出开远门前往西域的大路。这条驿路是通往唐境西部、西南部、北部疆土的主要交通干线。出开远门后，前方就是渭河。渡过渭河的通道，靠近咸阳一边的桥梁有两座，即中渭桥、西渭桥。最简便的是过西渭桥，达咸阳县城。西渭桥，始建于汉武帝时期，也称便桥。早期汉陵，多位于汉城正北，故从北面出城，过秦代所建的中渭桥即可抵达。但武帝自营茂陵于兴平，若过中渭桥则"迂回难达，故于城之西面，南来第一门外，对门创桥，以便往来，故此门一名便桥"。西渭桥故址今在何处，大家说法不一。但是1989年"沙河古桥"的发现[133]，为这一问题的深入研究带来了新的机遇。经过激烈讨论，大家一致认为"沙河古桥"不可能是西渭桥，但同时大家在辩论中逐渐对西渭桥的大致地望达成了一致意见。通过长期供职于咸阳的三位文物工作者的辛勤努力，最终把西渭桥的位置确定在今咸阳市秦都区钓台乡马寨村西北的文王嘴一带。这是东岸的桥头。而西岸桥头，大约在咸阳两寺渡附近。[130] 由于渭河不停北移，所以渭河上的桥梁位置不一定就固定不变。但通过对两岸地层包含物的分析，确定此处河岸没有受到河水的侵蚀，应当是汉唐西渭桥的旧址所在。由此就确定了这段驿路的东西两个端点，再加之此路必过三桥。由此三个定点，可以确定这段驿路的走向和经由，即相当于今西安市土门经三桥至咸阳两寺渡一线，距离约 17 公里。

据"一路斜分古驿前"诗句可知，宫人斜附近有驿站，且驿路在此分叉。唐代长安城西出开远门，第一驿为临皋驿。这里的古驿应当就是指临皋驿。据严耕望考证（图四八）：

> 此驿（临皋驿）隋已见置，在京师长安城西墙北来第一门开远门外约十里，盖滨临渭水，当中渭桥处，东去都亭驿、西去咸阳县皆二十里。以其为京师西出主干驿道之第一驿，凡西行逾陇坂出西域，西北赴奉天至朔方，西南出散关至剑南，皆所取途，故公私祖钱率皆聚于此，如城东之长乐驿。

严先生将临皋驿置于渭河边上，且误西渭桥为中渭桥。对此李健超根据新出墓志对此驿的位置做了新的考证。李健超认为"严先生说过了临皋驿之后，又西过三桥，他在三桥下注明'今有三桥镇'。这个三桥镇，不论是历史时期还是现在，都在西安城西北二十里渭河南岸。按照严先生所说的行程，出长安开远门十八里，西北渡渭河，又二里至临皋驿，折返渭河南，西过三桥，从此渡渭河而到咸阳，这样的行程是不可思议的。"李先生指出"开远门外十一里是一个误解"，严先生误将开远门距长安县廨的距离，理解为开远门至临皋驿的距离。李健超的这一认识非常正确，对于解决临皋驿的位置至关重要。接着李先生又根据《唐内侍省令史堵颖墓志》"维大中元年岁次丁卯闰三月景寅八日□□故内侍省令史堵颖年三十五，其月四日一更时卒于上京颁政坊馄饨曲东，本贯常州晋陵县五湖乡临湖里，权殡于长安县龙首乡严村，买地一段，地主王公政，其小严村即开远门外临皋驿西南"的记载，把临皋驿确定在唐代小严村东北。[⑱]

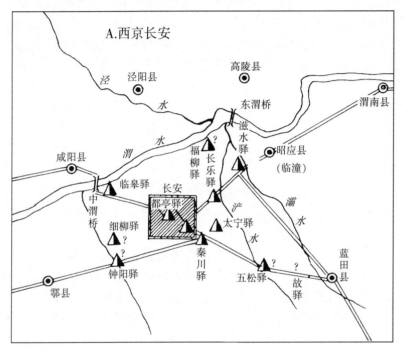

图四八　唐长安城驿站

关于唐代临皋驿的金石资料，除李健超所引的《史堵颖墓志外》，通检《唐代墓志汇编》和《续集》尚有新的发现。如《王守节墓志》、《杜玄礼墓志》等，均和临皋驿有关。《杜玄礼墓志》对于解决此问题尤为重要。《杜玄礼墓志》[⑲]称："于京城开远门外七里，临皋驿前，预修砖堂塔一所。水连秦甸、斜接上林，南望周原，旁临通漕，左瞻凤阙，右接鲸地，平陆土亘，实是信美。"这就是说，临皋驿在三桥以东，土门以西七里处。唐代规定，二十里置驿。开远门至都亭驿[⑳]十一里，再加上开远门至临皋驿七里，合十八里，大致符合唐代置驿的规定。

通过金石资料，可以肯定临皋驿的位置就在西出开远门七里的地方，也就是今三民村车站一带。唐代小严村属西龙首乡，大致位置在今枣园一带。[140]这个位置也符合"临皋驿西南"。其西就是皂河和漕渠旧址，即"旁临通漕"。凤阙是指唐代开远门。三民村东为未央宫，西南为汉上林苑故地，正南为丰镐遗址。特别需要指出的是，辛德勇提出的中渭桥很少使用的观点[141]，需要重新考虑。首先，渭北分布有永康陵、献陵、顺陵等重要陵墓，每年肯定有大量的祭祀活动在陵园进行，若不用城北的中渭桥，而取道西渭桥，则必然迂回曲折，非常不便。另外，据晚唐诗人有关宫人斜的诗歌，可以发现，未央宫墙西确有一条驿路。这条驿路实际就是在临皋驿分叉，而"斜出"的中渭桥路。

出唐代开远门后，驿路到临皋驿开始分叉，一支北行过中渭桥，一支继续西行过西渭桥，一支西南行至细柳驿。这就是诗文里所谓的"一路斜分古驿前"的景象。

关于宫人斜地望，碑林藏志也可证明就在西郊三民村一带。碑林藏志中有两方宫人墓志，分别为《大唐故宫人司制何氏墓志》和《唐故掌闱麻氏墓志铭》。据王元茵报道，分别出土于"西郊三民村"。[142]而关双喜报道，两合"墓志出土于西安西郊陕西省物资局围墙外"[143]。在这两合墓志中，均称墓主葬于"长安县龙首原"。陕西省物资局位于三民村南，所以两人报道实为一地。另外，据杜文玉考证，这里不但是宫人的集中葬地，可能还是西郊宦官墓葬较为集中的地方。[144]这些人生前在一起工作，死后除个别有亲人处理丧事外，大多数人最终只能由官府统一埋葬。因此葬地的安排就非常接近。

通过历史文献、时人的文学作品、地下的金石资料三者互相印证，可以确信唐代临皋驿和宫人斜就在今三民村附近。

三 有关外国人墓地的分布

唐代统一全国后，即致力于对西域的经营。至太宗贞观十四年，平高昌，设西州，并逐步向天山南北发展，最终成为东亚霸主。各周边国家无不称臣纳贡，表示臣服。据记载"大唐贞观中，户部奏言，中国人自塞外来归及突厥前后降附开四夷为州县者，男女百二十余万口。时诸蕃君长诣阙顿颡，请太宗为天可汗。制曰：'我为大唐天子，又下行可汗事乎？'群臣及四夷咸称万岁。是后以玺书赐西域、北荒之君长，皆称'皇帝天可汗'。诸蕃渠帅死亡者，必诏册立其后嗣焉。临统四夷，自此始也"。[145]此后各国人士纷纷来到长安。据向达考证，来长安的西域人大抵有四种类型：魏周以来就居住在长安的、胡商、僧侣、质子。[146]谢弗也认为，前来唐朝的外国人，有些是出于猎奇，有些是胸怀野心，有些是为了经商谋利，而有些则是迫不得已。但是主要还是使臣、僧侣和商人这三类。[147]这些人来到中国后，因为各种原因（既有政治的，也有个人的）长期滞留长安，甚至客死长安。政治的原因如高宗时期，西域陷落，四镇失守，"西域使人在长安者，归路既绝，人马皆仰给于鸿胪。礼宾委府、县供之，于度支受直。度支不时付直，长安市肆不胜其弊。李泌知胡客留长安久者，或四十余年，皆有妻子，买田宅，举质取利，安居不欲归"，最后出面通融，想通过假道回纥或通过海道，各遣回国。这些胡人使者竟然也"无一人愿归"[148]。这就导致大量胡人留居长安，最终死于长安。另外，"安史之乱"后，因回纥曾出兵帮助平叛，导致"回纥留京师者常千人，商胡伪服而杂居者又倍之，县官日给饔饩，殖资产，开第舍"[149]，其中必定又有不少人要客死于长安。个人的原因不外乎商人逐利，"利之所在，无所不到"[150]，并无归葬的习俗。另外还有一些偶然原因，如生病等。这些外国人的墓葬遗留以西域胡人最多，也最受关注。其他东方国家，如高丽、日本和中国关系也非常密切，但几乎没有发现过这些国家人的墓葬或墓志。

　　2004年春天，西北大学博物馆新入藏的一方日本人墓志改变了这一状况。这一墓志一经报道就掀起了研究的热潮[151]，并从而再次引发了对外国人葬地问题的研究。在该墓志的发现人贾麦明的论文里，

贾先生提出：井真成是日本人，国家在东，所以葬在东方。而50年
代发现的苏谅妻马氏，其家乡在西方，故墓葬在长安城西。"由此可
以管窥当时风俗中对于客死异乡人的丧葬习俗"。[152]此说提出后，即
遭到王维坤等的反驳。王维坤引用近年来在西安北郊发现的粟特人
墓葬为依据，认为此说显得有些证据不足。[153]唐代长安周围埋葬的外
国人墓葬虽然没有经过科学发掘，但大多数墓志里都已言明了各自
的国别、居家和葬地，这为我们深入探讨外国人墓葬分布规律提供
了必要的条件。目前已见诸报道或著录的、葬于长安周围的外国人
有以下诸例，列表如下：

表二七　唐长安城周围外国人的葬地与居住地统计表

墓主	葬年	居住地	葬地	国别	资料来源
李立言	631	永兴里	洪原里	渤海	贞观004续
宝藏王	682	不详	劼利墓左（今新筑街道东）	高丽	《东北史地》2004年7期
井真成	723	官第	浐水东原	日本	《西大学报》2004年6期
卢庭宾	748	平康里	—	扶余	天宝041续
高义忠	777	东市署	万年县崇义乡	渤海	大历030续
似先义逸	850	大宁里	万年县丰润乡	高丽	《碑林集刊（3）》
安菩	664	金城坊	龙首原南平郊	安国	景龙033
安令节	705	醴泉里	长安县龙首原	安息国	神龙004
史思礼	714	兴宁里	白鹿原	西域	补遗375页
曹明照	722	普宁坊	金光坊龙首原	曹国	开元
三十姓可汗夫人阿史那氏	723	怀德坊	长安龙首原	突厥	开元117
阿史那毗伽	723	—	长安龙首乡	突厥	开元056续
阿史那哲	723	—	延兴门外龙首原	突厥	开元057续
契苾李中郎	744	蒿街（鸿胪客馆）	长乐原	突厥	天宝018续

墓主	葬年	居住地	葬地	国别	资料来源
康阿义屈达干	756	胜业里	长乐原	柳城，实为西域康国	《全唐文》卷342康君神道碑
阿史那从政夫人薛突利	760	布政里	长乐乡之原	突厥（迁眉）	上元003续
曹惠琳	779	通化里	万年县龙首原	本康氏	大历041续
李国珍	784	光德里	万年县长安乡	安国	兴元003续
石崇俊	787	群贤里	承平乡之原	其父为本国大首领	补遗4第472页
石忠政	797	崇仁里	长安承平乡原	祖为石国大首领	补遗4第472页
米纪芬	805	醴泉里	长安县龙门乡	米国	永贞003续
李素	819	静恭里	上傅村观台里	西国波斯	补遗3第179页
康志达	821	永乐里官舍	长安县龙首原兴台里先茔之北	康国	补遗5第431页
何文哲夫妇	828	义宁里	长安县大郭村龙首原	昭武九姓	大和020续
何少直	855	长乐里	龙首原袁蔺村	此据韩香论文列为西域⑩	补遗2第581页
苏谅妻马氏	874	—	开远门外	波斯	《考古》1964年9期

　　上表中的前6人均来自东方或东北方。他们当中住在宫城以东里坊的有2人，东市周围2人，宫城以西1人。井真成的居住地点不明，志文说他死于官第。这个官第，极有可能是位于皇城西南角的鸿胪客馆。因为他作为遣唐使来到中国，不到一年时间⑪，不可能立即担任唐朝官职，自己也就不可能有官第。各国使人来到长安，首先入住的地方就是鸿胪客馆。从上表来看，东方国家的人似乎多

住在长安东半部。洪原里，应当在唐代洪原乡附近，即今庞留村附近。崇义乡位于今东十里铺北，丰润乡位于今灞桥区雾庄。⑲因此，这6个来自东方国家的人，其葬地均在浐河两岸墓葬区，也即长安城之东。

其余20人均来自西方，也就是常说的西域胡人。这20个胡人，住在宫城之西以及西市周围8人，宫城以东和东市周围6人，城南1人，蒿街（即鸿胪客馆）1人，其余4人的住地不明。

胡人问题很复杂。据陈寅恪研究，是胡人还是汉人，实为"种族及文化二问题"。他还进一步阐述，"汉人与胡人之分别，在北朝时代文化较血统尤为重要。凡汉化之人即目为汉人，凡胡化之人即目为胡人，其血统如何，在所不论"，"此为北朝汉人、胡人之分别，不论其血统，只视其所受教化为汉抑为胡而定之确证，诚可谓'有教无类'矣"。⑮向达1933年曾经指出："此辈西域人始入中国，虽有汉姓，而名字往往仍留有西域痕迹，至下一代姓名始具华化。"⑱因此，根据胡人的姓名，可以辨出胡人华化之深浅。

住于城东诸人中，李素、康志达、曹惠林、何少直、何文哲等人，显然汉化程度已经很高，并担任唐朝官职。这些人虽然有胡人血统，但不能简单的目之为胡人。若以文化和信仰等方面来考察，他们和汉人并无区别。康阿义屈干达的名字具有明显的胡人特征，但是此人因力拒安史叛军，精忠报国而受到皇帝的嘉奖。其宅邸极有可能是皇帝所赐。而此时长安城内"东贵西富"局面早已形成。因此，赐宅的位置只能在东半边。而另外一些人的名字明显带有胡人特点，应当是来华不久的胡人，这些人才是真正的胡人。因此，那些汉化很深的胡人不计在内的话，来自西域的人大多住在西市周围，死后也埋葬在西边。

通过上面的分析，可以发现外国人的葬地也符合中国居民选择葬地的原则，即靠近居住地的原则。一个外国人来到陌生的国家，如果汉化程度不高，通常会选择靠近自己国家居民较多的地方居住。所以，东方来的选择东半边居住，西边来的选择西半边居住也是常理。东方国家归化唐朝的人，尤其是高句丽遗民，目前共发现九方墓志，均出土于洛阳及其周围地区。可见东方国家遗民居住在东方，甚至直接居住于洛阳，而不到长安居住。^⑨至于北边来的葬北边，南边来的葬南边，这显然不可能。事实上，由于受地理条件的限制，当时无论北边来的，还是南边来的外国人，入长安城，不外两条路：一条过西渭桥，从西边入城，行人大多来自西域和北边；一条走两京道，东边、东北边疆以及南诏人多取道于此。所以把那些汉化程度很高，居住时间很长的外国人排除在外，一般外国人的墓葬分布基本符合"东边来的葬在东边，西边来的葬在西边"的推测。当然这只是个偶合，因为居住地就有这样的分布原则，才导致墓葬有这样的分布规律。但是，由于东边来的使臣，回归路线一直畅通无阻，又有陆、海两路可供选择，因此，客死于长安的人数很少，所以这个推测还需等待更多的考古资料来证明。

①马端临：《文献通考》卷一百二十五《王礼》二十。

②安峥地：《唐房陵大长公主墓清理简报》，《文博》1990 年 1 期。

③刘庆柱、李毓芳：《陕西唐陵调查报告》，《考古学集刊》第 5 集，中国社会科学出版社 1987 年。

④富平县文化馆、陕西省博物馆、文管会：《唐李凤发掘简报》，《考古》1977 年 5 期。

⑤据《陕西省文物地图集·三原县文物图》。

⑥沈睿文：《唐昭陵陪葬墓墓地布局研究》，注释 25，《唐研究》第 5 卷，421～452 页。可参见《陕西省文物地图集·三原县文物图》。

⑦据《旧唐书》卷七十七《刘德威传》改，刘德威死后陪葬献陵。

⑧参见《新唐书》卷一百六《刘德威传》，《旧唐书》卷七十七，《刘德威传》。

⑨王双怀：《唐陵陪葬墓的分布特征》，《陕西师范大学继续教育学院学报》2001 年 1 期。

⑩昭陵文管所：《昭陵陪葬墓调查记》，《文物》1977 年 10 期。

⑪孙东位：《昭陵发现陪葬宫人墓》，《文物》1987 年 1 期。

⑫陈安利：《唐十八陵》，中国青年出版社 2001 年，321～322 页。

⑬杨正兴、杨云鸿：《唐刘睿墓的发掘清理》，《泾渭稽古》1996 年 4 期。

⑭张永祥、胡然：《乾陵考古五题》，《文博》1999 年 3 期。

⑮沈睿文：《唐桥陵陪葬墓地研究》，《文博》2000 年 5 期。

⑯姜宝莲：《试论唐代帝陵陪葬墓》，《考古与文物》1996 年 4 期。

⑰任士英：《唐帝陵陪葬墓盛衰原因试探》，《烟台师范学院学报》1990 年 4 期。

⑱姜捷：《关于定陵陵制的几个新因素》，《考古与文物》2003 年 1 期。

⑲宋敏求编：《唐大诏令集》卷七十六《九嵕山卜陵诏》，商务印书馆 1959 年，431 页。

⑳司马光：《资治通鉴》卷二百〇五，6485 页。

㉑任士英：《唐帝陵陪葬墓盛衰原因试探》，《烟台师范学院学报》1990 年 4 期。

㉒沈睿文：《唐昭陵陪葬墓地布局研究》，《唐研究》第 5 卷，北京大学出版社 1999 年，421 页。

㉓姜宝莲：《试论唐代帝陵陪葬墓》，《考古与文物》1996 年 4 期。

㉔沈睿文：《唐昭陵陪葬墓地布局研究》，《唐研究》第 5 卷，北京大学出版社 1999 年，421 页。

㉕昭陵文物管理所：《昭陵陪葬墓调查记》，《文物》1977 年 10 期。陈成国：《中国礼制史·隋唐五代卷》，169 页；王双怀等人也持相同观点，由王先生面告。

㉖宋敏求编：《唐大诏令集》，商务印书馆 1959 年，346 页。

㉗宋敏求编：《唐大诏令集》，商务印书馆 1959 年，347 页。

㉘刘昫：《旧唐书》卷六十七，2481 页。

㉙刘昫：《旧唐书》卷六十七，2490 页。

㉚张沛：《昭陵碑石》，三秦出版社 1993 年，162 页。

㉛刘昫：《旧唐书》卷五十九，2334 页。

㉜此图底图采自张沛《昭陵碑石》图 1，文武标记和入葬年代为笔者所加。

㉝宿白：《北魏洛阳城和北邙陵墓》，《文物》1978 年 7 期。

㉞徐苹芳：《中国秦汉魏晋南北朝时代的陵园和茔域》，《考古》1981 年 6 期。

㉟韩国河：《论秦汉魏晋时期的家族墓地制度》，《考古与文物》1999 年 2 期。

㊱李蔚然：《论南京地区六朝墓葬的葬地选择和排位方式》，《考古》1983 年 4 期。

㊲宿白：《北魏洛阳城与北邙陵墓——鲜卑遗迹辑录3》，《文物》1978 年 7 期。

㊳马忠理：《磁县北齐东魏陵墓兆域考》，《文物》1994 年 11 期。

㊴张占民：《西安洪庆北朝隋家族迁葬墓地》，《文物》2005 年 10 期。

㊵徐苹芳：《中国秦汉魏晋南北朝时代的陵园和茔域》，《考古》1981 年 6 期。

㊶沈睿文：《关中唐陵陵地秩序研究》，《唐研究》第 9 卷，390 页。

㊷沈睿文：《唐昭陵陪葬墓地布局研究》，《唐研究》第 5 卷，431 页。

㊸宝鸡市考古队：《岐山郑家村元师奖墓清理简报》，《考古与文物》1994年3期。
㊹昭陵文物管理所：《昭陵陪葬墓调查记》，《文物》1977年10期。
㊺沈睿文：《唐昭陵陪葬墓地布局研究》，《唐研究》第5卷，431页。姜遐生平依据墓志补充。
㊻刘昫：《旧唐书》卷五十九，2332～2335页。
㊼张沛：《昭陵碑石》，三秦出版社1993年，211页。
㊽李慧：《唐左羽林军大将军臧怀亮墓志考释》，《文博》1996年1期。
㊾西安市文物保护考古所：《西安东郊唐温绰、温思暕墓发掘简报》，《文物》2002年12期。
㊿刘昫：《旧唐书》卷六十八，2504页。
(51)陕西省博物馆、文管会：《唐李寿墓发掘简报》，《文物》1974年9期。
(52)欧阳修：《新唐书》宗室世系表，2001页。
(53)刘昫：《旧唐书》卷七十三，2596、2599页。
(54)张永祥、胡然：《乾陵考古五题》，《文博》1999年3期。
(55)刘昫：《旧唐书》卷八十四，2789、2796页。
(56)刘昫：《旧唐书》卷五十八，2305、2599页
(57)李百药：《北齐书》卷四十，530页。
(58)中国社会科学院考古研究所编：《唐长安郊区隋唐墓》，文物出版社1980年，29～48页。
(59)房玄龄：《晋书》卷一百三刘曜载记，2679页。
(60)房玄龄：《晋书》卷一百五石勒载记，2747页。
(61)房玄龄：《晋书》卷一百三苻坚载记，2898页。
(62)司马光：《资治通鉴》卷一百二，海西公太和五年十二月，3239页。
(63)房玄龄：《晋书》卷一百十三苻坚载记，2898页。
(64)司马光：《资治通鉴》卷九十九，穆帝永和八年七月，3128页。
(65)房玄龄：《晋书》卷一百十三姚兴载记，2976页。
(66)令狐德棻：《周书》卷四十三李延孙传，774页。
(67)令狐德棻：《周书》卷五元帝纪，96页。
(68)令狐德棻：《周书》卷六武帝纪，86页。
(69)魏征：《隋书》卷七十三《梁彦光传》，1675页。
(70)司马光：《资治通鉴》卷一百七十七文帝开皇九年，5516页。
(71)杜佑：《通典》卷十七《选举五、杂议论中》。
(72)魏征：《隋书》卷二十九，817页。
(73)关于关中人口的来源问题，还可参见马长寿：《碑铭所见前秦至隋初的关中部族》，

载《考古文物研究》（二），陕西人民出版社2001年，1~63页。

(74)薛平栓：《陕西人口地理》，人民出版社2001年，343页。本段有关人口迁移的资料和观点受此书启发较多，特此注明。

(75)王洙：《图解校正地理新书》卷七，台北集林书局影印，1985年，226页。该书也收录于《续修四库全书·子部·术数类》。成书于金元时期的《大汉原陵秘葬经》中也有五音葬法的记载，可参见《永乐大典》8195卷。

(76)各姓的分音依据《重新校正地理新书》卷一查对列出。

(77)张永禄：《唐都长安》，西北大学出版社1987年，130~132页。

(78)史念海：《唐长安城外龙首原上及其邻近的小原》，《中国历史地理论丛》1997年2期。

(79)司马光：《资治通鉴》卷一百七十五，5457页。

(80)徐松：《唐两京城坊考》三苑，中华书局1985年，526页。

(81)参见程义：《唐长安辖县乡里考增补》，《中国历史地理论丛》2006年4期。

(82)惠英：《从出土墓志看唐代居民葬地》，西北大学2006年硕士学位论文打印稿。

(83)据王元茵《隋唐墓志出土的时地与葬地》（2000年，《碑林集刊》第6辑）一文统计，仅碑林所藏的墓志中就有70余方出土于这个墓区。惠英2006年根据墓志统计出土于该地或标明葬于该地的墓葬达83座。

(84)尚民杰：《长安城郊唐皇室墓葬及相关问题》，《唐研究》第九卷，413~414页。

(85)《西安郊区隋唐墓》报道22座。据王元茵2000年统计，仅碑林所藏的墓志中就有近50方出土于这个墓区。2006年，惠英据墓志统计的数量与此大致相同。

(86)俞伟超：《西安白鹿原墓葬发掘报告》，《考古学报》1956年3期。

(87)据王元茵2000年统计，碑林藏有关铜人原的唐代墓志13方。惠英2006年统计19方。

(88)尚民杰：《长安城郊唐皇室墓葬及相关问题》，《唐研究》第9卷，411~413页。

(89)王育龙：《唐马璘墓志考释》，《文博》1997年6期，注2。

(90)陕西省考古研究所：《西安洪庆发现北朝隋家族迁葬墓》，《文物》2005年10期。

(91)尚民杰：《长安城郊唐皇室墓葬及相关问题》，《唐研究》第9卷，409页。

(92)张礼：《游城南记》，三秦出版社2005年，图7，189页。

(93)毕沅：《关中胜迹图志》，民国二十三年刻本，240~241页。

(94)程义、肖健一、王维坤：《新出土唐尼姑李胜才墓志考释及相关问题探讨》，《西北大学学报》2007年3期。据墓志推测，该墓位于曲江池村南。

(95)李秀兰、卢桂兰：《唐裴氏小娘子墓出土文物》，《文博》1993年1期。

(96)据王元茵2000年统计，碑林藏志中有5方出于此区。2006年惠英统计，有7方墓志出土于此区。

○97据周绍良：《隋唐墓志汇编》元和 153《司马君夫人孙坚静墓志》。

○98据周绍良：《隋唐墓志汇编》永徽 127《文林郎夫人张须摩墓志》。

○99赵力光：《唐柳公权撰柳憎憎墓志》，《文博》2003 年 3 期。

○100陕西省考古研究所：《西安紫薇田园都市工地唐墓发掘简报》，《考古与文物》2006
年 1 期。

○101据王元茵 2000 年统计，碑林藏志中有 13 方出土于此区。惠英 2006 年统计，约有
18 方墓志指明葬于高阳原和细柳原墓区。

○102赵超、周绍良：《隋唐墓志续编》贞元 027《王偕墓志》。因临近皂河，故称。

○103赵超、周绍良：《隋唐墓志续编》天宝 087《王守节墓志》，另有《唐内侍省令史堵
颖墓志》称葬于临皋驿西南，参见李健超：《唐长安临皋驿》，《考古与文物》1984
年 3 期。

○104该工程分两期，一期发现 136 座，见西安市文物管理处：《西安西郊热电厂基建工
地隋唐墓葬清理简报》，《考古与文物》1991 年 4 期；二期发现 51 座，见《西安西
郊热电厂二号唐墓发掘简报》，《考古与文物》2001 年 4 期。

○105《唐孟孝立墓志》，载张红杰编：《咸阳碑石》，三秦出版社 1990 年，71 页。

○106此批墓葬资料参见孙秉根：《西安隋唐墓葬的形制》，载《中国考古学研究——夏
鼐先生考古五十年纪念文集（2）》，文物出版社 1986 年。

○107有关记载参见张红杰编：《咸阳碑石》，三秦出版社 1990 年。

○108陈忠凯：《唐代人的生活习俗——合葬与归葬》，《文博》1995 年 4 期。

○109限于篇幅，原表格未全部刊载，详见程义：《唐代关中墓葬初步研究》，西北大学
博士论文 2007 年打印本。

○110赵超、周绍良编：《唐代墓志汇编续集》，上海古籍出版社出版 2001 年，续元
和 035。

○111赵超、周绍良编：《唐代墓志汇编续集》，上海古籍出版社出版 2001 年，续元
和 078。

○112刘昫：《旧唐书》卷八十二，2768 页。

○113齐东方：《唐代的丧葬观念与礼仪制度》，《考古学报》2006 年 1 期。

○114王博：《唐会要·葬》，692 页。

○115关于长安地区驿路的分布可参见辛德勇：《隋唐时期长安附近的路路交通》，《中国
历史地理论丛》1988 年 4 期；严耕望：《唐代交通图考（1）》，篇一，两京馆驿，
史语所专刊，1985 年。

○116李健超：《唐长安临皋驿》，《考古与文物》1984 年 3 期。

○117李之勤：《柳宗元的〈馆驿使壁记〉与唐代长安城附近的驿道和驿馆》，《中国古都
研究》第 1 辑，浙江人民出版社 1985 年。

⑱杜文玉：《唐代长安宦官的住宅与坟茔分布》，《中国历史地理论丛》1997 年 4 期。

⑲妹尾达彦：《唐代长安城的官人居住地》，《东洋史研究》55：2，1996 年，35 ~ 74 页。

⑳另可参见刘淑芬：《中古的佛教与社会·丙编》，上海古籍出版社 2008 年。

㉑周绍良、赵超：《唐代墓志汇编》，上海古籍出版社 1992 年，显庆 081。

㉒周绍良、赵超：《唐代墓志汇编》，上海古籍出版社 1992 年，开元 145。

㉓周绍良、赵超：《唐代墓志汇编》，上海古籍出版社 1992 年，开元 145。

㉔周绍良、赵超：《唐代墓志汇编》，上海古籍出版社 1992 年，天宝 237。

㉕周绍良、赵超：《唐代墓志汇编》，上海古籍出版社 1992 年，调露 011、013、014。

㉖周绍良、赵超：《唐代墓志汇编》，上海古籍出版社 1992 年，垂拱 065。

㉗周绍良、赵超：《唐代墓志汇编》，上海古籍出版社 1992 年，万岁通天 018。

㉘张礼：《游城南记》，三秦出版社 2005 年，154 页。

㉙周绍良、赵超：《唐代墓志汇编》，上海古籍出版社 1992 年，开元 044。

㉚周绍良、赵超：《唐代墓志汇编》，上海古籍出版社 1992 年，文明 011。

㉛周绍良、赵超：《唐代墓志汇编》，上海古籍出版社 1992 年，麟德 028。

㉜王溥：《唐会要》，37 页。

㉝程大昌：《雍录》，中华书局 2002 年，195 页。

㉞另外两首分别是【和李都官郎中经宫人斜】（羊士谔）和【宿山祠】（张籍，一作宫山祠）。因和本文讨论议题关系不大，在此不予全文引出。

㉟有关沙河古桥的讨论与报道可参见：段清波：《西渭桥地望考》，《考古与文物》1990 年 6 期，《西渭桥地望再考》，《考古与文物》1991 年 4 期；李之勤：《"沙河古桥"为汉唐西渭桥说质疑》，《中国历史地理论丛》1991 年 3 辑；王维坤：《汉唐长安的渭河三桥研究》，载《中日文化交流的考古学研究》，陕西人民出版社 2002，362 ~ 369 页；曹发展：《渭桥沣桥辩》，载《考古与文物研究——纪念西北大学考古专业成立 40 周年文集》，三秦出版社 1996 年。

㊱孙德润、李绥成、马建熙：《渭河三桥初探》，载《陕西省考古学会第一届年会论文集——考古与文物丛刊第 3 号》，1983 年。

㊲李健超：《唐长安临皋驿》，《考古与文物》1984 年 3 期。李健超所据严耕望论文为《唐史丛稿》1965 年本，在《唐代交通图考》里，已不见"北渡渭河"一句。

㊳周绍良、赵超：《唐代墓志汇编续集》，上海古籍出版社 2001 年，续开元 097。

㊴有关都亭驿的问题，参见辛德勇：《隋唐两京丛考·西京·都亭驿》，三秦出版社 2006 年，87 ~ 92 页。

㊵程义：《隋唐长安辖县乡里考新补》，《中国历史地理论丛》2006 年 4 期。

㊶辛德勇：《隋唐时期长安附近的路路交通》，《中国历史地理论丛》1988 年 4 期。

⑫王原茵：《隋唐墓志的出土时地与葬地》，《碑林集刊》第6辑，陕西人民美术出版社2000年，188~189页。

⑬关双喜：《西郊出土两合唐宫人墓志》，《考古与文物》1982年6期。

⑭杜文玉：《唐代长安宦官的住宅与坟茔分布》，《中国历史地理论丛》1997年4期。

⑮杜佑：《通典》卷二百，国防典十六。

⑯向达：《唐代长安与西域文明》，河北教育出版社2001年，10页。

⑰谢佛著、吴玉贵译：《唐代的外来文明——撒马尔干的金桃》，中国社会科学出版社1995年，18页。

⑱司马光：《资治通鉴》德宗纪贞元三年七月，7493页。

⑲司马光：《资治通鉴》德宗纪建中元年八月，7287~7288页。

⑳刘昫：《旧唐书》卷一百九十八康国传，5310页。

㉑主要中文研究成果可参见《西北大学学报》2004年6期，2005年1、2、3期相关论文。

㉒贾麦明：《新发现的唐日本人井真成墓志及初步研究》，《西北大学学报》（社科版）2004年6期。

㉓王维坤：《关于唐日本留学生井真成墓志之我见》，《西北大学学报》2005年2期。

㉔韩香：《唐代长安中亚人的聚居与汉化》，《民族研究》2000年3期。

㉕此处取井真成733年入唐，而不取717年入唐。可参见马一虹：《日本遣唐使井真成入唐时间与在唐身份考》，《世界历史》2006年1期。

㉖程义：《隋唐长安辖县乡里考新补》，《中国历史地理论丛》2006年4期。

㉗陈寅恪：《唐代政治史述论稿》，上海古籍出版社1997年，16~17页。

㉘向达：《唐代长安与西域文明》，河北教育出版社2001年，94页。

㉙拜根兴：《高句丽遗民高足酉墓志铭考释》，《碑林集刊》第9辑，陕西人民美术出版社2003年。

第八章　相关问题探讨

本章将探讨唐代墓葬里的道教佛教因素、双室墓问题、唐代早期帝陵的地下结构以及唐代墓葬等级的表现形式等问题。

第一节　唐代墓葬里的道教因素

由于中国缺乏有关西方道教研究史方面的专著，所以法国汉学家安娜·赛德尔所著的《西方道教研究史》①，在 2000 年和 2002 年分别由上海古籍出版社和中华书局出版了不同的译本。该书虽然名为《西方道教研究史》，但并没有把眼光局限在纯粹地理意义上的西方。刘屹在书评里说到，尽管两个译本都尽量删去了一些对中国道教研究的不满，但通过文末的文献目录也可发现日本的研究似乎比中国大陆要深入得多。安女士在《道教研究之展望》一节里更是直接指出："由于中国的考古报告撰写者都不把他们的考古发现鉴定为道教的东西，因此对最近四十年来中国的考古杂志细细阅读一遍的话，就会发现许多铭文和物品事实上是道教的。"②这个论断说得不客气，但却是事实。在过去的 50 余年里唐代道教的研究一直以文献研究为主力，除了文字碑铭材料如镇墓石等受到重视，且因性质明显而被确定为道教因素外，其他材料一律被等同于一般随葬品。这种局面的形成一方面是受学术传统的影响，另一方面，也是更主要的原因还在于道教的物品跟日常用品之间并没有一个明显的界限，区别起来难度很大。当然，近些年，这一局面略有改观。正如葛兆光所说："相当有价值的道教研究成绩，是一些原来作考古的学者做出来的，他们从考古发现的角度，用很多文物资料对道教进行研究，像历史所的王育成，他对道教投简、令牌、画符的研究，给我们提供了很多新资料。"[3]由于道教和传统文化联系非常紧密，很多道教遗物直接来自日常生活，所以区别起来有些难度。所以，在本节所列的道教因素里可能有一些并不一定是道教的东西，但和某些信仰有关，在此也一并提出，以供将来进一步甄别。本文所使用的"道教"也许更接近近来余欣等人所倡导的"民生宗教"一词。[4]也就是说本文的选择标准比较宽泛，这也是目前研究现状的必然结果。

一　壁画、陶俑中的道教因素

李寿墓墓道两壁分别绘制了正在举行宗教活动的道观和佛寺。关于这类题材壁画的含义，在本书第五章已有论述，我认为这是当时葬礼的一个客观描绘。李寿石椁上层所画的骑兽仙人等也应和道教有密切关系。

长乐公主墓的云中车马图。虽然在云车下方出现了摩羯鱼的形象，再加上原报告者把乘车男子的白袷帽误认为是莲花冠，而误导了大家的视线。但通过对图像的仔细分析，可以看出这两幅车马图，仍然带有明显的道教升仙主题，当然受到佛教因素的影响也是显而易见的。

李思摩墓甬道东壁镇墓图[5]中绘制一虎头人身像，两肩竖毛，赤裸上身，穿红色裤子，嘴大张，左腿前弓，右腿蹬直，左手持弓，右手控弦。这个图像和汉代画像石里经常出现的蹶张图的形象非常接近，应当出于保卫墓主灵魂不受恶鬼干扰的用意。朱青生将此比定为将军门神，而余欣则将此比定为"四封都尉"。[6]弓和箭是道士作法常用的兵器之一，他们通常用"桃木弓和柳木箭"来射杀鬼怪。因而，这幅镇墓图可能也是道教的因素。

墓道口的青龙白虎图是唐代墓葬壁画里最常见的图像之一，有的和墓室里的朱雀、玄武配成一套完整的四神系统。青龙、白虎在道教里有着非常广泛的意义，有时是方位神，为死者的灵魂指引升仙的路径；有时承担保护墓主不受孤魂野鬼骚扰的职责；有时又是升仙者的骑乘工具。这一图像系统虽然产生很早，且不是道教所发明，但到道教大肆流行的南北朝时期就被道教所吸收，成为道教崇拜的主要神祇之一。如《抱朴子内篇·杂应》："（太上老君）左有十二青龙，右有二十六白虎，前有二十四朱雀，后有七十二玄武。"[⑦]在汉晋朱书陶瓶上也常见此类神祇，因此这类图像属于道教信仰的范畴应当没有问题，并且起源较早。

另一类常见道教图像是过洞正面的楼阁图以及附近的飞人。这类图像过去通常被当作贵族深宅大院的象征。其实这可能出于早期发掘者，尤其是李凤墓发掘者的误导。[⑧]根据唐代的规定："王公之居，不施重栱、藻井。三品堂五间九架，门三间五架；五品堂五间七架，门三间两架；六品、七品堂三间五架，庶人四架，而门皆一间两架。常参官施悬鱼、对凤、瓦兽、通栿乳梁。"[⑨]然而我们在壁画里发现的阙楼图中的重栱非常明显，且为两层，为了增加其高耸入云的表现效果，通常还在两侧绘有飞鸟或飞人。屋顶为重檐，有的还采用了四阿顶结构。这显然和政府的法令相冲突。因此，我认为这一在墓葬里反复出现的图像，可能还有其他功能。联系到在汉代画像砖墓里出现的"阙形砖"的位置[⑩]，以及北朝时期墓葬照墙上的建筑图像[⑪]，这一图像的渊源应当很早。如果这一图像的来源确实是汉代画像砖石墓里的门阙的话，那么这些反复出现的阙楼形象也就是死者前往仙境的必经之地——"天门"。我们看到这些阙楼两边不仅有飞人，而且在屋脊还饰有宝珠或龙形鸱吻。据《神异经·西北荒经》记载："二阙相去百丈，上有明月珠，经三丈，光照千里，中有金阶，西入两阙中，名曰天门。"《诗纬含神雾》说："天不足西北，无有阴阳，故有龙衔火精以照天门中也。"在石墓门的门楣上通常也刻有双龙捧珠的形象，这种形象即为人们心目中的"天门"形象。天门是万神之所居，也是死者升仙的通道和最后归宿。唐墓壁画里的飞人通常被视为飞天。但是这些所谓的"飞天"已经脱离了佛教环境，而和中国固有的"羽人"形象相结合，最终成为道教艺术的组成部分。道教飞人（为了区别佛教飞天，暂时称为飞人）和飞天的区别在于职能不同。按佛经揭示，佛教飞天的职能有三项：礼拜供奉，表现形式为双手合十，或捧奉供品；二为散花施香，表现形式为手托花盘、香炉、花瓶、花束等；三为歌舞伎乐，表现形式为手持各式乐器。[12]从壁画里的飞人形象来看，似乎均不具备上面三种功能。所以，我认为这些所谓的"飞天"可能是受道教影响的"羽人"，其宗教属性，归根结底应属于道教。

　　仙鹤图也是唐墓壁画里常见的题材之一。在永泰公主墓甬道顶部、长乐公主墓墓室四壁的上层、节愍太子墓甬道均有发现。这类图像通常和墓道口的青龙、白虎以及墓道里的出行仪仗的行进方向一致，且被绘制在高于现实生活图像的上部。关于此类图像的性质，宿白早在1987年就已指出："晚唐云鹤屏风的流行，还可能与道教有关。"[13]其实不但晚唐云鹤屏风画和道教有关，就是较早的云鹤题材壁画同样也和道教有关。自然界的飞禽走兽种类之多，难以数计，但和道教结下不解之缘的却只有为数不多的几种，鹤即是其中之一。最初道教和鹤结缘可能在于鸟类能自由飞翔的本领与道教成仙愿望之间的共性。另外，道教创始人张道陵创教修炼时居住过的山就被称为"鹤鸣山"。这也使道教和鹤有了密切的联系。关于其名的来源，一说"其起伏轩嚷，状类仙鹤，故名"[14]；一说"山有石鹤，鸣则仙人出"。不管实际情形如何，总之鹤鸣山都和道教的产生结下了不解之缘。正因为如此，鹤也就由普通的飞鸟沾上了道教的仙气，而被称为"仙鹤"了。古代传说中的仙人常常是身有双翼或驾鹤仙游的，如著名的仙人王子乔据说就是乘白鹤而去的。此后，鹤就成了仙人的伴侣、坐骑，甚至象征。南北朝时期，道士们又进一步将鹤神化，竟然提出："若服金丹大药，云腾羽化；不服金沙而不可驾鹤。"[15]似乎不服用丹药，仙鹤就不让你骑乘。[16]鹤与道教的上述关联，使我们确信这些绘制于墓葬上部的图像和道教有着必然的联系。过去那种把绘有飞鸟的天井或甬道理解为庭院的看法，似乎显得过于简单而缺乏说服力。

十二生肖图像与十二生肖俑。唐代十二生肖的形象最先出现于墓志上的线刻。[17]至开元时期，关中地区出现了成套的陶质十二生肖俑。晚唐时期，十二生肖已相当常见。晚唐墓葬里的十二小龛，就是专门为安置十二生肖俑建造的。十二生肖俑又叫十二时俑、十二元辰俑，是开元以后唐代墓葬常见的镇墓神怪俑，通常和其他几件镇墓俑合称"四神十二时"。在唐僖宗靖陵甬道壁龛和高力士墓墓室还发现了以十二生肖为主题的壁画。十二生肖除了壁画、陶俑外，有时还出现在铜镜、石椁的底部边缘等位置。对于此类形象的渊源、出现以及形制变化等已有很多的总结与论述。[18]大家一致认为十二生肖俑起源很早，甚至可以上推至战国时期，最迟在汉代已基本定型。但是在墓葬中作为明器出现，大约始于南北朝时期。目前发现的最早的十二生肖图像出现在北齐娄睿墓壁画[19]和磁县湾漳大墓[20]。在娄睿墓和湾漳大墓的墓室四壁，紧接天象图的部位绘制有十二生肖图案，并且在每个生肖图案的旁边还绘制有两个瑞兽或神兽。其排列顺序是子鼠北、午马南的子午线式排列。在生肖图的下方为残存的四神图像。北朝时期，除了以壁画的形式表现十二生肖外，还在淄博市北朝崔氏墓地 10 号墓出土过虎、马、蛇、猴、狗等生肖俑[21]。到了隋代，生肖俑首先在南方地区大肆流传开来，在湖南、湖北、四川、江苏等地均有发现。但关中隋墓里未见生肖俑，只有刻制于墓志边缘的线刻生肖画。这一传统一直延续到开元二十四年孙承嗣墓结束。此后，十二生肖俑和相关壁画在关中唐墓里频繁出现，并一直持续到五代和宋元时期。

唐代规定九品以上官吏的墓葬里就可以使用十二生肖[22]，《大汉原陵秘葬经》记载：天子、大夫以下至庶人明器有十二元辰，安十二方位。^㉓据《论衡》记载，早在汉代，十二时就已具有解除灾难的功能。《论衡·解除》曰："宅中主神有十二焉。"《论衡·难岁篇》："十二神，登明从魁之辈，工伎家皆谓之天神也，常立子丑之位，俱有冲抵之气。"此后，随着道教的兴起，十二时神被道教吸收，成为道教主要神祇之一。如《太上黄箓斋仪》就提到举行仪式时，除了上真上仙诸灵外，还要奉请"当境职司十二时神，二十四吏前后左右一切正神"^㉔，可见这些十二时神虽然地位不及太上诸神，管辖范围仅限于当境，但还属于"一切正神"的范围。在《无上黄箓大斋立成仪》里也提到"神仙门"里有"十二时辰使者"。^㉕从《道藏》里频繁出现十二时的情况来看，十二生肖俑显然带有很强的道教色彩。这在隋大业六年（610 年）道教徒陶智洪墓里得到了验证。陶智洪墓出土了一块买地券，券文起首便称"道民陶智洪"，可见此人为道教徒无疑。其墓出土了两套瓷质十二生肖俑。^㉖另外在洛阳北邙的一座唐墓里也发现了一套生肖俑，墓主为道教徒也确信无疑。这座墓没有出土墓志，但出土了一盒镇墓石。这盒镇墓石比较特殊，过去在河南偃师也曾出土过。但发掘者根据镇墓文内容，误判为"安魂盒"^㉗。洛阳镇墓石形状和墓志非常接近，由盖和底座两部分组成。盖平面为方形，边长 15 厘米。四杀线刻简单的四神形象：左青龙、右白虎、下朱雀、上玄武。中为镇墓文五行，文曰："其灵真以此为拯阳覆阴施大道之侧五精变化安魂之德子孙获吉诸殃永息急急如律令"。底座为正方体，周围四面均线刻有十二生肖图像，每面各为三个生肖图。底座正面的四边各用两条直线作出边框，框内填以云气纹和星点纹。边框之内由纵横直线分成九等份即九个方格，其中四隅的四个方格各填以三角纹、点状纹或交叉形纹饰，另五个方格则被凿成边长 2.7 厘米、深 2 厘米的方孔，方孔内存有朱砂、云母、白色水晶、紫色晶体等（图四九）。^㉘

　　镇墓石也就是五方贞石，也叫五精镇墓石，属于道教遗物已经得到大家的普遍认可。^㉙这座墓里不但出土了生肖俑，而且在镇墓石

图四九　洛阳北邙唐墓出土的墓志和镇墓石

的侧面还线刻有生肖图案。因此，结合文献和考古发现，我们确信十二生肖俑属于道教葬仪的内容之一。

　　另一类可能属于道教因素的图像是墓门门扇上的一些线刻人物。石门线刻人物有一个从现实向神灵过渡的过程。北朝时期，石墓门上的人物大多为重甲武士，应该是当时社会现实的反映。有的墓门上还刻有极富神话色彩的各式神兽。如果说位于同一部位的图案在功能上有一定关联性的话，那么这些人物画就不仅仅是对现实生活的简单模仿，还应当具有相应的宗教含义或礼制意义。唐代石墓门（此处的石墓门是指最外侧的一道，不包括石椁石门和后甬道石门，因为这两道门可能只相当于建筑物内部的一些小门，其功能差别较大）上的线刻图中反映道教因素的有以下几例：1）董务忠石门（图五〇，1）。该石门门扇上线刻两个拱手站立的男子，阔袍大袖，背后有两个带环的物品，疑是法剑之类的道具，不带冠，身体两侧各有两支灵芝状祥云。门楣上刻相向双龙，意在看守天门。这两个男子的形象颇似后世的道士，其服饰和碑林藏唐代老子像较为接近。2）以高力士墓为代表的文官、武官线刻图（图五〇，2、3）。属于此类的有李仁墓石门、苏思勖墓石门、唐安公主墓石门。高力士墓门门扉线刻的主题图案右为武将，武将环眼尖鼻，拧眉撇嘴，留八字须，连鬓髭髯，表情威

图五〇　唐墓石墓门上的道教线刻图像
1. 董务忠墓石门　2、3. 高力士墓石门

严。头戴双翅冠，双手拄一环首鞭。左为文官，凤目隆准，小口长须，眉目和善。头戴笼冠，两手拱于胸前，执笏。这个形象和陶俑里的大型文官武官俑完全相同，应当是同一题材的不同表现手法。据《大汉原陵秘葬经》记载，亲王公侯卿相明器神煞里面有："閤门（大）使二人"，安置于墓门口。[30]閤门为皇宫或大臣的正门，是所有朝官上朝或客人进入宅院的必由之路。《唐六典》记载："凡京司文武职事官皆有防閤，一品九十六人，二品七十二人，三品三十八人，四品三十二人，五品二十四人；六品给庶仆十二人，七品八人，八品三人，九品二人。"[31]可见唐代规定不同的官员可以拥有不同数目的"防閤"。宋代出现了"閤门（大）使"一职。这里的閤门使就是这些防閤的负责人。此类人物的形象在郑仁泰墓[32]壁画里也保留有原型。此人位于封门外侧的东西两壁，头戴鸟形饰物，挂剑而立，有两个戴幞头的人正和他们告别。这个形象应当就是防閤的代表。这些大型文官武官俑以及线刻图像的位置恰巧在墓门口，其功能相当于大家常说的"门神"，俗称"把门将军"。

　　据《三教源流搜神大全》记：唐太宗在建唐期间杀人无数，即位后夜间梦寐不宁，多做噩梦，常见鬼魔在寝殿内外抛砖扔瓦、狂呼乱叫。太宗害怕，召众将群臣商议。众将提出让元帅秦琼与大将军尉迟恭二人每夜披甲持械于宫门两旁守卫，以镇压邪鬼。此招果然生效。然久而久之，太宗念秦琼、尉迟恭二将日夜辛劳，便让宫中画匠绘制二将之戎装像，怒目发威，手持鞭锏，悬挂于宫门两旁，此后邪祟全消。后世沿袭此法，遂将二将永做门神。㉝从这则传说也可发现戎装武士有压镇鬼怪的功能。而压镇鬼怪恰是道士们的长项。因此，朱青生认为这些门神也是道教徒们利用民间门神观念再糅合现实生活里的将军（防阁）制造出来的新神灵。㉞这个观点很具说服力。

二　器物里的道教因素

1. 镇墓石等压镇物品

　　镇墓石是目前最容易辨认，而且宗教属性最为清楚的道教遗物之一。通常为五合一套正方形的青石，盖底相合，大小相等，形同墓志，各以青、白、赤、黑、黄五色代表东、西、南、北、中五方，石上刻有文字和符箓。西安南郊庞留村清源县主墓出土的五合镇墓石是目前所见最为完整的资料。㉟五方俱备，石盖上分别刻着"灵宝青帝九气（原字为无下四点，今改为本字）天文"、"灵宝白帝七气天文"、"灵宝赤帝三气天文"、"灵宝黑帝五气天文"和"灵宝黄帝中元天文"，除"九气天文"墓石缺底外，其他几方均完好无损。镇墓石底面正中刻有 4 行 16 个符箓，符箓四周刻有文字，中央真文如下："中央黄天承元始符命告下中央九垒土府洞极神乡四统诸灵官，今有清源县主灭度五仙，托尸太阴，今于咸宁县洪源乡少陵原界安宫主室，庇形后土，明承正法，安慰抚恤，黄元哺饴，流注丰泉，练饰形骸，骨芳肉香，与神同元，亿劫长存，中岳嵩山，明开长夜九幽之府，出清源县主魂神，沐浴冠带，迁上南宫，供给衣食，长在光明，魔无干犯，一切神灵侍卫安镇如元始明真旧典女青文。"

其他几方镇墓石所刻文字内容与上述基本相同，只是按方位及其所代表的神灵、五岳不同而略有变动，但表达的意愿没有变化。考古发掘的实物还有如下几方：咸阳出土的唐武三思镇墓石只见一块，该石盖上刻有"大唐景龙元年（707 年）岁次丁未十一月乙未朔八日壬寅谨为梁王镇"，石底刻文上半部是符箓，共 11 行 64 字。[36]唐睿宗桥陵发现两块[37]，是为昭成皇后窦氏所立，分别代表南方和西方，每块石面中部刻符箓，纵横各 8 行，行 8 字，共 64 字。符箓外围四面刻有文字，南方镇石刻文共 160 字，有赤色涂其上。咸阳博物馆藏有一块，其右部三分之一刻有符箓 2 行 16 字，左部三分之二刻 9 行 144 字，文字内容与庞留村的"灵宝黄帝中元天文"基本雷同，主人为"太上清信弟子怀道"，显然死者为道士。[38]阿史那忠墓也出土过一方镇墓石，无盖，每边有 5 至 7 行，每行以"乾、亥……"等字起首。[39]陕西省西安市小雁塔藏有一合唐代刻石，原系唐墓出土，盖、底各一方石，适为一合。底石镌符铭 12 行，行 12 字，共 144个符箓。据王育成研究，这也是道书中五篇一套的镇墓符箓之一，它的楷书译文就是《太上灵宝净明飞仙度人经法》中的"中央玉箓"篇。这方镇墓石的符箓直接用道经秘文书写，内容与上述几例略有变动，不过从总体来考察，镇墓石符箓文字所涵涉的道教鬼神、符箓文化的宗旨和内质都是一致的。叶昌炽《语石》"符箓类"录有四块镇墓石[40]，两块有题记的可确知是鄂王（韦玄贞，中宗韦后之父）墓和金仙公主墓中之物，另两块没有题记，但其中一块记文中有"今有大洞弟子"字样，墓主也是道士身份。

　　参考河南两方镇墓石的形制，我以为镇墓石可能存在简繁两种形式：繁者，五方真石各据一方；简者，五方真石合于一石。钱财富裕者，制作精美的五方真石；贫穷者则取其简者。此类镇墓活动，实际上就是道教科仪中的"醮墓仪"。《重新校正地理新书》卷十四载："镇墓古法有以竹为六尺弓度者，亦有用尺量者。今但以五色石镇之于冢堂内，东北角按青石，东南角按赤石，西南角按白石，西北角按黑石，中央按黄石，皆须完净，大小等，不限轻重。"[41]正是对这一活动的高度概括。据其记载，镇墓石的形制可以变通。家贫无力购买或制作者，可以继续沿用汉晋的五方色镇墓或五精石镇墓的旧办法。具体做法是在墓葬周围放置朱砂、丹青等五种矿物，甚至是染成红、白、黑、青、黄的五块顽石。但由于矿物已被流水溶解，石上颜色也已消失，所以此类遗迹甚难辨认。

此外，据《重新校正地理新书》卷十五记载，用于压镇的物品还包括：生熟铁、五木炭、黄沙石、猪头骨、水银、桐木、铜、铜镜、人参、防风、柏人、锡人、铜钱等。[42]这些物品，有的在关中唐墓里发现过，如张士清墓曾经出土过铁铧犁，张叔遵墓出土过铅人，大多数墓里都出土有铜钱。其他有机质由于不易保存而发现较少。铅人在汉晋墓葬里就有发现，尤其是朱书陶瓶上的文字里多有记载。《赤松子章历卷一》《病死不绝银人代形章》称："银泊人随家口多少，一人一形，银无用锡人或钱九十九，奉章后投水中。"《解五墓章》称："愿天曹上官典者垂恩照省，原赦某身年七世以来所犯千罪万过，并赐除五墓五方之厄来临者，以锡人五形代之，令弟子无有错误之厄。"《驿马章》称："以金人一驱，上诣北斗，拔命除死厄。"[43]这里的铅人和汉晋铅人一样是代替墓主接受惩罚的。

唐墓里的木俑有可能是南方墓葬里出土过的柏人。1973年江西南昌北郊唐昭宗大顺元年（890年）熊氏墓出土了一件木俑。该木俑背部有墨书题记：

> 唯大唐岁次庚戌，九月甲申朔，十三日丙申。洪州南昌敬德坊没放亡人熊氏十娘，口五十四岁。今用铜钱九万九千九百九十九贯，已买得此地坪。中有神呼主人长男、长女、中男、中女、小男、小女，并仰柏人当知（之）。地中有神呼主人大口、小口行年、本命、父、田（甲），并仰柏人当知（之）。地中有神呼主人子、丑、寅、卯、辰、巳、午、未、申、酉、戌、亥等者，并仰柏人当知（之）。地中有神呼奴婢、牛马六畜，并

仰柏人当知（之）。地中有神呼民孙、中孙、小孙、曾孙、悬
（玄）孙本命□□久亲……行年者一切，已（以）上并仰柏人
当知（之）。吃天苍□□□□八根十一……木盟当扩等，并随柏
人觅食。急急如律令！[44]

从这篇墨书文字来看，柏人显然是作为死者家中主人及其后辈
子孙乃至奴婢六畜等一切有生命者的替身置于墓中的，目的是保
护死者全家及所有活物的安全，也属于"假形代人术"的一种。
当然，关中唐墓出土的木俑数量较多，可能是各有所指的缘故。
晚唐墓葬里出土的小泥俑可能就是《唐会要》所谓的"奴婢"，作
用大约也是替代墓主免受地下的劳作之苦。根据上引题记的语气、
用词，以及结尾的"急急如律令"看，这应当是道教的遗物。

除上述物品外，关中唐墓里出土较多的还有小铜镜和玉石块。
小铜镜一般直径不过 3～4 厘米，显然不是实用器。出土少的如李
寿墓、李凤墓、温思暕墓仅各有 1 件，李贞墓 3 件，多的可达 10
件，如温绰墓。董楶墓曾出土一件铁镜。据韩吉绍、张鲁君两位
研究，在两汉之际，谶纬思想发挥了道教"至人之心若镜"的思
想，将镜喻为明道，进而成为帝王权力的象征，使镜具有了崇高
的神圣性；其次，长生成仙为主的道教思想扩大了镜的功能，将
其作为一种瑞物、避邪物，使镜具有了不可捉摸的神秘性。因而，
谶纬思想与神仙思想几乎同时与铜镜联姻，奠定了铜镜作为道教
修炼重要法器的神学基础。[45]此后，铜镜便成了道教的重要法器之
一。据《抱朴子》记载："又万物之老者，其精悉能假托人形，以
眩惑人目而常试人，唯不能于镜中易其真形耳。是以古之入山道
士，皆以明镜经九寸以上，悬于背后，则老魅不敢近人。或有来
试者，则当顾视镜中，其是仙人及山中好神者，顾镜中故如人形。
若是鸟兽邪魅，则其形貌皆见镜中矣。"[46]而这正是铜镜可以避邪的
理论依据。[47]唐代道书《神仙炼丹点铸三元宝照法》载有铸造天照、
地照、人照三种铜镜的相关事宜。此三照即道教三种不同功用的

铜镜，皆"厚三寸，重七十二斤，面阔三十六寸"。三照的背纹各有特色，分取象征天、地、人之物象作为背纹的主题。三照铸成的时机也很有讲究，天照要在"阳火大盛时"，地照当于"太阴望中"，人照则于"丙午日太阳中时"。[48]这些铸造规范其实与道教文化中的"合"（包括阴阳相合、天人合一等）思想有明显关联。跟铜镜相比，唐代道教徒更注重铸造铁镜。唐代上清派著名法师司马承祯曾为唐明皇铸造"含象鉴"。关于镜的铸造，司马承祯说"凡铸剑镜，须得百炼真铁可铸"。"含象鉴"当属铁镜无疑。关于此镜的纹饰，他说外圆象征着天，八卦围成方形象征着地。[49]其实就是晚唐常见的八卦镜。因为铜镜和铁镜是道士常用的法器，因而它就具有了一定的法力，置于墓室之内则可以起到保护亡灵的作用。《大汉原陵秘葬经》记载："辒辌车上有二十八面铜镜，合二十八宿，有五斗尽使镜排折其星辰也。"[50]关中唐墓里出土的小铜镜可能就是作为镇墓法器而被安置在墓葬里的。虽然出土时位置已经扰乱，但根据温绰墓出土的件数来估计，可能是 12 件，象征十二时或十二方位。

关于铁牛、铁猪以及墓内玉石的用途，在唐代就很神秘，就连博闻多识的徐坚也不明白，而张说也只能重复"通人"僧泓的旧说。据《大唐新语》记载：

> 开元十五年正月，集贤学士徐坚请假往京兆葬其妻岑氏，问兆域之制于张说。说曰："墓而不坟，所以反本也。三代以降，始有坟之饰，斯孝子永思之所也。礼有升降贵贱之度，俾存殁之道，各得其宜。长安、神龙之际，有黄州僧泓者，能通鬼神之意，而以事参之。仆常闻其言，犹记其要：墓欲深而狭，深者取其幽，狭者取其固。平地之下一丈二尺为土界，又一丈二尺为水界，各有龙守之。土龙六年而一暴，水龙十二年而一暴，当其隧者，神道不安。故深二丈四尺之下可设窀穸。墓之四维，谓之折壁，欲下阔而上敛。其中顶谓之中

樵，中樵欲俯敛而傍杀。墓中抹粉为饰，以代石垩。不置甁瓷瓦，以其近于火；不置黄金，以其久而为怪；不置朱丹、雄黄、矾石，以其气燥而烈，使坟上草木枯而不润。不置毛羽，以其近于尸也。铸铁为牛豕之状像，可以御二龙，玉润而洁，能和百神，寘之墓内，以取神道。僧泓之说如此，皆前贤所未达也。"[51]

晚唐墓葬里发现的铁牛、铁猪，正是这个说法的验证。这种镇墓术在长安、神龙之际可能并不太流行。因为目前发现的铁牛、铁猪大多属于"安史之乱"以后的遗物。近来孟原召撰文指出，这一习俗最先形成于洛阳，并传入长安。他还进一步指出从文献和考古资料看，并不能根据道教方术来说明铁牛、铁猪和道教有直接关系。这仅是当时阴阳术数的一种反映，是当时的一种丧葬习俗。[52]玉石以雷府君妻宋氏墓出土最多，达12块，均为打击后未加修饰的多角体状，既不规矩，大小又不一，并且是3块一组整齐地分布在墓室四角。[53]这显然是某种仪式的体现。这些物品的用途虽然出自僧泓之口，但宗教属性还难以判断。僧泓本人为"相地者"[54]，"善阴阳之术"[55]。因为佛教并不注重对坟墓的修建，所以这不会是佛教的仪式。因此，这很可能是长安、神龙之际部分道教徒的新发明，私下里流传，到"安史之乱"以后流行起来。但是也不能完全排除佛教影响的可能，因为在新近发现的曹氏墓里，四壁有十二个壁龛，壁龛里没有十二生肖，而是佛像，但同出了铁牛和铁猪。[56]

2. 仰观和伏听

《大汉原陵秘葬经》记载："仰观、伏听安羡道中，祖司、祖明安后堂。"[57]上自天子，下到庶人均可使用。在关中地区唐墓里已发现几例所谓的"跪拜俑"[58]，通过图像比对，他们应即是伏听俑。关中出土伏听俑的墓葬有豆卢建墓[59]（伴出大型文官俑）、雷府君妻宋氏墓[60]、紫薇田园都市M64、李宪墓、节愍太子墓等。此类俑在山西、河北、四川、湖北、江西五代宋墓里很常见。尤其是广东海康元墓出土的带题记的砖雕[61]使我们可以确信这类题材就是"仰观伏听",而不是迎接死者的仆役。根据雷府君妻宋氏墓出土的形象,我们还发现,似乎女性墓葬里的伏听俑也是女性形象。据白彬研究,这些俑的作用可能是在阴间专门替死人观风望气,卜算吉凶。他还注意到北方地区不出仰观,南方地区少见伏听,可能预示着南北地区在堪舆风水葬方面的一些细微差别。[62]

3. 天关和地轴

据《大汉原陵秘葬经》记载:"天关两个安子午地,地轴两个安卯酉地(小字注,各似本相也)。"子午地为南北两端,卯酉地为东西两侧。[63]王去非曾根据唐墓出土的镇墓俑和《唐六典》所记"当圹、当野、祖明、地轴"互相参证,确定当圹、当野为天王俑,祖明、地轴为镇墓兽。河南巩义砖厂唐墓出土的带题记俑[64]已经证实"祖明"就是镇墓兽,但其他几种神怪还没有相关文字资料报道。白彬等人根据海康元墓题记辨认出在山西、河北、河南、辽宁、湖南等地唐墓出土的双首龙俑就是文献里的"地轴"。此类俑在关中唐墓里非常罕见,仅有昭陵韦贵妃墓一例[65],且资料未正式报道。如果镇墓兽之一为地轴,那么这种双首龙俑就应当不是"地轴",但到元代这类俑的形态实际并没有太大变化。所以,我同意白彬的意见,即镇墓兽不是地轴,这种双首龙俑才是真正的"地轴"。至于关中缺乏这种俑的实物,可能和所用材质有关,如纸质、木质等,也有可能关中并没有流行过这种镇墓俑。有关天关的形象,据白彬研究,"《秘葬经》所言的天关可能就是一男侍"。如果此说可信,也许在大量的男侍俑里就包含有"天关"俑。只是没有文字题记,很难判定。[66]

4. 金鸡、玉犬、玉马、金牛

《大汉原陵秘葬经》记载:"金鸡一个,安酉地,玉犬一个,安戌地,玉马一个,安午地,金牛一个,安丑地。"这些动物俑的形象,在关中唐墓中极为常见,且数目很大,应当不是《秘葬经》中的"金鸡、玉犬、玉马、金牛"。但也不能一概而论。这些俑里面一些形制较为特殊的，如鸡俑里面体形较大的公鸡可能就是"金鸡"。犬俑当中的立式犬俑值得注意，因为立式犬俑和趴式犬俑相比，制作工艺难度相对较大。按常理推测，如果仅仅是为了显示拥有的财富，那么只需要形似即可，没有必要追求形式的变化。事实也确实如此，大量动物俑均为趴式，基本上为同范制作而成。但在少数墓葬里出土过立式或蹲踞式犬俑。这类立式犬俑在安元寿墓、张士贵墓、南郊韦君夫人墓均有出土，尤其是韦君夫人墓出土的 4 件，高度为 10 厘米，是其他俑和动物俑的 2 倍，基本和人俑等高（人俑高 9.5 厘米），这使我们不得不得怀疑它的作用和意义。

5. 长生灯

也叫长明灯，就是唐墓里常出现的灯盏。如房陵公主墓就发现有一个带圈足的白瓷碗，碗沿有烧灼的痕迹，发掘者判定为长明灯的遗迹。[66]懿德太子墓还发现了悬挂长明灯的铁钩。据《大汉原陵密葬经》记载："凡墓堂内安长生灯者，主子孙聪明安定，主子孙不患也；墓内安金石者子孙无风疾之患。"[67]可见这也是道教利用旧传统发明出来的新仪式。

除上述各种因素之外，在唐墓里可能还有很多属于道教的物品或仪式的遗迹。但是由于这些物品和日常用品很难分开，目前还无法把它们一一区分出来。道教在葬仪方面的主要作用在于镇鬼、驱鬼，以保护亡灵、利子孙。所以他们使用的物品一定是鬼所惧怕的东西。循着这个思路，我们在《太平广记》里可以发现很多这方面的知识。贾二强通过对唐宋笔记小说的研究给我们列出了一份简单的鬼所惧怕的物品的名单：鬼怕僧人、道士、巫师，鬼怕官吏，鬼怕青牛、白马、髯奴，鬼怕桃枝、蒜皮，鬼怕金钗，鬼怕革带，鬼怕刀，鬼怕利刃。[68]这些物品当中有的确实在唐墓里常见，如髯奴（胡人）、官吏、牛马、金钗、刀剑、剪刀（利刃之属），但是不是道教的因素还难以判断。这个问题只能等待地下考古资料来解决。

第二节 唐代墓葬里的佛教因素

佛教经过魏晋时期的发展和隋代的大肆推广，到唐代已成了当时社会的主要信仰之一。其信徒上自皇帝下至庶人，分布极为广泛。佛教拥有如此强大的生命力，就连皇帝也无可奈何，每次佛道论争，最终都得由皇帝直接干预，才能保住自己祖宗所创教派（道教）的首席地位。纵然道教有皇帝的支持，佛教的影响依然远远胜于道教。在这种佛教大兴的氛围下，佛教思想观念自然深入到唐人生活的方方面面。墓葬里的佛教因素及其影响即是明证。关于此点，近来张建林已有较完备的论述[⑦]。本节就是在其论文的基础上，增加了一些新资料，并对张先生若干观点做了必要补充而写成的。

一 壁画、陶俑中的佛教因素

唐墓壁画里直接表现佛教内容的图像并不多见。目前可以见到的有关佛教的内容大多由本土观念夹杂佛教形象糅合而成。比如李寿墓甬道里的佛寺壁画，昭陵长乐公主墓云车下方的摩羯鱼、阙楼附近的飞天（本文称之为飞人以示区别）、天王俑、大量的莲花纹。这些图像可以被称为佛教的影响，但其表现的却不一定就是佛教思想。以唐代常见的莲花纹为例，它不但出现在壁画里，而且还出现在瓦当、地砖上面，如果简单地把它视为佛教因素，那就大错特错了，但它显然受到了佛教的影响。

西郊热电厂基建工地唐墓曾出土僧人俑和佛像 8 件[⑦]：其中 3 件内着宽袖僧袍，外披袈裟，结跏趺坐，标本 M60：17 右手托钵盂，左手置腹部，高 6.5 厘米，标本 M60：20，双手拱于胸前，执一器物，高 7 厘米。2 件僧人俑，皆直立，双手持物于胸前，内着交领宽袖僧袍，外从左肩斜披袈裟，下露僧鞋，标本 M91：30，彩绘多已脱落，颈下交领处残留黄彩，身披红色袈裟，所捧之物涂黑色，高 6

厘米。佛像3件，周身裸露，盘腿坐于莲花座上，双手下垂于膝部，标本 M91：16 胸部肌肉隆起，鼓腹，头上残留黄彩，高 4.5 厘米。合十盘坐俑 1 件，幞头较低，身着圆领半宽袖长袍，双手合十盘腿坐于薄底板上。标本 M91：26 面容端详，唇下留有须髯，为老人像，高 5.6 厘米。

在白鹿原汉唐墓 M11 的门形石刻上也发现有佛像。据报道，该石刻出土于 M11 的天井之内，头为拱形，像门楣，上刻一佛二菩萨。花纹为剔地阴线刻，中间刻两扇紧锁的门。高 41 厘米，宽 30 厘米，厚 10 厘米。似系墓主无力设置石门而做一模型放入，略表其意。石刻风格为盛唐作风（图五一）。[72]无论这件石刻出于何种目的，其佛教属性都十分明显，应该是佛教在墓葬里的一种体现。

图五一　白鹿原唐墓 M11 门形石刻上的佛教图像

另据报道，在西安东郊纺织城乾符三年（876 年）曹氏墓墓室四壁的 11 个壁龛里发现了泥质佛像，无疑也是佛教在墓葬里的体现。

二　经咒类物品

关中唐墓出土的经咒类物品较多，见诸报道的有以下几例：

（1）西郊热电厂基建工地出土纸质印本陀罗尼经咒，原放于一方形铜盒内。另有一件臂钏，中空，内有卷叠的绢织物，可能也是经咒。[73]

（2）沣镐路水厂基建工地出土手写经咒画，出土时盛于臂钏上所附带的铜盒内。[74]

（3）陕西省博物馆藏西郊出土手绘本经咒，出土时藏于臂钏内。时代大约属于天宝三载。[75]

（4）陕西柴油机厂出土印绘结合本，出土时经咒置于铜颚托内。[76]时代属于 8 世纪以后。

（5）冶金机械厂出土印绘结合本经咒，出土时置于一方形铜盒之内。年代属于盛唐时期。[77]

（6）沣西造纸厂出土印绘结合本经咒，出土时置于一长约 4 厘米的圆形铜管内。年代属于盛唐时期。[78]

（7）西安三桥出土印本经咒，出土时置于臂钏之内。年代大约在 9 世纪下半叶。

（8）凤翔南郊唐墓出土绢本经咒图，出土时置于臂钏内。[79]

其他各地尚有多处发现，可参见马世长相关论文[80]。

三　陀罗尼经幢、佛塔[81]

除了上述置于臂钏和铜盒内的陀罗尼经咒外，在关中还发现了一些和墓葬有关的陀罗尼经幢。1959 年陕西省文管会的报道就多达百件。[82]出土地点多集中在西安和咸阳附近。不少经幢都表明是为"亡父母"、"亡妻"、"亡夫"、"亡兄"等所立。有些则直接出土于墓葬当中或附近。如陕西理工大学新区大和六年（832 年）唐墓墓道出土过一件"陀罗尼经幢"；高楼村高克从墓道也曾出土过一件经幢；咸阳博物馆藏大和七年（833 年）"刘文经幢"根据其铭文"奉为先亡于坟茔处创建"来看，显然也是建于墓葬附近的经幢。

在墓葬旁边修建佛塔也是佛教信仰在墓葬中的表现，这种佛塔也称茔中"窣堵坡"。这种"窣堵坡"通常是一些小型石塔，如乾陵博物馆藏"扶风鲁公茔中窣堵坡"。但也有一些是砖石结构的佛塔。这些佛塔已被破坏殆尽，只留下一些可能镶嵌于塔身的塔铭，可以见证。如南郊三兆出土的《故朝散郎前行太史监灵台郎太原郭府君塔铭》。该塔铭平面近方形，长宽 45 × 42 厘米。四边无花纹，楷书，文 23 行，行 21 字，共 463 字。从塔铭获知，其主人郭元诚，字彦，为大居士。享年七十四岁，以开元十八年三十一日终于常乐私第。妻子王氏，开元二十二年六月二十五日终于同第。以其年七月十四日迁葬于唐长安县高阳原积德里（即今长安县郭杜镇长里村），并在墓上建树双塔，以达到"勒颂题铭，庶千龄而不朽"之目的。此人并非佛教徒，只是一个普通居士。死后按俗家习惯安葬后，在墓地修建了双塔。[83]

这类例子还有碑林博物馆收藏的《咸通五年窣堵坡塔铭》。据李举纲介绍和考证，原石出土于咸阳洪渎原，即今咸阳市东北。在塔铭里没有提及建塔者的宗教信仰，但根据"意愿将此胜因资及七代先灵并亡兄姊妹等，愿神识不昧，得睹真容，弥勒佛前，亲承圣旨。现存孙息眷属，福乐无穷，寿等青山，福同沧海，愿法界众生普沾此露"[84]来看，此塔也是一个佛教信仰者为家人所建。

三桥出土的《杜玄礼墓志》里也有在墓地建塔的记载。《杜玄礼墓志》[85]称："于京城开元门外七里，临皋驿前，预修砖堂塔一所。"并可知这种塔也可以提前修建。

张建林还列举了一些僧徒在墓地建塔的例子，在此不再重复。

为什么大隋球陀罗尼在墓葬里频繁出现？这和大隋球陀罗尼在当时被广泛信仰有关。陀罗尼是梵语音译，意译为能持、总持，它的实际含义与"咒语"相通。所以在佛经译本里有的译为"经咒"，有的则称为"真言"。大隋球共计有八种，即大隋球根本咒、一切佛心咒、一切佛心印咒、灌顶咒、灌顶印咒、结界咒、佛心咒、心中心咒。据不空译本《金刚顶瑜珈最胜秘密成佛隋球即得神变加持成就陀罗尼仪轨》称："此真言能令一切众生离诸苦恼，此真言能大饶益一切众生，充满其愿，如佛能求救一切苦恼众生，如寒者得火，如裸者得衣，如孤者得母，如度者得船，如病者得医，如暗者得灯，如贫者得宝，如炬除暗。"信徒通过诵读、佩带、供养均可得到保护和庇佑。⑯这些信徒生前供养佩带隋球陀罗尼，死后又将其带入地下，继续祈求大隋球陀罗尼的护卫。从前述考古发现来看，所有的经咒都盛装于特殊的容器内，如臂钏、铜盒、铜管、手镯、颚托内。这些容器都是中空的，应当有人专门制作这种安放经咒的容器。这种产品的出现正是隋球信仰的表现。隋球信仰不但受到普通人的崇拜，有时就连皇帝也会佩戴。据《代宗朝赠司空大辨正广智三藏和上表制集卷第一》载乾元三年九月一日，不空向唐肃宗进琥珀宝像一区，并梵书《大隋球陀罗尼》一本。不空在表文里称："伏愿少修敬念缄而带之。则必持明照回广王化于东户。本尊护佑，延圣寿于南山。"表文里的"缄而带之"就是用某种容器盛放后随身佩带。⑰

这一习俗一直延续到金元时期。《大汉原陵秘葬经》里记载："凡下五品至庶人，同于祖穴前安石幢，上雕《陀罗尼经》，石柱上刻祖先姓名并日月。"⑱

四 塔式罐的宗教属性问题

塔式罐是唐代墓葬里的典型器物之一，其具体意义目前仍未有定论。但可以肯定，这种器物只出现于墓葬，而不见于日常用品之中。虽然早在639年段元哲墓就有出土，但大规模流行的时间却是在盛唐初期，并一直延续到中唐，武宗以后关中地区基本不见塔式罐。⑲关于塔式罐的模仿原型，大家一致认为和佛教的用具有关，可能仿自佛塔或金属佛具，比如神会墓塔出土的"铜盆"、印度舍利盒以及日本正仓院的塔碗。其上的装饰纹样也多和佛教有关，如大象、莲花、佛像等。但也有例外，如契苾明墓出土的一件三彩塔式罐上就装饰有二十四孝图案。[90]不可否认，塔式罐的出现、发展与唐代佛教的盛行密不可分。[91]塔式罐的宗教属性是否属于佛教系统，还是个很难解决的问题。王自力在《唐金乡县主》报告里指出塔式罐和佛教有关，墓中塔式罐是对佛塔的模拟。[92]但齐东方在为其所写的书评里对此表示怀疑。通过第四章第二节的分析，我们发现塔式罐和各式镇墓俑，如武士天王俑、镇墓兽、十二生肖、文官俑伴出的几率很高，甚至就安置在所谓的"四神"之间。这一现象使我们不得不对其宗教属性做新的考虑。而契苾明墓出土的二十四孝塔式罐，似乎又告诉我们塔式罐还和传统的儒教葬仪有关。袁胜文注意到塔式罐的出土位置和《大汉原陵密葬经》里五谷瓶的位置相吻合，并且引用陇西宋墓发现的盛有糜、谷、荞麦的五谷瓶作为证据。所以，袁胜文认为：唐代的塔式罐亦即五谷仓，是传统丧葬观念与外来佛教文明杂交的产物。一方面人们相信死者在另一个世界仍要饮食，另一方面又希望借佛家的来世说，供奉佛具，以得到来世的超生和解脱。因而唐代的五谷仓外具塔形，内则实以五谷，成为唐代新出现的明器，其功用不外乎帮助亡人在冥界的饮食及来世的超生。[93]也就是说，传统的丧葬观念再加上佛教塔形器的外观，促成了唐代塔式罐的出现。至于塔式罐和汉晋时期河西地区出土的朱书陶瓶（也称五谷瓶、魂瓶）有何联系，这还需要新的、可靠的考古发掘材料来证实。关于唐代塔式罐的内盛物，笔者2006年冬在西安无极古玩城也有发现。据店主介绍，和彩绘塔式罐共出的还有两件宝相花云气纹彩绘陶瓶（阔口、束颈、腹斜收，形制和汉晋时期的酉瓶或镇墓瓶接近），在两件彩绘陶瓶中发现植物种子的壳。经过笔者目验，已经全部风化，仅保留钙质较多的外壳，应当是粟或高粱之类的粮食作物。该组器物出土于凤翔一带。由于塔式罐纯属随葬品，市场需求并不大，购买者极少，所以目前绝少有仿制者。再加之钙化的植物种子也不是一般商贩可以制作的。因此，此组器物虽然发现于古玩市场，但其真实性应没有太大疑义。无极古玩市场发现的彩绘陶瓶，不是科学发掘品，只能作为旁证。但它的形制似乎揭示了它们和"魂瓶"之间的某些传承关系，其中发现的植物种子也支持袁胜文的观点，即塔式罐和五谷瓶有关。

第三节　双室墓研究的补充

双室砖墓是唐代高宗初年至开元时期高级贵族使用的一种特殊墓葬形制，齐东方[①]已作过深入的研究。齐先生认为"双室砖墓的问题并不能简单地以'地位高'来解释"，随后对双室砖墓从墓主身份上做了分类，最后得出了相应的两个结论：（1）尉迟敬德等四人墓葬与一般高官及其他皇室成员墓的区别体现了唐初"崇重今朝冠冕"，"不须论数世以前，止取今日官爵高下作等级"的新等级制度。（2）葬于唐中宗、睿宗时期的第二类双室砖墓的主人大都不是有殊勋懋绩之人，有的甚至是尚未成年的孩子。而且，六座墓中有五座是改葬墓。这些双室砖墓的出现与当时宫廷的权力之争有着内在的联系。这些认识对双室砖墓出现的原因，在墓葬等级体系中的位置都做了很好的解释，无疑是很重要的。但是随着考古发现的增加，我们已具备了对前人观点进行补充的必要条件。和齐先生当时能够见到的资料相比，首先是时间段上已突破"唐高宗至睿宗的五十余年间"，墓主身份也不限于"地位高"的军事将领和皇室贵族，而出现了像康文通这样的处士，墓葬形制方面出现了介于单室砖墓和双室砖墓之间的"双室土洞墓"。本节拟在第三章"唐代墓葬的地下结构"分析的基础上，对双室墓相关问题再作一些补充研究。

一　双室砖墓流行的时间

起始时间目前还没有超过敬德夫妇墓的墓例，所以这一新型墓葬形制出现的年代应在高宗执政以后。这一时期可能对旧有的墓葬制度作过一些调整，调整的内容根据墓葬随葬品的"高度、数量"来看，似乎有放大的趋势。双室砖墓的出现正是对旧有的单室砖墓的"放大"。但是早期双室砖墓带有明显的过渡性，显现出从单室砖墓向双室砖墓过渡的特点。在双室砖墓Ⅰ型里，前室的面积通常在2.5米见方左右，只相当于天井的大小。这些墓葬很可能是在已建好的墓葬上改建而成。如果把敬德墓和其比邻的李勣墓相比，这两人无论是功绩、身份均非常相似。但李勣墓却采用了像山形封土，这是敬德墓无法比拟的，然而李勣墓没有使用双室砖墓。在敬德之前的另一座像山形墓——李靖墓，同样也没有使用这种双室砖墓。郑仁泰墓还在前室两侧附有耳室，而耳室是天井两侧常见的结构。这些例子说明，双室砖墓是高宗时期新兴的一种高规格墓葬形制。在刚刚兴起的时候，很多墓葬是由单室砖墓改建而来。其消失的年代比起齐东方确定的年代，则延伸了很多。据薛高文、岳起报道，阿史那怀道墓是一座典型的双室砖墓，前室面积达3.9米见方。此墓的下葬年代是开元二十五年（727年）。另据陕西省考古研究院张蕴研究员面告，陕西省考古研究院又发掘了一座开元时期的双室砖墓。这两个墓例的发现为双室砖墓流行时段的下限提供了新的资料。据此可以推测双室砖墓的绝迹可能要延续到开元时期。

二 关于双室砖墓的发展与终结

如上所述，双室砖墓在出现后的一段时间里，其地位只是单室砖墓的扩建或改建。在墓葬等级体系中，它的地位和同期的单室砖墓基本相当。但是随着这一墓葬形制的流行和推广，双室砖墓等级高于单室砖墓的观念已深入人心，最终成为高于单室砖墓的一种墓葬形制。这个时期大致和Ⅱ型砖室墓流行的时段接近。关于此点，苏君墓给了我们很好的启示。苏君墓是一座双室砖墓，它的前室与后室面积相差较小。前室南北长3.9米、东西宽4.4米、高5米。前室东西两壁各开小龛一个，墓室四壁向外弧出，顶为穹隆顶。这个结构和郑仁泰墓非常接近，唯一的差别在于郑仁泰墓的前后室面积相差悬殊。苏君墓的这一结构应当是有意识修建而成的。形成这种结构的原因与苏君本人的经历、遭遇有关。经宿白考证，苏君墓

的墓主就是高宗时期著名的将领苏定方^⑥，拜根兴近来撰文对此观点
做了相应的补充^⑥。关于苏定方死后政府的动向，拜根兴依据多种史
料做了合理推测。拜先生认为，当时的中枢权臣刘仁轨出于嫉妒，
并没有及时把苏定方病死于西北前线的消息向高宗汇报。等消息传
到高宗那里的时候，应当已是苏定方下葬前后了。因此高宗非常生
气，责问道："苏定方于国有功，例合褒赠，卿等不言，遂使哀荣未
及。兴言及此，不觉嗟悼。"遽下诏赠幽州都督，谥曰庄。^⑨这段话
的意思就是说，在高宗没有下诏褒赠之前，只能按苏定方自己的品
阶进行安葬。他死前做到"左武卫大将军"，为正三品。即使没有朝
廷的特许，他也可以按照常规使用单室砖墓。所以，我们看到的苏
君墓的原型应当是一座多天井多小龛的单室砖墓。当苏君去世的消
息传入高宗之耳后，权臣再也不能掩盖了，只有听从高宗的旨意，
给予褒赠。但是，依据常理，这时候墓葬早已建好。为了体现皇
帝褒赠的旨意，只好将最后一个天井扩大，改建成前室，但是小
龛已经挖好，也就保留了下来。如此一来就形成了这样一座不太
符合规制的双室砖墓。通过对苏君墓的考察，我们可以看出，至
少到苏君下葬的年代，双室砖墓作为一种高于单室砖墓的墓葬形
制已经确定下来，并且成为人臣墓的最高级别。节愍太子墓也是
双室墓中的一个特例。节愍太子葬于景云元年（710 年），当时皇
室成员流行双室砖墓，且前后室大小基本一致，而节愍太子墓却
使用了流行于高宗前期的双室砖墓形制。节愍太子墓和苏君墓的
成因明显不同，苏君墓是有意扩大的结果，而节愍太子墓则是有
意缩小的结果。据文献记载，节愍太子因为不满韦后和安乐公主
等人的羞辱，"矫制发左右羽林兵及千骑三百余人，杀三思及崇训
于其第，并杀党羽十余人。又令左金吾大将军成王千里分兵守宫
城诸门，自率兵趋肃章门，斩关而入，求韦庶人及安乐公主所
在"。后又进一步向宫城进发，韦后挟持中宗登上玄武门，兵士阵
前倒戈，兵败被杀。^⑧景云元年被追封为太子，赠谥号"节愍"。关
于节愍太子的改葬，当时议论纷纷，尤以韦凑的意见最为尖锐。

韦凑认为：

> 节愍太子与李多祚等拥北军禁旅，上犯宸居，破扉斩关，
> 突禁而入，兵指黄屋，骑腾紫微。孝和皇帝移御玄武门，亲降
> 德音，谕以逆顺，而太子据鞍自若，督众不停。俄而其党悔非，
> 转逆为顺，或回兵讨贼，或投状自拘。多祚等伏诛，太子方事
> 逃窜。向使同恶相济，天道无征，贼徒阙倒戈之人，侍臣亏陛
> 戟之卫，其为祸也，胡可忍言！于时臣任将作少匠，赐通事舍
> 人内供奉。其明日，孝和皇帝引见供奉官等，雨泪谓曰："几不
> 与卿等相见！"其为危惧，不亦甚乎！而今圣朝雪罪礼葬，谥为
> 节愍，以臣愚识，窃所惑焉。[99]

为了避免"后代逆臣贼子因而引譬，资以为辞，是开悖乱之
门"，不能给予节愍太子太高的评价。最后睿宗不得不以"事已如
此，如何改动"为托辞，予以推诿。在这样的形势之下，主管墓葬
营建的相关官员没有按懿德、永泰等墓的规格来修建节愍太子墓，
而是修建了一座貌似双室墓，而实际仅仅相当于单室墓的墓葬。这
既满足了睿宗的愿望，也满足了韦凑之类朝臣的愿望，完全符合当
时的政治环境。节愍太子墓再一次体现了政治斗争对墓葬形制的
影响。

双室砖墓经过高宗、武则天时期的进一步发展，最终成了一种
身份和地位的象征。武则天下台后，中宗即位，急于为皇室树立
威严，力图通过一系列的改葬来完成其政治表达。在这样的形势
下，原来大臣也可使用的双室砖墓终于异化为李唐皇室平反昭雪
的工具。这样的做法改变了双室砖墓产生时的初衷，使用者身份
也由前期的功臣密戚演变为皇亲国戚。但这一切随着政治斗争的
结束都将结束。经过中宗、睿宗两朝的改葬，皇室死于非命的皇
子、公主基本都以礼埋葬了。这时，因改葬皇室成员而迅猛发展
起来的双室砖墓已经失去了存在的必要和实际价值，所以到玄宗
执政以后，这一墓葬形制迅速消失。目前我们还无法确定此型墓

的最后消失时间，但根据让皇帝李宪墓的下葬时间来看，下限绝对不会超过开元二十九年（741年）。因为李宪墓是目前所发现的唐代墓葬中级别最高的一座。李宪本人因让位于玄宗，而备受玄宗的敬重。开元二十九年冬"十一月薨，时年六十三。上闻之，号叫失声，左右皆掩涕。""敬追谥曰让皇帝，宜令所司择日备礼册命。宪长子汝阳郡王璡又上表恳辞，盛陈先意，谦退不敢当帝号，手制不许。及册敛之日，内出御衣一副，仍令右监门大将军高力士赍手书置于灵座之前。"[100]张蕴[101]、王小蒙[102]等人的研究也证明李宪墓的规格仅次于皇帝而高于任何太子陵。李宪身份如此之高，葬礼的规格更是按准皇帝的级别操办的，但其墓葬结构却为一单室砖墓。这就说明到李宪去世的时候，原来流行的双室砖墓已经不再流行，或者早已废弃不用了。废弃这种墓葬形制的原因一方面和政治斗争的结束有关，另一方面可能和玄宗上台后励精图治而于开元二十五年下令节葬有关。

另一个值得注意的墓例是康文通墓。据墓志记载此人是个处士，即没有任何品阶，其父亲也仅为从五品下的文散官。但此人使用了双室砖墓，且陪葬有14件三彩俑。俑群总数不低于21件，其中包括镇墓俑、文官俑、大型鞍马，且镇墓俑的高度达到104厘米。这显然既不符合庶人的规格，也不符合其父亲从五品下的埋葬规格。其中的原因目前还无法判断。原报告者认为这是当时厚葬之风的体现，但这只是一个孤例，还需要更多的考古发现来进一步支持。

三 土洞双室墓的墓主身份

近年来在长安周围发现了三座特殊的双室墓。和常见双室砖墓不同的是，这些墓虽然有两个墓室，但四壁不用砖券。它们分别是万岁通天元年（696年）温思暕墓[103]和神龙元年（705年）李思贞墓[104]、华文弘墓[105]。其中华文弘和李思贞为父子，同年葬于同一墓地。

温思暕和其父温绰葬于同一墓地。据墓志记载，温思暕生前被封为上柱国，司农少卿、太中大夫。上柱国为正二品勋官，司农少卿为从四品职事官，太中大夫为正四品文散官。

华文弘曾任严州刺史，死后赠衡州刺史、朝散大夫，上柱国。朝散大夫为从五品下文散官，严州、衡州均为下州，下州刺史为从四品下。

李思贞墓志的题衔为太中大夫、沙州刺史。沙州为下州，下州刺史为从四品下。[⑩]

上面三位墓主的身份均为从四品的职事官，温思暕和华文弘带有二品的勋官。由于长安地区缺乏横向比较的墓例，我们只能和洛阳地区作对比。和这三人身份、年代最为接近的是洛阳安菩墓。安菩为定远将军，正五品上衔。安菩原葬于长安，景龙三年（709年）其子安金藏将他父亲迁葬至龙门"大葬"。该墓的墓道部分已经被破坏，据估计可能是长斜坡墓道，墓室为单室土洞，未使用砖券。[⑩]纵向的墓例是长安地区司马睿墓、独孤思敬墓、史思礼墓、雷府君妻宋氏墓、韩氏墓、曹景林墓。这些墓的墓主身份均为四品和五品。但是墓葬形制都是单室土洞墓，差别只是墓道的形状不同。前四座为长斜坡墓道，后两座为竖井墓道。时间上和这三座唐墓最为接近的是独孤思敬墓，而独孤思敬墓是一座单室土洞墓。通过横向与纵向的比较，我们目前依然无法确定这种特殊墓葬形制在墓葬等级体系里的位置，但不排除这可能是武则天执政时期，长安地区四品官员在墓葬形制上的一种创新或僭越。从华文弘墓的墓底、甬道底部均用青砖铺设来看，可以排除经济因素的制约。因为对于一座墓而言，如果底部的砖面已经铺设，再修筑墓室的四壁和券顶，并不会增加太多的费用。如此一来，就只剩下故意留下四壁不用砖的可能了。这也许是因为一旦四壁也用砖筑，就和三品以上官员才能使用的双室砖墓完全一致了，必然造成僭越的确凿事实，所以要有意留下一些不同的地方，以示区别。

四　罗观照墓的渊源

张全民在华文弘夫妇墓简报的结语部分提到："唐代双室土洞墓的发现极少，包括本次发表的资料，目前见诸报道的仅有四例：A型，仅调露二年（680 年）罗观照墓一例。"[108]显然张全民是把这种墓当成双室墓的一个特例来看待的。根据本书第三章墓葬形制的类型学分析，双室墓是在长斜坡墓道多天井墓的基础上通过扩大天井而产生的，而此墓却是在墓室的后壁向北掘进，形成类似一个大型后龛的棺室。这两类墓在产生的途径上有着明显的不同。双室砖墓虽然在北齐地区曾经出现过，但是通过对唐代较早的几座双室墓的分析，我们认为这种墓型是唐代高宗时期的创新。而罗观照墓的形制，正如宿白所言："营建罗姬墓者仰承徐王声势，为罗姬兴建了一座这个地区前一时期——北周和隋代流行的高等级墓室。因此，此类墓不宜视作是唐代墓葬的一个典型墓型"[109]。也就是说罗观照墓是直接模仿北周墓葬形制而来，而双室墓是唐代的创新，两者有着不同的来源。双室墓在唐代有着完整的发展轨迹，而大后龛墓在唐代仅有罗观照墓一例。

第四节　乾陵地下结构蠡测

乾陵是唐高宗李治和武则天的合葬墓，位于陕西省乾县北的梁山上。据《新唐书·高宗本纪》记载，李治于文明元年（684 年）葬于乾陵，神龙二年（706 年）重启乾陵墓道，将武则天合葬于其中。陵墓位于内城正中梁山山腰上，依山为陵，居高临下，陵园南面设三道门。陵园可分为内城和外城，内城四面各开一门，均为三出阙，即一个母阙、两个子阙。陵园内有石刻群，除内城四门各有 1对石狮，北门立 6 马（今存一对）外，其余石刻均集中排列在南面第二、三道门之间。从南至北，计有华表、翼兽、鸵鸟各 1 对，石马及牵马人 5 对，石人 10 对，还有无字碑、述圣记碑和 61 "蕃酋"

像。乾陵墓道呈正南北的斜坡形，全部用石条填砌，从墓道口至墓门共 39 层，每层石条之间用铁细腰嵌住。乾陵的东南分布有 17 座陪葬墓。已发掘的有永泰公主墓、章怀太子墓、懿德太子墓、李谨行墓、薛元超墓 5 座。其中永泰公主和懿德太子墓是"号墓为陵"的规格。[10]

一　前人对乾陵地下结构的研究

自从一些大墓，尤其是一些"号墓为陵"的双室砖墓发掘以后，人们逐步展开了对帝陵地下结构的探讨。在考古调查和发掘的基础上，大家对乾陵的地下结构做出了自认为合理的推测。归纳起来，有以下三种主要观点：

（一）前后室说

最早由黄展岳提出。他认为：通过对唐陵的重点勘查和懿德太子墓、永泰公主墓的发掘，可以进一步证实：从乾陵开始，唐陵陵园的平面布局是模仿长安城的建制设计的，而墓室的平面布局则是模仿皇帝内宫的建制设计的……唐代的陪陵制度是统治阶级内部等级制度的反映。明显的例子是，懿德太子墓、永泰公主墓及其伯父章怀太子墓都是同时修建的，懿德太子墓、永泰公主墓，"号墓为陵"；章怀太子"以雍王礼陪葬"。因此，表现在墓葬形制上就有很多区别。懿德太子、永泰公主的陵园比章怀太子的陵园大得多，石刻有石狮、石人、华表，而章怀太子墓的石刻只有石羊，可能还有石虎。在墓室结构上，墓道的长短，天井、过洞以及所绘列戟数量的多寡，都有不同（章怀墓唯一模仿天子葬制的是开辟有前后室，作者原文注释）。其他陪葬墓更是等而下之。所有这些现象，可以作为今后判断陪葬墓的墓主等级的依据。[11]显然，根据黄先生括号里的注释，可以判定他认为唐代帝陵的形制是前后室墓。

近来，王维坤在《东方学报》撰写长文，再次重申了这一观点，并补充了大量的考古新发现。王先生的研究代表了这一派学者的最新成果。在文中，王先生用大量的考古发现来论证：乾陵是模仿唐长安城的宫城与皇城的，其地下结构应该和"号墓为陵"的懿德太子等墓的结构类似。在该文的余论中，王先生又提出懿德、永泰墓前石刻中的石狮，"应是帝王陵墓和号墓为陵特殊太子墓和公主墓的专利"。因此，"乾陵的陵寝制度很有可能也应是前后双室墓的建制"。⑫

另外，神目女士也对乾陵地下结构做了富有想象力的勾绘。她认为：乾陵是前后室结构，但不同于一般的前后室墓，前后室之间没有直接相连。乾陵的后室是从甬道左侧一耳室内另凿一条"U"形通道相通，并作了巧妙的伪装。这一提法已被王维坤彻底否定，理由也很充分，在此不再重复。⑬

（二）前中后三室说

力主此说的有宿白、王仁波、傅熹年、周明、秦浩及王双怀等。宿白认为，"号墓为陵"是比帝陵低一个等级的墓葬。因此唐代帝陵（早期，笔者所加）应为前中后三室。并补充说："唐陵地宫没有发掘过，如何考虑它的形制？首先可了解一下已发掘的五代时期号称继承唐制的、较早的前蜀和较晚的南唐的陵内地宫的情况。成都前蜀王建陵，是一个直筒式的前中后三室建制，南京南唐二陵都是带有耳室的前中后三室。其次，内蒙古巴林右旗辽庆陵，即圣、兴、道三宗的地宫都清理过了，也都是带有耳室的前、中、后三室；第三，宋陵地宫没有发掘，但明、清陵已发掘、清理了几座，都是前、中、后三室；第四，墓葬仿居室，明清宫殿中轴线上的主要建筑是外朝三殿（皇极、中极、建极），内廷三殿（乾清、交泰、坤宁），唐大明宫中轴主殿也是三座（含元、宣政、紫宸），大明宫内另一处重要宫殿——麟德殿更是前、中、后三个空间勾连接建，所以唐人又名之曰三殿；第五，佛教教主释迦牟尼从南北朝起即被比拟为人主，前些年陕西扶风发掘了法门寺佛舍利塔地宫，它的直筒式构造也分为前、中、后三个部分。"以上五例都可以作为我们推测唐陵地宫形制的参考。⑭

王仁波认为：前蜀王建墓和南唐二陵均为三室相连，乾陵陪葬墓中太子、公主、王的墓为砖构双室，按照唐墓的等级制度初步推测：乾陵应为三室相连，因依山为陵，不开天井，侧室附于前中室的两侧以及后室的东西北边，以代替陪葬墓中的小龛。[115]

傅熹年在详细地研究了唐代多过洞多天井长斜坡墓道各个部分的象征意义之后，进一步指出：从已发掘的南唐二陵和前蜀王建陵都为前中后三室的情况看，帝陵至少应为三室。[116]

周明认为：根据已发掘的懿德等墓的情况看，这种两室墓当属王、公主一类墓制。而从已发掘的南唐二主陵和前蜀王建永陵都为前中后三室的情况看，唐陵至少为三室，每室左右均有便房。[117]

秦浩基本沿用了宿白的观点，并强调了"石门五重"的参考价值。[118]

王双怀指出："唐代墓葬以墓室多少区分墓主人地位的高下。一般官吏为单室墓，重要的文武大臣和宗室密戚为二室墓，因此皇帝陵墓当为三室墓，因为皇帝的规格不可能与臣下相同。"[119]

（三）前后左右四室说

最近由惠焕章提出，他认为："走完甬道便是地宫的主体部分——前墓室，后墓室，左墓室，右墓室……位于前室两侧的左右室，比前后两室均小。这四座墓室既自成一家，又各有门户，相互之间有甬道连接。象征生前皇宫中的前殿，后殿和东宫，西宫。"[120]

四室说的结构和汉代中山靖王刘胜墓非常接近，只不过是把南北耳室定名为东宫和西宫而已。乾陵和中山王陵均为凿山为陵的形式，建筑结构上的某些相似性是难免的，但毕竟时代不同了，那种大耳室已被众多的小龛替代。再者，在帝王陵寝中设计东宫、西宫的例子目前还未有发现。更进一步讲，即便是模仿宫室，为何只模仿出前后两殿，而众所周知唐代宫室是典型的三殿制结构。因此，用汉代山陵的结构来推测唐代山陵的想法固然有可取之处，但结论未免有些与历史的潮流不合。

二　三室说和两室说的依据

以上是各家对乾陵地下结构的推测，其中两室说和三室说是最具说服力、也是目前学术界最主要的观点。以下就从这两种观点的理念和依据着手，来继续分析这一问题。

前后两室说和前中后三室说的核心理念都是帝陵的地上结构是对京城结构的模仿。在这点上双方没有分歧。但具体到地宫结构的原型来源时，则分歧较大。两室说学者主张乾陵陵寝应是"模仿了隋唐长安城宫城与皇城的建制"；三室说学者中有的倾向于模仿宫城内的三殿制建筑，有的则认为来源于京师的由三重城垣分割而成的三大功能区——宫城、皇城、外郭城。

双方的考古学依据都是已发掘的几座"号墓为陵"的大墓资料，但双方的解释分歧较大。尤其是在对"号墓为陵"的认识上差异较大。三室说学者认为，既然是"号墓"，那就是说像懿德太子墓、永泰公主墓仍然是墓，只是一种规格最高的、特殊化的墓；而两室说学者则坚持认为"为陵"就是陵墓的规格，其结构应当和当时的帝陵完全相同，差别只是规模的大小而已。显然，在此问题上，双方都只抓住了问题的一个方面，即三室说学者抓住了"号墓"的特点，而两室说学者则过分强调"为陵"的特征。

三 乾陵地下结构的模仿原型

要解决乾陵地宫的结构问题就必须搞清以下两个问题。

（一）关于模仿的对象问题

乾陵的地下结构我们不得而知，但地上结构已基本调查清楚，重要的遗址也已经进行过科学发掘。据目前资料显示，乾陵有内外两重城垣，分别叫内城和外城。外城北墙和内城北墙非常接近。在内城和外城南墙正中开有门道或修建有双阙。内城内主要建筑为陵山，外城内主要为各类石刻群，外城以南是大量的陪葬墓。陪葬墓区南部有所谓的"第一道门"，外城南门也叫"第二道门"，内城南门叫"第三道门"。从上述情形来看，乾陵陵园实际由三部分构成，第三部分为陪葬墓区。因为第三部分面积过大，不便筑墙而已。我认为，根据这三部分内的建筑性质，可以将其比定为长安城的三大功能区即：宫城、皇城、外郭城。陵山是皇帝夫妇灵魂独享的空间，这和宫城的功能完全一致。因此，掩盖在陵山之下的墓室，无论是两室还是三室，都只可能是模仿宫城结构，而不可能再有和皇帝无直接关系的部分。换句话说，地宫的结构应该是以长安城的宫城为原型建造的。这一点在几座大墓中也可得到证实。无论是大臣还是太子，他们都没有一个独自的处理政务的空间，尤其是缺乏像太极殿或含元殿那样的礼仪性宫殿。因而，他们的墓葬中不可能有真正的"前室"来代表天子正衙。这显然和各人的身份有关。皇帝是"天子"，是天下唯一可以代表天意的人，而其他人则不具备这一特殊身份。王双怀正是基于这样的考虑才提出：皇帝陵墓当为三室墓，因为皇帝的规格不可能与臣下相同。这是非常有说服力的论断。正是因为皇帝的这种特殊身份，才决定了他的墓葬具有不可模仿性。

晚唐帝陵结构逐渐简化并不是这一特性的消失，而是这时的礼制发生了变化，人们的关注点从地下转移到地上，由随葬品转移到埋葬仪式上来，因而帝陵和臣子墓的地下结构出现了趋同的倾向。[⑫]但地面可见部分仍然坚持了乾陵以来的制度，并被后世所沿用。而南唐和前蜀都是由唐代大臣最后称王称帝的，为了显示自己的特殊身份，所以不用晚唐那种和庶人基本相同的葬制，而追溯盛唐帝陵制度的做法，就有特意表明身份的意味。不可否认南唐二陵、王建墓都带有明显的南方特色，比如为了解决地下水的问题，不建地下墓室等，但这并不能说明存在一个"南方系统的帝陵模式"。南北礼制是基本延续、通用的，尤其是南唐以"唐"为国号，"立唐宗庙"[⑫]，以唐帝为祖，在礼制上必然沿用唐礼。晚唐是一个衰落的时代，要沿用唐代礼制，只能是早中期，而不是晚唐，这一点不难理解。前蜀王建墓的情形和南唐二陵大致相同，"当唐之末，士人多欲依建以避乱……所用皆唐名臣世族"。其智囊团人物均来自北方，礼仪制度的制定自然带有浓厚的唐代色彩。[⑬]在那样一个乱世里，重新修订礼制，根本没有条件，沿用旧礼是最直接、也最可靠的做法。因此，从这个角度来看，五代帝陵模仿唐陵的可能性很大。另外，史称辽建国之初，采用南北两套系统来管理国家，随着汉化的深入，《唐律》、《唐令》成了立法的主要参考依据。礼制中也以"汉仪为多"[120]。因此，辽代帝陵的渊源也最有可能来自最为兴盛的唐代。如果这一推论成立的话，唐代帝陵应当也为三室。

（二）关于"号墓为陵"的问题

关于此问题，大家均认为"号墓为陵"是出于政治斗争的需要，即李氏集团和武氏集团之间的斗争的需要。但长期致力于研究古礼的陈成国在研究了有关唐代葬礼的大量文献资料后，认为"这种解释充其量只是偶合。就李唐所有'号墓为陵'的情况而言，这种解释很难讲的通"。并进而指出"储君（太子）不幸早夭而有皇帝之谥者，其墓皆称陵；陵之称谓，本属皇帝以及储君而有皇帝之谥者，此外号墓为陵者很少，不过承恩特葬耳"[122]。也就是说，"号墓为陵"是唐代通制，而非什么特例。进一步讲，"号墓为陵"的墓"和真正的帝陵当然还有区别"。这一点已得到考古发现的验证。到目前为止，已发掘了章怀太子、节愍太子、惠庄太子、惠昭太子四座太子墓，还发掘了"号墓为陵"的懿德太子、永泰公主墓以及大量的高级皇室墓葬。这为我们重新研究这一问题提供了翔实可靠的资料。王小蒙女士在比较了五座已发掘的太子墓资料后提出：无论是陵园、封土、石刻、墓葬形制、规模、葬具哀册、随葬陶俑还是壁画内容方面都反映出太子陵高于一般品官墓，而低于帝陵的特点。"最典型的莫过于懿德太子墓，其规模和配置的表现是太子陵制与帝陵制的交叉：陵园形制、陵前石刻、墓葬形制等反映的是太子陵制，而壁画内容（如三出阙和二十四架戟）和俑群（贴金甲马）却显示有帝陵级别的因素。"[126]

下面就大家所关心的几个问题再作具体分析，以辨明双室墓不是帝陵规格。首先，从双室墓墓主的组成来看，除了太子、公主外，还有功臣密戚。据齐东方研究，西安地区双室砖墓有以下几个方面的特征：第一，双室墓比一般墓多一个墓室；第二，多有石质葬具；

第三，随葬品丰富；第四，赗物丰厚、丧事隆重。早期双室墓墓主为高级军事将领，后期为宗室或外戚。尽管在墓主身份方面存在着明显的差异，但其意图却是一致的，即用超乎常规的墓葬形制来表明皇帝对死者的重视程度。[122]但太宗皇帝会不会让臣下模仿自己的陵寝来修建自己的墓葬呢？由于修礼时有关皇帝陵寝的凶礼部分被"李义府、许敬宗以为凶事非臣子所宜言，遂去其《国恤》一篇，由是天子凶礼阙焉。至国有大故，则皆临时采掇附比以从事，事已，则讳而不传，故后世无考焉"。[123]但以常理推之，太子、公主墓使用真正帝陵规格的可能极小。因为，皇帝为了保持自己的唯一性，在礼制方面的控制非常严格。他可以给功臣密戚大量的财物，但在关乎是否合乎礼制的问题上是很谨慎的。同时也有大量的礼官在主持、监视大家是否依礼行事。最著名的例子莫过于平阳公主葬礼使用鼓吹的论争。据记载："（平阳公主）薨。及将葬，诏加前后部羽葆鼓吹……太常奏议，以礼，妇人无鼓吹……遂特加之，以旌殊绩。"[124]看来，即使皇帝想优待某人，特诏给其逾越礼制的待遇，还会受到专管葬礼的机构太常寺的干预。假如说太宗许可几位亲信可以修建和山陵一样结构的坟墓，这必然是不合礼制的，也必然会遭到反对，但关于这一点在任何文献中都没有记载。可见这种葬制在当时并不违反礼制的要求。

其次，王维坤指出："考古工作者虽然迄今为止已发掘了数十座唐代砖室墓，但唯有'号墓为陵'的懿德太子墓和永泰公主墓分别在土阙之南立有一对石狮。这种情况告诉我们，石狮应是帝王陵墓和'号墓为陵'特殊太子墓和公主墓的专利，一般大臣墓，太子墓，公主墓是绝对没有资格使用的。"[131]但近来的考古发现又为此问题提供了新的证据。新发掘的节愍太子李重俊墓（710年）土阙前有石狮一对，同时有石人、华表[131]；惠庄太子（724年）土阙前也发现有一对石狮[132]；让皇帝李宪惠陵前有石狮一对，同时又有华表和翼马[133]。节愍太子李重俊是因假传圣旨，发动军事政变失败被杀。在改葬时大家意见不一，韦凑就认为这是"劫父废母"的行为，就连

"节愍"的谥号都不应该给，怕"开悖乱之门"。睿宗也只能以"事已如此"来搪塞。据此分析，节愍太子的葬仪不太会有逾制的成分，所以说石狮可能是太子陵石刻中的基本配置。据张蕴、马志军等人的研究，唐墓石刻群可以分为三个等级：第一级，帝陵级，含华表、鸵鸟、翼马、仗马、翁仲、石狮；第二级，号墓为陵或追赠太子者，含华表、翁仲、石狮；第三级，亲王、公主级，含华表、石虎、石羊、翁仲。第二级别的石刻群的数量、高度明显下降，仅为帝陵级的一半。两者互相比较，不难看出差距是非常明显的，有关象征皇帝仪卫的仗马和象征祥瑞的麒麟、鸵鸟在太子陵墓组合中缺乏。当然更为明显的是任何一座太子陵墓，无论"号墓为陵"与否，都缺乏昭陵 14 蕃王像和乾陵 61 蕃王像之类的石刻群。这是因为只有皇帝才能参加"四夷来朝"的政治活动，生前接受外国使臣的拜见，死后刊其形象于陵前，以象征生前的政治活动。因此，从石刻群的构成来看，尽管都有石狮，但帝陵和"号墓为陵"者的差距是很明显的，太子陵尤其缺乏反映政治内容的石刻。在章怀太子墓壁画中有两幅反映外国使臣参加葬礼的场面，其位置在墓道内东西两壁。据王维坤考证，这是当时各国使节参加送葬活动的真实记录，而不是反映朝拜的场面，也就是说章怀太子本人并不是这一仪式的安排者和受用者。外国使节是因为当时皇帝的缘故才出席这样的政治活动。从这个角度讲章怀本人和这场政治活动没有直接关系，画家的目的仍然在于宣扬大唐"四夷来朝"的威严。

再次，从壁画的内容来看，"号墓为陵"的懿德太子墓中除了象征地位的列戟以外，没有任何和实际政治活动有关的内容。其前室绘有大量的日常生活起居场面，并且有一人手执烛台，表明这是晚间就寝前的准备活动。同一题材在新城公主墓第四过洞、永泰公主墓前室东壁中也有发现。这说明这一空间不是帝王独有的空间，而是一般的就寝场面，也许还有永久离开人世的象征意义。因此，不管怎么讲，要把懿德太子墓的前室比定为皇城还是有些难以理解的地方。皇城是百官衙署所在地，如果要用壁画来表现，应当是一些和政治活动有关的场面，而不应是就寝前的场面。当然，由于其他双室墓前室壁画脱落，章怀太子墓前室壁画则纯粹为生活起居图，对于前室性质的比定，还有一定的难度。但无论如何都无法和皇城联系起来。从壁画内容看，除了列戟的杆数不同和三出阙外，懿德太子墓和其他皇室墓葬基本相同。

最后，从陵园的规模看，懿德太子墓陵园和真正的帝陵陵园规模相去太远。懿德太子墓的封土堆南北长 56.7、东西宽 55、高17.92 米。整个陵园南北长 256.5、东西宽 214 米，陵园四角有夯土堆各一，南面有土阙一对。[40]它是已发掘的太子墓中规模最大的。"但仍远远逊色于帝陵。即就是孝敬皇帝恭陵陵园长宽也达到 400米。此外，帝陵陵园分内外城，盛中唐时代的帝陵一般内城长宽也都超过 1000 米。帝陵陵园四面中部各设门阙，布局与太子陵亦截然不同。"[41]更为明显的例子是让皇帝李宪的惠陵，文献记载有南北双阙，其级别自然比懿德太子要高，但文献也明确记载"号其墓为惠陵"[42]，且家人坚决不接受皇帝的称号。显然李宪是以符合他自己身份的墓葬形制埋葬的，当然可能在某些方面"尽量体现准皇帝的身份地位"。既然准皇帝李宪的陵园规格比懿德太子还高，且又有自己的陵号——惠陵，都不是真正的帝陵，懿德太子墓自然就更不可能是帝陵级的规格。

四　乾陵的地下结构

在否定了懿德太子墓不是帝陵规格之后，我认为，真正的盛唐帝陵只可能是前中后三室的形制。这里还有两条旁证，一条是大家非常熟悉的"（昭陵）五重石门"[43]。从结构上讲，前、后室墓要用五重石门的话，势必要在甬道内再安置三道石门（因以山为陵，没有天井，只有甬道）。但从乾陵墓道封闭的情形来看，根本没有必要设置这么多重石门。而假如是三室墓的话，在每一室的入口处各设石门一道，在甬道设两道石门，刚好符合大多数高级唐墓甬道内封门的重数。另一条旁证是近来在长安县发现的李博乂墓。此墓墓主为"高祖兄子……骄侈无比……好为不轨"[⑭]的李博乂。该墓为前中后三室，但奇怪的是此墓在建成不久就遭到彻底破坏，并且不是一般盗墓者所为，而是有意识地彻底地破坏。据估计，是因为他的墓葬形制严重超标了，所以被官方彻底破坏。以常理推测，他就是要满足"好为不轨"的脾气，因此在葬制上要建造超出自己级别的形制。他自己已封王，葬制是人臣中最高级别的，要超标，他只能模仿帝陵形制或超越帝陵形制。他的墓可能就是因为模仿了帝陵形制，才被强行破坏。

关于乾陵地宫的形制，我倾向于前中后三室的结构，但这还有待于以后考古发现的证实。不过从模仿对象来看，无论是宫城也好，还是整个长安城也好，三重城垣和前中后三殿制都支持三室说。认为地上建筑模仿长安城，而地下结构仅仅模仿宫城和皇城的解释显得有些勉强。

第五节 唐代墓葬的等级与表现

唐代墓葬的等级涉及很多方面。有关仪式方面的内容已经不可能再现，有关文献记载也非常简略，而保留下来的有关墓葬等级的实例也多经过人为或自然的破坏而残缺不全。要探讨有关唐代墓葬的等级，考古发现和文献记载缺一不可。前人已对这个问题作过一些有益的探索，其中齐东方和王小蒙的研究最具代表性。齐东方集中从墓葬的形制、墓室尺寸、墓内设施、葬具、随葬品等方面着手，对唐代关中地区墓葬等级做了初步研究。[⑭]王小蒙利用近几年发掘较多的太子陵资料，对太子这一特殊人群的墓葬等级及相关制度做了总结和归纳。[⑭]正如齐东方所说，墓葬的其他方面在反映等级上也很重要，所以本节尽量将涉及等级制度的内容复原出来，以利于大家讨论。

一　等级制度的表现形式

这个问题实际就是指在等级制度中，地面建筑和地下设施、随葬品的关系问题。过去的研究往往注重随葬品的多寡、骑俑在俑群中的比例、墓葬的形制、甚至是小龛的多少。事实是，这些内容政府通常颁布有相关法令，但超越自身"等级"的墓例仍层出不穷。相反，关于地面建筑，如坟墓的高度，石刻群的数量，陵园的大小、形状等，相关法令则要严格得多。以坟高为例，"（开元）七年，开府仪同三司王皎卒，及将筑坟，皎子驸马都尉守一请同昭成皇后父窦孝谌故事，其坟高五丈一尺。璟及苏颋请一依礼式，上初从之。翌日，又令准孝谌旧例。"执政大臣宋璟据理力争，最后玄宗又改变了他的决定，并"遣使赍彩绢四百匹分赐之"。⑪当某人因为自己的罪状被发现或是受到子孙的连累时，政府采取的惩罚措施也是先扑倒墓碑等地上设施，只有那些罪大恶极的人才会被剖棺弃尸。如韦氏家族墓地，当韦后被镇压后，韦氏家族墓地就被破坏并废弃了，但通过考古发现来看，韦氏家族诸墓的地下部分并没有受到太大破坏。显然统治者更在意地上部分的规格。这和墓葬本身所具有的"纪念性"密切相关。据巫鸿研究，当墓葬摆脱三代不封不树的传统，开始出现高坟大冢时，这时的墓葬已不仅仅是家庭崇拜的中心，而且是社会联系的焦点，也是生者各种关系的见证。⑫这也不难理解，试想当墓室被封闭后，谁还会想起当时地下埋了些什么呢？但是地面建筑不一样，只要不被拆除、破坏，它随时都能使人想起墓主的身份、等级。因此，地上部分实际上是等级制度的核心部分。其次才是地下部分。地上部分包括墓园、封土堆、石刻、墓碑；地下部分包括墓葬的形制、葬具、随葬品等。

二　等级划分

据《唐会要》卷三十八的有关记载，通常把唐代墓葬分为"三品以上、五品以上、九品以上、庶人"四个等级。而根据目前的考古资料来看，这个等级区分有些简单。在"三品以上"至少还存在一个准皇帝级和"别敕"特葬，三品以上者"陪陵"与"不陪陵"的差别也很明显。所以我认为在三品以上，应单独再分出一个"特级"。这样，关中地区唐代墓葬就包括至少五个等级，即特级、三品以上、五品以上、九品以上和庶人。

三　等级制度的分期

通行的做法是按帝王的在位时间来划分，但这并不符合文献的记载。我们看到有关丧葬制度变化的记载实际上并不发生在每位皇帝即位的当年，尤其是玄宗时期。结合文献和考古资料，我把唐代墓葬的等级制度分为五期：第一期，高祖、太宗时期（618～649年）；第二期，高宗、武则天时期（650～705年）；第三期，中宗、睿宗、玄宗前期（706～741年正月）；第四期，玄宗天宝时至德宗时期（741～805年）；第五期，德宗末年至唐末（805年～唐末）。

四　等级制度的内容

（一）第一期　高祖、太宗时期（618～649年）

齐东方曾经根据文献的记载，把此期墓葬分为四级。随着魏征墓、长乐公主墓的发现，这一观点需要补充，即在第一级前增加特级。因此，此期墓葬可分为五级（表二八）：

特级：以长乐公主墓为代表。长乐公主为长孙皇后所生，死后陪葬昭陵。该墓周围有八个土阙，覆斗形封土堆，墓前立石人、石羊、石虎、石柱各一对，六螭石碑一通。地下部分为长斜坡墓道五天井四小龛单室砖墓，石门三道，壁画绘制精良。随葬器物以彩绘釉陶为主，残留123件，其中俑61件。镇墓俑高41厘米，立俑高23厘米，骑俑高31厘米。

三品以上：以杨恭仁墓、李寿墓、李靖墓为代表。杨恭仁墓和李寿墓经过发掘。杨恭仁墓未发表正式报告，出土文物110件，其中俑89件。李寿墓地上部分保存较好。圆锥形封土堆，石人、石羊、石虎、石柱各一对。地下部分为长斜坡墓道，单室砖墓，五天井，两小龛。石门一道，石椁一具。绘制有精美壁画。出土器物 333 件，俑类中有贴金甲骑。李靖墓未发掘，封土堆为像山型。

五品以上：以段元哲墓、司马睿墓为代表。墓均为单室土洞墓，封土堆已经无存，应为圆锥形。司马睿墓带有两个小龛，砖棺床，砖封门，绘有简单的壁画。出土俑类 140 件，其中镇墓俑高 35 厘米，立俑高 23 厘米，骑俑高 31 厘米。

九品以上：未发现墓例。

庶人墓：发现墓志者仅有一座，即陈感意墓。该墓为不规则方形土洞墓，没有俑类随葬，只有简单的陶器。此级别的墓葬通常为没有天井、小龛的单室土洞墓。

表二八　第一期墓葬等级内容复原

	封土堆	陵园	石刻	墓葬结构	石葬具	俑数	俑高
特级	覆斗形	有 8 个土阙	石人、石羊、石虎、石柱各 2	单室砖墓，五个以上天井，两对以上小龛	石棺床、石门	100 件以上	四神二尺五寸以上，其余九寸以下
三品以上	圆锥形（为主）	无	石人、石羊、石虎、石柱各 2	单室砖墓，四个以上天井，两对以上小龛	石门（李寿墓使用了石椁）	90	四神二尺余，其余九寸以下
五品以上	圆锥形	无	文献记载 4 件石兽	单室土洞墓，天井、小龛较少	砖封门、砖棺床	60～50	四神其高各一尺，其长率七寸
九品以上	圆锥形	无	无	不明	不明	30 上下	
庶人	圆锥形	无	无	不规则方形土洞墓或刀形墓	木板、土坯封门	30 以下	

（二）第二期　高宗、武则天时期（650～705年）（表二九）

特级：以新城公主、房陵公主墓为代表。均为帝陵陪葬墓，墓主均为皇室成员。周围有八个土阙，覆斗形封土堆。石刻有石人、石虎、石羊、石柱各一对。长斜坡、多天井、多小龛单室砖墓，绘有精美的壁画。采用石门封门，石棺床。俑群的数量在120件以上，镇墓俑高60厘米以上，其他俑高22厘米上下。

表二九　第二期墓葬等级内容复原

	封土堆	陵园	石刻	墓葬结构	封门棺床	俑数	俑高
特级	覆斗形	有8个土阙	石人、石羊、石虎、石柱各2	单室砖墓，五个以上天井，三对以上小龛	石门、石棺床	120件以上	二尺以上
三品以上	圆锥形、像山形	无	石人、石羊、石虎、石柱各2	单室砖墓、双室砖墓，三个以上天井，两对以上天井	石门、石棺床（个别使用石棺）	120件左右	四神驼马及人不得二尺余
五品以上	圆锥形	无	未发现，文献记载有石兽4件	单室土洞墓、双室土洞墓，二至三个天井，两对小龛	砖封门、砖棺床（个别使用石墓门）	90件左右	其高各一尺；其余音声队与僮仆之属，其长率七寸
九品以上	圆锥形	无	无	单室土洞墓，天井、小龛较少	土坯或木板封门，无棺床	70	
庶人	圆锥形	无	无	斜坡墓道、不规则方形墓，基本没有天井、小龛	土坯或木板封门	40	

三品以上：以昭陵陪葬墓中的诸墓为代表。这个等级的墓葬也有石人、石虎、石羊、石柱各一对，封土堆有像山型和圆锥形两种。地下部分也有单室和双室之分，长斜坡墓道、多天井、多小龛。通常有石门、石棺床，个别还有石棺，如郑仁泰墓。俑群的数量在100件左右，镇墓俑高60厘米以上，其他俑高22厘米。

五品以上：以董务忠墓、独孤思敬妻杨氏墓、华文弘墓为代表。此类墓没有发现石刻，圆锥形封土堆。以长斜坡单室土洞墓为主，二到三个天井、二对小龛。四品官员使用双室土洞墓的有三例。砖封门为主，董务忠墓使用了石门一道，砖棺床。俑群数量在100件左右，镇墓俑高度缺乏可供推算的标本，其他俑高22厘米。

九品以上：以姚无陂墓为代表。姚无陂为正八品下的官阶。该墓为长斜坡墓道单室土洞墓，三个天井，一对小龛。砖棺床，木板封门，未见壁画。出土俑19件，未见镇墓俑，立俑高23厘米，骑俑高32厘米。

庶人墓：以杜道愿墓、郭嚞墓为代表。杜道愿墓为不规则方形土洞墓，长斜坡墓道，一个天井，没有俑类出土。郭嚞墓也为斜坡墓道土洞墓，墓室为不规则方形，后壁有一个小龛。砖棺床，没有壁画。出土俑9件，高度不明。

（三）第三期 中宗、睿宗、玄宗前期（705~741年正月）（表三〇）

特级：以懿德太子墓、永泰公主墓、章怀太子墓、节愍太子墓、惠庄太子墓为代表。还可细分为两个小层次，懿德、永泰、章怀三墓的级别明显高于其他几座墓。[45]都有规模宏大的陵园，土阙，石刻群中有石狮、石人、石柱。覆斗形封土堆，长斜坡多天井双室砖墓，石门，石椁。而节愍、惠庄则没有使用石椁，节愍为砖封门，惠庄没有石棺床。均使用玉哀册。俑群最多达1000余件，最少也保留有600余件。镇墓俑的高度达134厘米，立俑高25厘米左右，骑俑最高35厘米。

三品以上：以韦洞墓、李仁墓为代表。封土堆和墓园已不存。长斜坡墓道多天井双室砖墓，使用石门，绘制有精美壁画。韦洞墓使用了石椁，而李仁也有石棺床。韦洞墓保留有 102 件俑，俑的高度不明。李仁墓俑群基本无存。杨思勖墓石椁则显然是逾制安葬的结果。

五品以上：以独孤思敬墓、韦慎名墓为代表。独孤思敬墓为长斜坡墓道多天井多小龛的单室土洞墓。该墓有两个小龛，砖封门，砖棺床。出土俑 32 件，还有大量残片。镇墓俑高分别为 102 厘米、85 厘米，立俑高 23 厘米。韦慎名带有银青光禄大夫的散阶（从三），职事官彭州刺史（从四）。其墓为长斜坡墓道单室砖墓，三个天井，两对小龛，砖封门，砖棺床。墓室绘有精美的壁画。共出土陶人俑和动物俑 238 件，其中动物俑占多数，人物类仅 76 件。

九品以上：这个级别目前没有可供参考的墓例。

表三〇　第三期墓葬等级内容复原

	封土堆	陵园	石刻	墓葬结构	封门棺床	俑数	俑高
特级	覆斗形	有	石狮、石人、石柱	双室砖墓	石门、石椁、玉册	600 件以上	二尺以上
三品以上	圆锥形、像山形	无	石人、石羊、石虎、石柱各 2	双室砖墓、单室砖墓	石门、石棺床（个别有石椁）	90	四神驼马及人不得二尺余，音乐卤簿不过七寸。女子等不过三十人，长八寸
五品以上	圆锥形	无	未发现，文献记载有石兽 4 件	单室砖墓、单室土洞墓，三个以上天井，两对以上小龛	砖封门、砖棺床	60	四神驼马及人不得尺余音声仆从二十五人，长七寸五分。奴婢十六人，长三
九品以上	圆锥形	无	无	不明	不明	40	
庶人	圆锥形	无	无	单室砖墓，两个以下天井、小龛	木板或土坯封门	无规定，约 20～30 件	

庶人墓：以韦美美墓、裴谨墓为代表。韦美美墓为斜坡墓道单室土洞墓，有一个天井，没有小龛，墓室为长方形。木板封门，砖棺床。出土俑5件，其中镇墓俑4件，牛1件，镇墓俑高56厘米。裴谨墓为斜坡墓道单室土洞墓，两个天井，两对小龛。

（四）第四期　玄宗天宝时至德宗时期（741～805年）

此期墓葬等级制度开始混乱起来，越级现象时有发生（表三一）。

特级：仅有让皇帝李宪墓一座，是目前已发掘的唐墓中级别最高的一座，甚至要高于"号墓为陵"的太子墓。⑩该墓有规模宏大的墓园，内外两层城垣，南门两个门道，覆斗形封土堆，石狮一对，翼马一对，石柱一对。该墓地下部分为长斜坡墓道带天井和小龛的单室砖墓，使用了石门、四阿顶石椁。墓室、墓道均绘有精美的壁画。出土俑800件以上，天王俑高150厘米，镇墓兽高70厘米。

三品以上：以高力士墓、李良墓为代表。高力士为玄宗的亲信，死后陪葬泰陵，葬于肃宗宝应年间（762～763年）。肃宗和玄宗因为在皇位问题上的争议，父子矛盾很深。而高力士一直追随玄宗，所以他的墓葬不可能越级太多，而是以基本符合高力士本人身份的规格埋葬。他的墓葬作为此期三品以上官员墓葬的标本最为适合。该墓为圆锥形封土堆，地下部分为长斜坡墓道多天井多小龛的单室砖墓，共有四个天井，三对小龛。墓道、墓室绘有壁画，石棺床，石墓门。出土俑90件，立俑高24厘米，骑俑高34厘米。没有发现镇墓俑。李良墓为竖井墓道单室土洞墓，甬道两侧有四个小龛。土坯封门，没有棺床。出土8件人物陶俑。

五品以上：以雷府君妻宋氏墓、吴守忠墓为代表。宋氏墓为刀形土洞墓，墓道部分已被破坏。封门无存，石棺床，墓室绘有壁画。出土俑51件，最高的镇墓俑高142厘米，立俑高49厘米。吴守忠墓也为一刀形土洞墓，砖棺床。出土有文官俑、生肖俑、武士俑、女俑、骑俑、镇墓俑等。高度、数量均未详细报道。

九品以上：以裴利物夫妇墓、张仲晖墓、西昌令夫人史氏墓为代表。这三座墓均为刀形单室土洞墓。张仲晖墓保留有圆锥形封土堆，墓室、墓道有简单的壁画。裴利物墓出土陶俑9件，张仲晖墓出土陶俑不少于5件，西昌令夫人史氏墓出土陶俑破坏严重，但不少于20件，有一套十二生肖俑。立俑最高31厘米。张仲晖墓使用了简单的石板封门和棺床。

庶人墓：出土墓志的庶人墓仅有一例，即韦君夫人胡氏墓。该墓为一长斜坡墓道单室土洞墓，带有三个天井，一对小龛。墓道部分绘有壁画。砖棺床，砖封门。发现俑7件，没有镇墓俑。

表三一　第四期墓葬等级内容复原

	封土堆	陵园	石刻	墓葬结构	封门棺床	俑数	俑高
特级	覆斗形	有双重垣墙	石狮、石人、石柱各2	单室砖墓	石门、石棺椁、玉册	600件以上	二尺以上
三品以上	圆锥形	无	文献记载石人、石羊、石虎、石柱各2	单室砖墓，四个以上天井，三对以上小龛（个别墓使用竖井墓道）	石门、石棺床	70	四神不得过二尺余
五品以上	圆锥形	无	未发现，文献记载有石兽4件	单室土洞墓或刀形墓	砖封门、砖棺床	40	四神不得过一尺，余人物等不得过七寸
九品以上	圆锥形	无	无	刀形墓	不明	20	
庶人	圆锥形	无	无	刀形墓	不明	15	

（五）第五期　德宗末年至唐末（805年~唐末）

此期墓葬发现较多，但出土遗物却非常少，报道也多不完整。墓葬形制明显简化（表三二）。

特级：仅一例，即惠昭太子墓。该墓有规模较大的覆斗形封土堆，垣墙和石刻已被破坏殆尽。由于盗掘破坏严重，地下结构不详。但可以看出是一座长斜坡墓道单室砖墓，墓道和墓室绘有壁画。石墓门，石棺床。未发现完整陶俑。

表三二　第五期墓葬等级内容复原

	封土堆	陵园	石刻	墓葬结构	封门棺床	俑数	俑高
特级	覆斗形	有	已被破坏	单室砖墓	石门、石棺床	不明	不明
三品以上	圆锥形	无	石人、石羊、石虎、石柱8件（文献记载）	单室土洞墓或竖井墓道墓	不明	100以下	四神，不得过一尺五寸，余人物等，不得过一尺
五品以上	圆锥形	无	未发现，文献记载有石兽4件	单室土洞墓或竖井墓道墓	不明	70	四神，不得过一尺二寸。余人物不得过八寸
九品以上	圆锥形	无	无	竖井墓道墓	不明	50	四神不得过一尺，余人物不得过七寸
庶人	圆锥形	无	无	竖井墓道墓	不明	25	每事不得过七寸

三品以上：以章令信墓、李文贞墓、姚存古墓、李升荣墓为代表。前两墓为长斜坡墓道单室土洞墓，后两者为竖井墓道单室土洞墓。章令信墓出土陶俑38件，包括十二生肖俑（仅剩3件），天王俑1件，镇墓兽2件。文官俑高达57厘米，立俑高10厘米，骑俑高

21 厘米。李文贞墓、李升荣墓没有陶俑出土。姚存古墓没有正式报道。

五品以上：以李霸墓为代表。李霸为慈州长史，为从四品下。李霸墓为竖井墓道土洞墓，砖铺地面，砖棺床，没有发现陶俑。

九品以上：以路复源墓、张叔遵墓为代表。路复源墓为竖井墓道土洞墓。张叔遵墓为长斜坡墓道单室土洞墓，四周设有 12 个小龛。路复源墓未出土陶俑，张叔遵墓没有正式报道。

庶人：以张十八娘子墓、张士清墓、时夫人墓、曹氏墓、白敬宗墓为代表。这些墓均为竖井墓道单室土洞墓，个别底部铺砖。平面多为刀形或"凸"字形。曹氏墓的四壁还开有 11 个小龛。

上面的复原是根据文献，参考相应的墓例，再加上一些计算和推测而来，因此带有一定的理想化、格式化的痕迹。而影响墓葬等级的因素却很多，加之个人的意愿、财力都有可能对墓葬的结构、建筑材料、随葬品的规格发生影响，所以这种复员只能是脉络式的、大概的，更为详细的等级内容，还有待于更多的考古资料来补充和修订。

---

①安娜·赛德尔还被译为索安士、石秀娜、石德勒、石索安等。这两个译本分别是蒋见元、刘凌译本（上海古籍出版社 1999 年）和吕鹏志、陈平译《西方道教编年史》（中华书局 2002 年）。两个译本的短长可参见刘屹为此所写的书评，载《唐研究》第 9 卷，北京大学出版社 2003 年，513～523 页。

②安娜·赛德尔著，蒋见元、刘凌译：《西方道教研究史》，上海古籍出版社 1999 年，128 页。

③葛兆光：《屈服及其他——六朝隋唐道教的思想史研究》，生活·读书·新知三联书店 2003 年，157 页。

④余欣：《神道人心——敦煌唐宋之际民生宗教研究》导论，中华书局 2006 年。

⑤昭陵博物馆：《昭陵唐墓壁画》图 14，文物出版社 2006 年。

⑥余欣：《神道人心——敦煌唐宋之际民生宗教研究》，中华书局 2006 年，117 页。

⑦王明：《抱朴子内篇校释》，中华书局 1985 年，273 页。

⑧富平县文化馆、陕西省博物馆：《唐李凤墓发掘简报》，《考古》1977 年 5 期。

⑨欧阳修：《新唐书》卷二十四，532 页。

⑩张勇：《河南汉代陶阙及相关问题》，《中原文物》2006 年 5 期。

⑪参见郑岩：《魏晋南北朝壁画墓研究》，文物出版社 2002 年，157～158 页。

⑫郑汝中：《飞天艺术概论》，载《敦煌壁画乐舞研究》，甘肃教育出版社 2002 年，
170～171 页。

⑬宿白：《西安地区唐墓壁画的布局与内容》，《考古学报》1987 年 2 期。

⑭清乾隆十七年修《大邑县志》。

⑮《周易参同契阴长生注》序文，《正统道藏》二十册，64 页。

⑯有关道教与鹤的关系可参阅金正耀：《鹤与道教》，载《道教与炼丹术论》，宗教文
化出版社 2001 年，199～215 页。

⑰张蕴：《西安地区隋唐墓志纹饰中的十二生肖图案》，《唐研究》第 8 卷，北京大学
出版社 2002 年，395～409 页。

⑱张丽华：《十二生肖的起源及墓葬中的十二生肖俑》，《四川文物》2003 年 5 期；陈
安利：《古文物中的十二生肖》，《文博》1988 年 2 期；卢昉：《隋至初唐南方墓葬
中的生肖俑》，《南方文物》2006 年 1 期。

⑲山西省考古研究所、太原市考古所：《太原市北齐娄睿墓发掘简报》，《文物》1983
年 10 期。

⑳中国社会科学院考古研究所、河北省文物研究所邺城考古队：《河北磁县湾漳北朝
墓》，《考古》1990 年 7 期。

㉑山东省文物考古研究所：《临淄北朝崔氏墓》，《考古学报》1984 年 3 期。

㉒王溥：《唐会要》卷三十八·葬，696 页。

㉓《大汉原陵秘葬经》，载《永乐大典》卷八二九九，27 页。

㉔《正统道藏》九册，333 页。

㉕《正统道藏》九册，695 页。

㉖熊传新：《湖南湘阴隋大业六年墓》，《文物》1981 年 4 期。

㉗偃师商城博物馆：《河南偃师唐墓发掘报告》，《华夏考古》1995 年 1 期。

㉘洛阳市文物工作队：《洛阳市北郊唐代墓葬的发掘》，《华夏考古》1996 年 1 期。

㉙刘卫鹏：《"五石"镇墓说》，《文博》2001 年 3 期；程义、刘卫鹏：《汉晋墓葬随
葬朱书陶瓶内盛物的分类考释》，《江汉考古》待刊。

㉚《大汉原陵秘葬经》，26 页。

㉛李林甫：《唐六典》卷三尚书户部条，三秦出版社 1991 年影印。

㉜陕西省博物馆、礼泉县文教局：《唐郑仁泰墓发掘简报》，《文物》1972 年 7 期。

㉝《道教大辞典》，浙江古籍出版社 1987 年影印，627 页。

㉞朱青生：《建军门神起源研究——论误解与成形》，北京大学出版社 1998 年，

152 页。

㉟陕西省文物管理委员会：《西安南郊庞留村的唐墓》，《文物》1958 年 10 期。

㊱李子春：《唐武三思之镇墓石》，《人文杂志》1958 年 2 期。

㊲王世和、楼宇栋：《唐桥陵勘查记》，《考古与文物》1980 年 4 期。

㊳张鸿杰主编：《咸阳碑石》十五，延陵镇墓石，三秦出版社 1990 年。

㊴陕西省文管会、礼泉县昭陵文管所：《唐阿史那忠墓发掘简报》，《考古》1977 年
2 期。

㊵叶昌炽：《语石》卷五，王其祎校点本，辽宁教育出版社 1998 年。

㊶续修《四库全书》委员会：《重新校正地理新书》卷十四，上海古籍出版社，
113 页。

㊷续修《四库全书》委员会：《重新校正地理新书》卷十四，上海古籍出版社，
121 页。

㊸《赤松子章历》，正统道藏第十一册，173 ~ 174 页。另可参见陈国符：《道藏源流
考》附录二《道藏札记》金人代形条，中华书局 1963 年。

㊹江西省博物馆：《江西南昌唐墓》，《考古》1977 年 6 期。

㊺韩吉绍、张鲁君：《铜镜与早期道教》，《中国道教》2006 年 1 期。关于道教和镜的
关系，可参见日本学者福永光司：《道教的镜与剑》，载《日本学者研究中国史论
著选译》第 7 册，386 ~ 445 页。

㊻葛洪：《抱朴子内篇》卷十七，中华书局 1985 年，300 页。

㊼包丽虹、蔡堂根：《铜镜驱邪观念的心理结构》，《上海交通大学学报（哲社）》
2004 年 2 期。

㊽《正统道藏》第十八册，上海书店 1984 年，650 页。

㊾《正统道藏》第六册，上海书店 1984 年，684 页。

㊿《大汉原陵秘葬经》，23 页。

51刘肃：《大唐新语》卷十三，广西师范大学出版社 1998 年，页 526。

52孟原召：《唐至元代墓葬中出土的铁牛铁猪》，《中原文物》2007 年 1 期。

53张正岭：《西安韩森寨唐墓清理记》，《考古通讯》1957 年 5 期。

54李昉：《太平广记》卷三百八十九冢墓，中华书局 1961 年，3109 页。

55李昉：《太平广记》卷七十七方士，中华书局 1961 年，485 页。

56王自力：《西安唐代曹氏墓及出土的狮形香熏》，《文物》2002 年 12 期。

57《大汉原陵秘葬经》，载《永乐大典》卷八二九九，中华书局 1960 年影印，25 ~
27 页。

58张维慎、梁彦民：《两件唐代跪拜俑拜仪考》，《考古与文物》1999 年 1 期。这两件
俑就是豆卢建墓和宋氏墓出土的两件。图 1、2、3 均源自此文。

(59)陕西省文管会：《陕西省出土唐俑选集》，文物出版社 1958 年，图 59。

(60)陕西省文管会：《陕西省出土唐俑选集》，文物出版社 1958 年，图 93。

(61)曹腾騑：《广东海康元墓出土的阴线刻砖》，《考古学集刊》第 2 辑。

(62)白彬、张勋燎：《道教考古》，线装书局 2006 年，1683 页。

(63)《大汉原陵秘葬经》，载《永乐大典》卷八二九九，中华书局 1960 年影印，25～27 页，方位根据原书所配图版而定。

(64)郑州市文物考古研究所：《中国镇墓神物》，文物出版社 2004 年，图 161。

(65)2003 年夏曾在陕西考古研究所西部大学城工地实习，承蒙刘呆运先生面告，并提到韦贵妃可能来自河东地区。陈安利《唐十八陵》281 页有简单描述，并注意到和南方唐墓的关系。

(66)天关地轴，据笔者考证就是龟蛇编，参见程义：《再论唐宋墓葬里的"四种"和"天关、地轴"》，《中国文物报》2009 年 12 月 11 日。

(67)安峥地：《唐房陵大长公主墓清理简报》，《文博》1990 年 1 期。

(68)《大汉原陵秘葬经》，载《永乐大典》卷八二九九，中华书局 1960 年影印，33 页。

(69)贾二强：《唐宋民间信仰研究》上篇五"鬼之禀性——鬼有所惧"，福建人民出版社 2002 年，214～218 页。

(70)张建林：《唐代丧葬习俗中佛教因素的考古学考察》，载西北大学考古系编《西部考古》第一辑，三秦出版社 2006 年，462～472 页。

(71)西安市文物管理处：《西安西郊热电厂基建工地隋唐墓葬清理简报》，《考古与文物》1991 年 4 期。

(72)俞伟超：《西安白鹿原墓葬发掘报告》，《考古学报》1956 年 3 期。

(73)西安市文物管理处：《西安西郊热电厂基建工地隋唐墓葬清理简报》，《考古与文物》1991 年 4 期。

(74)保全：《世界最早的印刷品——西安出土印本陀罗尼经咒》，载《中国考古学研究论集》，三秦出版社 1987 年，404～410 页。

(75)陕西历史博物馆：《寻觅散落的瑰宝》，三秦出版社 2001 年，130 页。

(76)保全：《世界最早的印刷品——西安出土印本陀罗尼经咒》，载《中国考古学研究论集》，三秦出版社 1987 年，404～410 页。

(77)安家瑶、冯孝堂：《西安沣西出土的唐印本梵文陀罗尼经咒》，《考古》1998 年 5 期。

(78)陕西历史博物馆：《寻觅散落的瑰宝》，三秦出版社 2001 年，131 页。

(79)尚志儒、赵丛苍：《凤翔南郊唐墓发掘简报》，《考古与文物》1989 年 5 期。

(80)马世长：《大随球陀罗尼曼荼罗图像的初步考察》，《唐研究》第 10 卷，北京大学出版社 2004 年。

81 有关此题材的研究可参见：刘淑芬《灭罪与度亡——佛顶尊胜陀罗尼经幢之研究》，上海书籍出版社 2008 年。

82 陕西省文物管理委员会：《陕西所见的唐代经幢》，《文物》1959 年 8 期。

83 桑绍华、张蕴：《西安出土文安公主等墓志及郭彦塔铭》，《考古与文物》1988 年 4 期。

84 李举纲：《西安碑林藏唐咸通五年窣堵坡塔铭及造像》，《碑林集刊》第 11 辑，93～95 页。

85 周绍良、赵超：《唐代墓志汇编续集》，上海古籍出版社 2001 年，续开元 097。

86 马世长：《大隋球陀罗尼曼荼罗图像的初步考察》，《唐研究》第 10 卷，555～556 页。

87 此段参考马世长论文，经文也转引自该文。另外，通过大量的考古发现来看，法门寺地宫出土的两枚臂钏可能就是物帐碑内的隋球，而不应该是两枚水晶珠。水晶珠之所以被比定为隋球，是受"隋侯之珠"的影响。据此可知唐代可能以隋球为盛装隋球陀罗尼的容器——臂钏的简称。此观点曾和王仓西先生讨论过，特附记于此。

88 《大汉原陵秘葬经》，载《永乐大典》卷八二九九，30 页。

89 袁胜文：《塔式罐研究》，《中原文物》2002 年 2 期。

90 解峰、马先登：《唐契苾明墓发掘记》，《文博》1998 年 5 期。

91 付春玲：《唐代黑釉塔式罐浅议》，《文博》1999 年 4 期。

92 西安市文物保护考古所：《唐金乡县主墓》，文物出版社 2002 年，123～124 页。

93 袁胜文：《塔式罐研究》，《中原文物》2002 年 2 期。

94 齐东方：《略论西安地区发现的双室砖墓》，《考古》1990 年 8 期。

95 宿白：《西安地区唐墓壁的布局和内容》，《考古学报》1982 年 2 期；宿白：《西安地区的唐墓形制》，《文物》1995 年 12 期。

96 拜根兴：《也论苏君墓当为苏定方墓》，《考古与文物》2005 年 5 期。

97 刘昫：《旧唐书》卷八十三，2780 页。

98 刘昫：《旧唐书》卷八十六，2838 页。

99 刘昫：《旧唐书》卷一百一，3142 页。

100 刘昫：《旧唐书》卷九十五，3012～3013 页。

101 张蕴：《关于李宪墓随葬陶俑等级的讨论》，《考古与文物》2005 年 1 期。

102 王小蒙：《从新发现的唐太子陵看太子陵制度问题》，《考古与文物》2005 年 4 期。

103 西安市文物保护考古所：《西安东郊唐温绰、温思暕墓发掘简报》，文物 2002 年 12 期。

104 孙秉根：《西安隋唐墓葬的形制》，载《中国考古学研究》编委会：《中国考古学研究——纪念夏鼐先生考古五十年纪念论文集（二）》，科学出版社 1986，151～190

页。

⑩⑤张全民：《唐严州刺史华文弘夫妇合葬墓》，《文博》2003 年 6 期。

⑩⑥周绍良、赵超：《隋唐墓志汇编续编》，上海古籍出版社 2001 年，续神龙 002。

⑩⑦洛阳市文物工作队：《洛阳龙门唐安菩夫妇墓》，《中原文物》1982 年 3 期。

⑩⑧张全民：《唐严州刺史华文弘夫妇合葬墓》，《文博》2003 年 6 期。

⑩⑨宿白：《西安地区的唐墓形制》，《文物》1995 年 12 期。

⑩⑩a 杨正兴：《乾陵勘查情况》，《文物》1959 年 7 期；b 陕西省文物管理委员会：《乾
　　陵勘查记》，《文物》1960 年 4 期；c 贺梓城、王仁波：《乾陵》，《文物》1982 年 3
　　期；d 刘庆柱、李毓芳：《陕西唐陵调查报告》，《考古学集刊》第 5 集；e 王仁波：
　　《乾陵》，《中国大百科全书·考古学》，中国大百科全书出版社，1986 年。

⑪⑪黄展岳：《中国西安、洛阳汉唐陵墓的调查与发掘》，《考古》1981 年 6 期。

⑪⑫王维坤：《唐代乾陵陵寝制度的初步研究》，《东方学报》第 77 册，2005 年 3 月
　　发行。

⑪⑬神目：《神秘地宫，有此一说》，《各界特刊》2003 年 9 月 28 日第 1 版。

⑪⑭宿白：《西安地区的唐墓形制》，《文物》1995 年 12 期。

⑪⑮王仁波：《懿德太子墓所表现的唐代皇室埋葬制度》，载《中国考古学年会第一次
　　年会论文集》，文物出版社 1980 年，428～456 页。

⑪⑯傅熹年：《唐代隧道墓的形制构造和所反映的地上宫室》，载《文物与考古论
　　集——纪念文物出版社成立 30 周年》，文物出版社 1986 年。

⑪⑰周明：《陕西关中唐十八陵陵寝建筑形制初探》，《文博》1990 年 4 期。

⑪⑱秦浩：《隋唐考古》，南京大学出版社 1996 年，90 页。

⑪⑲王双怀：《荒冢残阳——唐代帝陵研究》，陕西人民出版社 2000 年，99 页。

⑫⑳惠焕章、张劲辉编：《陕西历史百谜》，陕西旅游出版社 2001 年。

⑫①齐东方：《唐代的丧葬观念习俗与礼仪制度》，《考古学报》2006 年 1 期。

⑫②司马光：《资治通鉴》卷二百八十二，9197 页。

⑫③欧阳修：《新五代史》卷六十三，834 页。

⑫④脱脱等：《辽史》卷四十九，787 页。

⑫⑤陈戍国《中国礼制史·隋唐五代卷》，湖南教育出版社 1998 年，第 166 页。

⑫⑥王小蒙：《从新发现的唐太子墓看太子陵制度问题》，《考古与文物》2005 年 4 期。

⑫⑦齐东方：《略论西安地区发现的唐代双室砖墓》，《考古》1990 年 9 期。

⑫⑧欧阳修：《新唐书》卷二十，441 页。

⑫⑨刘昫：《旧唐书》卷五十八，2316 页。

⑬⑩王维坤：《唐代乾陵陵寝制度的初步研究》，《东方学报》第 77 册，2005 年 3 月
　　发行。

⑬陕西省考古研究所：《唐节愍太子墓发掘报告》，科学出版社 2004 年，5～10 页。

⑬陕西省考古研究所：《唐惠庄太子墓发掘报告》，科学出版社 2004 年，8 页。

⑬陕西省考古研究所：《唐李宪墓发掘报告》，科学出版社 2005 年，6 页。

⑭王溥：《唐会要》卷八十，1475 页。

⑬陕西省考古研究所：《唐李宪墓发掘报告》结语，科学出版社 2005 年，248 页。

⑬王维坤：《唐章怀太子墓壁画〈客使图〉辨析》，《考古》1996 年 1 期。

⑬陕西省博物馆、乾县文教局：《懿德太子墓发掘简报》，《文物》1972 年 7 期。

⑬陕西省考古研究所、陕西历史博物馆、礼泉县昭陵博物馆：《唐新城长公主墓发掘简报》，科学出版社 2004 年，88 页。

⑬陕西省文管会：《唐永泰公主墓发掘简报》，《文物》1964 年 1 期。

⑭陕西省博物馆、乾县文教局：《懿德太子墓发掘简报》，《文物》1972 年 7 期。

⑭王小蒙：《从新发现的唐太子墓看太子陵制度问题》，《考古与文物》2005 年 4 期。

⑭欧阳修：《旧唐书》卷九十五，3014 页。

⑭王溥：《唐会要》卷二十，539 页。

⑭刘昫：《旧唐书》卷六十，2357 页。

⑭齐东方：《试论西安地区唐代墓葬的等级制度》，载《纪念北京大学考古专业三十周年论文集》，文物出版社 1990 年，286～310 页。

⑭王小蒙：《从新发现的唐太子陵看太子陵制度问题》，《考古与文物》2005 年 4 期。

⑭刘昫：《旧唐书》卷九十六，3034 页。

⑭关于古代建筑的纪念碑性参见巫鸿：《九鼎传说与中国古代美术中的"纪念碑性"》、《从"庙"至"墓"——中国古代宗教美术发展中的一个关键问题》，载《礼仪中的美术——巫鸿中国古代美术史文编》，生活·读书·新知三联书店 2005 年，45～69 页，549～568 页。

⑭王小蒙：《从新发现的唐太子陵看太子陵制度问题》，《考古与文物》2005 年 4 期。

⑮参见地面建筑部分的统计数据。

附　录　关中地区唐代纪年墓索引

一　帝陵陪葬墓

1. 高祖献陵陪葬墓：

咸亨四年（673 年）房陵大长公主墓，安峥地：《唐房陵大长公主墓清理简报》，《文博》1990 年 1 期。

上元元年（674 年）虢王李凤墓，富平县文化馆、陕西省博物馆、文管会：《唐李凤墓发掘简报》，《考古》1977 年 5 期。

2. 太宗昭陵陪葬墓：

贞观十三年（639 年）杨恭仁墓，无正式发掘简报，可参阅陈安利：《唐十八陵》，中国青年出版社 2001 年，254～256 页。

贞观十七年（643 年）魏征墓，无正式发掘简报，可参阅陈安利：《唐十八陵》，中国青年出版社 2001 年，256～258 页。

贞观十七年（643 年）长乐公主墓，昭陵博物馆：《唐昭陵长乐公主墓》，《文博》1988 年 3 期。

贞观二十三年（649 年）李靖墓，无正式发掘简报，可参阅陈安利：《唐十八陵》，中国青年出版社 2001 年，262～264 页。

永徽二年（651 年）段简璧墓，昭陵博物馆：《唐昭陵段简璧墓清理简报》，《文博》1989 年 6 期。

显庆元年（656 年）昭容一品韦尼子墓，孙东位：《昭陵发现陪葬宫人墓》，《文物》1987 年 1 期。

显庆二年（657 年）张士贵墓，陕西省文管会等：《陕西礼泉唐张士贵墓》，《考古》1978 年 3 期。

显庆二年（657 年）亡宫五品墓，孙东位：《昭陵发现陪葬宫人墓》，《文物》1987 年 1 期。

显庆三年（658年）尉迟敬德夫妇墓，昭陵文管所：《唐尉迟敬德墓发掘简报》，《文物》1978年5期。

龙朔三年（663年）新城公主墓，陕西省考古研究所、陕西历史博物馆、昭陵博物馆：《唐新城长公主墓发掘报告》，科学出版社2004年。

麟德元年（664年）郑仁泰墓，陕西省博物馆等：《唐郑仁泰墓发掘简报》，《文物》1972年7期。

麟德二年（665年）程咬金墓，无正式发掘简报，可参阅陈安利：《唐十八陵》，中国青年出版社2001年，279～280页。

麟德二年（665年）三品亡尼墓，孙东位：《昭陵发现陪葬宫人墓》，《文物》1987年1期。

麟德三年（667年）韦贵妃墓，孙东位：《昭陵发现陪葬宫人墓》，《文物》1987年1期。

总章二年（669年）李勣墓，昭陵博物馆：《唐昭陵李勣墓清理简报》，《考古与文物》2000年3期。

上元二年（675年）阿史那忠夫妇墓，陕西省文管会、昭陵文管所：《唐阿史那忠墓发掘简报》，《考古》1977年2期。

永淳元年（682年）临川公主墓，陕西省文管会、昭陵文管所：《唐临川公主墓出土德墓志和诏书》，《文物》1977年10期。

永淳元年（682年）西宫二品墓，孙东位：《昭陵发现陪葬宫人墓》，《文物》1987年1期。

光宅元年（684年）安元寿夫妇墓（夫人卒于727年），昭陵博物馆：《唐安元寿夫妇墓发掘简报》，《文物》1988年12期。

开元六年（718年）越王李贞墓，昭陵文管所：《唐越王李贞墓发掘简报》，《文物》1977年10期。

开元二十四年（736年）废太子李承乾墓，昭陵博物馆：《唐李承乾墓发掘简报》，《文博》1989年3期。

3. 高宗乾陵陪葬墓：

光宅元年（684年）薛元超墓，无正式发掘简报，可参阅陈安利：《唐十八陵》，中国青年出版社2001年，321～322页。

垂拱元年（685年）李谨行，无正式发掘简报，可参阅陈安利：《唐十八陵》，中国青年出版社2001年，321页。

神龙元年（705年）懿德太子墓，陕西省博物馆：《唐懿德太子墓发掘简报》，《文物》1972 年 7 期。

神龙二年（706 年）永泰公主墓，陕西省文物管理委员会：《唐永泰公主墓发掘简报》，《文物》1964 年 1 期。

景云二年（711 年）章怀太子墓，陕西省博物馆等：《唐章怀太子墓发掘简报》，《文物》1972 年 7 期。

开元十八年（730 年）刘濬墓，杨正兴、杨云鸿：《唐刘濬墓的发掘清理》，《泾渭辑古》1996 年 4 期。

4. 中宗定陵陪葬墓：

景云元年（710 年）节愍太子墓，陕西省考古研究所、富平县文物管理委员会：《唐节愍太子墓发掘报告》，科学出版社 2004 年。

5. 睿宗桥陵陪葬墓：

开元十二年（724 年）惠庄太子墓，陕西省考古研究所：《唐惠庄太子李撝墓发掘报告》，科学出版社 2004 年。

开元二十年（732 年）金仙公主墓，无正式发掘简报，可参阅陈安利：《唐十八陵》，中国青年出版社 2001 年，329～330 页。

开元二十九年（741 年）让皇帝李宪墓，陕西省考古研究所：《唐惠庄太子李撝墓发掘报告》，科学出版社 2005 年。

6. 玄宗泰陵陪葬墓：

宝应元年（762 年）高力士墓，陕西省考古研究所：《唐高力士墓发掘简报》，《考古与文物》2002 年 6 期。

二 非帝陵陪葬墓

武德八年（625 年）苏永安墓，孙秉根：《西安隋唐墓葬的形制》，载《中国考古学研究》编委会：《中国考古学研究——纪念夏鼐先生考古五十年纪念论文集（二）》，科学出版社 1986 年。

贞观四年（630 年）李寿墓，陕西省博物馆、文管会：《唐李寿墓发掘简报》，《文物》，1974 年 9 期。

贞观十三年（639 年）段元哲墓，中国科学院考古研究所编：《西安郊区隋唐墓》，科学出版社 1966 年。

贞观十四年（640 年）陈感意墓，张全民、王自力：《西安东郊清理的两座唐墓》，《考古与文物》1992 年第 5 期。

贞观十六年（642 年）独孤开远夫妇墓，孙秉根：《西安隋唐墓葬的形制》，载《中国考古学研究》编委会：《中国考古学研究——纪念夏鼐先生考古五十年纪念论文集（二）》，科学出版社 1986 年。

贞观十六年（642 年）李绍墓，孙秉根：《西安隋唐墓葬的形制》，载《中国考古学研究》编委会：《中国考古学研究——纪念夏鼐先生考古五十年纪念论文集（二）》，科学出版社 1986 年。

贞观二十二年（649 年）司马睿墓，王学理等：《司马睿墓清理简报》，《考古与文物》1985 年 1 期。

永徽三年（652 年）董僧利夫妇墓，西安市文物管理处：《董僧利墓清理简报》，《考古与文物》1991 年 1 期，丈夫死于 608 年。

显庆五年（660 年）杜道愿墓，西安市文物管理处：《西安西郊热电厂基建工地隋唐墓葬清理简报》，《考古与文物》1991 年 4 期。

显庆六年（661 年）郭敬善墓，孙秉根：《西安隋唐墓葬的形制》，载《中国考古学研究》编委会：《中国考古学研究——纪念夏鼐先生考古五十年纪念论文集（二）》，科学出版社 1986 年。

龙朔二年（662 年）张楚贤墓，桑绍华：《西安南郊三爻村发现四座唐墓》，《考古与文物》1983 年 3 期。

麟德元年（664 年）张楚贤夫人墓，桑绍华：《西安南郊三爻村发现四座唐墓》，《考古与文物》1983 年 3 期。

麟德元年（664 年）何刚墓，孙秉根：《西安隋唐墓葬的形制》，载《中国考古学研究》编委会：《中国考古学研究——纪念夏鼐先生考古五十年纪念论文集（二）》，科学出版社 1986 年。

麟德二年（665 年）刘宝墓，中国科学院考古研究所编：《西安郊区隋唐墓》，科学出版社 1966 年。

乾封二年（667 年）苏君墓，陕西社科院考古研究所：《陕西咸阳唐苏君墓发掘》，考古 1963 年 9 期。此墓的年代和墓主，据宿白考证为乾封二年、苏定方，参见《考古学报》1987 年 2 期，页 141 注 2。

总章元年（668 年）李爽墓，陕西省文物管理委员会：《西安羊头镇李爽墓的发掘》，《文物》1959 年 3 期。

总章元年（668 年）张臣合墓，长武县博物馆：《陕西长武郭村唐墓》，《文物》2004 年 2 期。

咸亨元年（670 年）温绰夫妇墓，西安市文物保护考古所：《西安东郊唐温绰、温思暕墓发掘简报》，《文物》2002 年 12 期。

咸亨三年（672 年）牛弘满墓，西安市文管会：《西安市唐玄都观主牛弘满墓》，《文物资料丛刊》第一辑，文物出版社 1977 年，199～200 页。

上元二年（675 年）姬温墓，孙秉根：《西安隋唐墓葬的形制》，载《中国考古学研究》编委会：《中国考古学研究——纪念夏鼐先生考古五十年纪念论文集（二）》，科学出版社 1986 年。

调露元年（679 年）安宝墓，孙秉根：《西安隋唐墓葬的形制》，载《中国考古学研究》编委会：《中国考古学研究——纪念夏鼐先生考古五十年纪念论文集（二）》，科学出版社 1986 年。

调露二年（680 年）罗观照墓，吴春：《西安秦川机械厂唐墓清理简报》，《考古与文物》1994 年 4 期。

垂拱二年（686 年）元师奖墓，宝鸡市考古队：《岐山郑家村元师奖墓清理简报》，《考古与文物》1994 年 3 期。

天授二年（691 年）董务忠墓，程学华、程蕊萍：《唐遂州司马董务忠墓发掘简报》，《文博》1996 年 2 期。

证圣元年（695 年）郭昺夫妇墓，中国科学院考古研究所编：《西安郊区隋唐墓》，科学出版社 1966 年。

万岁通天元年（696 年）契苾明墓，解峰、马先登：《唐契苾明墓发掘记》，《文博》1998 年 5 期。

万岁通天元年（696 年）温思暕墓，西安市文物保护考古所：《西安东郊唐温绰、温思暕墓发掘简报》，《文物》2002 年 12 期。

神功元年（697 年）独孤思贞墓，中国社会科学院考古研究所编：《唐长安城郊隋唐墓》，文物出版社 1980 年。

神功元年（697 年）康文通墓，西安市文物保护考古所：《唐康文通墓发掘简报》，《文物》2004 年 1 期。

神功元年（697 年）姚无陂墓，西安市文物保护考古所：《唐姚无陂墓发掘简报》，《文物》2002 年 12 期。

圣历三年（700 年）李则政墓，孙秉根：《西安隋唐墓葬的形制》，载《中国考古学研究》编委会：《中国考古学研究——纪念夏鼐先生考古五十年纪念论文集（二）》，科学出版社 1986 年。

长安三年（703 年）独孤思敬妻杨氏墓，中国社会科学院考古研究所编：《唐长安城郊隋唐墓》，文物出版社 1980 年。

神龙元年（705 年）李思贞墓，孙秉根：《西安隋唐墓葬的形制》，载《中国考古学研究》编委会：《中国考古学研究——纪念夏鼐先生考古五十年纪念论文集（二）》，科学出版社 1986 年。

神龙元年（705 年）华文弘墓，张全民：《唐严州刺史华文弘夫妇合葬墓》，《文博》2003 年 6 期。

景龙二年（708 年）韦洄墓，陕西省文物管理委员会：《长安县南里王村韦洄墓发掘记》，《文物》1959 年 8 期。

景龙二年（708 年）郭恒墓，中国科学院考古研究所编：《西安郊区隋唐墓》，科学出版社 1966 年。

景龙三年（709 年）独孤思敬墓，中国社会科学院考古研究所编：《唐长安城郊隋唐墓》，文物出版社 1980 年。

景云元年（710 年）万泉县主墓，贺梓城：《唐墓壁画》，《文物》1959 年 8 期。

景云元年（710 年）李仁墓，中国科学院考古研究所编：《西安郊区隋唐墓》，科学出版社 1966 年。

开元十一年（723 年）鲜于庭诲墓，中国科学院考古研究所编：《唐长安城郊隋唐墓》，文物出版社 1980 年。

开元十二年（724 年）金乡县主夫妇墓，西安市文物保护考古研究所：《金乡县主墓发掘报告》，文物出版社 2004 年。

开元十五年（727 年）阿史那怀道夫妇墓，岳起、谢高文：《中国文物报》1994 年 5 月 15 日。

开元十五年（727 年）韦慎名夫妇墓（夫卒于 736 年），陕西省考古研究所、西安市文物保护考古所：《唐长安南郊韦慎名墓清理简报》，《考古与文物》2003 年 6 期。

开元十六年（728 年）薛莫夫妇墓，陕西省文物管理委员会：《西安东郊唐墓清理记》，《考古通讯》1956 年 6 期。

开元十七年（729 年）冯君衡墓，陕西省考古研究所、西安市文物保护考古所：《唐长安南郊韦慎名墓清理简报》，《考古与文物》2003 年 6 期。

开元二十年（732 年）韦美美墓，陕西省考古研究所、西安市文物保护考古所：《唐长安南郊韦慎名墓清理简报》，《考古与文物》2003 年 6 期。

开元二十四年（736 年）裴谨墓，孙秉根：《西安隋唐墓葬的形制》，载《中国考古学研究》编委会：《中国考古学研究——纪念夏鼐先生考古五十年纪念论文集（二）》，科学出版社 1986 年。

开元二十四年（736 年）孙承嗣墓，陕西考古研究所：《唐孙承嗣夫妇墓发掘简报》，《考古与文物》2005 年 2 期。

开元二十七年（739 年）俾失十囊墓，李域铮：《西安西郊俾失十囊墓清理简报》，《文博》1985 年 6 期。

开元二十八年（740 年）杨思勖墓，中国社会科学院考古研究所编：《唐长安城郊隋唐墓》，文物出版社 1980 年。

天宝元年（742 年）韦夫人胡氏墓，王育龙：《西安南郊唐韦君夫人等墓葬清理简报》，《考古与文物》1989 年 5 期。

天宝三年（744 年）王守言墓，孙秉根：《西安隋唐墓葬的形制》，载《中国考古学研究》编委会：《中国考古学研究——纪念夏鼐先生考古五十年纪念论文集（二）》，科学出版社 1986 年。

天宝三年（744 年）史思礼墓，孙秉根：《西安隋唐墓葬的形制》，载《中国考古学研究》编委会：《中国考古学研究——纪念夏鼐先生考古五十年纪念论文集（二）》，科学出版社 1986 年。

天宝四年（745 年）雷府君妻宋氏墓，张正岭：《西安韩森寨唐墓清理记》，《考古》1957 年 59 期。

天宝四年（745 年）苏思勖墓，唐中国社会科学院考古研究所编：《唐长安城郊隋唐墓》，文物出版社 1980 年，另见《考古》1960 年 1 期。

天宝六年（747 年）张去奢墓，孙秉根：《西安隋唐墓葬的形制》，载《中国考古学研究》编委会：《中国考古学研究——纪念夏鼐先生考古五十年纪念论文集（二）》，科学出版社 1986 年。

天宝六年（747 年）清河张氏墓，高陵县文管会：《唐独孤公夫人清河张氏墓清理简报》，《文博》1992 年 4 期。

天宝七年（748 年）张去逸墓，孙秉根：《西安隋唐墓葬的形制》，载《中国考古学研究》编委会：《中国考古学研究——纪念夏鼐先生考古五十年纪念论文集（二）》，科学出版社 1986 年。

天宝七年（748 年）吴守忠墓，杭德州、唐金裕等：《西安高楼村唐代墓葬清理简报》，《文物》1955 年 7 期。

天宝十一年（752 年）裴利物夫妇墓，桑绍华：《西安三桥车辆厂工地发现唐裴利物夫妇墓》，《考古与文物》1991 年 6 期。

天宝十二年（753 年）张仲晖墓，陕西省考古研究所、泾阳县文管会：《唐张仲晖墓发掘简报》，《考古与文物》1992 年 1 期。

天宝十五年（756 年）高元珪墓，贺梓城：《唐墓壁画》，《文物》1959 年8 期。

至德二年（757 年）清源县主墓，陕西省文管会：《西安南郊庞留村的唐墓》，《文物》1958 年 10 期。

乾元元年（758 年）章令信墓，陕西省考古研究所、陈国英：《西安东郊三座唐墓清理记》，《考古与文物》1981 年 2 期。

永泰元年（765 年）韩氏墓，中国科学院考古研究所编：《西安郊区隋唐墓》，科学出版社 1966 年。

大历十一年（776 年）瞿昙譔墓，西安市文管处、晁华山：《唐代天文学家瞿昙譔墓的发现》，《文物》1978 年 10 期。

大历十四年（779 年）曹惠林夫妇墓，孙秉根：《西安隋唐墓葬的形制》，载《中国考古学研究》编委会：《中国考古学研究——纪念夏鼐先生考古五十年纪念论文集（二）》，科学出版社 1986 年。

建中三年（782 年）曹景林夫妇墓，孙秉根：《西安隋唐墓葬的形制》，载《中国考古学研究》编委会：《中国考古学研究——纪念夏鼐先生考古五十年纪念论文集（二）》，科学出版社 1986 年。

兴元元年（784 年）唐安公主墓，陈安利、马永钟：《西安王家坟唐代唐安公主墓》，《文物》1991 年 9 期。

贞元八年（792 年）西昌令夫人史氏墓，陈安利、马骥：《西安西郊唐西昌令夫人史氏墓》，《考古与文物》1988 年 1 期。

贞元十七年（801 年）李良墓，俞伟超：《西安白鹿原墓葬发掘报告》，《考古学报》1956 年 3 期。

元和二年（807 年）董楶墓，中国科学院考古研究所编：《西安郊区隋唐墓》，科学出版社 1966 年。

元和四年（809 年）惠昭太子墓，陕西省考古研究所秦陵工作站：《唐惠昭太子墓清理简报》，《考古与文物》1992 年 4 期。

元和六年（811 年）崔纮墓，桑绍华：《西安南郊三爻村发现四座唐墓》，《考古与文物》1983 年 3 期。

元和七年（812 年）润州长史妻杨氏墓，中国科学院考古研究所编：《西安郊区隋唐墓》，科学出版社 1966 年。

元和八年（813 年）吴卓夫妇墓，陕西省考古研究所配合基建考古队：《西安净水厂唐墓清理简报》，《考古与文物》1990 年 6 期。

元和九年（814年）西安南郊墓，陕西省考古研究所配合基建考古队：《西安净水厂唐墓清理简报》，《考古与文物》1990年6期。

元和十三年（818年）张十八娘子墓，中国科学院考古研究所编：《西安郊区隋唐墓》，科学出版社1966年。

元和十四年（819年）李文贞墓，陈国英：《西安东郊三座唐墓清理记》，《考古与文物》1981年2期。

长庆三年（823年）李文贞妻卑失氏墓，陈国英：《西安东郊三座唐墓清理记》，《考古与文物》1981年2期。

长庆四年（824年）李霸墓，西安市文物管理处：《西安西郊热电厂基建工地隋唐墓清理简报》，《考古与文物》1991年4期。

宝历元年（825年）董炎墓，中国科学院考古研究所编：《西安郊区隋唐墓》，科学出版社1966年。

太和四年（830年）李文政墓，中国科学院考古研究所编：《西安郊区隋唐墓》，科学出版社1966年。

太和六年（832年）范孟荣墓，陕西省考古研究所：《唐范孟荣墓发掘简报》，《考古与文物》2005年2期。

太和九年（835年）姚存古墓，孙秉根：《西安隋唐墓葬的形制》，载《中国考古学研究》编委会：《中国考古学研究——纪念夏鼐先生考古五十年纪念论文集（二）》，科学出版社1986年。

开成二年（837年）赠陇西郡夫人董氏墓，中国科学院考古研究所编：《西安郊区隋唐墓》，科学出版社1966年。

会昌四年（844年）梁元韩墓，孙秉根：《西安隋唐墓葬的形制》，载《中国考古学研究》编委会：《中国考古学研究——纪念夏鼐先生考古五十年纪念论文集（二）》，科学出版社1986年。

会昌五年（845年）张士清墓，西安市文物管理处：《西安西郊热电厂基建工地隋唐墓清理简报》，《考古与文物》1991年4期。

会昌六年（846年）李升荣墓，西安市文物管理处：《西安西郊热电厂基建工地隋唐墓清理简报》，《考古与文物》1991年4期。

大中二年（848年）高克从墓，孙秉根：《西安隋唐墓葬的形制》，载《中国考古学研究》编委会：《中国考古学研究——纪念夏鼐先生考古五十年纪念论文集（二）》，科学出版社1986年。

大中二年（848年）郑德柔墓，中国科学院考古研究所编：《西安郊区隋唐墓》，科学出版社 1966 年。

大中四年（850 年）何溢墓，中国科学院考古研究所编：《西安郊区隋唐墓》，科学出版社 1966 年。

大中八年（854 年）时夫人墓，桑绍华：《西安南郊三爻村发现四座唐墓》，《考古与文物》1983 年 3 期。

大中八年（854 年）王氏墓，孙秉根：《西安隋唐墓葬的形制》，载《中国考古学研究》编委会：《中国考古学研究——纪念夏鼐先生考古五十年纪念论文集（二）》，科学出版社 1986 年。

大中十一年（857 年）阎志成墓，孙秉根：《西安隋唐墓葬的形制》，载《中国考古学研究》编委会：《中国考古学研究——纪念夏鼐先生考古五十年纪念论文集（二）》，科学出版社 1986 年。

大中十二年（858 年）路复源墓，中国科学院考古研究所编：《西安郊区隋唐墓》，科学出版社 1966 年。

咸通四年（862 年）王氏墓，孙秉根：《西安隋唐墓葬的形制》，载《中国考古学研究》编委会：《中国考古学研究——纪念夏鼐先生考古五十年纪念论文集（二）》，科学出版社 1986 年。

咸通五年（864 年）杨玄略墓，孙秉根：《西安隋唐墓葬的形制》，载《中国考古学研究》编委会：《中国考古学研究——纪念夏鼐先生考古五十年纪念论文集（二）》，科学出版社 1986 年。

咸通八年（867 年）何楚章墓，孙秉根：《西安隋唐墓葬的形制》，载《中国考古学研究》编委会：《中国考古学研究——纪念夏鼐先生考古五十年纪念论文集（二）》，科学出版社 1986 年。

咸通十一年（870 年）俞氏墓，孙秉根：《西安隋唐墓葬的形制》，载《中国考古学研究》编委会：《中国考古学研究——纪念夏鼐先生考古五十年纪念论文集（二）》，科学出版社 1986 年。

咸通十二年（871 年）唐思礼墓，孙秉根：《西安隋唐墓葬的形制》，载《中国考古学研究》编委会：《中国考古学研究——纪念夏鼐先生考古五十年纪念论文集（二）》，科学出版社 1986 年。

咸通十二年（871 年）张叔遵墓，孙秉根：《西安隋唐墓葬的形制》，载《中国考古学研究》编委会：《中国考古学研究——纪念夏鼐先生考古五十年纪念论文集（二）》，科学出版社 1986 年。

乾符三年（876 年）曹氏墓，王自力：《西安唐代曹氏墓及其出土的狮形香熏》,《文物》2002 年 12 期。

　　乾符六年（879 年）白敬宗墓，呼林贵、任喜来:《陕西韩城小金盆村唐代白氏家族墓清理简报》,《考古与文物》1988 年 4 期。

　　广明元年（880 年）师知礼墓，孙秉根:《西安隋唐墓葬的形制》, 载《中国考古学研究》编委会:《中国考古学研究——纪念夏鼐先生考古五十年纪念论文集（二）》,科学出版社 1986 年。

参考文献

一 古典文献

班固:《汉书》,中华书局 1962 年。

毕沅:《关中胜迹图志》,民国二十三年刻本。

程大昌著、黄永年点校:《雍录》,中华书局 2002 年。

董诰编:《全唐文》,中华书局 1983 年影印。

杜佑:《通典》,中华书局影印 1984 年。

房玄龄:《晋书》,中华书局 1974 年。

封演撰、赵贞信校注:《封氏闻见记校正》,中华书局 2005 年。

葛洪:《抱朴子内篇》,中华书局 1985 年。

李百药等:《北齐书》,中华书局 1972 年。

李隆基撰、李林甫注:《大唐六典》,三秦出版社 1991 年影印。

令狐德棻:《周书》,中华书局 1974 年。

刘肃:《大唐新语》,中华书局 1984 年。

刘昫:《旧唐书》,中华书局 1955 年。

马端临:《文献通考》,中华书局 1986 年。

马缟:《中华古今注》,辽宁教育出版社 1998 年。

欧阳修:《新唐书》,中华书局 1975 年。

欧阳修:《新五代史》,中华书局 1974 年。

司马光:《司马氏书仪》,丛书集成初编排印学津讨原本,册 1040。

司马光:《资治通鉴》,中华书局 1956 年。

宋敏求编:《唐大诏令集》,商务印书馆 1959 年。

王明:《抱朴子内篇校释》,中华书局 1985 年。

王溥:《唐会要》,中华书局 1955 年。

魏征:《隋书》,中华书局 1972 年。

徐松:《唐两京城坊考》,中华书局 1982 年。

续修《四库全书》委员会:《重新校正地理新书》,上海古籍出版社 1995 年。

叶昌炽著、王其祎校点本:《语石》,辽宁教育出版社 1998 年。

元好问:《元好问集》,山西古籍出版社 2004 年。

张礼:《游城南记》,三秦出版社 2005 年。

二 考古报告、简报与图录

安峥地:《唐房陵大长公主墓清理简报》,《文博》1990 年 1 期。

宝鸡市考古队:《岐山郑家村元师奖墓清理简报》,《考古与文物》1994 年 3 期。

曹腾騑:《广东海康元墓出土的阴线刻砖》,《考古学集刊》第 2 集,中国社会科学出版社 1982 年。

长武县博物馆:《陕西长武郭村唐墓》,《文物》2004 年 2 期。

陈安利、马骥:《西安西郊唐西昌令夫人史氏墓》,《考古与文物》1988 年 1 期。

陈安利、马永钟:《西安王家坟唐代唐安公主墓》,《文物》1991 年 9 期。

陈国英:《西安东郊三座唐墓清理记》,《考古与文物》1981 年 2 期。

程林泉等:《陕西西安发现北周婆罗门后裔墓》,《中国文物报》2005 年 10 月 21 日。

程学华、程蕊萍:《唐遂州司马董务忠墓发掘简报》,《文博》1996 年 2 期。

富平县文化馆、陕西省博物馆、文管会:《唐李凤墓发掘简报》,《考古》1977 年 5 期。

甘肃省文物工作队:《甘肃省泾川县出土的唐代舍利石函》,《文物》1966 年 3 期。

高陵县文物管理委员会:《唐独孤夫人清河张氏墓清理简报》,《文博》1992 年 4 期。

关双喜:《西郊出土两合唐宫人墓志》,《考古与文物》1982 年 6 期。

郭延龄:《靖边出土唐杨会石棺和墓志》,《考古与文物》1995 年 4 期。

杭德州、唐金裕等:《西安高楼村唐代墓葬清理简报》,《文物》1955 年 7 期。

呼林贵、侯宁斌、李恭：《西安东郊唐韦美美墓发掘记》，《考古与文物》1992 年 5 期。

呼林贵、任喜来：《陕西韩城小金盆村唐代白氏家族墓清理简报》，《考古与文物》1988 年 4 期。

江西省博物馆：《江西南昌唐墓》，《考古》1977 年 6 期。

解峰、马先登：《唐契苾明墓发掘记》，《文博》1998 年 5 期。

李军辉：《西安东郊黄河机器制造厂唐、五代墓发掘简报》，《考古与文物》1991 年 6 期。

李浪涛：《唐昭陵陪葬蒋王妃元氏墓发现题记石柱》，《文物》2004 年 12 期。

李秀兰、卢桂兰：《唐裴氏小娘子墓出土文物》，《文博》1993 年 1 期。

李域铮：《西安西郊俾失十囊墓清理简报》，《文博》1985 年 6 期。

临潼县博物馆：《临潼唐庆山寺舍利塔基精室清理记》，《文博》1985 年第 5 期。

刘庆柱、李毓芳：《陕西唐陵调查报告》，《考古学集刊》第 5 集，科学出版社 1987 年。

洛阳博物馆编：《洛阳唐三彩》，郑州出版社 1985 年。

洛阳市文物工作队：《洛阳龙门唐安菩夫妇墓》，《中原文物》1982 年 3 期。

洛阳市文物工作队：《洛阳市北郊唐代墓葬的发掘》，《华夏考古》1996 年 1 期。

南京博物院：《江苏丹阳县胡桥、建山两座南朝墓葬》，《文物》1980 年 2 期。

桑绍华：《西安南郊三爻村发现四座唐墓》，《考古与文物》1983 年 3 期。

山东省文物考古研究所：《临淄北朝崔氏墓》，《考古学报》1984 年 3 期。

山西省考古研究所、大同市考古研究所：《大同市北魏宋绍祖墓发掘简报》，《文物》2001 年 7 期。

山西省考古研究所、太原市考古所：《太原市北齐娄睿墓发掘简报》，《文物》1983 年 10 期。

山西省考古研究所等：《太原隋代虞弘墓清理简报》，《文物》2001 年 1 期。

陕西社科院考古研究所：《陕西咸阳唐苏君墓发掘》，《考古》1963 年 9 期。

陕西省博物馆、礼泉县文教局唐墓发掘组：《唐郑仁泰墓发掘简报》，《文物》1972 年 7 期。

陕西省博物馆、乾县文教局唐墓发掘组：《懿德太子墓发掘简报》，《文物》1972 年 7 期。

陕西省博物馆、文管会：《唐李寿墓发掘简报》，《文物》1974 年 9 期。

陕西省博物馆等：《唐章怀太子墓发掘简报》，《文物》1972 年 7 期。

陕西省法门寺考古队：《扶风法门寺塔唐代地宫发掘简报》，《文物》1988 年 10 期。

陕西省考古研究所、富平县文物管理委员会：《唐节愍太子墓发掘报告》，科学出版社 2004 年。

陕西省考古研究所、泾阳县文管会：《唐张仲晖墓发掘简报》，《考古与文物》1992 年 1 期。

陕西省考古研究所、陕西历史博物馆、昭陵博物馆：《唐新城长公主墓发掘报告》，科学出版社 2004 年。

陕西省考古研究所、西安市文物保护考古所：《唐长安南郊韦慎名墓清理简报》，《考古与文物》2003 年 6 期。

陕西省考古研究所：《凤翔铁丰唐墓发掘简报》，《考古与文物》2001 年 2 期。

陕西考古研究所：《唐孙承嗣夫妇墓发掘简报》，《考古与文物》2005 年 2 期。

陕西省考古研究所：《陕西陇县店子村汉唐墓葬》，《考古与文物》1999 年 4 期。

陕西省考古研究所：《陕西新出土唐墓壁画》，重庆出版社 1998 年。

陕西省考古研究所：《唐范孟荣墓发掘简报》，《考古与文物》2005 年 2 期。

陕西省考古研究所：《唐惠高力士墓发掘简报》，《考古与文物》2002 年 6 期。

陕西省考古研究所：《唐惠庄太子李撝墓发掘报告》，科学出版社 2004 年。

陕西省考古研究所：《唐李宪墓发掘报告》，科学出版社 2004 年。

陕西省考古研究所：《唐新城长公主墓发掘报告》，科学出版社 2004 年。

陕西省考古研究所：《西安东郊三座唐墓清理记》，《考古与文物》1981 年 2 期。

陕西省考古研究所：《西安洪庆发现北朝隋家族迁葬墓》，《文物》2005 年 10 期。

陕西省考古研究所：《西安市南郊马腾空唐墓清理简报》，《江汉考古》

2006 年 3 期。

陕西省考古研究所：《西安西郊陕棉十厂唐壁画墓清理简报》，《考古与文物》2002 年 1 期。

陕西省考古研究所：《西安西郊枣园唐墓清理简报》，《文博》2001 年 2 期。

陕西省考古研究所：《西安紫薇田园都市工地唐墓发掘简报》，《考古与文物》2006 年 1 期。

陕西省考古研究所配合基建考古队：《西安净水厂唐墓清理简报》，《考古与文物》1990 年 6 期。

陕西省考古研究所秦陵工作站：《唐惠昭太子墓清理简报》，《考古与文物》1992 年 4 期。

陕西省文管会、昭陵文管所：《唐临川公主墓出土的墓志和诏书》，《文物》1977 年 10 期。

陕西省文管会：《陕西省出土唐俑选集》文物出版社 1958 年。

陕西省文管会：《西安南郊庞留村的唐墓》，《文物》1958 年 10 期。

陕西省文管会等：《陕西礼泉唐张士贵墓》，《考古》1978 年 3 期。

陕西省文管会、礼泉县昭陵文管所：《唐阿史那忠墓发掘简报》，《考古》1977 年 2 期。

陕西省文管会：《陕西省三原县双盛村隋李和墓清理简报》，《文物》1966 年 1 期。

陕西省文管会：《陕西所见的唐代经幢》，《文物》1959 年 8 期。

陕西省文管会：《唐永泰公主墓发掘简报》，《文物》1964 年 1 期。

陕西省文管会：《西安郭家滩唐墓清理简报》，《考古通讯》1956 年 6 期。

陕西省文管会：《西安市西窑头村唐墓清理记》，《考古》1965 年 8 期。

陕西省文管会：《西安西郊中堡村唐墓清理简报》，《考古》1960 年 3 期。

陕西省文管会：《西安羊头镇李爽墓的发掘》，《文物》1959 年 3 期。

尚志儒、赵丛苍：《陕西凤翔县南郊唐墓群发掘简报》，《考古与文物》1989 年 5 期。

孙东位：《昭陵发现陪葬宫人墓》，《文物》1987 年 1 期。

孙铁山、张海云：《西安硫酸厂唐墓发掘简报》，《文博》2001 年 2 期。

王世和、楼宇栋：《唐桥陵勘查记》，《考古与文物》1980 年 4 期。

王太明：《山西榆社县发现北魏画像石棺》，《考古》1993 年 8 期。

王学理：《司马睿墓清理简报》，《考古与文物》1985 年 1 期。

王银田、刘俊喜：《大同智家堡北魏墓石椁壁画》，《文物》2001 年 7 期。

王育龙：《西安南郊唐韦君夫人等墓葬清理简报》，《考古与文物》1989 年 5 期。

西安市文管处：《唐代天文学家瞿昙譔墓的发现》，《文物》1978 年 10 期。

西安市文管会：《西安市唐玄都观主牛弘满墓》，《文物资料丛刊》第 1 辑，文物出版社 1977 年。

西安市文物保护考古研究所：《唐康文通墓发掘简报》，《文物》2004 年 1 期。

西安市文物保护考古研究所：《唐姚无陂墓发掘简报》，《文物》2002 年 12 期。

西安市文物保护考古研究所：《西安北周凉州萨保史君墓发掘简报》，《文物》2005 年 3 期。

西安市文物保护考古所：《西安东郊唐温绰、温思暕墓发掘简报》，《文物》2002 年 12 期。

西安市文物保护考古研究所：《金乡县主墓发掘报告》，文物出版社 2004 年。

西安市文物管理处：《董僧利墓清理简报》，《考古与文物》1991 年 1 期。

西安市文物管理处：《西安东郊秦川机械厂汉唐墓葬发掘简报》，《考古与文物》1992 年 3 期。

咸阳市文管会：《西北林学院古墓清理简报》，《考古与文物》1992 年 3 期。

熊传新：《湖南湘阴隋大业六年墓》，《文物》1981 年 4 期。

偃师商城博物馆：《河南偃师唐墓发掘报告》，《华夏考古》1995 年 1 期。

偃师商城博物馆：《河南偃师县四座唐墓发掘简报》，《考古》1992 年 11 期。

俞伟超：《西安白鹿原墓葬发掘报告》，《考古学报》1956 年 3 期。

员安志：《陕西长安县南里王村与咸阳飞机场出土大量隋唐珍贵文物》，《考古与文物》1993 年 6 期。

岳起、薛高文：《咸阳发掘唐阿史那怀道夫妇合葬墓》，《中国文物报》1994 年 5 月 15 日。

张国柱、李力：《西安发现唐三彩窑址》，《文博》1999 年 3 期。

张海云：《西安市郊曹家堡唐墓清理简报．》，《考古与文物》1986 年 2 期。

张沛：《昭陵碑石》，三秦出版社 1993 年。

张全民、王自力：《西安东郊清理的两座唐墓》，《考古与文物》1992 年 5 期。

张全民：《唐严州刺史华文弘夫妇合葬墓》，《文博》2003 年 6 期。

张占民：《西安洪庆北朝隋家族迁葬墓地》，《文物》2005 年 10 期。

张正岭：《西安韩森寨唐墓清理记》，《考古》1957 年 59 期。

昭陵博物馆：《唐安元寿夫妇墓发掘简报》，《文物》1988 年 12 期。

昭陵博物馆：《唐李承乾墓发掘简报》，《文博》1989 年 3 期。

昭陵博物馆：《唐昭陵长乐公主墓发掘简报》，《文博》1988 年 3 期。

昭陵博物馆：《唐昭陵段简璧墓清理简报》，《文博》1989 年 6 期。

昭陵博物馆：《唐昭陵李勣（徐懋功）墓清理简报》，《考古与文物》2000 年 3 期。

昭陵博物馆：《昭陵唐墓壁画》，文物出版社 2006 年。

昭陵文管所：《唐尉迟敬德墓发掘简报》，《文物》1978 年 5 期。

昭陵文管所：《唐越王李贞发掘简报》，《文物》1977 年 10 期。

昭陵文管所：《昭陵陪葬墓调查记》，《文物》1977 年 10 期。

赵康民：《临潼关山唐墓清理简报》，《考古与文物》1982 年 3 期。

郑州市文物考古研究所：《中国镇墓神物》，文物出版社 2004 年。

中国社会科学院考古研究所、河北省文物研究所邺城考古队：《河北磁县湾漳北朝墓》，《考古》1990 年 7 期。

中国社会科学院考古研究所：《唐长安城郊隋唐墓》，文物出版社 1980 年。

中国科学院考古研究所：《西安郊区隋唐墓》，科学出版社 1966 年。

三　今人论著

安家瑶、冯孝堂：《西安沣西出土的唐印本梵文陀罗尼经咒》，《考古》1998 年 5 期。

安娜·赛德尔著，蒋见元、刘凌译：《西方道教研究史》，上海古籍出版社 1999 年。

拜根兴：《高句丽遗民高足酉墓志铭考释》，《碑林集刊》第 9 辑。

拜根兴：《也论苏君墓当为苏定方墓》，《考古与文物》2005 年 3 期。

包丽虹、蔡堂根：《铜镜驱邪观念的心理结构》，《上海交通大学学报》2004 年 2 期。

保全：《世界最早的印刷品——西安出土印本陀罗尼经咒》，载《中国考古学研究论集》，三秦出版社 1987 年。

曹发展：《渭桥沣桥辩》，载《考古与文物研究——纪念西北大学考古专业成立 40 周年文集》，三秦出版社 1996 年。

岑蕊：《摩羯纹考略》，《文物》1983 年 10 期。

陈安利：《古文物中的十二生肖》，《文博》1988 年 2 期。

陈安利：《唐十八陵》，中国青年出版社 2001 年。

陈国符：《道藏源流考》，中华书局 1963 年。

陈戍国：《中国礼制史·隋唐五代卷》，湖南教育出版社 1998 年。

陈寅恪：《隋唐制度渊源略论稿》，生活·读书·新知三联书店 2004 年。

陈寅恪：《唐代政治史述论稿》，上海古籍出版社 1997 年。

陈志谦：《昭陵唐墓壁画》，《陕西历史博物馆馆刊》第 1 辑。

陈忠凯：《唐代人的生活习俗——合葬与归葬》，《文博》1995 年 4 期。

程义：《隋唐洛阳城是个半成品吗？——对东西二京布局差异的再分析》，《唐研究》第 12 卷。

程义：《唐长安辖县乡里考增补》，《中国历史地理论丛》，2006 年 4 期。

大百科全书编委会：《考古大百科全书》，大百科全书出版社 1986 年。

党焕英：《唐代男女服饰及女装概述》，《文博》1996 年 2 期。

杜葆仁：《从西安唐墓出土的非洲黑人俑谈起》，《文物》1979 年 6 期。

杜文玉：《唐代长安宦官的住宅与坟茔分布》，《中国历史地理论丛》1997 年 4 期。

段鹏琦：《唐代墓葬的发掘与研究》，载《新中国的考古发现与研究》，文物出版社 1984 年。

段清波：《晋侯请隧中的"隧"不当作墓道讲》，《中国文物报》2006 年 2 月 24 日。

段清波：《西渭桥地望考》，《考古与文物》1990 年 6 期，《西渭桥地望再考》，《考古与文物》1991 年 4 期。

段塔丽：《从夫妻合葬习俗看唐代丧葬礼俗中性别等级差别》，《陕西师范大学学报》2005 年 3 期。

福永光司：《道教的镜与剑》，载刘俊文编《日本学者研究中国史论著选译》第 7 册，中华书局 1993 年。

付春玲：《唐代黑釉塔式罐浅议》，《文博》1999 年 4 期。

傅熹年：《唐代隧道型墓的形制构造和所反映的地上宫室》，载《文物与考古论集》，文物出版社 1986 年。

　　葛承雍：《唐长安黑人的来源寻踪》，《中华文史论丛》第 65 辑。

　　葛兆光：　《屈服及其他——六朝隋唐道教的思想史研究》，三联书店 2003 年。

　　韩国河：《简论坡形墓道》，《郑州大学学报》2000 年 5 期。

　　韩国河：《论秦汉魏晋时期的家族墓地制度》，《考古与文物》1999 年 2 期。

　　韩国河：《温明秘器与便房》，《文史哲》2003 年 4 期。

　　韩吉绍、张鲁君：《铜镜与早期道教》，《中国道教》2006 年 1 期。

　　韩香：《唐代长安中亚人的聚居与汉化》，《民族研究》2000 年 3 期。

　　韩钊：《中国唐壁画墓与日本古代壁画墓比较研究》，《考古与文物》1999 年 6 期。

　　何直刚：《俑名试说》，《文物》1965 年 5 期。

　　贺梓城：《唐墓壁画》，《文物》1959 年 8 期。

　　胡戟：《唐代的度量衡与亩里制度》，《西北大学学报》1980 年 4 期。

　　黄景春：《试论我国冥婚的历史、现状及其根源——兼与姚平教授商榷唐代冥婚问题》，《民间文化论坛》2005 年 5 期。

　　黄晓芬：《汉墓形制的变革——试析竖穴式椁墓向横穴式室墓的演变过程》，《考古与文物》1996 年 1 期。

　　黄展岳：《释便房》，《中国文物报》1993 年 6 月 20 日。

　　黄展岳：《西汉陵墓研究中的两个问题》，《文物》2005 年 4 期。

　　惠英：《从出土墓志看唐代居民葬地》，西北大学 2006 年硕士学位论文打印稿。

　　惠焕章、张劲辉编：《陕西历史百谜》，陕西旅游出版社 2001 年。

　　贾二强：《唐宋民间信仰研究》，福建人民出版社 2002 年。

　　贾麦明：《新发现的唐日本人井真成墓志及初步研究》，《西北大学学报》（社科版）2004 年 6 期。

　　姜宝莲：《试论唐代帝陵的陪葬墓》，《考古与文物》1994 年 6 期。

　　姜伯勤：《中国祆教艺术史研究》，生活·读书·新知三联书店 2004 年。

　　姜捷：《关于定陵陵制的几个新因素》，《考古与文物》2003 年 1 期。

　　姜捷：《陕西隋唐考古述要》，《考古与文物》1998 年 5 期。

　　金正耀：《道教与炼丹术论》，宗教文化出版社 2001 年。

　　孔祥星、刘一曼：《中国古代铜镜》，文物出版社 1984 年。

孔祥星：《隋唐铜镜的类型与分期》，载《中国考古学会第一届论文集》，文物出版社 1980 年。

李朝阳《唐契苾尚宾墓志考释》，《文博》2002 年 1 期。

李慧：《唐左羽林军大将军减怀亮墓志考释》，《文博》1996 年 1 期。

李健超：《唐长安临皋驿》，《考古与文物》1984 年 3 期。

李举纲：《西安碑林藏唐咸通五年窣堵坡塔铭及造像》，《碑林集刊》第 11 辑。

李梅田：《唐代陶瓷中的外来文化因素》，《中原文物》1999 年 2 期。

李求是：《谈章怀、懿德二墓的形制问题》，《文物》1972 年 7 期。

李如森：《试论家族墓地与茔域上设施的兴起》，《史学集刊》1996 年 1 期。

李蔚然：《论南京地区六朝墓葬的葬地选择和排位方式》，《考古》1983 年 4 期。

李星明：《唐代墓室壁画研究》，陕西人民美术出版社 2005 年。

李浴：《中国美术史纲》，辽宁美术出版社 1983～1986 年。

李毓芳：《唐陵石刻简论》，《文博》1994 年 3 期。

李之勤：《"沙河古桥"为汉唐西渭桥说质疑》，《中国历史地理论丛》1991 年 3 辑。

李之勤：《柳宗元的〈馆驿使壁记〉与唐代长安城附近的驿道和驿馆》，载《中国古都研究》第 1 辑，浙江人民出版社 1985 年。

李知宴、朱捷元：《精湛的艺术瑰宝——唐三彩》，《考古与文物》1980 年 1 期。

李知宴：《唐代瓷窑概况与唐瓷分期》，《文物》1972 年 3 期。

李知宴：《西安地区隋唐墓葬出土陶瓷的初步研究》，《考古与文物》1981 年 1 期。

李子春：《唐武三思之镇墓石》，《人文杂志》1958 年 2 期。

林葆仁：《从西安非洲黑人俑谈起》，《文物》1979 年第 6 期。

刘卫鹏：《"五石"镇墓说》，《文博》2001 年 3 期。

栾丰实：《史前棺椁的产生、发展和棺椁制度的形成》，《文物》2006 年 6 期。

洛沙·冯·福尔肯霍森（美）撰、陈淳译：《论中国考古学的编史倾向》，《文物季刊》1995 年 2 期。

马世长：《大隋球陀罗尼曼荼罗图像的初步考察》，《唐研究》第 10 卷。

马一虹：《日本遣唐使井真成入唐时间与在唐身份考》，《世界历史》2006年1期。

马忠理：《磁县北齐东魏陵墓兆域考》，《文物》1994年11期。

妹尾达彦：《唐代长安城的官人居住地》，《东洋史研究》，1996年。

庞雅妮：《西安地区纪年墓妇女发髻研究》，《文博》2001年1期。

齐东方、张静：《唐墓壁画与高松冢古坟壁画的比较研究》，《唐研究》第1卷。

齐东方：《略论西安地区发现的双室砖墓》，《考古》1990年8期。

齐东方：《试论西安地区唐代墓葬的等级制度》，载《纪年北京大学考古专业三十周年论文集》，文物出版社1990年。

齐东方：《丝绸之路的象征——骆驼》，《故宫博物院院刊》2004年6期。

齐东方：《隋唐考古》，文物出版社2002年。

齐东方：《唐代丧葬观念习俗与礼仪制度》，《考古学报》2006年1期。

齐东方：《唐墓壁画中的金银器图像》，《文博》1998年6期。

秦浩：《隋唐考古》，南京大学出版社1992年。

秦浩：《唐墓昆仑奴俑考释》，《南京大学学报》1983年2期。

秦建明：《便房考》，《文博》1999年2期。

任江：《试论西安洛阳地区唐墓出土的蕃人俑》，西北大学硕士学位论文2004年5月。

任士英：《唐帝陵陪葬墓盛衰原因试探》，《烟台师范学院学报》1990年4期。

桑绍华、张蕴：《西安出土文安公主等墓志及郭彦塔铭》，《考古与文物》1988年4期。

陕西历史博物馆：《寻觅散落的瑰宝》，三秦出版社2001年。

陕西省乾县乾陵文物保管所：《对〈谈章怀、懿德两墓的形制等问题〉一文的几点意见》，《文物》1973年12期。

尚民杰：《长安城郊唐皇室墓葬及相关问题》，《唐研究》第9卷。

神目：《神秘地宫，有此一说》，《各界特刊》2003年9月28日第1版。

申秦雁、杨效俊：《陕西唐墓壁画研究综述》，载《唐墓壁画研究文集》，三秦出版社2001年。

申秦雁：《唐代列戟制度探析》，载《陕西历史博物馆馆刊》第1辑。

沈百昌：《中非交往的历史见证》，《百科知识》1983年3期。

沈从文：《唐宋铜镜》，古典艺术出版社 1958 年。

沈从文：《中国服饰史研究》，上海书店 2005 年。

沈睿文：《关中唐陵陵地秩序研究》，《唐研究》第 9 卷。

沈睿文：《唐陵结构名称考》，《文博》2000 年 1 期。

沈睿文：《唐桥陵陪葬墓地研究》，《文博》2000 年 5 期。

沈睿文：《唐昭陵陪葬墓地布局研究》，《唐研究》第 5 卷。

史念海：《唐长安城外龙首原上及其邻近的小原》，《中国历史地理论丛》1997 年 2 期。

宋德文等：《昭陵古墓葬遥感解译与定位的研究》，《文物》1992 年 7 期。

宿白：《北魏洛阳城和北邙陵墓》，《文物》1978 年 7 期。

宿白：《北魏洛阳城与北邙陵墓——鲜卑遗迹辑录 3》，《文物》1978 年 7 期。

宿白：《关于河北四处古墓的札记》，《文物》1996 年 9 期。

宿白：《西安地区的唐墓形制》，《文物》1995 年 12 期。

宿白：《西安地区唐墓壁画的布局和内容》，《考古学报》1982 年 2 期。

孙秉根：《西安地区隋唐墓的形制》，载《中国考古学研究——夏鼐先生考古五十周年纪念》，科学出版社 1986 年。

孙迟：《唐代的胡俑骆驼与丝绸之路》，《考古与文物》1982 年 1 期。

孙德润、李绥成、马建熙：《渭河三桥初探》，载《陕西省考古学会第一届年会论文集——考古与文物丛刊第 3 号》，1983 年。

孙机：《李寿墓石椁线刻侍女图和乐舞图散记》（上、下），《文物》1996 年 5 期、1996 年 6 期。

孙机：《摩羯灯》，《文物》1986 年 12 期。

孙机：《唐代妇女的服装与化妆》，《文物》1984 年 4 期。

孙机：《中国古舆服论丛》，文物出版社 2001 年。

孙新科：《试论唐代皇室墓葬制度问题》，《中原文物》1995 年 4 期。

汤池：《东魏茹茹公主墓壁画试探》，《文物》1984 年 4 期。

田进：《唐戏弄俑》，《文物》1959 年 8 期。

田亚歧：《东周时期关中地区国人秦墓棺椁的演变》，《考古与文物》2003 年 4 期。

王伯敏：《中国绘画通史》，生活·读书·新知三联书店 2000 年。

王伯敏主编《中国美术通史》，山东美术出版社 1988 年。

王朝闻总主编《中国美术史——隋唐卷（陈绶祥主编）》，齐鲁出版社 2000 年。

王去非：《四神、高髻、巾子》，《考古通讯》1956 年 5 期。

王仁波：《陕西省唐墓出土的三彩器研究综述》，《文物资料丛刊》第 6 辑，文物出版社 1982 年。

王仁波：《隋唐时期的墓室壁画》，载《中国美术全集绘画编 12 墓室壁画》，文物出版社 1989 年。

王仁波：《唐懿德太子墓壁画题材的分析》，《考古》1973 年 3 期。

王仁波：《西安地区北周隋唐墓葬陶俑的组合与分期》，《中国考古学研究论集——纪念夏鼐先生考古 50 周年》，三秦出版社 1987 年。

王仁波：《西安地区北周隋唐墓葬陶俑的组合与分期》，载《中国考古学研究——纪念夏鼐考古五十周年》，三秦出版社 1987 年。

王仁波：《懿德太子墓所反映的唐代皇室埋葬制度》，载《中国考古学会第一次年会论文集（1979）》，文物出版社 1980 年。

王仁波等：《陕西唐墓壁画之研究》（上、下），《文博》1984 年 1、2 期。

王双怀：《荒冢残阳》，陕西人民教育出版社 2000 年。

王双怀：《唐陵陪葬墓的布局特征》，《陕西师范大学继续教育学院学报》2003 年 1 期。

王维坤：《关于唐日本留学生井真成墓志之我见》，《西北大学学报》2005 年 2 期。

王维坤：《汉唐长安的渭河三桥研究》，载《中日文化交流的考古学研究》，陕西人民出版社 2002 年。

王维坤：《丝绸之路沿线发现的死者口中含币习俗研究》，《考古学报》2003 年 2 期。

王维坤：《隋唐墓葬死者口中含币习俗溯源》，《考古与文物》2001 年 5 期。

王维坤：《唐章怀太子墓壁画客使图辨析》，《考古》1996 年 1 期。

王维坤：《中国唐三彩和日本出土的唐三彩研究综述》，《考古》1992 年 12 期。

王维坤：《唐代乾陵陵寝制度的初步研究》，《东方学报》第 77 册，2005 年 3 月发行。

王小蒙：《从新发现的唐太子陵看太子陵制度问题》，《考古与文物》2005 年 4 期。

王燕：《试论铜镜与唐代道教》，《文物春秋》2000 年 3 期。

王育成：《中国古代道教奇异符铭考论》，《中国历史博物馆馆刊》1997 年 2 期。

王育龙：《唐马璘墓志考释》，《文博》1997 年 6 期。

王昱东：《唐墓壁画中所见拂尘》，《文博》2000 年 4 期。

王元茵：《隋唐墓志出土的时地与葬地》，《碑林集刊》第 6 辑。

王自力：《西安唐代曹氏墓及出土的狮形香熏》，《文物》2002 年 12 期。

卫聚贤：《中国考古学史》，商务印书馆，1937 年版，1998 年影印。

文军：《佛教与世俗的结合——长乐公主墓壁画〈云中车马图〉初探》，《陕西历史博物馆馆刊》第 8 辑。

巫鸿：《武梁祠——中国古代画像艺术的思想性》，生活·读书·新知三联书店 2005 年。

巫鸿：《礼仪中的美术——巫鸿中国古代美术史文编》，生活·读书·新知三联书店 2005 年。

巫鸿：《专家推荐意见》，载于郑岩《魏晋南北朝壁画墓研究》卷首，文物出版社 2002 年。

巫鸿：《中国绘画三千年》，中国外文出版社 1997 年。

武仙竹：《唐初云中车马图浅议》，《四川文物》1995 年 4 期。

夏鼐：《近来出土的萨珊朝文物》，《考古》1978 年 2 期。

夏鼐：《综述中国出土的波斯萨珊朝银币》，《考古学报》1974 年 1 期。

向达：《唐代长安与西域文明》，河北教育出版社 2001 年。

萧默：《敦煌建筑研究》，机械工业出版社 2003 年。

谢佛著、吴玉贵译：《唐代的外来文明——撒马尔干的金桃》，中国社会科学出版社 1995 年。

辛德勇：《隋唐两京丛考》，三秦出版社 2006 年。

辛德勇：《隋唐时期长安附近的路路交通》，《中国历史地理论丛》1988 年 4 期。

信立祥：《汉代画像石综合研究》，文物出版社 2002 年。

徐殿魁：《铜镜的考古学探讨》，《考古学报》1994 年 3 期。

徐苹芳：《唐宋墓葬中的："明器神煞"与"墓仪"制度——读大汉元陵秘葬经札记》，《考古》1963 年 2 期。

徐苹芳：《中国秦汉魏晋南北朝时代的陵园和茔域》，《考古》1981 年第

6 期。

徐苹芳：《中国石窟寺考古学的创建历程——读宿白先生〈中国石窟寺研究〉》，《文物》1998 年 2 期。

严耕望：《唐代交通图考（1）》，篇一，两京馆驿，史语所专刊，1985 年。

阎文儒：《中国考古学史》，广西师范大学出版社 2004 年。

颜娟英：《唐代铜镜文饰之内容与风格》，《史语所集刊》第六十本第二分册 1990 年 10 月。

杨泓：《汉唐考古与佛教艺术》，科学出版社 2000 年。

杨泓：《美术考古半世纪——中国美术考古发现史》，文物出版社 1997 年。

杨泓：《屏风周昉画纤腰——漫话唐代六曲屏风》，《文物天地》1990 年 2 期。

杨泓：《隋唐造型艺术渊源简论》，《唐研究》第 4 卷。

杨泓：《与中外交通有关的遗物的发现与研究》，载《新中国的考古发现与研究》，文物出版社 1984 年。

杨泓：《中国隋唐时期佛教舍利容器》，《中国历史文物》2004 年 4 期。

杨树达：《汉代婚丧礼俗考》，上海古籍出版社 2000 年。

杨正兴、杨云鸿：《唐刘潘墓的发掘清理》，《泾渭稽古》1996 年 4 期。

姚平：《试论唐代冥婚及其形成原因》，《学术月刊》2003 年 7 期。

叶荣：《唐墓壁画与唐代绘画中的扇子》，《陕西历史博物馆馆刊》第 7 辑。

尹盛平：《唐墓壁画真品选粹》，陕西人民美术出版社 1991 年。

尹夏清：《北朝隋唐石墓门及相关问题研究》，四川大学博士学位论文，2006 年 5 月打印本。

袁胜文：《塔式罐研究》，《中原文物》2002 年 2 期。

云翔：《唐章怀太子墓壁画客使图中"日本使节"质疑》，《考古》1984 年 12 期。

张红杰编：《咸阳碑石》，三秦出版社 1990 年。

张建林：《唐代丧葬习俗中佛教因素的考古学考察》，载西北大学考古系编《西部考古》第 1 辑，三秦出版社 2006 年。

张建林：《唐墓壁画里的屏风画》，载《远望集——陕西考古研究所华诞四十周年纪念文集》，陕西人民美术出版社 1998 年。

张丽华：《十二生肖的起源及墓葬中的十二生肖俑》，《四川文物》2003 年 5 期。

张维慎、梁彦民：《两件唐代跪拜俑拜仪考》，《考古与文物》1999 年 1 期。

张文霞、廖永民：《隋唐时期的镇墓神物》，《中原文物》2003 年 6 期。

张勋燎、白彬：《道教考古》，线装书局 2006 年。

张永禄：《唐都长安》，西北大学出版社 1987 年。

张勇：《河南汉代陶阙及相关问题》，《中原文物》2006 年 5 期。

张蕴：《关于李宪墓随葬陶俑等级的讨论》，《考古与文物》2005 年 1 期。

张蕴：《西安地区隋唐墓志纹饰中的十二生肖图案》，《唐研究》第 8 卷。

赵超：《"树下老人"与唐代屏风式墓室壁画》，《文物》2003 年 2 期。

赵殿增：《天门考——兼论四川汉画石组合与主题》，《四川文物》1990 年 6 期。

赵力光：《唐柳公权撰柳憕憕墓志》，《文博》2003 年 3 期。

郑岩：《魏晋南北朝壁画墓研究》，文物出版社 2002 年。

郑汝中：《飞天艺术概论》，甘肃教育出版社 2002 年。

郑岩：《墓主画像研究》，载山东大学考古系编《刘敦愿先生纪念文集》，山东大学出版社 1997 年。

中国科学院考古研究所：《新中国的考古收获》，科学出版社 1962 年。

周绍良、赵超：《隋唐墓志汇编、续编》，上海古籍出版社 2001 年。

朱青生： 《建军门神起源研究——论误解与成形》，北京大学出版社 1998 年。

邹规划等：《长乐公主墓壁画〈瑞云车马送行图〉琐谈》，《陕西历史博物馆馆刊》第 6 辑。

后　记

　　关中唐墓是中国考古最为活跃的领域，新发现新材料层出不穷，研究成果也纷至沓来。当我向导师组报告要做这个题目的时候，一些导师认为这个题目已经做得比较深入和广泛了，不适合做博士论文，而另一部分则认为仍有深入研究的必要。导师王维坤教授支持我的选择，和我仔细地设计了开题报告。在开题报告会上，我指出虽然成果多，简报报告多，但是深入得少，综合研究少，并且很多问题人云亦云的多，敢于提出不同意见的少。所以我认为还是有做的必要。经过导师组的讨论，最后又对开题报告进行了修改，就是现在大家看到的基本框架。博士论文写作是一个漫长而痛苦的过程，一个人要面对前所未有的阅读素材，要思考前人未措意的问题，那种无助、苦闷，还有忽然豁然开朗的喜悦，至今记忆犹新。

　　在这部论文的写作、完善与印行过程中，师友、同事及亲人曾经给予过的教诲、帮助和鼓励无不历历在目。在此，请允许我致以诚挚的谢意！

　　首先，我要衷心感谢的是我的授业恩师王维坤教授。授业期间，对我谆谆教导，未尝有一日懈怠。为了指导我的学业，他经常牺牲午休时间来指导我搭建论文框架，并与我一起逐字逐句批校这篇长达30多万字的论文，面对精心批阅的大段红字按语和批校，我对王师的治学精神和对学生认真负责的态度深表敬佩和谢意！

　　其次，我要感谢西北大学各位老师长期以来的培养和关心。尤其是王建新教授、张宏彦教授、赵丛苍教授、钱耀鹏教授，在开题报告会上提出了许多富有建设性和指导性的意见。方光华教授、陈峰教授、陈洪海教授、周晓陆教授、贾麦明研究员、王雁玲老师、陈凤兰老师辛勤细致的工作以及对我的帮助也铭记于心。

再次，还要感谢陕西省考古研究所各位先生的指导和帮助。张建林研究员在开题阶段就曾对我论文的撰写提出了诸多宝贵的建议，此后经常就论文中的难点疑点聆听他的高见。刘呆运副研究员无私地给我提供了在考古现场实习的宝贵机会。张蕴研究员对双室墓问题的分析提供了最新的考古信息。最令我感动的是，陕西考古学界老前辈石兴邦先生，在研究任务十分繁忙的情况下，不顾年迈和酷热天气，认真批阅了全文，并提出了若干指导性的修改意见，这为论文以后进一步的充实和完善指明了方向。

同时，还要感谢我于2002年至2008年间曾经任教的陕西师范大学历史文化学院诸位同仁的关心与帮助。他们是：贾二强教授、张懋镕教授、臧振教授、曹维安教授、杜文玉教授、艾冲教授、刘戈教授、王晖教授、王双怀教授、拜根兴教授、薛平拴教授、周晓薇夫妇、梁志胜副教授、马瑞映教授、丁宏老师、韩旭辉老师、张咏梅夫妇、杨朝霞老师、郝松枝老师以及黄梅老师。其他同辈好友朝夕相处，在此不赘。

"千里黄云白日曛，北风吹雁雪纷纷。"机缘巧合，在2008年初的暴雪之际，我瞑别故土，携家来到美丽的苏州，任职于苏州博物馆编辑部，从此开始了一段全新的人生旅程。"人人都说江南好，游人只合江南老。"但对初来乍到的我们而言，生活与工作中的困难不言而喻。幸得主管局文广新局各位领导、张欣馆长及博物馆的各位领导、同仁给予无私的帮助与热情的关怀，帮我解决了所有后顾之忧，使我能够安心从事我所热爱的研究工作。馆里的出版资金资助，犹如雪中送炭。在此，我对各位关怀帮助过我的同事朋友们致以诚挚的谢意。

再则，我还要感谢各位同学以及朋友们多年来对我的关爱、帮助和支持。他们分别是：梁彦民夫妇、孙周勇夫妇、王志友夫妇、吕亚虎夫妇、詹晋洁夫妇、刘卫鹏夫妇、周俊灵夫妇、李举纲夫妇、史翔夫妇、段清波研究员、张颖岚研究员、肖健一研究员、任江师弟、惠瑛师妹和杨洁师妹。同事王霞、王振代为制作了文内插图。

　　最后还要深深地感谢我的家人，尤其是爱妻何玮，她为我的论文修改、润色付出了巨大的心血。远在故乡的亲人时时给予的关爱，鼓励我一直坚持学习、写作。

程义

2012 年 5 月